国家社科基金
后期资助项目
GUOJIA SHEKE JIJIN HOUQI ZIZHU XIANGMU

数据交易问题研究

王会举　著

WUHAN UNIVERSITY PRESS
武汉大学出版社

图书在版编目(CIP)数据

数据交易问题研究 / 王会举著 . -- 武汉 : 武汉大学出版社,
2024.12. --国家社科基金后期资助项目 . --ISBN 978-7-307-24827-4

Ⅰ. F49

中国国家版本馆 CIP 数据核字第 2024Y4K743 号

责任编辑:范绪泉　　　责任校对:鄢春梅　　　版式设计:韩闻锦

出版发行:**武汉大学出版社**　（430072　武昌　珞珈山）

（电子邮箱：cbs22@ whu.edu.cn　网址：www.wdp.com.cn）

印刷:武汉邮科印务有限公司

开本:720×1000　1/16　印张:19.75　字数:342 千字　插页:1

版次:2024 年 12 月第 1 版　　2024 年 12 月第 1 次印刷

ISBN 978-7-307-24827-4　　定价:88.00 元

国家社科基金后期资助项目（22FJYB022）

国家社科基金后期资助项目
出版说明

后期资助项目是国家社科基金设立的一类重要项目，旨在鼓励广大社科研究者潜心治学，支持基础研究多出优秀成果。它是经过严格评审，从接近完成的科研成果中遴选立项的。为扩大后期资助项目的影响，更好地推动学术发展，促进成果转化，全国哲学社会科学工作办公室按照"统一设计、统一标识、统一版式、形成系列"的总体要求，组织出版国家社科基金后期资助项目成果。

全国哲学社会科学工作办公室

序

　　数据已同劳动力、资本等其他生产要素一起融入经济价值的创造之中，成为各个行业领域的关键资产与核心资源，对生产力的发展正在产生着越来越深远的影响。为抢夺数字经济战略制高点，世界各国也相继出台新一轮国家数据战略。中共中央、国务院也发布《关于构建更加完善的要素市场化配置体制机制的意见》等系列重要文件。在市场需求和国家政策的双重推动下，截至 2023 年年底，我国北京、上海、武汉等地已相继建设了近 80 家数据交易平台。这些交易平台的诞生标志着，数据作为一种新的生产要素，其交易在我国已进入市场化发展阶段。但与美国、日本等发达国家相比，我国的数据交易量还较低，数据资源的潜在价值还没有被充分挖掘和利用，社会整体对数据的驾驭能力也有待提升。如何有效促进数据交易流通是当下数据交易市场的关键问题。

　　数据交易的达成是各参与方利益博弈均衡的结果，涉及因素众多，需要从顶层视角进行系统研究。基于当下数据交易中存在的现实困难和挑战，本研究从数据交易安全、数据定价方法与数据交易平台确权保障三个基本问题入手展开深入系统研究。数据交易安全从政策方面为数据交易提供安全环境，数据交易平台确权保障从平台技术层面确保数据权益，两者分别从政策和平台层面为数据交易提供可信可靠安全的交易环境支撑保障；数据定价方法研究数据商品价格的确定。这三项研究中，数据定价是数据交易的核心，数据交易安全是交易成功的前提，交易平台为数据交易提供技术平台支撑和确权保障。具体研究内容如下：

　　1. 数据交易安全环境构建研究。数据交易本质是数据供应者用其私有甚至隐私数据换取货币化补贴。安全是数据交易的前提。安全风险较高的交易环境，会导致数据供应者对交易望而却步或者制定过高价格，不利于数据资产的交易流通和数据市场的健康发展。数据交易是一个涉及政府、数据交易平台、数据供应者、数据购买者等多元利益相关方的复杂系统，其运作机制受到奖励、惩罚、成本、损失等多重关键因素的影响，呈现出动态博弈的特征。在数据交易的发展进程中，不仅要提升数据供应者、数据交易平台、数据购买者等参与主体对数据安全的重视程度和积极性，还需要强化政府对数据交易的监管，充分发挥政府在数据交易过程中的引导和规制作用。如何在促进数据交易与保障数据安全这两个目标之间寻求平衡，协调多元参与主体的利益诉求，通过多方协同治理，探索以数据安全为基础的数据交易机制，是当前数据交易领域亟须解决的核心问题。

本部分从安全角度出发，通过对数据交易四方参与主体（政府、数据交易平台、数据购买者以及数据供应者）的演化博弈仿真，实现数据交易市场安全的系统分析，并据此提出对策建议。具体包括：基于系统动力学和强化学习对各方安全策略及行为进行演化博弈分析，并提出针对性建议；基于系统动力学方法，建立数据交易四方演化博弈系统动力学模型，考察了参与主体的初始策略选择以及关键影响因素对数据交易系统演化稳定性的作用机理。针对系统动力学模型的局限性，引入多智能体强化学习理论，构建了基于 Q-Learning 算法的演化博弈优化模型，同时设计了一种负反馈惩罚机制，旨在优化数据交易过程中各参与主体的博弈策略，促使系统达到更加理想的演化均衡状态。

2. 数据定价方法研究。数据商品的独有特性，使得过去依赖成本、市场法、收益法等传统价值评估方式面临巨大挑战：数据的虚拟特性，使其可重复使用，且转移成本为零；数据有高昂的固定成本，且复制成本几乎为零；数据不会因为消费的次数和人数而损耗，可以无限次数共享，即具有非竞争性和非排他性；数据价格根据不同购买者的开发方式和能力，可能发挥不同的效用，从而可能根据不同使用者存在不同价格；数据不存在损耗和折旧等传统商品问题，甚至存在随着购买次数的增多，数据质量不断提高的"逆生长"现象；数据资产的内在价值蕴藏于数据所包含的信息和知识之中，通过对原始数据进行不同层次的加工处理，可以衍生出多种形式的新型数据资产。这种数据资产的累积效应在理论上具有无限的增长潜力，其边界和规模难以估量。指导数据定价的经济学原理和计算算法还处于起步阶段，大量工作在待开发中，研究这一问题是现代经济理论发展的必要，也是数字经济及大数据产业发展的需要，对丰富和发展现代经济科学和数据科学，都有着重大理论意义和现实意义。

考虑到数据商品的特殊性和复杂性，本研究认为一个数定价方法很难做到"one size fits all"，即一种数据定价方法应用于所有场景。因此，本研究遵循由特定到通用、由相对到绝对的思路，系统地对代表性场景的数据定价方法进行了探索。(1)首先,以个人数据集为例,研究了特定场景单数据集的定价问题,提出了一种以隐私要素为主体,综合多个维度的动态定价方法,为数据市场中的个人数据资产提供动态的、交易过程无套利的定价方案,并基于此设计了仿真实验和无套利性实验,对其进行验证。(2)以通用数据集为目标,研究了通用单数据集定价问题,通过数据的价值来制定价格,并选择综合"质"(数据质量)和"量"(信息熵)两个指标来衡量数据价值,提出了计算数据集质量分数以及信息熵的数学方法;以此为基础制定了基于多版本设计兼顾买卖双方利益的双边定价策略。(3)以数据商品实际交易价格确定为目标,基于现实数据交易记录,充分利用当下数据交易记录交易分散且量少的特点,创新利用元学习模型,实现了数据实际交易价格预测方法。

3. 数据交易平台系统原型研究。数据可以几乎无成本无限复制传播,导致数据所有者在数据交易过程或完成后,数据已交由其他生态方进行处理访问,基本失去了对其数据的控制权,甚至数据交易也完全由第三方交易平台控制,数据供应者将难以对其使用流通进行管控,从而意味着售出的不仅仅是当前数据的使用开发权,还包括数据的所有权。集中式数据交易市场环境中,如何保障数据供应者交易前后的数据所有权,实现可控可信的交易环境,避免隐私泄露、数据滥用等问题,是保障数据供应者权利的关键。

本研究借鉴工业领域云边协同的理念,综合运用当前研究中广泛采用的区块链技术,依托主流的大数据处理平台,设计并实现了一个创新的、融合区块链与云边协同范式的数据交易原型系统,以有效解决数据资产的确权追溯需求、海量存储计算扩展性需求的问题。除此之外,其他研究内容包括:(1)改进的高效共识算法,可显著提升区块链性能。(2)智能合约算法,可实现协议的自动签订和执行。(3)基于区块链的云边协同数据交易平台原型系统,测试结果表明系统功能能够达到预期的效果,且具备较好的性能。

目　　录

表 目 录

图 目 录

导　　论

第一节　研究背景及意义

一、研究背景

数据，作为数字经济的微观基础，不仅是国家基础性、战略性资源，更是数字经济发展的关键生产要素，在促进经济发展中发挥着越来越重要的战略性和创新驱动作用。"大数据已经从单独的一个新兴技术产业，正在成为融入经济社会发展各领域的要素、资源、动力和观念。"①

我国数据资源富集，2022 年数据产量达 8.1ZB，位居全球第二。国际数据公司测算，从 2018 年到 2025 年，我国的数据规模或将增长 6 倍以上，中国将成为全球数据规模最大的国家[1]。2023 全球数商大会上发布的报告显示，2022 年中国数据交易行业市场规模为 876.8 亿元，占全球数据交易市场规模的 13.4%，占亚洲数据交易市场规模的 66.5%，至 2030 年中国数据行业市场规模有望达到 5155.9 亿元[2]。

（一）数据交易的目的及其经济价值

数据在推动知识产生和经济发展方面发挥着重要作用，通过其流通和交易，数据可以被有效地导向其最大价值的应用场景，进而充分发挥对经济社会的乘数效应。数据交易带来的好处或目的体现在两个方面：对于数据的拥有者而言，交易能够将数据资源转化为货币收益；对于数据的购买方来说，通过对所购数据的开发和利用，能够提升决策制定的质量，优化

---

① 中国信息通信研究院. 大数据白皮书（2021 年）// http://www.caict.ac.cn/english/research/whitepapers/202112/P020211228472393829284.pdf,2024-12-01.

产品和服务，从而创造更大的商业价值。

在数字经济时代，数据已成为推动经济增长的关键动力之一，它为企业决策提供了坚实的基础。随着大数据技术的快速进步和其在各行各业的深入应用，企业决策模式正在经历从传统的经验驱动向数据驱动的转变，即"数据驱动型决策"。数据驱动型决策已逐渐成为企业决策的新常态，它使企业能够深入洞察各种现象的内在原理和过程，通过科学的数据分析来指导决策，从而提升资源配置的效率和效益，显著改进决策的质量。典型的数据交易案例有：

1. 电力数据交易案例

南方电网深圳供电局独立开发的"电力看征信"数据产品[3]是一个创新性的服务，该产品构建了一个基于电力数据的企业征信指标体系，涵盖了企业用电状态、电费缴纳情况、用电量和违约行为等23个维度。在获得企业授权后，这一服务利用安全的数据共享交易平台，将相关信息提供给银行、征信平台等金融服务机构，为其决策提供参考依据，帮助它们从一个新的角度评估企业信用，掌握企业的生产经营状况等。这一创新产品自面世以来，得到了市场的高度认可和广泛应用。它不仅为深圳市的地方征信平台、宝安区工信局的"一键秒批"平台提供支持，还为宁波银行深圳分行以及度小满等金融机构提供服务。通过将电力数据与金融服务深度融合，这一产品有效地提升了企业信用评估的效率和准确性，为金融机构的决策提供了有力支撑。同时，它也为企业获取融资提供了更加便捷的渠道，促进了实体经济的发展。宁波银行深圳分行利用这一数据产品优化了风控管理系统，提高了线上授信产品的准确性和服务效率。"电力看征信"作为深圳数据交易所首次面向公众推出的数据产品，不仅引起了市场的广泛关注，更受到了《人民日报》、深圳卫视等主流媒体的密切关注和积极报道。与此同时，该产品还与深圳地方征信平台达成了战略合作框架协议，为未来的深入合作奠定了坚实基础。通过将电力数据与征信服务创新性地结合，这一产品为企业信用评估提供了全新的视角和维度，有效提升了信用风险管理的效率和准确性。可以预见，随着这一产品的不断迭代优化和推广应用，"电力看征信"必将在构建社会信用体系、促进实体经济发展方面发挥越来越重要的作用，成为数据驱动金融创新的典范。

2. 个人数据交易案例

个人数据是数据经济中极为重要的组成部分，被广泛视为最关键且应用价值和流通价值最高的数据资源之一。贵阳大数据交易所推出的个人数据产品案例标志着我国个人数据交易的成功实践。该案例通过为用人单位提供快速的招聘通道，实现了个人数据的货币化补贴。在这一过程中，个人将其简历数据托管于贵阳大数据交易所，而交易所将运营任务外包给好活(贵州)网络科技有限公司。好活(贵州)网络科技有限公司负责帮助个人进行数据治理、脱敏加密、产品封装以及销售等一系列操作，通过这种方式赚取中介费用。与此同时，用户能够通过平台获得他们个人简历数据交易的利润分成，这一模式不仅为个人数据的有效利用提供了新途径，也展示了个人数据在数据经济中的潜在价值[4]。

3. 人工智能场景数据交易案例

一个人工智能训练数据集提供商(数据公司 A)与一家自动驾驶技术公司(自动驾驶公司 B)在北京国际大数据交易所(北交所)成功完成了一项交易，涉及用于人工智能算法训练的数据产品。自动驾驶公司 B 为了开发其自动驾驶系统，需要大量标记的实际驾驶场景数据，包括道路状况、交通标志信号、车辆与行人的识别以及天气状况等信息。在确认了数据公司 A 在数据处理和标注方面的专业能力后，自动驾驶公司 B 决定通过北交所平台与其合作，委托其完成数据标注工作。利用数据公司 A 提供的高质量标注数据，自动驾驶公司 B 成功开发了记忆泊车的人工智能模型。该模型使得用户只需通过一次演示泊车，自动驾驶系统即可学习并记住泊车路径，从而实现自动完成泊车。这一过程不仅展示了数据交易如何促进技术创新，还证明了数据在当前技术发展中的重要作用。

数据交易在现代经济体系中扮演着至关重要的角色，它具有重大的经济价值和广泛的影响力。通过合法渠道完成的数据交易能够实现数据资源的有效流通和优化配置，这使得数据拥有者能够通过出售或分享他们的数据资源获得直接经济收益。同时，数据的购买方可以使用这些数据进行深度分析、创新研发和提供决策支持，这不仅能够提高他们的产品和服务质量、优化运营效率，还能探索新的商业模式，并可能促进新产业的兴起。除此之外，数据交易还有助于提高信息的透明度，促进市场的公平竞争，为经济的发展提供新的动力，同时增强整个社会的智能化程度。

(二)数据要素国家战略与政策

为抢夺数字经济战略制高点，世界各国相继出台了新一轮国家数据战略，将数据作为国家重要战略资产、基础性战略资源和竞争要素进行管理和开发使用，如美国的《联邦数据战略及 2020 年行动计划》、英国的《国家数据战略》、欧盟的《欧盟数据战略》等。我国也在党的十九届四中全会决议中首次将"数据"新增为生产要素，明确提出"要健全劳动、资本、土

地、知识、技术、管理、数据等生产要素由市场评价贡献、按贡献决定报
酬的机制"[5]。2020 年 3 月，中共中央、国务院《关于构建更加完善的要
素市场化配置体制机制的意见》提出："加快培育数据要素市场。"[6]2022
年 1 月，国务院《"十四五"数字经济发展规划》中明确指出，"要加快数据
要素市场化流通""鼓励市场主体探索数据资产定价机制，推动形成数据
资产目录，逐步完善数据定价体系。"[7]2022 年 12 月，国务院又发布《关
于构建数据基础制度更好发挥数据要素作用的意见》（简称《数据二十
条》）[8]，明确要求"让数据要素活起来、动起来、用起来"。2023 年 2
月，国务院在《数字中国建设整体布局规划》文件中指出要"加快建立数据
产权制度，开展数据资产计价研究"[9]。2024 年 1 月，国家数据局等 17
部门联合印发《"数据要素×"三年行动计划（2024—2026 年）》，以推动数
据要素高水平应用为主线，带动数据要素高质量供给、遵规高效流通，充
分实现数据要素价值[10]。数据已同劳动力、资本等其他生产要素一起融
入经济价值的创造之中，对生产力的发展具有深远影响。

（三）数据交易市场发展现状

在国际数据交易平台领域，美国的 FACTUAL 平台[11]和日本的
DATAPLAZA 平台[12]是两个发展较为成熟的例子。作为数据交易探索和
实践的先行者，美国早在 2009 年 3 月就开启了 data. gov 网站，标志着数
据交易和共享时代的来临。通过这一平台，政府、企业、研究机构和公众
可以便捷地获取和交换数据，为数据驱动的创新和决策提供了重要支撑。
data. gov 网站的推出，不仅开创了美国数据交易和共享的新纪元，也为全
球数据经济的发展提供了宝贵的经验和启示。此举之后，英国、澳大利亚
等国家也纷纷跟进，加入政府数据开放行列[13]。

尽管我国数据交易平台的发展起步相对较晚，但近年来已经取得了令
人瞩目的成就。2014 年 2 月，中关村数海大数据交易平台的成立拉开了
我国数据交易平台发展的帷幕。该平台为个人、科研机构、公司以及政府
部门搭建了数据交易的桥梁，提供了便捷高效的数据交易服务。随后，
2015 年贵阳大数据交易所、河北大数据交易中心等平台的相继建立，标
志着我国数据交易平台进入了蓬勃发展的快车道。到了 2021 年，北京国
际大数据交易所和上海大数据交易所的成立，进一步推动了数据交易市场
的繁荣发展。至今，我国已有近 80 家数据交易机构成立[15]，这不仅促进
了数据资源的有效流通和利用，也为数据经济的发展注入了新动力。这些
交易平台的诞生标志着，数据作为一种新的生产要素，其交易在我国已进

入市场化发展阶段。

我国数据交易平台虽然发展势头强劲，但与美国、日本等数据经济先进国家相比，仍存在一定差距。目前，我国数据交易市场尚处于起步阶段，交易规模和活跃度相对较低，数据资源的潜在价值尚未得到充分释放和利用，对数据的处理和应用能力有待加强。这一现状与我国数字经济的快速发展形成一定的反差。国家发展和改革委员会价格监测中心副主任王建冬提到，当前我国的数据交易市场存在"外热内冷"的现象。根据该中心对国内 16 个主要数据交易场所的统计，自 2023 年以来，国内数据市场的场内交易总额不足 150 亿元，这在整个数据市场中的份额不到 10%[16]。这一现状反映了我国数据交易市场虽然活跃但成效有限，需要进一步推动数据资源的流通和高效利用，提升数据交易市场的整体活力和效率。

二、问题与挑战

(一) 大数据"规模经济"的没落与"个体经济"崛起之间的矛盾

大数据的首要特性是其数据的量大。知识的"质"往往来自数据的"量"，比如人工智能模型的训练，往往依赖海量不同来源数据的汇集。长久以来，传统大数据采取相对原始和暴力的方式汇聚海量数据，并从中发掘知识和价值，以提供推荐、预测等服务，往往忽略了数据的私有权属特性和资产特性。随着数据生产要素的提出，数据资产促进了"个体经济"的崛起，从而诱发了大数据规模经济与个体经济崛起之间的矛盾。

大数据传统数据收集使用方式不符合"数据资产"的直接交付和交易的要求。依靠"大"和"免费"的服务模式不仅在数据资产定价、数据资产流通交易及数据使用方面存在诸多问题，也难以在法律上取得合理性。数据资产化使得"数据资源"的直接交付和交易成为可能。随着数据生产要素的提出和发展，人们对数据资产权利越来越重视，势必导致数据的资产属性及私有化与大数据的规模需求之间的矛盾愈演愈烈。数据交易市场的规范化发展是解决此矛盾的关键。

(二) 数据流通与安全保障之间的矛盾

数据流通是数字经济发展的关键。通过数据的流通和利用，可以实现更高效的资源配置和创新。但同时，数据流通也带来了安全风险。由于数据的复制性和易传播性，一旦数据泄露或被滥用，可能会对个人隐私、企业商业机密和国家安全造成严重威胁。

当前所面临的安全问题已经从打击数据泄露、非法买卖等执法层面逐渐转化为"企业和个人信息保护"立法层面，典型的法规如英国的《数据保护法》、欧盟的《通用数据保护条例》等。我国颁布了《中华人民共和国数据安全法》《中华人民共和国网络安全法》等一系列信息安全保护法规。

数据交易过程中的安全问题，是一个广泛涉及政府、数据交易平台、数据供应者、数据消费者等多方主体的复杂系统，各方主体在不同奖励、惩罚、成本、损失等多个关键因素影响下动态博弈。如何对各参与方的博弈过程建模分析，是系统制定各方协同的安全保障措施的关键。安全的数据交易市场，才可能消除数据供应者的顾虑，促成场内交易的达成。

(三)数据的复制性与排他性占有的矛盾

在传统的交易市场中，物品的流通和使用通常是通过独占性所有权来控制的，即卖方通过保留物品的所有权，决定其是否进行交易、与谁交易以及如何使用。然而，数据的特性是复制成本极低，接近于零。这意味着一旦数据被交易，卖方很难再控制其流向和使用方式，因为数据可以被无限制地复制和分发。这导致数据持有者面临着"不愿流通"的矛盾心理，因为数据供应者将难以对其使用流通进行管控，从而意味着售出的不仅仅是当前数据的使用权，还包括数据的所有权。数据供应者担心失去对数据的控制，并承担安全风险。

因此，集中式数据交易市场环境中，如何保障数据供应者交易前后的数据所有权，实现可控可信的交易环境，避免隐私泄露、数据滥用等问题，是保障数据供应者权利的关键。

(四)数据商品的特性与传统定价方法的矛盾

数据，作为商品进行交易时，极重要、极具挑战的问题之一便是其定价，该问题也是数据供应者、数据消费者和数据交易平台的核心利益所在。然而，数据资产的独有特性，使得过去依赖成本、市场法、收益法等传统资产价值评估方式面临巨大挑战：数据的虚拟特性，使其可重复使用，且转移成本为零；数据有高昂的固定成本，但复制成本几乎为零；数据可以无限次数共享，即具有非竞争性和非排他性；数据不存在损耗和折旧等传统商品问题，不会因为消费的次数和人数而损耗，甚至存在随着购买次数的增多，出现数据质量不断提高的"逆生长"现象；数据价格根据不同购买者的开发方式和能力，可能发挥不同的效用，从而可能根据不同使用者制定不同价格；数据资产的价值潜藏于数据的互联之中，且通过处理原始数据，可以创造出不同级别的新型数据资产。这些资产的潜在增长理论上是没有上限的。

由于数据商品与传统商品特性的不同，对其定价变得异常困难。它的成本结构使得古典经济学中的传统定价方式不再适用。然而，当前仍存在一些理论上的问题，如不能完整地找出影响数据定价的特征因素和无法准确评估数据价格等，以及一些技术问题，如必须通过离线方式进行计算等。指导数据定价的经济学原理和计算算法研究还处于起步阶段，大量工作在待开发中，研究这一课题是现代经济理论发展的必要，也是数字经济及大数据产业发展的需要，对丰富和发展现代经济科学和数据科学，都有着重大理论意义和现实意义。

针对数据定价问题，近年虽然已有不少研究从经济学、数据管理、市场学等各学科视角出发进行了广泛深入的研究和探索，但现有研究大多仍处于起步阶段，仍有较大的理论完善空间。尤其是单数据集价格具有动态性、公平性、灵活性，对于更通用场景下的数据绝对定价的研究还比较少，都有待探索研究。

（五）小结

从以上问题和挑战分析不难看出，确权难、定价难、互信难是建设全国统一数据大市场发展的重要瓶颈[16]。如何营造安全可信的数据交易环境，消除各方的入场安全顾虑？如何制定公平透明高效的数据定价方法，有效提高交易的公平性和效率？如何实现数据流通过程中的确权保障，有效保障数据权益？这些都是亟须解决的基本问题。

三、研究意义

（一）理论意义

安全的数据交易环境、公平的数据定价和有效的数据确权保障是数据交易过程中的三个基本要素，它们相互关联，共同影响着数据交易的效率和效果。本课题的研究便围绕以上基本问题展开。具体理论研究意义如下：

（1）丰富数据交易理论的研究。本研究分别从数据交易安全环境构建、数据定价方法、数据确权保障三个关键层面入手，融合经济学、计算机科学和信息安全多学科知识，对数据交易问题进行系统深入研究，是现有数据交易理论的丰富和发展。

（2）为数据交易安全环境的构建，提供新的研究方法和政策建议。本研究将演化博弈理论分别与系统动力学、多智能体强化学习相结合，进而利用两个模型分析数据交易参与主体的演化博弈问题，两个模型的仿真结果互为补充，为数据交易领域的研究方法提供了新的参考；借助系统演化仿真，对各参与方的安全策略和行为进行了分析，并给出了具体的建议，从而为构建安全的数据交易环境提供了理论依据和政策建议。

（3）拓展和发展数据定价理论。揭示传统商品定价理论、现有数据商品定价方法与理论的缺陷和不足，完善和补充现有的数据定价理论及方法。

（4）探索研究数据确权追溯新方法，为数据确权提供一种新的途径，并据此构建数据交易平台原型系统，为本研究进行了实验验证。

（5）促进跨学科的交流与合作。本课题的研究融合了经济学科、计算机学科等多学科知识，有效促进了跨学科的交流与合作，也为融合多学科知识进行数据交易的研究，提供了一个范例。

（二）现实意义

本研究积极响应数据要素市场化发展的国家战略规划，为数据交易实践提供科学理论依据，进一步促进数字经济的发展。我国数据交易市场的发展异常迅速，而理论研究才刚刚起步，存在理论落后于实践发展的现象。本课题提出数据交易安全基础设施建模仿真、数据价格影响因素及测度方法、数据价格函数等理论和思想，可以为数据交易市场的发展、数据商品定价实践等提供一定的科学理论参考，更好地促进数据交易市场的发展。

本课题针对数据交易市场各参与方的安全对策建议，可以帮助各参与方制定有效的实践措施，降低试错成本；设计开发的数据交易平台原型系统，内生支持数据的确权追溯，为数据交易平台确权的实现探索了一条可行路径；提出的一系列定价方法，可以有效促进数据交易的公平性和透明性，有力推动数据交易市场的发展和实践。

第二节　国内外文献综述

根据第一节中所述，数据交易安全保障、确权保障与定价是当下数据交易中的三个关键问题。本节围绕这三个问题，对现有研究及实践进行综述分析。

一、数据保护研究

不同于传统商品，数据商品是虚拟无形的，可几乎无成本无限复制传播，虽然流通交换的只是数据的使用权，但拥有任一副本，相当于拥有了其所有权。如何对数据及其交易过程实施全过程保护，是数据交易市场发展的前提和基础。

(一)数据交易安全策略研究

姚崇兵等人[17]研究了在动态奖惩机制下数据交易平台的隐私管控问题，运用演化博弈框架进行了模拟分析，提出了一种新型的管控机制，对隐私保护具有启发性，只是实际操作中如何平衡奖惩尚未清晰。张彬等人[18]通过构建一个三方演化博弈模型，研究政府、数据交易平台和数据供应者之间的策略选择和最优演化路径，该研究提出的模型创新性地结合了三方角色的特殊性，为理解数据交易市场的复杂动态提供了新的视角，但对实际的数据交易市场环境约束因素考虑不足，对数据购买者的策略分析较少，影响模型的现实适用性。柳金锐[19]通过演化博弈理论探讨了数据要素交易中的管控策略，分析了企业、交易平台和政府的策略选择及其稳定性，利用数学模型深入分析了管控策略的效果，演化博弈模型将买卖双方视为一致行动人，该假设可能与实际情况有所差异。张敏[20]从交易安全的角度审视大数据交易的法律管控现状，强调了建立和完善大数据交易法律框架的重要性。文章明确指出了数据交易中法律管控的不足，并提供了具体的改进措施。刘婷婷等人[20]分析了大数据交易中存在的安全风险，提出了相应的应对策略，对现阶段大数据安全风险有系统的识别和归纳，但需要更多案例分析来支持策略的实用性。陈华等人[22]探讨了数据要素在定价、流通交易中的安全治理问题，提出了一套安全治理机制，对数据定价和流通的安全问题提供了综合性见解。李青梅等人[23]详细分析了数据交易中的安全问题，并提出了对策建议，对策建议具有较强的针对性和实用性，但其对策的长期效果需要进一步验证。刘子聪[24]从网络安全的角度出发，探讨了数据交易平台的管控问题，提供了数据交易管控的新视角。凌帅等人[25]综合分析了数据交易过程中可能遇到的安全风险，并提出了相应的风险对策，分析了多种风险类型，提出的对策较为全面。

综上所述，这些文献从不同的角度深入探讨了我国大数据交易中的法律管控、安全风险及其对策、管控策略、隐私保护以及市场参与者策略等问题。它们共同的优点在于为大数据交易提供了理论基础和策略框架，促进了对数据交易安全问题的认识和理解。但存在如下可以完善的地方：（1）从利益参与方来说，现有研究对数据交易参与方考虑不足。现有文献对数据交易市场利益相关者研究的都是双方和三方，但随着数据交易的增多和发展，数据交易的参与方不止以上学者研究的双方或三方，而是涉及四方甚至是多方。（2）从研究方法来说，现有研究大多选取演化博弈模型进行仿真模拟，模型的单一性易导致模拟结果的局限性，且该模型本身存在策略演化趋势缓慢的问题。

（二）基于区块链的数据交易安全研究

区块链具有去中心化、不可篡改、可追溯等优势，因其不可篡改性、去中心化及加密特性，在数据交易领域呈现出诸多应用潜力，尤其是可以解决数据交易过程中的信任和安全问题。区块链可以将数据所有者、数据买家、数据交易平台等各方的交易行为记录在分布式账本上，保证数据交易过程的透明性和可追溯性。此外，通过智能合约技术，可以实现数据交易自动化、无须第三方担保等功能。本节综述旨在系统评述相关文献中提出的实现思路、创新点以及存在的缺陷。

Liang Jiacheng 等人[26]利用区块链技术构建去中心化的机器学习数据市场，通过智能合约保证数据交易的安全性，为分布式机器学习提供了一个安全的数据交易平台。在大数据量处理和实时性要求较高的场景，可能存在性能瓶颈。Su Guoxiong 等人[27]结合区块链和可信执行环境（TEE），提出了一个结合可信执行环境的区块链数据交易框架，以增强数据交易的安全性，通过可信执行环境提供了额外的安全保障。TEE 的普及和兼容性问题可能限制了框架的应用范围。Chen Yuling 等人[28]开发了一个基于区块链的公平数据交换方案，通过智能合约实现数据交易的公平性，确保参与方利益，专注于大数据共享，强调交易的公平性，确保参与者权益。其潜在问题是，公平性机制可能会增加交易复杂性和成本。Li Jiasheng 等人[29]研究了一种不需要第三方介入的安全、公平且高效的数据交易方法，可有效减少中介成本，提高交易效率。需要更多机制来确保在去中介的环境下交易双方的诚信与遵规。Futoransky A 等人[30]探讨了在去中心化的数据市场中进行数字商品交换的安全方法，有效促进了数据市场的去中心化和数据所有权的明确划分。数字商品权属追踪和验证机制在实际应用中可能遇到法律和技术难题。张杰[31]对链上数据进行深入分析，研究了如何利用链上数据实现区块链安全交易，提出了有针对性的安全交易策略，提升了数据交易的透明度和可追溯性。代春凯[32]构建了一个基于区块链的安全数据交易生态系统，为数据交易提供了全面的生态系统框架，生态系统的构建和维护可能面临较大挑战。孙功学[33]探讨了使用区块链技术进行数据交易与共享的安全问题，针对数据共享提供了安全保障措施。于枫等人[34]针对物联网数据提出了一种区块链安全交易方案，专注于物联网环境下的数据安全问题，物联网环境的特殊性可能限制了方案的通用性。栾国春[35]利用区块链技术保障数据在流通、交易和共享过程中的安全性，分析了区块链技术如何保障数据流通、交易和共享的安全，针对数据流通的特殊需求，提出了综合性的安全策略。Yao Yuli 等人[36]提出了一种面向工业物联网的区块链基础隐私信息安全共享方案。该方案创新性地利用了区块链的不可篡改性质保证信息安全，同时结合了工业物联网的特点来设计共享模型。李睿等人[37]结合区块链和隐私计算技术，提出了一种工业互联网数据安全交易方法，适用于工业互联网的特殊需求。

现有文献普遍认为区块链技术是提高数据交易安全性、透明度和效率的关键技术。多数研究集中于使用区块链构建数据市场、实现数据共享和交易的安全性，以及公平性。但现有研究对数据交易系统的效率和扩展性考虑较少，尤其是如何实现海量数据的存储和高效交易，还有待进一步研究。

(三)数据确权保障技术研究现状

数据确权保障技术是指为了保障数据的合法性、完整性和安全性而进行的技术研究和应用。常用的确权保障技术有区块链技术、密码学技术、零知识证明技术、数据水印技术、多方安全计算技术等。密码学技术、零知识证明技术、数据水印技术和多方安全计算技术在数据安全性方面有着广泛的用途，但难以单独实现数据流通过程中的确权管控；区块链技术以其去中心化、分布式存储和不可篡改的特点，被广泛应用于数据确权保障领域，通过将数据的哈希值记录在区块链上，可以确保数据的完整性和不可篡改性，从而实现数据的确权。本部分重点对基于区块链的数据确权保障技术进行综述。

基于区块链的数据确权保障技术发展较早的领域是个人医疗数据。MedRec 基于区块链设计了注册合约、医患关系合约和总结合约，以实现医疗数据在个人、各医疗机构及科研机构之间的共享流通，区块链可以公正透明地将流转使用痕迹记录下来供患者查看[38]。MeDShare 设计了跨云计算服务商的个人医疗数据流动共享，可实现数据访问使用痕迹的记录追溯和管控，但该研究主要面向云服务商之间的共享流通[39]。龚竞秋为个人健康数据提出了一种基于区块链的存证溯源技术，并结合访问控制，成功实现了在可穿戴设备应用场景中对个人健康数据流程的可追溯和权属确认[40]。以上这些研究是针对医疗健康数据进行的数据确权研究。Gao Zhensheng 等人[41]基于区块链设计了通用的数据确权模式，该模式利用区块链实现身份管理，基于局部哈希索引技术设计了数据指纹，借助背书机制实现数据的确权。但该研究主要侧重于数据权利的确认，并不涉及数据流通使用痕迹的追踪管控。几项研究虽然涉及使用痕迹的追踪，但都面向的是医疗健康数据流通的几个参与者内部，并不涉及广泛的数据交易市场。

Zhao Haijun 等人[42]主要研究了大数据产权确认的场景。优点在于对大数据产权的理解和应用有了新的认识，但缺点是对于具体的实施方案和技术支持尚未详细讨论。Zhang Lingyun 等人[43]提出了一种可审计的数据权利确认方案，创新性地将审计机制融入数据权利确认过程，增强了数据所有权证明的公信力。Qian Peng 等人[44]通过智能合约实现了数字资源权利确认和侵权追踪的自动化，创新点在于将智能合约应用于版权保护领域，自动化处理侵权事件；主要研究了基于智能合约的数字资源权利确认和侵权追踪，但对实际应用场景的适应性和效率问题尚未深入研究。Wang Liang 等人[45]提出了 RCDS 模型，该模型通过符号映射来实现数据确权和共享，其创新之处在于提出了一个新颖的确权机制，通过映射来实现数据的唯一性验证。Gong Jingqiu 等人[46]围绕个人健康数据的起源和权利确认展开，应用智能合约技术来确保数据的可追溯性和所有权证明，创新性地将区块链技术应用于敏感的健康数据保护领域。Lin Shaofu 等人[47]研究了基于智能合约确认政府数据资源权利的方法。该方法创新地将区块链智能合约应用于公共数据管理，提高了政府数据资源管理的透明度和效率。Yang Jian 等人[48]提出了一种针对智能玩具的边缘计算的区块链数据交换模型。模型创新地将区块链技术与边缘计算结合，优化了数据交换的安全性和效率。王海龙等人[49]的方案通过区块链技术来实现大数据的确权，其创新点在于为大数据提供了一个分布式的确权框架，增强了数据的安全性和透明性。赵海军等人[50]探讨了大数据环境下信息确权的方法，创新地提出了一系列确权机制，并考虑了大数据背景下的特殊需求。蔡昌等人[51]研究了区块链在数据资产确权和税收治理中的应用，创新地将区块链技术引入税收领域，为数据资产确权提供了新的视角和方法。李齐等人[52]从理论基础出发，构建了数据资源确权的实践应用框架。文中系统地梳理了数据确权的理论，并提出了具体的应用框架。实践应用框架需要进一步与现实世界中的数据确权需求相匹配，此外，在不同行业中的具体实施细节尚未详细讨论。马梦伟[53]深入探讨了基于区块链技术的数据资产确权问题，创新地提出了一套确权流程和机制，使得数据资产的权属更加明确和可靠。龚竞秋[54]针对个人健康数据的存证溯源与确权问题，提出了基于区块链智能合约的解决方案。解决方案的创新之处在于将智能合约技术应用于健康数据管理，保障了数据的真实性和所有权。

这些研究主要围绕数据权利确认、数据资产确权、数据共享等问题进行研究，大多数研究都采用了区块链技术和智能合约技术，这些技术在数据权利确认和数据资产确权方面具有很大的潜力。但现有研究大多关注交易前和交易中的确权，对于交易后的确权保障较少关注。此外，对于这些技术在实际应用中的适应性和效率问题，以及如何处理大规模数据的问题，也有待进一步研究。

二、数据定价方法研究现状

依据定价方法出发点的不同，可以将现有定价方法分为如下五类。

(一)基于买方效用的数据定价方法

基于买方效用的数据定价方法是依据消费者对目标数据产品可能带来的效用估计和需求强烈程度，对目标数据商品进行定价的方法，是从需求端出发的定价方法。Harmon R R 等人[55]提出了基于消费者感知价值的数据定价模型，其定价侧重于对消费者利益的考虑。Agarwal A 等人[56]针对人工智能应用场景，提出了根据模型预测准确改善效果的数据定价方式。Yu Haifei 等人[57]考虑了由多个数据质量因素构成的多个版本的定价，并建立了一个两级模型：第一个层次是数据平台，假设只有一个数据所有者，负责确定数据版本的数量；第二个层次是希望实现数据效用最大化的客户，每个层次都被建模为最大化目标问题，因此整个模型是一个 NP 级别的双层规划问题。Liang Fan 等人[58]指出，基于支付意愿的定价策略更有利于保护数据供应者的利益，但挑战在于如何设计一个可量化的支付意愿函数[59]。通常情况下，用户倾向于购买高质量的数据，因此数据的质量常作为衡量数据效用的重要指标[60][61]。

刘朝阳[62]是以成本价格与边际效用价格之间的上下限为标准，在一定区域范围内采用价格策略方法来决定最终售价。熊励等人[63]则认为基于用户感知和价值判断的定价模型能够有效满足用户的各种个性化需要。

孙玲芳等人[64]主张应以用户效用函数作为一个企业的目标函数，并且要立足于根据顾客群体的版本偏好来作出产品的动态定价。缪方瑜[65]以消费者价值为基础，针对科技信息产品设计了基于效用的数据定价方法。周木生等人[66]打破了传统效用函数的线性假设，并基于此构建了更具普适性的、基于非线性支付意愿的定价策略模型。然而，在实际应用中，由于预先客观地量化大数据的价值具有相当大的难度，所以这个定价方法还需进一步的研究和探索。

(二)基于卖方利润的数据定价方法

以数据销售方利润最大化为目标进行定价，主要表现为数据交易平台根据数据消费者个性化需求和支付意愿而制定差异化定价策略，以最大限度获取消费者的剩余价值。(1)基于版本的定价。按照一定规则如数据质量、数据属性、用户需求等将数据产品划分为不同版本，针对不同版本制定不同的价格，满足消费者多样化需求。基于版本的定价带有一定的价格歧视，但可以兼顾买卖双方的利益诉求，且盈利性和交易效率较高[67]。数据的无成本复制特性，使得捆绑定价也普遍可见[68][69]，如将不同质量的数据商品进行捆绑销售[70]，以获取更多的利润。Balazinska M 等人[71]和 Koutris P 等人[72]分别提出了基于视图查询的数据版本构建方式，系统预定义若干视图，系统根据用户选择，基于基本视图组合生成查询结果，根据基本视图计算交易数据价格，并重点考虑了套利和折扣；但是，针对如何给基本视图定价的问题，该研究未进行探讨。Li Chao 等人[73]针对可进行线性聚合操作的情况，设计了一种具备无套利、非披露、不后悔等优良特性的交互式查询定价模式。上述基于查询的定价方法需要依赖预定义视图。为突破这一限制，Li Chao 等人[74]在查询中加入扰动，设计了一种基于查询结果准确度的定价模型，并构建了一个灵活的无套利定价函数。而 Tang Ruiming 等人[75]提出了基于元组的查询结果定价方法，但此改进的定价方法并没有给出明确的元组定价方法，加上该模型是离线交易模型，难以应对数据更新问题。

(三)基于数据内在属性的数据定价方法

该类研究可进一步细分，代表性的有基于信息熵的数据定价和基于数据质量的数据定价等。

1. 基于信息熵的数据定价。Ormos M 等人[76]的研究证明了熵作为一种金融风险度量方法的有效性，并指出与资本资产定价模型的 beta 参数相比它具有更高的解释力。这一研究为将熵应用于数据资产定价提供了理论支持，但他们并未将其直接应用于数据资产定价。韩海庭等人[77]和姚建国等人[78]研究探讨了基于信息熵对数据价值进行量化和定价的方法。他们的研究将数据集抽象为矩阵，并从行和列的角度量化数据集的信息量，进而得到数据集的定价策略。这些研究为基于信息熵的数据定价奠定了重要的理论基础，但他们并未更细粒度地考虑单个数据元组的定价。李希君[79]提出了数据信息熵作为一个新的数据定价指标，并定义了基于数据信息熵的定价函数。这一研究进一步推进了基于信息熵的数据定价方法，并讨论了定价函数的一些良好经济学性质。但该研究仅考虑信息熵作为唯一的定价因素，没有考虑其他影响要素，并且对连续数据的计算结果精确性有限，无法实现动态定价。Shen Yuncheng 等[80]提出了一种基于信息熵的个人数据定价方法，并将价格计算为每个数据元组的熵。这一研究的创新点在于将信息熵应用于个人数据定价，并实现了无套利和动态调整的特性。这为个人数据资产定价提供了一种新的思路和方法。Li Xijun 等人[81]提出了基于数据信息度量结果的定价函数，并给出了三个具体的定价函数。这一研究进一步丰富了基于信息熵的数据定价方法，为实际应用提供了更多的选择。Peng Huibo 等人[82]提出了一种基于分级的交易数据集隐私度量方法，并根据隐私含量和数据引用指数对交易数据记录进行定价。这一研究考虑了隐私因素对数据定价的影响，但该模型无法实现动态定价，具有一定的局限性。

2. 基于数据质量的数据定价。该类定价方法考虑了数据质量对数据价值的影响，体现了"按质论价"的原则[83]。Stahl F 等[84][85]应用数据质量维度提出了基于 NYOP（Name Your Own Price）原则的框架，根据用户的支付意愿来调整关系数据质量维度；也可根据用户的偏好来调整维度得出数据质量分数从而进一步定价。不同的机构、企业和用户对数据质量维度的标准可能不同，因此在进行数据质量评估时，需要根据实际的业务流程和用户需求来选择合适的数据质量维度[86]。这一点非常重要，因为只有选择了与实际应用相关的质量维度，才能确保数据质量评估的结果具有实际意义，从而为数据定价提供可靠的依据。数据质量的评估方法可以分为定量方法、定性方法和综合方法[87]。对于准确性、完整性等维度，可以用公式进行定量评估；而对于客户诚信、维度权重的可解释性等维度，则需要专家评估或用户反馈。在实际应用中，可以根据不同维度的特点选择适当的评估方法，并将定量和定性方法相结合，以获得更加全面和可靠的数据质量评估结果。基于数据质量的定价模型能够充分体现数据本身价值的完整性，使卖家可以获取更高的收入，买家收到的产品也符合自身的偏好和预算。这种定价方式兼顾了数据本身的价值和消费者效用，具有公平性和透明性的优点。尽管基于数据质量的定价方法具有上述优势，但它也存在一些局限性。首先，该方法主要考虑了数据质量因素，对数据量大小、数据包含的信息量等其他重要因素考虑较少[88]。其次，数据质量维度及维度之间的关系量化存在计算困难，这增加了实际应用中的复杂性。此外，数据质量维度及维度之间的关系量化也存在计算困难。

(四)兼顾买卖双方的博弈/拍卖定价方法

这一类定价方法在实践中应用广泛，通过考虑不同参与方的利益和策略，利用博弈论的原理来确定数据的价格[89]。刘洪玉等人[90]考虑了成本价格、商品特性以及消费者支付能力等因素，建立了基于鲁宾斯坦模型的定价模型。这一研究的优点在于综合考虑了多个影响因素，特别是将消费者支付能力纳入考虑，使得定价更加贴近实际市场情况。但同时，该模型也可能存在一些局限性，如对数据质量、数据量等因素的考虑不足。张晓玉[91]基于交易平台、数据消费者、卖方三方的静态博弈，构建了基于讨价还价模型的均衡数据定价方法。这一研究的创新点在于考虑了多方参与者的博弈过程，通过讨价还价的机制来达成均衡价格。这种方法能够较好地反映市场供需关系，并在一定程度上体现了定价的动态性。但同时，静态博弈模型可能无法完全捕捉实际数据交易中的动态变化和不确定性。赵森[92]利用成本法和收益法分别得到价格的上下限，然后通过"一对一"讨价还价模型对数据进行定价。这一研究的优点在于综合考虑了成本和收益两个方面，通过讨价还价的过程来平衡买卖双方的利益。陈俞宏[93]提出了一种基于机器学习和斯坦伯格博弈模型的数据定价方法。这一研究的创新点在于将机器学习引入数据定价领域，通过建立效用函数来评估数据的价值，并结合博弈论模型来确定最终的定价。此外，汪靖伟等人[94]指出，区块链技术有利于实现买卖双方直接交易的协议定价方式。郭鑫鑫等[95]针对个人健康数据，基于迭代双边拍卖方法，设计了兼顾供需双方利益诉求的双边数据定价策略，但该研究并未对具体交易价格进行探讨。陈志注等人[96]对传统 Vickrey 拍卖模型和序贯拍卖定价模型进行了改进，并基于新模型，设计实现了以卖方收益最大化为目标的数据商品拍卖件数确定方法。协议定价因其成交率较高，在现实中有着广泛应用，但该方法存在交易效率低、交易时间成本高、定价缺乏透明性等问题。

（五）基于人工智能的数据定价方法

有少数研究利用人工智能技术来对数据进行定价。代表性的有张驰[97]提出的基于深度学习的数据资产价值分析模型，但其求得的数值表示的是数据资产的相对价值，即数据资产价值指数，而非绝对价格。Chen Xi 等人[98]针对个人隐私数据，面向数据收集者，利用强化学习模型对个人隐私数据价格进行了建模，并基于模拟数据对算法进行了验证。Agarwal A 等人[56]针对人工智能应用场景，提出了根据模型预测准确率改善效果的数据定价方式，但其定价依赖于消费者的报价，而非基于人工智能模型的预测。

三、数据交易平台研究

（一）数据交易平台实践

在数据交易平台方面，国外已经构建相对较多的数据交易平台，如Dawex、OnAudience.com、BIG.Exchange、BuySellAds、QlikDatamarket、Xignite、World Quant、DataBroker DAO、Snowflake 等。这些平台覆盖了不同的数据领域和应用场景，为数据供应者和数据消费者提供了便捷的数据交易和共享渠道。这些平台的运营经验和商业模式对国内数据交易平台的发展具有重要的借鉴意义。近年，我国也已有很多城市先后成立了数据交易平台、大数据交易所等[99]。

基于区块链构建的数据交易平台在全球范围内都有一些实践案例，以下是一些典型例子。DataBroker DAO 是一个全球性的市场，专门用于物联网传感器数据的买卖。它允许传感器所有者将生成的数据出售给感兴趣的各方，从而获得额外的收入[100]。Ocean Protocol 是一个去中心化的数据交换协议，旨在解锁数据的价值，使数据所有者能够控制自己的数据，并允许消费者访问大量的数据[101]。Datum 是一个全球性的建立在区块链上的去中心化的高效率数据存储交易平台，允许用户将自己的数据出售给感兴趣的各方，使用区块链技术来确保数据的安全性和隐私性[102]。Streamr 是一个去中心化的实时数据平台，允许用户创建和运行实时数据应用程序。Streamr 使用区块链技术来确保数据的所有权和交易的透明性[103]。大数据流通与交易技术国家工程实验室联合上海数据交易所共同研发的"数据交易链"是一个基于区块链技术的数据流通平台。这个平台的目的是为了促进数据资源的安全流通与高效交易，同时保证数据交易的透明性和可追溯性[104]。以上这些平台都是利用区块链技术的特性，如去中心化、透明性、不可篡改性等，来解决数据交易中的一些问题，如数据所有权的确认、数据交易的信任问题等。

(二)基于区块链的大数据交易平台

Zhang Jinnan 等[105]聚焦于边缘计算环境，提出了一个基于区块链的可信边缘平台。结合了边缘计算的低时延优势和区块链的安全特性，提高了数据处理的实时性和安全性。Zheng Shuli 等[106]提出了一个基于区块链的大数据交易平台，旨在确保数据交易的透明性和安全性。通过智能合约自动执行交易，提高了交易效率和可信度。He Y 等人[107]提出了一个可审计的数据交易平台，侧重于数据交易后的责任追踪，实现了交易的不可篡改性和参与者行为的可追溯性，但缺乏对平台处理高频交易和大量参与者的可扩展性分析。He Yunhua 等人[107]提出了一个可审计的数据交易平台，侧重于数据交易后的责任追踪。实现了交易的不可篡改性和参与者行为的可追溯性。Fernandez R 等人[108]从数据库角度探讨了如何设计数据交易平台，更多的是理论分析而非具体技术实现，缺乏实践验证。Huang Yaodong 等人[109]在普遍存在的边缘计算环境中，研究如何公平并保护利润分成。提出了一种利润分成机制，保障参与者的利益。尽管考虑了利润分成的公平性，但对于如何防止恶意行为的措施讨论不足。Dai Wei 等[110]构建了一个安全的基于区块链的数据交易生态系统，引入了生态系统参与者的多重角色和责任，增强了系统的整体安全性。

基于区块链的大数据交易平台通过提供安全、透明的交易环境，为数据资产的流通提供了新的解决方案。综合以上文献，可以看出智能合约、边缘计算的结合、数据质量评估、可审计性、市场机制、公平利润分成和生态系统建设是当前研究的重点。尽管这些研究取得了一定的进展，但在大规模数据处理、高频交易应对、恶意行为防范以及实用性验证等方面仍存在挑战，需要未来研究进一步探索。

第三节　研究内容及研究思路

为有效促进数据交易市场的发展，本研究围绕安全数据交易环境营造、数据定价和数据确权三个数据交易过程中的基本要素展开。这三个基本问题相互关联，共同影响着数据交易的效率和效果。首先，一个安全的数据交易环境是数据定价和数据确权的基础。只有在一个安全的环境中，数据的价值才能得到充分体现，数据的权益才能得到保障。反之，如果数据交易环境存在安全问题，例如数据泄露、数据篡改等，就会对数据的价值产生负面影响，进而影响到数据的定价。不安全的交易环境往往会让数据供应者望而却步，或确定较高价格。同时，数据的确权也会受到影响，数据所有者的权益无法得到保障。其次，公平的数据定价对于营造安全的数据交易环境和实现数据确权保障都有着重要的作用。公平的数据定价可以激励数据的生产和交易，进而推动数据交易市场的繁荣，有利于营造一个安全的数据交易环境。同时，公平的数据定价也可以保障数据所有者的权益，有利于实现数据的确权。最后，有效的数据确权保障对于营造安全的数据交易环境和实现公平的数据定价也有着重要的作用。数据确权可以防止数据的非法使用，有利于营造一个安全的数据交易环境。同时，数据确权也可以保障数据所有者的权益，有利于实现公平的数据定价。

总的来说，安全的数据交易环境、公平的数据定价和有效的数据确权保障是相互依赖、相互影响的，缺一不可。对数据交易的研究，需要从这三个方面同时出发，从系统全局角度考虑，以实现数据交易的高效和公正。

针对第一节中提到的问题与挑战，本课题以数据交易的促成为目标，遵循"先决问题研究→核心问题研究→落地系统验证"的顺序，系统对数据交易过程中的安全基础设施、数据定价及确权追溯三个相互依赖、紧密关联的问题进行深入研究。具体思路见图 0-1 所示。

（一）如何构建安全的数据交易环境？安全视角下的数据交易演化博弈研究

安全风险较高的交易环境，会导致数据供应者对交易望而却步或者制定过高价格，不利于数据资产的交易流通和数据市场的健康发展。首先，从数据交易安全的角度出发，对数据交易市场中的四个关键参与主体——政府、数据交易平台、数据购买者以及数据供应者——进行了系统分析，并提出了相应的对策建议。具体包括：明确了研究对象，即数据交易市场中的四个关键参与主体。分析各个主体在数据交易过程中的角色定位和利益诉求。其次，利用演化博弈理论，构建了数据交易四方演化博弈模型。通过对参与主体进行复制动态分析和均衡稳定分析，揭示了各方主体在数据交易过程中的策略选择和动态演化规律。这一部分的研究为理解数据交易市场的演化提供了理论框架和分析工具。再次，考虑到数据交易系统的

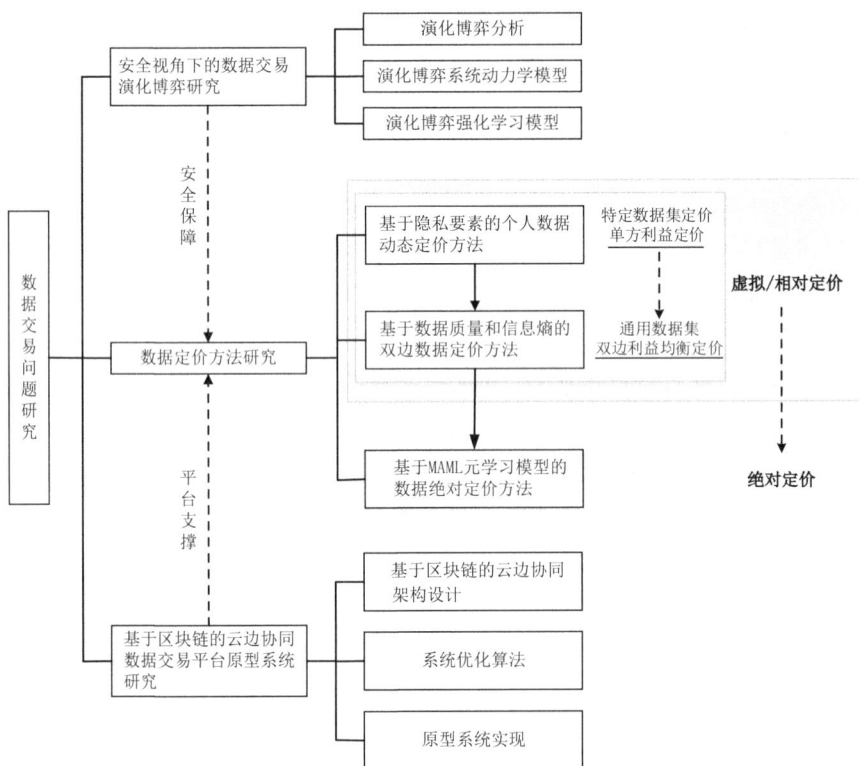

图 0-1 研究思路

复杂性和博弈过程的动态性，结合系统动力学方法，建立了数据交易四方演化博弈的 SD（System Dynamics）模型。通过模拟仿真，探究了各方主体的初始策略和关键因素对数据交易演化稳定趋势的影响。这一部分的研究有助于深入理解数据交易市场的动态演化规律，为制定合理的管理策略提供依据。然后，针对演化博弈 SD 模型中存在的问题，进一步引入了多智能体强化学习理论，构建了基于 Q-Learning 的演化博弈改进模型。同时，提出了一种负反馈惩罚机制，以改善数据交易中参与主体的演化博弈结果。这一部分的研究体现了本研究在方法创新方面的探索，有助于提高数据交易市场的管理水平和运行效率。最后，根据仿真分析结果，提出了针对数据交易安全的对策建议。

(二)如何对数据定价？数据定价方法研究

考虑到数据商品的特殊性和复杂性，本课题认为数据定价方法很难做到"one size fits all"，即一种数据定价方法应用于所有场景。因此，本课题遵循由特定到通用、由单数据集到多数据集、由固定模式到灵活模式、由相对到绝对的思路，系统对代表性场景的数据定价方法进行了探索。(1)首先，针对特定场景下单数据集的定价问题，提出了一种创新的多维动态定价方法。这一方法的优点在于充分考虑了个人数据集的隐私属性，将隐私要素作为定价的核心因素。同时，还综合考虑了其他多个维度，如数据引用度、数据年龄等，使得定价方法更加全面和合理，更适应市场动态的变化。(2)以通用数据集为目标，研究了通用单数据集定价问题，通过数据的价值来制定价格，并选择综合"质"(数据质量)和"量"(信息熵)两个指标来衡量数据价值，提出了计算数据集质量分数以及信息熵的数学方法；以此为基础制定了基于多版本设计兼顾买卖双方利益的双边定价策略。(3)鉴于现有数据定价方法难以高效给出数据实际交易价格的窘境，以及现有数据交易数据分散且有限的现状，基于爬取的实际交易价格数据，创新设计了基于元学习模型的数据绝对定价方法。

(三)如何落地？基于区块链的云边协同数据交易平台原型系统研究

数据交易平台是数据交易流通的支撑平台，数据商品不同于传统物质商品，可以几乎零成本无限复制传播，一旦数据的交易过程完成，数据的所有权也可能转移给数据消费者，这些消费者可以通过转卖来赚取利益。如果没有严格的知识产权保护与追踪机制，数据平台所有者可能会失去对数据的控制，因为数据消费者随后可以转移、共享，甚至再次销售该数据。利用工业界云边协同的思想，结合区块链技术和大数据处理平台，研发了一个创新的云边协同数据交易框架，为解决数据资产的确权追溯和海量存储计算扩展性问题提供参考方案。具体研究内容包括：(1)基于区块链的云边协同数据交易框架，能够有效解决数据资产的确权追溯需求和海量存储计算扩展性需求。(2)高效的共识算法。提出了基于 RePBFT (Redundant Practical Byzantine Fault Tolerance)算法的改进共识机制，有效解决了传统的 PBFT (Practical Byzantine Fault Tolerance)算法资源消耗过多、性能较低的问题。(3)智能合约算法。实现协议的自动签订和执行。(4)基于区块链的云边协同数据交易平台原型系统。测试结果表明系统功能能够达到预期的效果，且具备较好的性能。

第四节　创新与特色

一、创新

（1）创新利用系统动力学及增强学习，从安全视角对数据交易进行演化仿真，对数据交易中的安全基础设施构建进行了深入分析，并提出建设性意见。目前，从安全视角，对数据交易市场进行仿真分析的研究还比较少。

（2）针对个人数据，创新设计了基于隐私的动态数据定价方法；对于单数据集，创新设计了基于信息熵和数据质量的双边定价模型，兼顾考虑了买卖双方的利益，并利用双层规划模型对数据集价格进行求解。

（3）创新利用元学习模型设计了绝对定价方法，突破了现有的虚拟定价或相对定价理论与方法的应用局限性。

（4）基于区块链和 HDFS（Hadoop Distributed File System）大数据存储系统，创新设计了数据确权追溯技术，据此构建了云边协同的可信可控数据交易平台原型系统，并开发了原型验证系统。

二、特色

（1）系统全面。本研究以数据交易中的三个核心问题——交易安全、数据定价及确权追溯为研究对象，分别着重于交易前顾虑消除、交易中利益计算及交易全程的确权保障，涵盖制度层面设计、价格计算方法实现及落地验证，问题考虑全面，研究系统深入。

（2）交叉融合。本研究深度融合了信息经济学、数据库技术、市场学及迁移学习技术等，具备鲜明的交叉融合特色。

第五节　研究范围及假设

本研究主要关注场内交易，即买卖双方借助数据交易平台，并基于数据交易平台开展的交易。假定的数据交易市场模型为集中的双边模型；数据交易平台从数据发布者和全球网络收集数据，对其进行脱敏、清洗、加工等工作并制定数据产品的销售策略，以数据包等形式销售给数据消费者；数据消费者在交易平台数据产品之中进行自由选择，并支付相应的价格。

假定数据交易市场中的参与者包括：数据供应者、数据消费者、数据交易平台及政府。政府在数据交易市场中充当市场管理、监督及政策制定等角色。

数据供应者为数据所有者：本研究假定数据供应者即为法律意义上确权的数据所有者，并据此进行权益的保障跟踪，限于篇幅和研究方向的不同，对于法律视角下的确权问题，本研究不做过多讨论，本研究仅限于数据供应者对于其所供数据的管控追溯等。

交易数据集不重复原则：假定数据集不存在重复问题，一个数据集所有者只有一个，一个数据集在数据交易平台只存在一份，即数据集不会重复存储，不存在所有权争议。

数据确权保障对象：本研究中的数据确权主要指数据的所有权归属，对于其他权限如数据的占有权、使用权、受益权等，不做深入探讨。但文中所有权的确权保障思想和技术，可以扩展到其他类型权利的保障上。

数据确权研究范围：本研究假定数据归属问题已知，主要研究数据确权后，在整个交易过程中的权利保障问题。

术语约定：出于描述便利性，本研究中数据资产、数据商品、数据产品等概念等同，数据供应者、数据提供者等同使用，数据购买者、数据消费者等同使用，并将数据采集、加工、销售群体合称为数据供应者，顾客称为数据消费者。

第六节　研究方法

本课题在研究过程中使用的方法有：交叉学科法、文献调查法、实证研究法、数据密集型科学发现法、系统仿真法、访谈及田野调查法、归纳总结法、演化博弈理论、系统动力学、多智能体强化学习。部分详细方法及其可行性分析如下：

（1）交叉学科法。本研究的多项重要内容均涉及多个学科知识，属于典型的交叉学科研究。典型的如数据交易的演化博弈，运用到了博弈论、系统动力学、人工智能、信息经济学等多学科知识；个人数据定价涉及了信息经济学、计算机、运筹优化等多学科知识；双边数据定价策略设计及实现创新融合了商品多版本的思想、两层规划问题建模及进化算法的求解实现；数据交易平台实现涉及计算机科学与技术、确权理论等。

（2）文献调查法。对已有国内外研究成果进行吸收和借鉴，系统梳理，掌握最新研究成果，并对现有研究的缺陷不足进行总结归纳，确保本研究的理论先进性。

（3）实证研究法。基于小样本实际交易数据，分析数据价格影响因素同数据商品价格的相关性；基于真实实验数据集对定价方法进行有效性验证等，都采用了实证研究法。

（4）数据密集型科学发现法。基于已有交易数据价格数据，利用元学习模型构建通用数据定价学习模型，基于实际数据交易价格数据，构建实际数据定价模型。此方法属于典型的数据密集型科学发现方法。

（5）系统仿真法。数据交易演化博弈的仿真建模、数据交易原型系统都采用了此研究方法。

（6）访谈及田野调查法。对数据价格的影响因素及价格准确性采用专家访谈分析方式进行验证，对数据供应者的价格接受区间采取随机调查方式确认。

（7）归纳总结法。通过资料查阅、文献调研及实验分析，对设计进行深入分析和总结，以得出更全面和更细致的结论。此方法广泛应用于安全视角下数据交易的博弈演化分析、本研究提出的三个数据定价方法的实验分析等。

第七节　章节结构

本书共分六部分。第一部分为导论，系统阐述本课题研究的背景与意义，面临的问题和挑战，研究内容、思路、范围及前提假设，并指出本课题研究的可能创新点，及章节结构安排等。

第二部分阐述数据资产交易的相关理论及技术基础。首先，介绍了数据资产的定义，随后概述了数据交易的相关概念、内容、模式以及流程等；然后对数据交易常用的市场模型进行了介绍；接着对数据交易各参与方进行了描述；最后对传统定价理论和数据定价理论进行了介绍。

第三部分以数据交易中的政府、数据交易平台、数据消费者以及数据供应者作为研究对象，分析各个参与主体在数据交易过程中的角色定位与利益诉求，利用演化博弈、系统动力学、增强学习等，对数据交易市场参与者行为进行仿真建模，并提出改进措施及建议。

　　第四部分详细讨论本课题针对不同场景提出的四种数据定价方法。首先以个人数据为例，设计了基于数据本身隐私度量的数据集动态数据定价方法，继而探讨了兼顾买卖双方的均衡数据定价方法，最后对数据绝对定价进行了核心内容设计和初步预研。

　　第五部分从构建数据交易平台的需求分析入手，基于区块链，利用云边协同的理念，构建可信、可控的数据交易平台。具体包括性能优化如PBFT 算法的改进、智能合约实现、云边协同架构设计及实现等内容。

　　最后一部分对全书进行总结和分析。

第1章　相关理论与技术基础

第一节　概念基础

一、数据资产

根据 ISO① 的定义，信息(Information)是关于事实、过程、思想等实体的知识[111]，它在特定的上下文中具有明确的含义。数据(Data)则是信息的具体化表现形式，它使信息能够被有效地交流、解释或处理[112]。

在数据要素化的时代背景下，数据被视为一种可以界定产权、进行交易的商品。数据商品主要包括数字商品(Digital Goods)和数据商品[113]两类，两者在本质上有较大的区别。数字商品也叫虚拟商品或电子商品，指的是以数字形式存在、以电子方式分发和使用的商品或服务。数字商品在电子设备上创建、传输和存储，并且在购买后通常可以立即使用。数字商品的范围非常广泛，包括但不限于下列几种类型：软件和应用程序、电子书、论文、音乐等都属于数字产品。而数据产品指的是经过整理、清理、分析和包装的数据集，可以被用于支持决策、提供洞察、预测未来，或提供其他有价值的信息。数据商品通常在数据交易平台上买卖，数据供应者可以是个人、企业或机构，提供原始数据或经过初步加工的数据。数据消费者通常是需要这些数据来支持自己业务发展的公司或研究机构。数据商品可以分为很多种类，比如客户数据、市场分析数据、工业数据、科研数据等。

数据商品是数据要素或数据资产的核心。数据商品价值发挥的关键是将数据与实际业务相结合，加工出决策知识，基于知识实现业务的高效改

---

① ISO 即国际标准化组织(International Organization for Standardization)。

进，从而释放数据的价值[114]。与传统商品和金融资产相比，数据资产具有以下新颖特点：

（1）虚拟特性：数据资产是一种无形的资产，以数字形式存在，它不能按照传统的实物资产方式进行直观度量和管理。

（2）边际成本接近零：数据资产的复制和传输成本较低，一旦数据被收集和创建，其复制和分发的边际成本几乎为零[115]。

（3）非竞争性与非排他性：数据是非竞争性的，即一个人的使用并不妨碍其他人同时使用。此外，数据也具有非排他性，可以被多个用户同时拥有和使用。

（4）价值的不确定性：数据的价值取决于如何使用它。同样的数据，在不同的应用环境中，可能产生完全不同的价值。这使得数据的价值有很大的不确定性，非常依赖于具体使用的情境和方式。

（5）数据老化特性：数据虽然可以长期保存，但其时效性和相关性可能会随时间变化。旧的数据可能不再准确反映当前的情况，因此数据的价值可能会随时间而降低，需要通过实时更新和优化来保持其价值。

（6）相关性：数据的价值往往依赖于与其他数据的关联性。单独的数据可能没有太大的价值，但当被整合、关联在一起时，可以产生重要的洞察。

（7）数据安全和隐私忧虑：数据资产的使用和管理需要充分考虑数据安全和隐私保护。不当的数据使用可能会引发法律风险和声誉风险。这些都是数据资产具有的关键特征，理解这些特征对于正确评估和利用数据资产非常重要。

二、信息熵

信息熵（Information Entropy）是信息论中的一个重要概念，是由克劳德·香农（C. E. Shannon）首先提出的一个数学概念[117]，用于度量一个随机变量的不确定性。设离散随机变量的概率分布为 p_1，p_2，$\cdots$，p_n，则其信息熵 S 可用式（1-1）计算：

$$S = \sum_{i=1}^{n} p_i \log \frac{1}{p_i} = - \sum_{i=1}^{n} p_i \log p_i \tag{1-1}$$

一般情况下，一条信息的出现频率越低，当该信息得到确认时，它消除的不确定性就越大，因此它的信息量就越高。所以，从信息传播的角度来看，信息熵是用来表示信息价值的一个指标。

信息熵具有以下数学性质：

（1）单调性。事件发生的概率同其包含的信息量成反比，因为在高概率情况下，该事件的发生并不会带来太多的新信息或减少太多的不确定性。

（2）非负性。对于任何随机变量 X，其信息熵 $H(X)$ 总是非负的，即 $H(X) \geqslant 0$ 始终成立。随机变量 X 的所有可能取值的概率分布都在 0 到 1 之间，即 $0 \leqslant P(X) \leqslant 1$。当 X 是一个确定性事件时，也就是说 $P(X) = 1$ 或 $P(X) = 0$ 的情况下，从该事件中获得的信息量为 0，因此这种情况下的信息熵也为 0。

（3）累加性。两个相互独立的随机变量 X 和 Y，其联合熵等于各自熵的和。

（4）连续性。信息熵的计算公式是一个关于概率的连续函数，这意味着概率值的微小变动会导致信息熵发生相应的微小变化。

三、数据交易定义与内容

数据交易指的是在个人、企业、组织或国家之间，就数据的收集、处理、分析、应用等方面的权利和义务，进行的买卖或交换活动。这涉及数据的所有权、使用权、存取权等法律权利的转移或共享。数据交易可以是商业性的，也可以是非商业性的，其目的可能是为了获取经济利益、增强研究能力、改善服务或产品等。本研究中的数据交易特指原始数据的交易。

数据交易市场是一个专门的商业环境，其中数据资源和数据服务是交易的主要对象，涉及数据供应者、数据交易平台、数据购买者以及其他相关部门的参与。数据交易指的是将数据作为一种商品，通过一定的交易机制，使其从数据供应者转移到数据购买者手中的过程[118]。

相较于传统的有形商品交易，数据交易的独特性在于其交易标的物为无形的数据资源。现有的学术研究中，学者们根据数据交易参与主体、数据所有权归属等多个维度，对数据进行了不同层次的分类。这里在综合梳理前人研究成果的基础上，从数据来源和权属的角度出发，将数据交易的内容进一步细分为三类：第一，个人数据，即由个人产生和所有的数据；第二，企业数据，即在企业经营活动中产生和归企业所有的数据；第三，公共数据，即政府部门和公共机构在执行公共管理职能时产生和掌握的数据[119]。

四、数据交易参与主体

这里所研究的数据交易主要是场内交易，即基于数据交易平台中介开展的数据商品买卖行为。在数据交易过程中，参与主体主要包括政府、数据供应者、数据购买者和数据交易平台，各自扮演着不同的角色，如图1-1 所示。

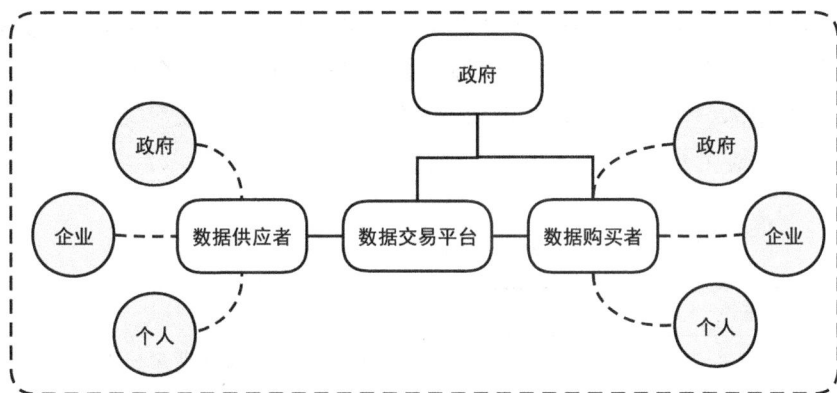

图 1-1 参与主体图

（1）政府：政府在数据交易中主要扮演监管者和部分情况下的数据供应者的角色。作为监管者，政府负责制定和执行数据交易的相关法律、法规和政策，保障数据交易的安全、公正和透明，同时也关注数据交易过程中的隐私保护、数据安全等问题。在某些情况下，政府也会作为数据的提供方，向市场提供公共数据资源，如气象、地理、统计等公共信息。

（2）数据供应者：数据供应者是数据交易过程中的提供者，负责向市场提供高质量的数据资源。这些供应方可以是个人、企业或其他组织，他们拥有或控制着大量的数据资产，并愿意通过数据交易平台或其他方式出售或分享这些数据。数据供应者需要确保所提供数据的真实性、准确性和合法性。

（3）数据购买者：数据消费者是数据交易中的需求方，他们需要通过购买或订阅数据来支持自己的业务运营、决策分析或科研活动。数据消费者可能是企业、研究机构或个人，他们根据自己的具体需求寻找和利用各种数据资源，以提高决策质量、优化业务流程或创新产品服务。

（4）数据交易平台：数据交易平台提供一个中介服务，连接数据供应者和数据消费者，促进数据的买卖或交换。这些平台通过提供技术和服务框架，简化数据交易流程，提高交易效率和安全性。在我国，数据交易平台的发展呈现多元化趋势，根据主导方的不同，大致可以分为以下三类[120]：企业主导的数据交易平台——由具有强大数据处理能力和技术实力的商业企业创建和运营的平台，政府牵头的数据交易平台——由政府或政府授权的机构建立和管理的数据交易平台[121]和产业联盟主导的数据交易平台——由行业内多个企业或组织共同发起的交易平台。

这些参与主体通过各自的角色定位和协同作用，共同构成了数据交易市场的生态系统，推动了数据资源的有效流通和利用。综合上文对数据交易参与主体、角色定位及其利益诉求的分析，可以建立以下参与方诉求分析表，如表 1-1 所示。

表 1-1　利益诉求分析表

参与主体	利益诉求分析
政府	监督数据交易过程，保障数据安全，推动数据交易市场的有序进行
数据供应者	提供个人数据或企业数据，以获取服务或收益
数据交易平台	作为数据收集方，收集(处理)个人数据，满足自身业务需求； 作为数据供应方，提供公司运营数据或个人数据，获取商业利润； 撮合交易双方，达成数据交易，从中赚取差价
数据购买者	获取所需数据，用于决策分析或服务支撑

五、数据交易模式与流程

通过分析国内外数据交易平台的实际运作情况，当前中国数据交易主要呈现出两种模式：企业之间的直接交易和通过数据交易平台作为中介的交易[122]。在实际操作中，大多数数据交易是通过第三方平台完成的。因此，本课题的研究将以数据交易平台作为中介的交易模式作为基础，关注数据供应者和需求方在这种模式下进行数据买卖的交易行为，该模式下的数据交易流程如图 1-2 所示。

对于通过数据交易平台作为中介的交易模式，进一步的分类可以基于大数据的加工处理程度、交易模式等因素来划分。

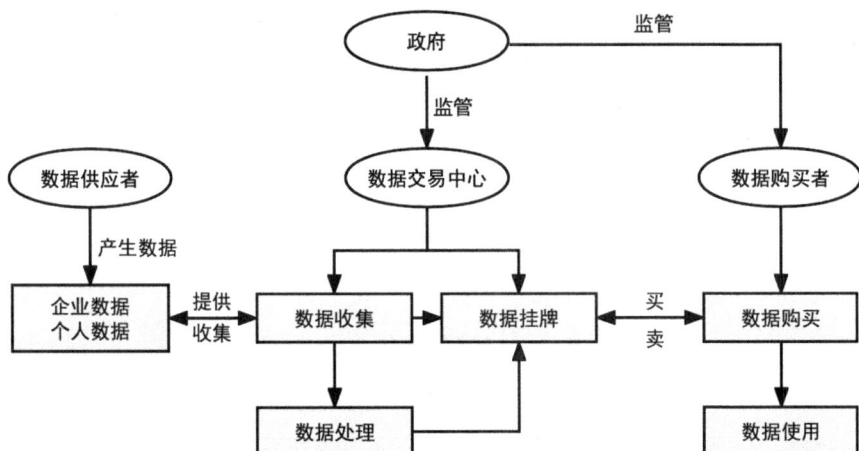

图 1-2 数据交易流程图

(一) 以数据加工程度为依据

根据大数据的加工处理程度, 数据交易模式可被划分为撮合交易模式和数据增值服务模式[123]。

(1) 撮合交易模式是一种基于市场供需关系, 通过平台或中介机构将数据供应者和数据需求方直接撮合起来的交易模式。这种模式类似于传统的商品交易市场, 数据作为交易的对象, 买卖双方在交易平台上进行匹配。数据供应者将自己持有的数据信息发布到平台上, 数据需求方根据自己的需求在平台上搜索和选择所需数据, 并完成购买。撮合交易模式强调的是交易双方的直接对接, 平台或中介机构主要提供交易撮合、信息发布、交易安全保障等服务, 便利数据的买卖过程。其逻辑如图 1-3 所示。

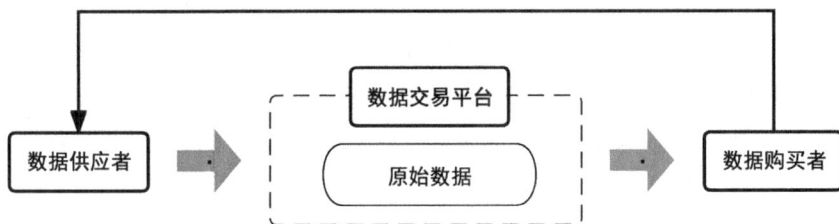

图 1-3 数据撮合交易模式图

(2) 数据增值服务模式。数据增值服务模式不仅仅涉及数据的买卖,更注重通过对原始数据的加工、分析和处理，创造出更高价值的信息产品或服务。在这种模式下，数据交易平台或专业的数据服务公司通过收集、整合和分析数据，提供定制化的数据分析报告、行业洞察、消费者研究等增值服务。数据增值服务模式的核心在于数据的深度挖掘和应用，通过技术手段提高数据的商业价值和实用性，满足客户更加具体和深入的数据需求。其核心逻辑可以通过图1-4进行阐释。

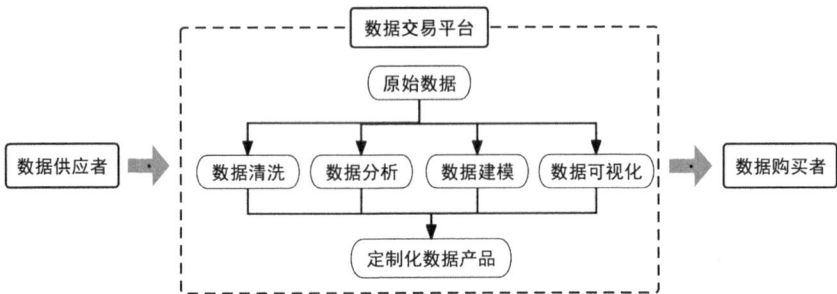

图 1-4 数据增值服务模式图

(二)以交易方式为依据分类

根据数据交易的组织和执行方式，数据交易模式可以分为托管交易模式和聚合交易模式，这两种模式主要涉及数据交易的安全性、便捷性以及如何提升数据的可用性和价值[124]。

(1)托管交易模式。托管交易模式是一种数据交易过程中，交易平台或第三方机构承担数据的存储、管理和传输等职责的模式。在这种模式下，数据供应者将数据上传到平台的服务器上，由平台进行管理和保护。当数据消费者选购数据后，平台负责将数据安全、准确地传输给消费者。这种模式的关键在于提供一种安全的环境，确保数据在交易过程中的保密性和完整性，防止数据泄露或被未经授权的第三方访问。托管交易模式便于监管和维护交易的合规性，同时也减少了数据供应者和数据消费者之间直接交换数据的复杂性。

(2)聚合交易模式。与托管交易模式相比，此模式下数据交易平台不承担数据存储责任，而是由数据供应者自行承担，数据交易平台只是一个API调用接口的聚集入口，当接收到数据购买请求时，数据供应者才向数据交易平台传输数据，交易平台随后负责执行交易的剩余流程。此种方式强调了在数据供应者与交易平台之间建立的直接数据流通机制，以及交易平台在整个交易过程中的关键作用。

第二节　相关理论与实践

一、传统定价理论

传统定价理论主要基于经济学原理，通过分析成本、市场需求、竞争状况等多种因素来决定商品或服务的价格。定价策略在商业运营中扮演着至关重要的角色，直接影响到企业的盈利能力和市场竞争力。传统定价方法大致可以分为三大类：成本导向定价、需求导向定价、竞争导向定价。

(一)成本导向定价法

成本导向定价法是一种以成本为基础，确定商品或服务价格的方法，它确保了商品的销售价格能够覆盖生产和销售成本，并获得预期利润。

(1)总成本定价法(全成本定价法)：这种方法考虑了企业的全部成本，包括固定成本和变动成本。定价公式为：销售价格 = 单位成本 + 预期利润率 × 单位成本。这种方法简单易行，但忽略了市场需求和竞争状况的影响。

(2)边际成本定价法：边际成本是指生产额外一单位商品所增加的成本。边际成本定价法以边际成本加上预期利润作为产品的销售价格，公式为：销售价格 = 边际成本 + 预期利润。这种方法适用于市场竞争激烈，企业需要调整价格以维持市场份额的情况。

经济学中边际成本的变化趋势[1]，如图 1-5 所示。

(3)盈亏平衡定价法。盈亏平衡定价法侧重于计算覆盖全部成本所需的最低销售量，进而确定价格。该方法通过分析固定成本、变动成本与总成本的关系，确定在特定销售量下实现盈亏平衡的价格。这种方法帮助企业理解价格设定与盈利之间的关系，但同样忽略了市场的复杂性。

(二)需求导向定价法

需求导向定价法基于消费者的支付意愿和产品的需求弹性来设定价

---

[1]　引自《经济学原理》(N. 格里高利·曼昆所著的经济学教材)第十三章：生产成本。

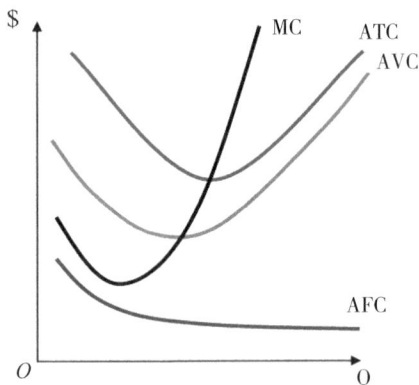

图 1-5　边际成本趋势图

格，强调价格与市场需求之间的关系。

感知价值定价法：根据消费者对产品价值的感知来设定价格。这要求企业深入了解目标市场和消费者的需求、偏好及感知。

分层定价法：针对不同细分市场、不同消费者群体设定不同价格。这种方法能够最大化市场覆盖和利润。

(三)竞争导向定价法

竞争导向定价法侧重于根据竞争对手的价格水平来设定自己的价格。

跟随定价法：企业根据行业内领导者或主要竞争对手的价格来设定自己的价格。

撇脂定价法：设定高于竞争对手的价格，目标是塑造高端品牌形象，适用于对价格不太敏感的消费者群体。

每种定价方法都有其适用场景和局限性。企业在选择定价策略时，需要综合考虑自身的成本结构、市场定位、消费者需求和竞争状况，甚至还需要考虑外部经济环境的影响。在实际操作中，企业往往采用多种定价策略的结合，以灵活应对市场的变化，实现盈利最大化。

二、数据定价实践

数据定价是数据交易的核心问题之一。在现实中，可以看到许多隐式或显式的数据定价实例。隐式数据定价是指数据的价值并不直接以金钱交易的形式表现，而是通过提供服务或产品来间接获取用户数据，进而实现价值转化的一种定价方式。例如：(1)互联网服务的隐私条款。许多免费提供的互联网服务(如社交媒体、搜索引擎、在线应用等)通过在服务协议中包含隐私条款,获取用户同意,收集其个人信息和使用习惯等数据。企业通过分析这些数据来改进服务、推送定向广告,甚至与第三方共享数据以获得收益。(2)超市借助会员卡获得消费者信息。超市提供会员卡,并鼓励消费者在购物时使用会员卡来累积积分、享受折扣等优惠。这种方式实际上是在隐式地收集消费者的购物习惯、偏好和频次等数据,企业通过分析这些数据来优化商品摆放、库存管理,甚至进行个性化营销。(3)问卷调查时通过礼品换取信息。企业或研究机构通过提供小礼物或抽奖机会作为激励,鼓励人们填写问卷调查。参与者在未直接获得金钱报酬的情况下,提供了自己的个人信息和意见。这些数据对企业市场研究、产品开发具有重要价值。

显式数据定价是指数据的价值以明确的金钱交易形式表现,数据的买卖双方直接就数据的价值进行定价和交易。例如:(1)大数据平台上的数据销售。如大数据平台、云平台等,提供数据集合、数据分析服务,客户可根据需要购买特定的数据集或分析结果。这种方式直接将数据产品化,以明确的价格进行买卖。Palantir Technologies[1] 公司便是一个典型代表。(2)付费获取市场研究报告。企业或个人支付一定费用购买专业机构提供的市场研究报告或行业分析数据。这些报告和数据通常基于广泛的数据收集和深入分析,对决策者提供重要的信息支持(如国际著名市场调研公司Nielsen)[2]。(3)企业间的数据交换协议。两个或多个企业之间可能会基于互惠互利的原则,通过签订协议直接交换彼此需要的数据。交换过程中可能涉及数据使用权的转让费用,这种费用即为数据的显式定价。这些显式的定价方式通过直接的交易,为数据的买卖提供了清晰的价格标准和付费方式。

在数据交易实践中,定价方式多样,以适应不同类型的数据产品和服务。以下是一些常见的数据定价方式及示例。(1)订阅制定价。这种定价模式允许用户在订阅期间无限访问特定的数据集。订阅制通常按月、季度或年收费,适用于需要定期更新数据的服务。示例:一家市场研究公司提供行业报告和市场趋势分析,客户通过年度订阅服务获取最新的研究报告和数据更新。(2)API 调用定价。对于通过 API 提供的数据服务,许多公司按 API 调用次数定价。这种方式适用于实时数据查询和动态数据集成

---

[1]　https://www.palantir.com/.

[2]　https://www.nielsen.com/.

场景，如京东万象。(3)数据集打包定价。将相关的数据集合成包进行销售，根据数据的完整性、稀缺性和应用价值定价，适用于特定主题或领域的深入分析。示例：提供消费者行为数据的公司可能会根据不同行业(如零售、汽车)打包销售特定的数据集，以便企业进行市场分析。(4)动态定价。根据市场需求、数据稀缺性以及购买者的支付意愿动态调整价格。这种方式常用于高度变化的市场环境。示例：某数据交易平台提供一个热门事件相关的独家数据集，随着时间推移和需求变化，数据价格也会相应调整。(5)性能基础定价。基于数据产品或服务为客户带来的实际效益或性能改进来定价。示例：一家提供营销数据分析服务的公司可能会根据其服务帮助客户增加的销售量来收取服务费。

此外，实践中的定价策略可以分为个性化定价、集体定价和版本控制定价[125]。(1)个性化定价：为不同用户设定不同的价格。(2)集体定价：对客户进行细分分类定价。(3)版本控制定价：利用数据易加工的特点，提供多个版本数据，并据此设定定价策略。

三、演化博弈理论

演化博弈理论是一种结合了博弈论和进化生物学原理的理论框架，它用于研究在自然选择和其他进化力量作用下，个体策略如何随时间演变[126]。这种理论认为，个体的行为或策略并非基于超前的理性判断，而是通过"策略"的生物学或文化演化过程逐步形成的。

在演化博弈理论中，不是假设所有参与者都是完全理性的，而是假定其遵循某种策略，这些策略可能是由遗传因素决定的，也可能是由个体的学习和模仿行为决定的。这些策略随着时间推移会根据它们在环境中的成功度(例如生存和繁殖成功率)进行优化。

演化博弈理论的核心概念之一是"进化稳定策略"(Evolutionarily Stable Strategy，ESS)。这是一种策略，如果大部分个体都采用它，那么没有其他新策略能够入侵并在该群体中取得更大的成功。换句话说，一个进化稳定策略是一种策略，当它被群体中的大多数个体采用时，任何偏离这种策略的个体都不会获得进化上的优势。

演化博弈理论强调参与主体策略选择的持续优化和调整过程，而非一次性的最优化决策。

(1)复制动态：复制动态是演化博弈理论中的一个重要概念，它描述了有限理性博弈方如何根据策略出现的频率和次数进行策略选择的机制。在复制动态中，博弈方会观察其他参与者的策略选择和收益情况，并根据一定的概率规则对自己的策略进行调整。具体而言，如果一个策略的收益高于平均收益，那么采用该策略的博弈方比例将会增加；反之，如果一个策略的收益低于平均收益，那么采用该策略的博弈方比例将会减少。通过这种不断的观察、学习和调整过程，博弈方的策略选择会逐渐优化，最终达到一个动态平衡状态。复制动态的概念体现了演化博弈理论对有限理性和动态学习的重视，更加贴近现实中决策主体的行为特征。

（2）演化稳定策略：演化稳定策略是演化博弈理论的另一个核心概念，它指的是在系统变化中，群体通过动态学习、模仿和策略优化，最终达到一个稳定的均衡状态。演化稳定策略的形成过程通常需要较长的时间，涉及多轮博弈和策略调整。在这个过程中，博弈方会不断评估自己的策略效果，并根据其他参与者的策略选择和收益情况进行策略调整。随着时间的推移，那些能够带来较高收益的策略将会被更多的博弈方所采用，而那些收益较低的策略将会逐渐被淘汰。最终，系统会达到一个动态平衡状态，此时所有博弈方的策略选择都是最优的，不存在进一步调整的动机。演化稳定策略的概念体现了演化博弈理论对长期均衡和动态优化的关注，为分析复杂系统的演化提供了重要的理论工具。

总的来说，复制动态和演化稳定策略是演化博弈理论的两个关键概念，它们共同构成了演化博弈理论的核心内容。复制动态描述了博弈方策略选择的动态调整过程，体现了有限理性和动态学习的特点；演化稳定策略则刻画了系统长期演化的均衡状态，体现了动态优化和策略稳定的特点。这两个概念的提出和应用，使得演化博弈理论能够更加准确地描述现实中复杂系统的演化过程，为分析和优化决策提供了有力的理论支持。

演化博弈理论在社会经济、生物学、人类行为等领域有着广泛的应用，以研究其中的运营、合作、竞争等问题[127]。在数据交易领域，运用演化博弈理论可以帮助我们深入理解数据交易市场中各参与主体的策略选择和动态演化过程，为优化市场机制和制定合理的管理策略提供理论依据。通过分析复制动态和演化稳定策略，我们可以预测数据交易市场的长期均衡状态，并采取相应的措施来引导市场朝着更加健康和有序的方向发展。

第三节 相关技术

一、多智能体强化学习

(一)强化学习

强化学习是机器学习的一个重要分支,它关注的是如何基于环境的反馈来优化决策或行为策略。在强化学习中,一个智能体(Agent)通过与环境互动,从环境反馈(通常是奖励信号)中学习如何在特定状态下选择最优行动以最大化累计奖励[128]。其原理如图1-6所示。

强化学习的核心组成包括状态(State)、行动(Action)、奖励(Reward)、策略(Policy)、价值函数(Value Function)和模型(Model)等元素。其中,策略定义了在给定状态下选择行动的规则;价值函数用于评估在特定状态或状态行动下获取的预期奖励;模型则是对环境的行为和状态转移的表示。

强化学习的过程可以概括为以下几步:观察当前环境的状态;基于某种策略选择行动;执行行动,并观察结果,包括新的状态和获得的奖励;调整策略以优化未来的奖励累计。如图1-6所示,通过不断重复上述交互过程,强化学习模型便可以逐步找到执行特定任务的最优行为策略[129]。

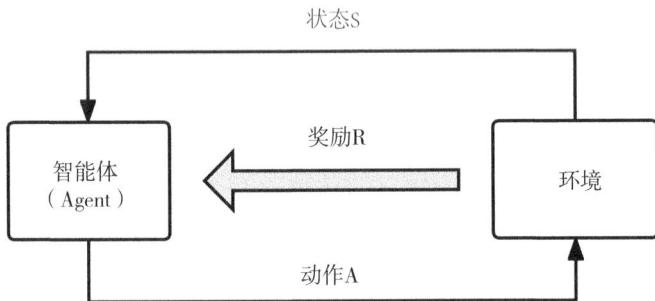

图1-6 强化学习原理图

(二)多智能体强化学习

多智能体强化学习(Multi-Agent Reinforcement Learning, MARL)是强

化学习的一个分支，它涉及多个智能体在同一个环境中相互作用和学习。与单一智能体强化学习相比，多智能体强化学习面临更复杂的问题，因为每个智能体的行为不仅受到环境的影响，还受到其他智能体的影响。多智能体强化学习的模型框架如图 1-7 所示。

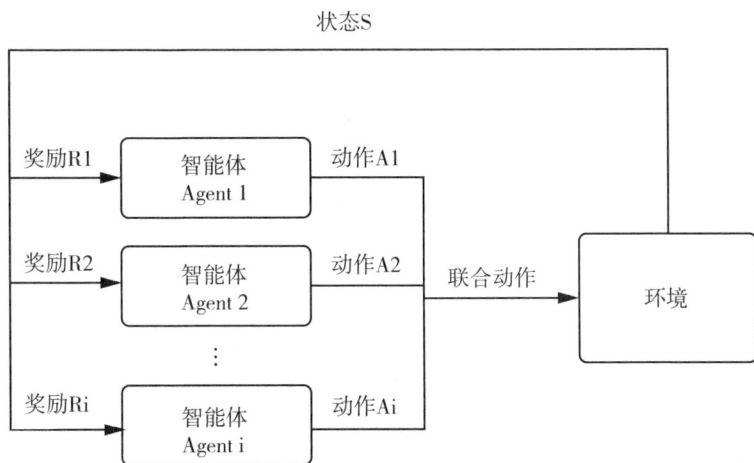

图 1-7　多智能体强化学习模型

在多智能体系统中，每个智能体都试图通过学习来最大化其累计奖励，但是由于其他智能体同时也在学习和调整其策略，这导致了环境呈现非静态特点。这种情况下，智能体的决策往往需要考虑其他智能体的潜在策略和行为，增加了策略的复杂性。但智能体之间的经验分享和协作能够有效促进它们更高效地学习和完成任务[130]。

MARL 的关键挑战包括但不限于以下几点。(1)策略协调：如何设计能够在多智能体环境中相互协调一致的策略。(2)信用分配(Credit Assignment)：当多个智能体共同导致一结果时，如何合理地将奖励或惩罚分配到各个智能体上。(3)稳定性与收敛性：在一个动态变化的学习环境中，如何确保学习过程的稳定性并最终收敛到一个均衡状态。(4)部分可观测性：在实际情况中，智能体可能无法完全观测到整个环境状态或其他智能体的所有信息，需要在部分可观测的环境中做出决策。

二、区块链技术

区块链技术是一种分布式账本技术，利用加密学和共识算法，将数据以连续的区块链形式存储在多个计算节点上，实现数据不可篡改、透明可追溯的记录。它支持去中心化的数据管理，使得所有网络参与者都能验证和确认交易，从而在金融、供应链管理、智能合约等多个领域提供安全、可信赖的解决方案。区块链的核心优势在于提高交易效率、降低成本、增强安全性和抵抗单点故障的能力。区块链的关键技术有：Hash 算法、Merkle 树和数字证书等。

（一）Hash 算法

哈希（Hash）算法在区块链技术中扮演着至关重要的角色，它是确保区块链安全性和完整性的基础。哈希算法是一个将任意长度的输入数据转换成固定长度输出的函数，这个输出通常被称为哈希值或者哈希码。这些算法设计得非常独特，即使是微小的输入差异也会导致截然不同的哈希值，这种特性称为"雪崩效应"。

在区块链中，哈希算法用于创建数据块的"数字指纹"。每个块包含多个交易，这些交易首先被哈希算法处理，然后这些哈希值被组合并再次进行哈希处理，直到生成一个单一的哈希值，即该块的哈希。这个块的哈希值不仅包含关于内部交易的信息，还包括前一个块的哈希值，从而将所有块链接在一起形成一个链。如果任何块中的信息被更改，该块的哈希值将改变，连锁反应使得后续所有块的哈希值都不再有效，这就确保了区块链的不可篡改性。

哈希算法还为区块链的工作量证明（Proof of Work，PoW）共识机制提供了基础。在比特币等 PoW 区块链系统中，矿工必须找到一个数值，当它与区块内容一起被哈希时，结果必须满足网络设定的难度目标。这个过程被称为"挖矿"，它确保了网络的安全性和去中心化。

区块链常用的哈希算法包括 SHA-256（比特币使用）和 Keccak-256（以太坊使用）。这些算法必须快速计算，以便有效处理大量的交易，并且它们必须足够安全，以防止任何潜在的碰撞攻击，即找到两个不同的输入，但生成相同哈希值的情况。

最后，哈希算法还用于加密钱包中的私钥和公钥，确保用户资产的安全。每个钱包地址实际上是公钥的哈希值，这为用户提供了一层匿名性，同时保持了交易的透明性。

总之，哈希算法是区块链不可或缺的一部分，它们通过为每个块和交易提供唯一的指纹，维护了区块链的安全性和数据不变性，确保了整个系统的健康和可信赖。随着区块链技术的不断发展，这些算法将继续发挥着核心作用。

（二）Merkle 树

Merkle 树（也称为哈希树）是一种数据结构，它在区块链技术中广泛使用。Merkle 树通过将大量数据组合成一个单一的哈希值来实现数据完整性的验证，这个过程通常涉及以下几个步骤：

（1）数据分块：首先，将需要存储在区块链上的所有交易（数据）分成一个个的块。

（2）哈希计算：对每个块单独进行哈希计算，生成对应的哈希值。哈希是一种将任意大小的数据转换成固定大小输出的函数。

（3）构建哈希对：然后将这些哈希值两两配对，并对这对值再次进行哈希计算，生成一个新的哈希值。如果有奇数个哈希值，通常会复制最后一个哈希值，以确保是成对的。

（4）递归哈希：重复步骤 3，直到所有的哈希值被合并成一个单一的哈希，这个过程会形成一个树状结构。这棵树的顶部，也就是根部，会有一个单一的哈希值，称为 Merkle 根。

举例说明：假设在一个区块链中，有 4 笔交易：T1，T2，T3，T4。首先计算每笔交易的哈希值：H1，H2，H3，H4。然后将它们两两配对，形成新的哈希：将 H1 和 H2 哈希计算得到 H12，将 H3 和 H4 哈希计算得到 H34，接着，再将 H12 和 H34 进行哈希计算，得到最终的 Merkle 根 H1234。这个根哈希值代表了这 4 笔交易的最终数据完整性的标识。

在区块链中的实际应用中，Merkle 树使得数据验证变得高效，因为在验证数据完整性时，不需要下载整个区块链。例如，如果你想验证 T2 是否包含在某个区块中，你只需要知道 H1 和 H34，以及 Merkle 根。通过这些信息，你可以重新计算出 Merkle 根，并与存储在区块头中的 Merkle 根进行对比，如果它们匹配，那么就可以验证 T2 确实包含在该区块中。

在区块链中，使用 Merkle 树可以大幅降低所需要处理的数据总量，也可以减少所需计算的复杂度。区块链中通过将 Merkle 树根记录在区块头中，可以提高存储效率，提升整体的可扩展性，另外还可以防止有人恶意篡改区块链的信息，利用 Merkel 树的快速定位来追溯。

（三）数字证书

数字证书是由可信任的第三方机构，通常称为证书颁发机构（CA），所签发的电子文档。它包含了公钥、持有者身份信息、证书有效期以及 CA 的数字签名等信息。通过这些信息，用户可以验证证书的有效性和持有者的身份,并建立信任关系。该技术是区块链技术中一项重要的安全机制,用于确保信息的真实性、完整性和不可抵赖性。

(1)公钥:数字证书中包含的公钥是用于加密和签名的关键部分。持有者通过私钥进行解密和签名,从而实现安全的通信。

(2)持有者信息:包括持有者的名称、电子邮件地址以及其他身份验证信息,确保公钥与持有者身份的绑定。

(3)证书有效期:每个数字证书都有一个有效期,超过有效期后,证书将被视为无效,防止长时间使用过期的证书。

(4)数字签名:CA 使用其私钥对证书进行数字签名,以确保证书的真实性和完整性。用户可以用 CA 的公钥验证签名,从而确认证书的合法性。

数字证书的工作流程可以分为以下几个步骤:

(1)证书申请:用户向 CA 申请数字证书,提供其公钥及身份信息。

(2)身份验证:CA 对用户提供的信息进行验证,确保其身份的真实性。

(3)证书签发:一旦验证通过,CA 会生成数字证书,并对其进行数字签名。

(4)证书使用:用户在进行交易时,将数字证书与公钥一起提供,其他参与方可以通过 CA 的公钥验证证书的有效性。

(5)证书撤销:如果证书持有者的身份信息发生变化或密钥泄露,CA 可以将该证书撤销,并在证书撤销列表(CRL)中进行更新。

(四)区块链基本框架

区块链技术的架构基于四个核心层次:数据层、网络层、共识层和应用层。数据层主要涵盖底层数据块的构造和链状组织,借助于哈希函数、时间戳、Merkle 树结构,以及非对称加密技术等,确保区块数据的完整性和可溯源性。网络层依托于 P2P 的通信模式,构建节点间的传输和验证机制。共识层则采用多样的算法来达成节点间的一致性和数据的可靠性。在某些系统如比特币中,共识层还融入了奖励机制和经济激励以稳固网络协议。应用层则扩展了区块链的应用范围,支持各种应用、系统以及智能合约的实现,并通过链上编程和脚本算法增强其可编程性。区块链结合了基于时间戳的链式数据结构、P2P 通信机制、分布式共识协议和可编程性,成为当今技术领域中的一个标志性创新。

在区块链中,数据是通过相互连接的数据块来存储的。每个数据块由头部和内容体构成，块头包含特定哈希值与其地址相匹配，这些哈希值串联前一块的哈希，如此构建出链式结构，图 1-8 展示了这种结构。块头不仅包含前一数据块的哈希，还封装了时间戳、Merkle 树根哈希及其他元数据。块体部分存储了区块链要记录的具体数据内容。每项数据通过 Merkle 树哈希处理，形成独特的根哈希值，该值被记录在块头中。Merkle 树的这种设计极大地优化了数据检索和验证的速度与扩展性。每当新块产生，它都会被时间戳所标记，这个时间标签随着链的延伸而累积，形成了带有时间标记的连续数据链，从而保障了数据的追溯性和完整性。

（五）智能合约

智能合约是基于区块链技术实现的自动执行协议，它们是一段存储在区块链上的代码，能够在预定条件满足时自动执行合约条款。智能合约的概念最早由 Nick Szabo 于 20 世纪 90 年代提出，旨在通过计算机网络执行合同条款，从而降低交易成本并增加可信度。

在区块链中，智能合约可以看作是一种特殊的分布式应用，它独立于任何中介机构，每个合约部署后都会有一个唯一的地址。与传统合约不同，智能合约以代码形式存在，这意味着合约的条款以逻辑语句编写，能被网络中的每个节点理解和执行。当合约的触发条件被满足，如一方向另一方支付一定数量的加密货币，智能合约会自动执行相关的合约操作，如资金转移。所有的操作都在区块链上透明记录，保证了交易的不可篡改性和可追溯性。

智能合约在金融服务、供应链管理、版权保护、投票系统等多个领域都有着广泛的应用。例如，在供应链中，智能合约可以自动处理货物的支付和交付，一旦货物到达指定地点，合约便会触发，自动向卖方支付货款。

区块链提供了智能合约所需的去中心化、不可篡改和透明的环境。这些特性使得智能合约应用在去除不必要的中间环节以及降低交易成本和时间方面具有巨大的潜力。然而，智能合约也面临着一些挑战和限制，如代码安全问题、合约执行的法律效力以及智能合约的灵活性和复杂性管理。随着区块链技术的发展和智能合约编程语言的完善，预计智能合约将在未来的数字化交易中扮演更加重要的角色。

三、MapReduce

MapReduce 是一种编程模型，同时也是用于处理和生成大数据集的技

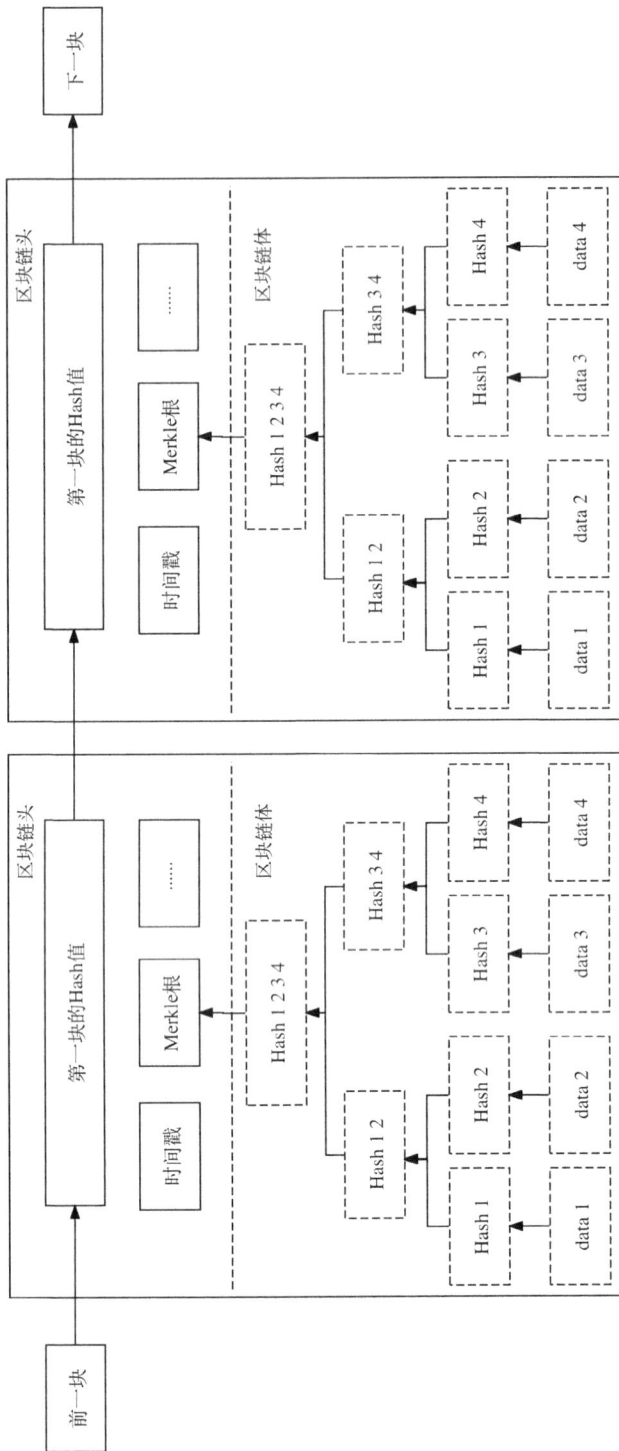

图1-8 区块链结构

术框架。它最初由 Google 开发，用来简化在分布式系统上的数据处理。这个模型尤其适合那些可以并行计算的任务。MapReduce 的核心思想是将复杂的数据处理任务分解成小块，这些小块可以独立计算，并且可以在多台机器上并行执行。

MapReduce 的主要组成部分：

（1）Map（映射）阶段

输入：输入数据通常是键值对形式。

处理：Map 函数处理输入数据，对数据进行筛选和排序等操作，然后输出为中间键值对。

目的：将问题分解成易于处理的子问题，准备为后续的 Reduce 阶段进一步处理。

（2）Reduce（归约）阶段

输入：接收 Map 阶段输出的中间键值对。

处理：Reduce 函数对这些中间键值对进行合并处理，通常涉及排序、汇总等操作。

目的：对中间结果进行整合，生成最终结果。

（3）Shuffle（洗牌）阶段

该阶段位于 Map 与 Reduce 之间，系统自动处理。

将所有 Map 阶段输出的数据根据键进行排序和分区，然后将同一个键的数据传递给同一个 Reduce 任务。

（一）分布式文件系统

MapReduce 经常和分布式文件系统（如 Google 的 GFS 或开源的 Hadoop Distributed File System，HDFS）一起使用。分布式文件系统允许文件跨多台机器分散存储，增加了数据的可靠性和访问速度。

数据被分成块（Blocks），每个块有多个副本分布存放在不同的服务器上。

系统可以自动处理节点失效，重新分配和处理那些存储在失效节点上的数据块。

当运行 MapReduce 作业时，Map 和 Reduce 任务会尽可能在数据所在的节点上执行，以减少网络传输。

（二）大规模可扩展的 MapReduce 技术

MapReduce 被设计为可以轻松扩展到成千上万的计算节点。这得益于它的高容错性和简单的可扩展性：

自动容错：如果任何任务失败，系统会自动重新启动该任务，如果节点失败，那么在该节点上的任务会被转移到其他节点上重启。

无须共享存储：节点不需要通过共享存储来交换数据，因为MapReduce框架负责数据的传输。

水平扩展：可以通过简单地添加更多的节点(服务器)来提高系统的计算能力，而无须修改应用程序代码。

总结来说，MapReduce是一个强大的工具，尤其在处理大量数据时，它可以利用大量的计算资源，并行处理数据，从而显著提高数据处理速度。随着数据量的不断增长，MapReduce及其在Hadoop等平台上的实现已经成为分布式数据处理的重要技术。

第2章 安全视角下的数据交易演化博弈研究

第一节 概 述

一、研究背景

数据交易市场的持续发展受到了法规缺失、管控难题、隐私泄露风险以及数据定价混乱等问题的严重阻碍，这些问题同时也触发了一系列的数据安全挑战。

当前，数据交易涉及的安全风险主要有三个方面。首当其冲的是非法私下交易引起的安全漏洞。在这个涉及数据的灰色市场中，非法出售信息的现象日益猖獗，涵盖了从个体隐私到公司机密的各种敏感资料，严重威胁个人和企业的安全与发展。此外，由于这一非法活动可能带来的丰厚回报，部分员工可能会冒险窃取重要的商业或客户数据，由此产生更加复杂的数据安全挑战。

其次，数据的过度采集已成为数据安全领域的一大隐患。现阶段，众多互联网公司都以数据作为促进其业务增长的关键，包括提供定制化服务、执行精准营销和实现产品的商业化转型。尽管如此，在追求盈利最大化的路上，很多公司对用户个人信息的收集已远超必要范围，导致数据垄断现象越发严重，进而引发数据安全问题。这种状况在某些情况下甚至可能对国家的安全构成威胁。例如，在2021年7月，因违规大量收集和使用个人信息，"滴滴出行"受到国家的强制整改和审查，此事件再次强调了社会对数据保护的关注。

最后，数据泄露事件已成为数据安全领域一个亟待解决的重大挑战。IBM Security 于2021年7月发布了《2021年数据泄露成本报告》，该研究报告揭示了数据泄露事件对企业财务绩效的显著负面影响，指出2021年参与调查的公司因数据泄露而遭受的平均经济损失高达 424 万美元，相较于前一年度增幅达 10%[131]。数据泄露事件一旦发生，不仅会对公司的即时收益与未来前景造成深远影响，还会影响到其用户、相关机构以及社会各界，甚至波及国家层面，同时对数据交易市场的健康和规范运作也产生负面效应。

从某种角度看，数据供应者是通过销售其隐私数据，获取一定报酬。安全风险越高，价格也越高。风险较高的交易环境，会导致数据供应者望而却步或者定过高价格，不利于数据资产的流通。

因此，在数据安全这一关键领域，不论数据交易平台还是管控部门，都存在诸多亟待改进的地方。数据安全一旦遭到破坏，对个人来说，不仅会严重影响个人的隐私权、资产安全及精神健康，对公司来说，也可能导致商业机密泄露、品牌信誉受损以及员工效率降低等。对国家而言，这样的事件更有可能触发系列的国家安全问题[132]。因此，在我国发展数据交易市场时，必须要政府和企业等多个方面携手合作，共同面对数据安全所带来的挑战。

鉴于此，在数据交易市场的成熟过程当中，加强政府的规范作用和管控力度是必不可少的，同时也需要激发数据供应者、交易平台及数据消费者的数据安全意识。有鉴于此，迫切需要融合数据交易的增长与数据安全的保护这两大目标，实现政府、数据供应者、数据交易平台以及数据消费者等多方主体的协同治理。这样的多元共治策略能够为探寻建立在数据安全基础之上的交易机制提供方向，可以最大限度地释放大数据的价值，并为数字经济发展带来积极的推动力。

二、研究目的

现有的学术研究主要关注数据交易中的双方或三方策略博弈。但实际上，数据交易涉及的主体并不仅仅是两到三方，而是由政府、交易平台、数据供应者和消费者等多方参与者组成的复杂体系。这个交易过程是一个受成本、惩罚、损失、奖励等多种因素影响的动态博弈过程。因此，本研究将从数据安全的角度，运用四方演化博弈的方法来探讨数据交易中各方的行为策略。本章结合了系统动力学和强化学习算法，建立了一个涵盖四方参与者的数据交易演化博弈系统动力学模型，以及一个基于 Q-Learning 的博弈优化模型。通过对这些模型的模拟仿真，目的在于在不同条件下分析各参与者的策略选择和演化趋势，以期提出有意义的观点和建议，为在保证数据安全的同时，有效地运行数据交易市场提供参考。

三、研究意义

(一)理论意义

(1)本研究对数据交易理论进行了深化和扩展。在数据安全的基础上，深入分析了数据交易过程中四大主体的利益及动机。通过建立相应的模型并执行仿真模拟，探讨了关键因素如何塑造参与者的策略选择，并采纳了一种结合四方参与者主观意向与客观现实的分析策略。这种策略考察了单个参与者的策略选择如何影响整个系统，并多维度考察了数据交易流程，进一步拓展了数据交易的理论基础。

(2)本研究通过引入新的研究方法和视角，刷新了对数据交易的认识。基于演化博弈理论，分析了政府、数据交易平台、数据供应者和数据消费者之间的动态交互行为。首先，采用系统动力学构建了一个四方参与的数据交易演化博弈模型，并使用 Vensim PLE 软件进行仿真实验。然后，针对在 SD 模型中识别的问题，开发了一个基于 Q-Learning 算法的改进博弈模型。将演化博弈理论与系统动力学、多智能体强化学习技术结合，利用这两种模型探索数据交易参与者的博弈行为。仿真结果的相互验证与补充，为数据交易研究领域提供了全新的方法论。

(二)实践意义

(1)为数据供应者和数据消费者提供了关于参与数据交易的策略性建议。在实际中，数据供应者的发展可能受到数据安全的担忧、数据提供渠道的限制或资源能力的缺乏等问题的影响，而数据消费者可能由于难以获取满足需求的数据服务而无法实现预期的效益。本部分通过深入分析数据交易中四方参与者的利益追求、策略选择以及各种因素的影响，为数据供应者和消费者根据自身需求参与数据交易提供理论支持。

(2)为数据交易平台提供了关于安全交易的策略性建议。作为交易的关键枢纽，数据交易平台的核心职责在于确保交易过程的安全性并促进数据交易的健康发展。本部分研究着重于探索数据交易中四方参与者的利益和策略选择，旨在为数据交易平台在打造安全、高效的数据交易环境上提供理论依据。

(3)为政府数据交易管控提供了参考。数据交易涉及多个参与者，包括政府、交易平台、消费者和供应者。通过分析这些参与者的行为策略及其稳定性，深入研究了这些参与者在持续博弈和互动过程中的策略选择、演化路径和均衡状态。这些研究成果将为政府提供有关数据交易安全管控的策略建议，并为提高各参与者的数据安全意识和参与数据交易的积极性提供理论支持。

四、研究内容与方法

(一)研究内容与思路

本章内容主要围绕以下几个核心领域展开讨论：首先，从数据安全的角度出发，结合数据交易的实质、交易方式、流程以及所面临的挑战，应用演化博弈理论分析了各参与方的行为动态和策略选择。在此基础上，构建了包括政府、数据交易平台、数据消费者和数据供应者在内的系统动力学模型，并执行了仿真实验。进一步地，为了克服系统动力学模型的局限性，引入了强化学习算法，开发了一套基于 Q-Learning 的演化博弈改进模型，并进行了相应的仿真分析。通过对比两种模型的仿真结果，本研究旨在为数据交易及相关的数据安全问题提供理论依据和实践指导。

本章的研究主要按照以下逻辑展开：

(1)对数据交易及其涉及的各方进行了深入探讨。详细解析了当前数据交易的交易方式、数据类型和交易过程等，明确了数据交易涉及的主体包括数据供应者、数据消费者、数据交易平台和政府四方。同时，分析了各参与方的利益诉求，从而构建了对整个数据交易过程的理论认识，为后续的研究提供了理论基石。

(2)进行了数据供应者、数据消费者、数据交易平台和政府四方参与者的演化博弈分析，并构建了相应的收益矩阵。通过求解复制动态方程，分析了各参与主体在不同条件下的演化稳定状态，并通过雅可比矩阵分析了参与主体在数据交易中的均衡策略。

(3)考虑到数据交易四方演化博弈系统的复杂性，引入了系统动力学方法，建立了数据交易四方参与者的演化博弈 SD(系统动力学)模型。通过对该模型的仿真分析，探索了初始策略选择和关键因素如何影响数据交易中四方参与主体的演化轨迹。

(4)考虑到数据交易四方演化博弈 SD 模型的局限性，引入了多智能体强化学习方法，构建了基于 Q-Learning 算法的数据交易演化博弈改进模型。同时，提出了一种负反馈的惩罚机制，对政府与数据供应者、数据交易平台与数据供应者、数据消费者与数据供应者进行了双方博弈的深入研究。

（5）通过对两种模型的仿真结果进行综合分析，从数据供应者、数据消费者、数据交易平台和政府这四个视角出发，提出了具有针对性的策略建议。这些建议旨在促进四方参与者之间的共赢关系，以达到理想的互利状态。

（二）研究方法

本研究采用以下研究方法：

（1）演化博弈分析法：应用于数据交易的各方参与主体，这些主体在交易过程中进行持续博弈，通过实际情况和理性分析来不断优化自己的行为策略。演化博弈理论能够准确、客观地反映系统的复杂性和多样性，因其贴近实际且具实用价值，适合于本研究。

（2）系统动力学仿真：由于系统复杂、影响因素众多，使用系统动力学方法可以在演化博弈的基础上对数据交易系统进行更深层次的仿真分析。这有助于探究不同策略选择下的演化路径，并研究初始策略选择和关键变量对四方参与者策略选择演化路径的影响。

（3）多智能体强化学习算法：多智能体强化学习技术是处理博弈问题的有效方法。在本研究中，采用基于 Q-Learning 算法的改进模型，能够更准确地模拟数据交易参与者在博弈过程中的策略选择和演化稳定状态。

（4）归纳总结法：通过文献回顾和数据分析，建立系统动力学模型和强化学习改进模型，并对这两种模型进行仿真分析。通过这些步骤归纳出全面、具体的研究结论，为数据交易市场的发展和管理提供理论和实践指导。

五、技术路线

本章的技术路线如图 2-1 所示。

六、研究视角与特色

本章从数据安全的视角，通过演化博弈理论深入分析了数据交易市场中涉及的四个主要参与者——政府、数据供应者、数据交易平台、数据消费者之间的互动关系。继而，引入了多智能体强化学习方法，旨在探索有效的激励机制，以确保数据安全得到有效保障，促进这些利益相关方积极参与数据交易市场的健康有序发展。与现有研究相比，本研究具有以下特点：

（1）对数据交易市场的参与者建模更加全面和深入。传统研究通常关

研究思路	研究内容	研究方法

| 提出问题 | 研究背景及意义　　国内外研究现状　　研究方法 | 文献研究 |
| 理论基础 | 数据交易　　演化博弈论　　系统动力学　　强化学习 | |

演化博弈分析

- 四方演化博弈分析
  - 模型假设
  - 收益矩阵
- 四方演化稳定策略分析
  - 政府复制动态分析
  - 平台复制动态分析
  - 购买者复制动态分析
  - 供应者复制动态分析
- 均衡点及稳定性分析

博弈分析

演化博弈SD模型

- 基于系统动力学的演化博弈SD模型
  - SD模型构建
  - 模型变量设定
- 仿真分析
  - 初始策略影响仿真分析
  - 关键因素影响仿真分析

系统动力学

VensimPLE

演化博弈改进模型

- 基于Q-Learning的演化博弈改进模型
  - 参数定义
  - 负反馈惩罚机制
  - Epsilon-greedy机制
- 仿真分析
  - 两两博弈仿真分析

多智能体

Q-Learning

| 研究结果 | 数据安全视角下的数据交易策略与建议 | 归纳总结 |

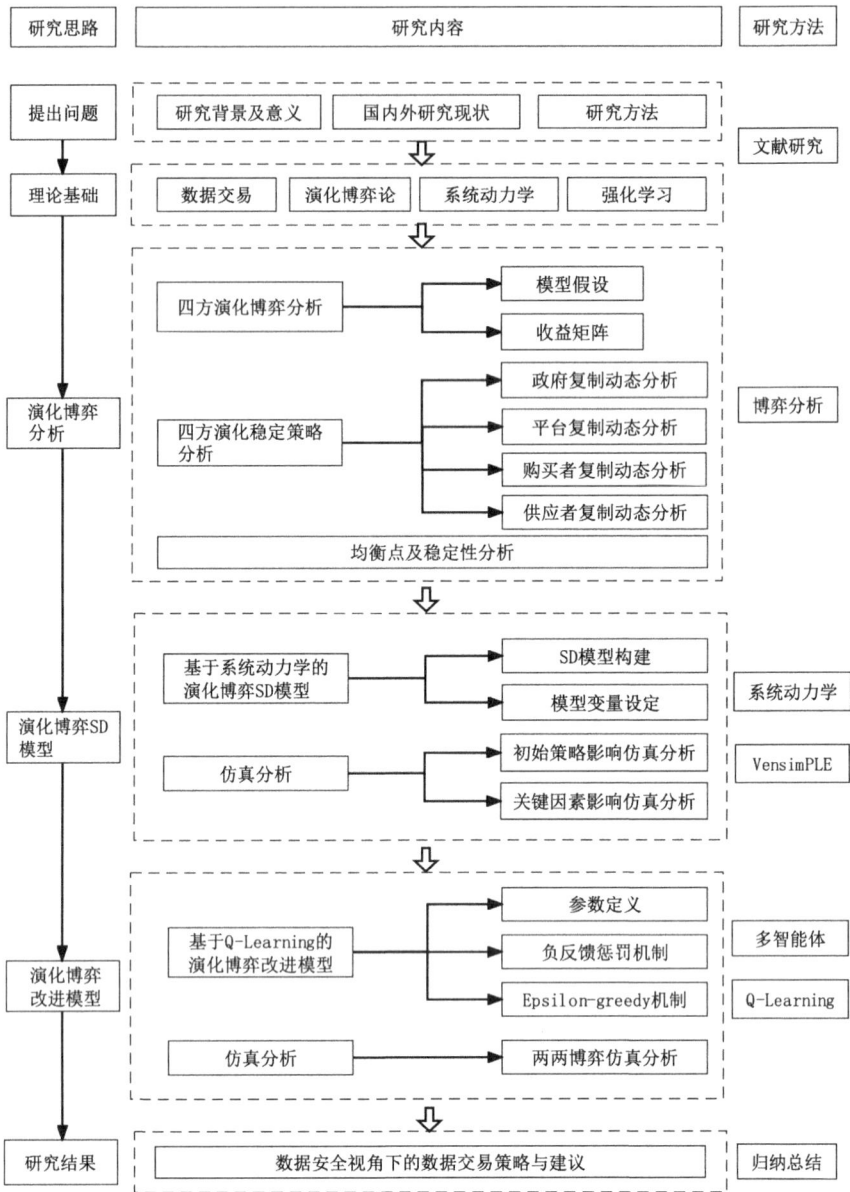

图 2-1　技术路线图

注数据交易的双方或三方关系，但随着数据交易活动的增加与发展，实际参与方远不止这些。本研究扩展了视野，考虑到数据交易涉及的参与者包括政府、数据供应者、数据交易平台和数据消费者四方甚至更多，从而为理解和分析数据交易提供了一个更加全面的框架。

（2）建模方法采取了更加深入和全面的措施。仅依赖演化博弈理论进行建模和仿真可能会导致演化过程缓慢，为了解决这一问题，本研究引入了多智能体强化学习。这种方法不仅加快了模型演化的速度，还增强了模型在模拟复杂数据交易行为时的实用性和灵活性。

第二节　数据交易演化博弈模型

一、模型构建

（一）基本假设

基于对数据交易模式、内容和流程的深入分析，参考现有研究和实际的数据交易案例，本研究提出以下假设。

假设 1：数据交易市场的参与者包括数据消费者、数据供应者、政府和数据交易平台。

假设 2：参与四方主体各有两种可选策略。

（1）数据消费者的策略选择可以归纳为："遵规"和"不遵规"。选择"遵规"意味着消费者以合法的方式使用和处理数据，遵守相关法律和规定；而选择"不遵规"的消费者可能涉及数据倒卖、违规使用等行为，这些活动可能威胁数据安全和隐私保护。

（2）数据供应者的策略选择包括："供数"和"不供数"。选择"供数"是为了获取报酬或服务；而选择"不供数"可能是由于对个人信息保护、数据安全等考虑。

（3）政府的策略选择包括："管控"与"不管控"。选择"管控"意味着政府会制定相关规范、加强对企业的管控力度、完善数据保护的法律法规，目的是确保数据交易的安全性。相反，政府也可能由于数据权益界限不明确、管控实施难度大等因素，而选择"不管控"。

（4）数据交易平台的策略选择分为："律己"与"不律己"。选择"律己"意味着数据交易平台将主动采取措施确保数据安全、实施遵规的交易行为，例如加强内部管理、严格执行数据保护政策等；而"不律己"的选择可能受到追求高额利润、内部管理不善等因素影响，从而可能引起非法数据交易、数据泄露等风险行为。

假设 3：为了构建涉及数据交易平台、政府、数据供应者、数据消费者这四方参与者的博弈收益矩阵，假设每个参与方在采取其策略时将面临的收益与成本如表 2-1 所示。这样的设定有助于深入分析和理解数据交易中各方的动机与行为，以及他们如何影响数据交易市场的整体格局和数据安全。

表 2-1　参数及意义

参数	参　数　含　义
U_{11}	政府在监管情况下获取的收益
U_{12}	政府在不监管情况下获取的收益
C_{11}	政府在监管情况下付出的成本
L_{11}	有数据安全风险与数据供应者不提供数据为政府造成的损失
L_{12}	有数据安全风险但数据供应者提供数据为政府造成的损失
U_{21}	数据交易平台在自律情况下获取的企业收益
U_{22}	数据交易平台在不自律情况下获取的企业收益
V_{21}	数据交易平台在自律情况下获取的交易收益
U_{22}	数据交易平台在不自律情况下获取的交易收益
C_{21}	数据交易平台在自律情况下付出的成本
C_{22}	数据交易平台在不自律情况下付出的成本
F_{21}	数据交易平台自律且政府监管时获取的声誉或奖励
P_{21}	数据交易平台不自律且政府监管时受到的惩罚
U_{31}	数据消费者在合规情况下获取的收益
U_{32}	数据消费者在不合规情况下获取的收益
C_{31}	数据消费者在合规情况下的成本
C_{32}	数据消费者在不合规情况下的成本
F_{31}	数据消费者合规且政府监管时获取的声誉或奖励
P_{31}	数据消费者合规且政府监管时受到的惩罚
C_{41}	数据供应者在提供数据情况下获取的收益
U_{41}	数据供应者在提供数据情况下付出的成本
W	数据供应者提供数据而增加的社会福利
L_{41}	数据供应者提供数据且遭受数据安全风险时的损失

（二）演化博弈收益矩阵

根据模型的基本假设，可以构建包含数据消费者、数据供应者、数据交易平台以及政府的演化博弈收益矩阵，如表 2-2 所示。这个收益矩阵将考虑各参与方在采取不同策略组合时的预期收益和可能的成本，从而详细展示各方在数据交易过程中的策略选择及其相互作用的结果。这种分析有助于理解各参与方的决策逻辑以及这些决策对数据交易市场动态的影响。

表 2-2　四个参与方博弈演化收益矩阵

策略组合	政策	数据交易平台	数据消费者	数据供应者
（监管，　自律，合规，　　提供）	$U_{11} - C_{11} + W$	$U_{21} + V_{21}$ $- C_{21} + F_{21}$	$U_{31} - C_{31} + F_{31}$	$U_{41} - C_{41}$
（监管，　自律，合规，　　不提供）	$U_{11} - C_{11}$	$- C_{21} + F_{21}$	$- C_{31} + F_{31}$	0
（监管，　自律，不合规，　不提供）	$U_{11} - C_{11}$ $+ W - L_{12}$	$U_{21} - C_{21} + F_{21}$	$- C_{32} - P_{31}$	$U_{41} - C_{41} - L_{41}$
（监管，　自律，不合规，　不提供）	$U_{11} - C_{11} - L_{11}$	$- C_{21} + F_{21}$	$- C_{32} - P_{31}$	0
（监管，　不自律，合规，　　提供）	$U_{11} - C_{11}$ $+ W - L_{12}$	$U_{22} + V_{22}$ $- C_{22} - P_{21}$	$U_{31} - C_{31} + F_{31}$	$U_{41} - C_{41} - L_{41}$
（监管，　不自律，合规，　　不提供）	$U_{11} - C_{11} + L_{11}$	$- C_{22} - P_{21}$	$- C_{31} + F_{32}$	0
（监管，　不自律，不合规，　提供）	$U_{11} - C_{11}$ $+ W - 2^* L_{12}$	$U_{22} + V_{22}$ $- C_{22} - P_{21}$	$U_{32} - C_{32} - P_{31}$	$U_{41} - C_{41}$ $- 2^* L_{41}$
（监管，　不自律，不合规，　不提供）	$U_{11} - C_{11} - L_{11}$	$- C_{22} - P_{21}$	$- C_{32} - P_{31}$	0
（不监管，自律，合规，　　提供）	$U_{12} + W$	$U_{21} + V_{21}$ $- C_{22}$	$U_{31} - C_{31}$	$U_{41} - C_{41}$
（不监管，自律，合规，　　不提供）	U_{12}	$- C_{21}$	$- C_{31}$	0

策略组合	政策	数据交易平台	数据消费者	数据供应者
（不监管，　自律， 不合规，　提供）	$U_{12} + W - L_{12}$	$U_{21} - C_{21}$	$-C_{32}$	$U_{41} - C_{41}$ $-L_{41}$
（不监管，　自律， 不合规，　不提供）	$U_{12} - L_{11}$	$-C_{21}$	$-C_{32}$	0
（不监管，　不自律， 合规，　提供）	$U_{12} + W - L_{12}$	$U_{22} + V_{22} - C_{22}$	$U_{31} - C_{31}$	$U_{41} - C_{41}$ $-L_{41}$
（不监管，　不自律， 合规，　不提供）	$U_{12} - L_{11}$	$-C_{22}$	$-C_{31}$	0
（不监管，　不自律， 不合规，　提供）	$U_{12} + W$ $- 2^* L_{12}$	$U_{22} + V_{22} - C_{22}$	$U_{32} - C_{32}$	$U_{41} - C_{41}$ $- 2^* L_{41}$
（不监管，　不自律， 不合规，　不提供）	$U_{12} - L_{11}$	$-C_{22}$	$-C_{32}$	0

二、模型演化稳定策略分析

假设：政府选择"管控"策略、数据交易平台选择"律己"策略、数据消费者选择"遵规"策略和数据供应者选择"供数"策略的概率分别是 x（$0 \leqslant x \leqslant 1$）、$y$（$0 \leqslant y \leqslant 1$）、$z$（$0 \leqslant z \leqslant 1$）和 q（$0 \leqslant q \leqslant 1$）；相应地，政府选择"不管控"策略、数据交易平台选择"不律己"策略、数据消费者选择"不遵规"策略的概率分别是 $1 - x$，$1 - y$，$1 - z$ 和 $1 - q$。

（一）政府的复制动态分析

根据之前的假设，当政府选择"管控"策略和"不管控"策略时，其期望收益 E_{11} 和 E_{12} 可分别用式（2-1）和式（2-2）进行计算。

$$E_{11} = U_{11} - C_{11} + qW - (1 - q)(1 - yz)L_{11} - q(2 - y - z)L_{12} \quad (2\text{-}1)$$

$$E_{12} = U_{12} + qW - (1 - q)(1 - yz)L_{11} - q(2 - y - z)L_{12} \quad (2\text{-}2)$$

由此，政府的平均期望收益 E_1 可以根据式（2-3）进行计算。该公式考虑政府在选择"管控"和"不管控"这两种策略时所期望的收益，并结合政府选择各策略的概率。通过这种方式，可以得到政府在整个数据交易过程中，根据市场状况和其他参与方策略变化，所能期望的平均收益。这有助于分析政府如何在管控与不管控之间做出最优选择，以平衡数据交易市场的秩序与发展。

$$E_1 = x(U_{11} - C_{11}) + (1 - x) U_{12} - (1 - q) (1 - yz) L_{11} - q(2 - y - z) L_{12}$$

$$(2-3)$$

因此，其复制动态方程可用式(2-4)计算：

$$F(x) = \frac{\mathrm{d}x}{\mathrm{d}t} = x(E_{11} - E_1) = x(1 - x) (U_{11} - C_{11} - U_{12}) \qquad (2-4)$$

对式(2-4)进行一阶求导可得：

$$F'(x) = (1 - 2x) (U_{11} - C_{11} - U_{12}) \qquad (2-5)$$

当 $F(x) = 0$，$F'(x) < 0$ 时，此时的 x 就是政府所选择的演化稳定策略。据此分析政府的策略选择与演化状态：

(1) 当 $U_{11} - C_{11} - U_{12} = 0$ 时，$F(x)$ 恒等于 0 时，无论政府管控的概率 x 为何值，数据交易演化博弈都将处于稳定状态。这意味着在这种情况下，无论政府如何调整其管控策略，数据交易市场的状态都不会发生变化，各参与方的策略选择和行为模式也将保持稳定。这种情况可能出现于市场已经形成了均衡，或者各参与方在当前条件下已经找到了最优策略。

(2) 当 $U_{11} - C_{11} - U_{12} > 0$ 时，$F'(x)|_{x=0} > 0$，$F'(x)|_{x=1} < 0$，在这种状态下，$x = 1$ 成为一个稳定点，意味着政府通过实施管控所获得的收益超过了选择不管控时所面临的奖励与惩罚之间的差值。因此，在这个博弈中，政府将更倾向于采取"管控"策略。这表明，在考虑到所有相关因素后，政府认为实施管控能够更好地维护市场秩序、保护数据安全，并且这种选择在博弈动态中是自我维持的。

(3) 当 $U_{11} - C_{11} - U_{12} > 0$ 时，$F'(x)|_{x=0} < 0$，$F'(x)|_{x=1} > 0$，在这种状态下，$x = 0$ 成为一个稳定点，意味着政府在不实施管控的情况下所获得的收益高于其执行管控所带来的奖励与惩罚之间的差值。因此，在这个博弈中，政府将更倾向于选择"不管控"策略。这表明，在考虑所有相关因素后，政府认为不执行管控能够带来更高的收益，而且这种策略在博弈动态中是稳定的。

(二) 数据交易平台的复制动态分析

根据之前的假设，当数据交易平台选择"律己"策略和"不律己"策略时，其期望收益 E_{21} 和 E_{22} 可以分别由式(2-6)和式(2-7)进行计算：

$$E_{21} = q U_{21} + zq V_{21} - C_{21} + x F_{21} \qquad (2-6)$$

$$E_{22} = q(U_{22} + V_{22}) - C_{22} - x P_{21} \tag{2-7}$$

由此，数据交易平台的平均期望收益 E_2 可以通过式(2-8)进行计算。这个公式考虑了数据交易平台在选择"律己"或"不律己"策略时的预期收益，以及这两种策略的选择概率。通过这种方式，可以得到数据交易平台在整个数据交易过程中，根据市场状况和其他参与方策略变化，所能期望的平均收益。这有助于分析数据交易平台如何在律己与不律己之间做出最优选择，以平衡市场秩序与自身利益。

$$E_2 = y(q U_{21} + zq V_{21} - C_{21} + x F_{21}) + (1 - y)[q(U_{22} + V_{22}) - C_{22} - x P_{21}] \tag{2-8}$$

由此，得到其复制动态方程为：

$$F(y) = y(1 - y)[q(U_{21} - U_{22}) + q(z V_{21} - V_{22}) + x(F_{21} + P_{21}) + C_{22} - C_{21}] \tag{2-9}$$

对式(2-9)进行一阶求导可得：

$$F'(y) = (1 - 2y)[q(U_{21} - U_{22}) + q(z V_{21} - V_{22}) + x(F_{21} + P_{21}) + C_{22} - C_{21}] \tag{2-10}$$

当 $F(y) = 0$，$F'(y) < 0$ 时，此时的 y 就是数据交易平台所选择的演化稳定策略。据此分析数据交易平台的策略选择与演化状态：

（1）当 $q = -\dfrac{C_{22} - C_{21} + x(F_{21} + P_{21})}{z V_{21} - V_{22} - U_{22} + U_{21}}$ 时，$F(y)$ 恒等于 0 时，无论数据交易平台选择"律己"策略的概率 y 为何值，数据交易演化博弈都将处于稳定状态。这意味着在这种情况下，无论数据交易平台如何调整其律己策略，数据交易市场的状态都不会发生变化，各参与方的策略选择和行为模式也将保持稳定。这种情况可能出现于市场已经形成了均衡，或者各参与方在当前条件下已经找到了最优策略。

（2）当 $q > -\dfrac{C_{22} - C_{21} + x(F_{21} + P_{21})}{z V_{21} - V_{22} - U_{22} + U_{21}}$ 时，$F'(y)|_{y=0} > 0$，$F'(y)|_{y=1} < 0$，在这个状态下，当 $y = 1$ 成为稳定点，意味着数据交易平台通过执行"律己"行为所得的收益超过了其选择"不律己"行为所产生的奖惩差值。因此，数据交易平台在博弈中将优先选择"律己"的策略。这表明，在所有相关因素的考虑下，数据交易平台认为执行"律己"行为能带来更高的收益，而且这种策略在博弈动态中是稳定的。

（3）当 $q < -\dfrac{C_{22} - C_{21} + x(F_{21} + P_{21})}{z V_{21} - V_{22} - U_{22} + U_{21}}$ 时，$F'(y)|_{y=0} < 0$，$F'(y)|_{y=1} > 0$，在这个状态下，当 $y = 0$ 成为稳定点，这意味着数据交易

平台通过选择"不律己"行为获得的收益大于其选择"律己"行为时所得到的奖惩差值。因此，在博弈中，数据交易平台会更倾向于采取"不律己"的策略。这表明在评估所有相关因素之后，数据交易平台认为"不律己"的选择能够为其带来更高的利益，而且这种策略在博弈动态中是稳定的。

（三）数据消费者的复制动态分析

根据之前的假设，数据消费者选择遵规策略和不遵规策略的期望收益 E_{31} 和 E_{32} 可分别依据式（2-11）和式（2-12）计算：

$$E_{31} = q\, U_{31} - C_{31} + x\, F_{31} \tag{2-11}$$

$$E_{32} = q(1 - y)\, U_{32} - C_{32} - x\, P_{31} \tag{2-12}$$

因此，数据消费者的平均期望收益 E_3 可根据公式（2-13）进行计算。这个计算将考虑数据消费者在选择"遵规"或"不遵规"策略时的概率 z，以及这些选择在数据交易平台、数据供应者的行为和政府管控策略的背景下如何影响其期望收益。公式（2-13）将综合这些因素，提供一个量化的方法来评估数据消费者在不同策略选择下的平均期望收益，帮助理解数据消费者在数据交易市场中的行为动机和策略选择。

$$E_3 = E_{31}z + E_{32}(1 - z) \tag{2-13}$$

由此，计算其复制动态方程为：

$$F(z) = \frac{\mathrm{d}z}{\mathrm{d}t} = z(1 - z)\left[q(U_{31} - U_{32}) + x(F_{31} + P_{31}) + qy\, U_{32} + C_{32} - C_{31}\right] \tag{2-14}$$

对上式进行一阶求导可得到：

$$F'(z) = (1 - 2z)\left[q(U_{31} - U_{32}) + x(F_{31} + P_{31}) + qy\, U_{32} + C_{32} - C_{31}\right] \tag{2-15}$$

当满足 $F(z) = 0$，$F'(z) < 0$ 时，此时的 z 就是数据消费者选择的演化稳定策略。据此分析数据消费者的策略选择与演化状态：

（1）当 $x = -\dfrac{C_{32} - C_{31} + qy\, U_{32} + q(U_{31} - U_{32})}{F_{31} + P_{31}}$ 时，$F(z)$ 恒为 0，无论数据消费者选择"遵规"策略的概率 z 为何值，数据交易演化博弈都将处于稳定状态。这意味着在这种情况下，无论数据消费者如何调整其合规策略，数据交易市场的状态都不会发生变化，各参与方的策略选择和行为模式也将保持稳定。这种情况可能出现于市场已经形成了均衡，或者各参与方在当前条件下已经找到了最优策略。

（2）当 $x > -\dfrac{C_{32} - C_{31} + qy\,U_{32} + q(U_{31} - U_{32})}{F_{31} + P_{31}}$ 时，$F'(z)\,|_{z=0} > 0$，

$F'(z)\,|_{z=1} < 0$，在这种状态下，$z = 1$ 成为稳定点，这表明数据消费者通过选择遵循规则的行为所获得的收益，大于其选择违反规则时所面临的奖惩差值。因此，在这个博弈中，数据消费者将更倾向于选择"遵规"的策略。这反映了在给定的环境和条件下，遵守规则对数据消费者来说是一种更有利的行为方式，因为这种选择不仅能够避免潜在的惩罚，同时可能因遵守规则而获得的好处大于违规的收益。

（3）当 $x < -\dfrac{C_{32} - C_{31} + qy\,U_{32} + q(U_{31} - U_{32})}{F_{31} + P_{31}}$ 时，$F'(z)\,|_{z=0} < 0$，

$F'(z)\,|_{z=1} > 0$，在这个状态下，$z = 0$ 成为稳定点，意味着数据消费者通过选择不遵守规则的行为获得的收益高于他们遵守规则时所得到的奖励与惩罚之差。因此，在博弈中，数据消费者将更倾向于采取"不遵规"的策略。这表明，在特定的环境和条件下，违反规则可能被认为是一种较为有利的选择，尽管这种选择可能伴随着一定的风险，但数据消费者认为不遵守规则能带来的即时收益超过了潜在的惩罚。

（四）数据供应者的复制动态分析

根据之前假设，数据供应者的期望收益 E_{41} 可用式（2-16）进行计算。

$$E_{41} = U_{41} - C_{41} - (2 - y - z)\,L_{41} \tag{2-16}$$

由此，可得其复制动态方程为：

$$F(q) = \frac{dq}{dt} = q(1 - q)\,[U_{41} - C_{41} - (2 - y - z)\,L_{41}] \tag{2-17}$$

对上式进行一阶求导可得到：

$$F'(q) = (1 - 2q)\,[U_{41} - C_{41} - (2 - y - z)\,L_{41}] \tag{2-18}$$

当满足 $F(q) = 0$，$F'(q) < 0$ 时，此时的 q 即为数据供应者选择的演化稳定策略。这表示在一个特定的市场环境和条件下，数据供应者倾向于选择一种可以使其收益最大化的策略，并且这种策略在博弈过程中是稳定的。对于数据供应者的策略选择和演化状态，可以进行以下分析：

（1）当 $y = -\dfrac{U_{41} - C_{41} - z\,L_{41} - 2\,L_{41}}{z(x - 1)\,L_{41} - x\,L_{41} + 2\,L_{41}}$ 时，$F(q)$ 恒为0，不论数据供应者选择"供数"策略的概率 q 为何值，数据交易演化博弈均能维持在一个稳定状态。这意味着，在这种条件下，数据供应者的策略选择变化不会

对博弈的整体稳定性造成影响。市场和参与者之间已达到一种平衡状态，其中数据供应者的不同策略选择已经被其他因素如市场需求、管控政策、数据消费者和数据交易平台的策略等充分考虑和平衡。这种状态下的稳定性表明，即便个别参与者改变其策略，也不会破坏整个数据交易市场的均衡。

（2）当 $y > - \dfrac{U_{41} - C_{41} - z L_{41} - 2 L_{41}}{z(x-1) L_{41} - xL + 2 L_{41}}$ 时，$F'(q) \mid_{q=0} > 0$，$F'(q) \mid_{q=1} < 0$，在这个状态下，$q = 1$ 成为稳定点，这意味着数据供应者通过选择"供数"策略所获得的收益高于其选择不提供数据时所产生的损失。因此，在数据交易中，数据供应者会更倾向于采取"供数"的策略。这表明，在给定的环境和条件下，供应数据对数据供应者来说是一种更有利的行为方式，因为这种选择可以带来更高的收益。

（3）当 $y < - \dfrac{U_{41} - C_{41} - z L_{41} - 2 L_{41}}{z(x-1) L_{41} - x L_{41} + 2 L_{41}}$ 时，$F'(q) \mid_{q=0} < 0$，$F'(q) \mid_{q=1} > 0$，在这个状态下，$q = 0$ 成为稳定点，这意味着数据供应者选择不提供数据所获得的收益高于其选择提供数据所承担的成本和潜在损失。因此，在数据交易的博弈中，数据供应者将更倾向于采取"不供数"的策略。这说明，在特定的环境和条件下，不提供数据可能被认为是一种较为有利的选择，尽管这可能会限制他们从数据交易中获得的收益，但可以避免承担数据安全风险和潜在的损失。

三、演化均衡分析

（一）均衡点分析

令各参与方的复制动态方程均等于 0，即：

$$\begin{cases} F(x) = 0 \\ F(y) = 0 \\ F(z) = 0 \\ F(q) = 0 \end{cases} \tag{2-19}$$

通过求解复制动态方程，可以得到四方演化博弈的 16 个局部均衡点，分别为 $F_1(0, 0, 0, 0)$，$F_2(0, 0, 0, 1)$，$\cdots$，$F_{16}(1, 1, 1, 1)$。这些均衡点代表了不同策略组合下的纯策略纳什均衡状态，即在给定其他参与主体策略不变的情况下，任何一个参与主体没有动力改变自己的策略选择[133]。在纯策略纳什均衡之外，演化博弈理论还允许存在混合策略纳什均衡，其中参与者可以一定概率选择其策略，从而在期望意义上最大化自己的收益。这些混合策略均衡解在数据交易的演化博弈中可能数量繁多，且其表达式可能相当复杂，涉及各参与方策略概率的精确计算。因此，尽管混合策略纳什均衡提供了更广泛的理解框架，用于捕捉数据交易参与方在不确定环境下的行为动态，但由于其复杂性，本章仅对纯策略均衡进行讨论，不深入探讨混合策略均衡解的具体形式和条件。这样的处理方式便于聚焦于纯策略均衡下的策略选择及其对数据交易市场和数据安全的影响。

(二)稳定性分析

根据方程(2-19)，通过求取各个方程相对于参与者策略选择概率的偏导数，可以构建雅可比矩阵 J：

$$J = \begin{bmatrix} \dfrac{\partial E(x)}{\partial x} & \dfrac{\partial E(x)}{\partial y} & \dfrac{\partial E(x)}{\partial z} & \dfrac{\partial E(x)}{\partial q} \\ \dfrac{\partial E(y)}{\partial x} & \dfrac{\partial E(y)}{\partial y} & \dfrac{\partial E(y)}{\partial z} & \dfrac{\partial E(y)}{\partial q} \\ \dfrac{\partial E(z)}{\partial x} & \dfrac{\partial E(z)}{\partial y} & \dfrac{\partial E(z)}{\partial z} & \dfrac{\partial E(z)}{\partial q} \\ \dfrac{\partial E(q)}{\partial x} & \dfrac{\partial E(q)}{\partial y} & \dfrac{\partial E(q)}{\partial z} & \dfrac{\partial E(q)}{\partial q} \end{bmatrix}$$

其中：

$$\frac{\partial E(x)}{\partial x} = (1 - 2x)(U11 - C11 - U12) \tag{2-20}$$

$$\frac{\partial E(y)}{\partial y} = (1 - 2y)[q(U_{21} - U_{22}) + q(z V_{21} - V_{22}) + x(F_{21} + P_{21}) + C_{22} - C_{21}] \tag{2-21}$$

$$\frac{\partial E(z)}{\partial z} = (1 - 2z)[q(U_{31} - U_{32}) + x(F_{31} + P_{31}) + qy U_{32} + C_{32} - C_{31}] \tag{2-22}$$

$$\frac{\partial E(q)}{\partial q} = (1 - 2q)[U_{41} - C_{41} - xy(1 - z)L - (1 - y)(2 - z)L_{41}] \tag{2-23}$$

通过上述分析，可得矩阵的行列式与迹，如表 2-3 所示。

表 2-3　行列式 det (J) 和迹 tr(J)

均衡点	行列式 det(J)	迹 tr(J)
$F_1(0,0,0,0)$	$(U_{11}-C_{11}-U_{12})(C_{22}-C_{21})(C_{32}-C_{31})(U_{41}-C_{41}-2L)$	$U_{11}-C_{11}-U_{12}+C_{22}-C_{21}+C_{32}-C_{31}+U_{41}-C_{41}-2L$
$F_2(0,0,0,1)$	$-(U_{11}-C_{11}-U_{12})(U_{21}-U_{22}-V_{22}+C_{22}-C_{21})(U_{31}-U_{32}+C_{32}-C_{31})(U_{41}-C_{41}-2L)$	$U_{11}-C_{11}-U_{12}+U_{21}-U_{22}-V_{22}+C_{22}-C_{21}+U_{31}+U_{32}+C_{32}-C_{31}-(U_{41}-C_{41}-2L)$
$F_3(0,0,1,0)$	$-(U_{11}-C_{11}-U_{12})(C_{22}-C_{21})(C_{32}-C_{31})(U_{41}-C_{41}-L)$	$U_{11}-C_{11}-U_{12}-C_{22}-C_{21}-(C_{32}-C_{31})+U_{41}-C_{41}-L$
$F_4(0,0,1,1)$	$(U_{11}-C_{11}-U_{12})(U_{21}-U_{22}+V_{21}+V_{22}+C_{22}-C_{21})(U_{31}-U_{32}+C_{32}-C_{31})(U_{41}-C_{41}-L)$	$U_{11}-C_{11}-U_{12}+U_{22}-U_{22}-V_{22}+V_{22}-C_{22}-C_{21}-(U_{31}-U_{32}+C_{32}-C_{31})-(U_{41}-C_{41}-L)$
$F_5(0,1,0,0)$	$-(U_{11}-C_{11}-U_{12})(C_{22}-C_{21})(C_{32}-C_{31})(U_{41}-C_{41})$	$U_{11}-C_{11}-U_{12}-C_{22}-C_{21}+C_{32}-C_{31}-U_{41}-C_{41}$
$F_6(0,1,0,1)$	$(U_{11}-C_{11}-U_{12})(U_{21}-U_{22}-V_{22}+C_{22}-C_{21})(U_{31}-U_{32}+U_{32}+C_{32}-C_{31})(U_{41}-C_{41})$	$U_{11}-C_{11}-U_{12}-(U_{21}-U_{22}-V_{22}+C_{22}-C_{21})+U_{31}-U_{32}+U_{32}+C_{32}-C_{31}-(U_{41}-C_{41})$
$F_7(0,1,1,0)$	$(U_{11}-C_{11}-U_{12})(C_{22}-C_{21})(C_{32}-C_{31})(U_{41}-C_{41})$	$U_{11}-C_{11}-U_{12}-(C_{22}-C_{21})-(C_{32}-C_{31})+U_{41}-C_{41}$
$F_8(0,1,1,1)$	$-(U_{11}-C_{11}-U_{12})(U_{21}-U_{22}+V_{21}-V_{22}+C_{22}-C_{21})(U_{31}-U_{32}+U_{32}+C_{32}-C_{31})(U_{41}-C_{41})$	$U_{11}-C_{11}-U_{12}-(U_{21}-U_{22}+V_{21}-V_{22}+C_{22}-C_{21})-(U_{31}-U_{32}+U_{32}+C_{32}-C_{31})-(U_{41}-C_{41})$
$F_9(1,0,0,0)$	$-(U_{11}-C_{11}-U_{12})(F_{21}+P_{21}+C_{22}-C_{21})(F_{32}+P_{31}+C_{32}-C_{31})(U_{41}-C_{41}-2L)$	$-(U_{11}-C_{11}-U_{12})+F_{21}+P_{21}+C_{22}-C_{21}F_{32}+P_{31}+C_{32}-C_{31}+U_{41}-C_{41}-2L)$
$F_{10}(1,0,0,1)$	$(U_{11}-C_{11}-U_{12})(U_{21}-U_{22}-V_{22}+F_{21}+P_{21}+C_{22}-C_{21})(U_{31}-U_{32}+F_{31}+P_{31}+C_{32}-C_{31})(U_{41}-C_{41}-2L)$	$-(U_{11}-C_{11}-U_{12})(U_{21}-U_{22}-V_{22}+F_{21}+P_{21}+C_{22}-C_{21}+U_{31}-U_{32}+F_{31}+P_{31}+C_{32}-C_{31}-(U_{41}-C_{41}-2L)$
$F_{11}(1,0,1,0)$	$(U_{11}-C_{11}-U_{12})(F_{21}+P_{21}+C_{22}-C_{21})(F_{31}+P_{31}+C_{32}-C_{31})(U_{41}-C_{41}-L)$	$-(U_{11}-C_{11}-U_{12})+F_{21}+P_{21}+C_{22}-C_{21}-(F_{31}+P_{31}+C_{32}-C_{31})+U_{41}-C_{41}-L$

均衡点	行列式 det(J)	迹 tr(J)
$F_{12}(1,0,1,1)$	$-(U_{11}-C_{11}-U_{12})(U_{21}-U_{22}+V_{21}-V_{22}+F_{21}+P_{21}+C_{22}-C_{21})(U_{31}-U_{32}+F_{31}+P_{31}+C_{32}-C_{31})(U_{41}-C_{41}-L)$	$-(U_{11}-C_{11}-U_{12})+U_{21}-U_{22}+V_{21}V_{22}+F_{21}+P_{21}+C_{22}-C_{21}-(U_{31}-U_{32}+F_{31}+P_{31}+C_{32}-C_{31})(U_{41}-C_{41}-L)$
$F_{13}(1,1,0,0)$	$(U_{11}-C_{11}-U_{12})(F_{21}+P_{21}+C_{22}-C_{22})(F_{31}+P_{31}+C_{32}-C_{31})(U_{41}-C_{41}-L)$	$-(U_{11}-C_{11}-U_{12})-(F_{21}+P_{21}+C_{22}-C_{22})+F_{31}+P_{31}+C_{32}-C_{31}+U_{41}-C_{41}-L$
$F_{14}(1,1,0,1)$	$-(U_{11}-C_{11}-U_{12})(U_{21}-U_{22}-V_{21}+F_{21}+P_{21}+C_{22}-C_{21})(U_{31}-U_{32}+F_{31}+P_{31}+U_{32}+C_{32}-C_{31})(U_{41}-C_{41}-L)$	$-(U_{11}-C_{11}-U_{12})(U_{21}-U_{22}-V_{22}+F_{21}+P_{21}+C_{22}-C_{21})+U_{31}-U_{32}+F_{31}+P_{31}+U_{32}+C_{32}-C_{31}-(U_{41}-C_{41}-L)$
$F_{15}(1,1,1,0)$	$-(U_{11}-C_{11}-U_{12})(F_{21}+P_{21}+C_{22}-C_{21})(F_{21}+P_{21}+C_{22}-C_{21})(U_{41}-C_{41})$	$-(U_{11}-C_{11}-U_{12})-(F_{21}+P_{21}+C_{22}-C_{21})-(F_{31}+P_{31}+C_{32}-C_{31})+U_{41}-C_{41}$
$F_{16}(1,1,1,1)$	$(U_{11}-C_{11}-U_{12})(U_{21}-U_{22}+V_{21}-V_{22}+F_{21}+P_{21}+C_{22}-C_{21})(U_{31}-U_{32}+F_{31}+P_{31}+U_{32}+C_{32}-C_{31})(U_{41}-C_{41})$	$-(U_{11}-C_{11}-U_{12})-(U_{21}-U_{22}+V_{21}-V_{22}+F_{21}+P_{21}+C_{22}-C_{21})-(U_{31}-U_{32}+F_{31}+P_{31}+U_{32}+C_{32}-C_{31})-(U_{41}-C_{41})$

基于弗里德曼[134]演化博弈均衡点分析方式可知，雅可比矩阵 $\boldsymbol{J}$ 的行列式与迹同时符合以下条件时：

$$\begin{cases} \det(J)>0 \\ \mathrm{tr}(J)<0 \end{cases} \quad\quad (2\text{-}24)$$

可以认为演化均衡点是稳定的。这表明在数据交易中，交易平台、政府、数据供应者和数据消费者之间的策略将处于一种稳定的均衡。然而，要确定这些均衡点能否真正导致整体演化博弈的稳态，单凭上述雅可比矩阵条件并不充分，其背后的理由有待进一步阐释：

（1）在探讨数据交易参与者的动态互动时，所涉及的雅可比矩阵 $\boldsymbol{J}$ 结构较为复杂，含有众多参数，且这些参数的具体数值难以精确设定。因此，仅仅通过观察或数学运算，往往无法精确判定其中参数的正负对应关系。此外，单纯依赖数学导数计算也不足以全面揭示各均衡点的稳定性情况。

（2）在数据交易的演化博弈分析中，任何微小的变动，无论是环境条件、市场需求、政策调整还是其他参与方的策略调整，都可能影响一个参与方的策略选择。由于各方的策略决定是相互依赖的，这种互动关系增加了博弈动态的复杂性。

归根结底，仅依靠雅可比矩阵、其行列式和迹的分析不足以深入了解数据供应者、数据消费者、数据交易平台及政府之间在演化博弈中达到的演化稳定均衡状态。相反，系统动力学提供了一套有效工具来研究这样的复杂系统。

因此，下一节将采用系统动力学方法，构建一个数据交易四方参与主体演化博弈的系统动力学（SD）模型。该模型旨在探讨各参与者的初始策略选择和关键变量是如何影响整个系统达到演化稳定状态的。

第三节　基于系统动力学的数据交易演化博弈模型

在本研究中，数据交易的复杂性体现于包括数据供应者、数据消费者、数据交易平台以及政府的四方参与主体，以及交易过程中存在的多种影响因素。基于先前构建的演化博弈模型，本节引入系统动力学（SD）方法，以构建一个更加细致和动态的数据交易四方演化博弈模型。通过应用Vensim PLE 技术对该模型进行仿真，可以更深入地探讨初始策略选择和关键变量如何影响各参与主体的演化稳定路径，从而提供对数据交易过程中行为动态的更全面理解。这种方法能够帮助揭示数据交易过程中的动态互动和长期演化趋势，为理解和设计有效的数据交易机制提供支持。

一、系统动力学模型构建与变量设定

（一）系统动力学模型构建

系统动力学模型通过不同的存量（Stock）、速率变量（Rate Variable）、中间变量（Auxiliary Variable）和外生变量（Exogenous Variable）来描述复杂系统中的动态过程和相互作用。在构建数据交易四方演化博弈的系统动力学模型时，以下组件是核心构成部分，包括 4 个速率变量、4 个存量、8 个中间变量和 24 个外生变量，具体含义分别见表 2-4 至表 2-6。

表 2-4   4 个速率变量及其含义

速率变量	含　　义
$\dfrac{\mathrm{d}x}{\mathrm{d}t}$	政府选择"管控"策略的变化率
$\dfrac{\mathrm{d}y}{\mathrm{d}t}$	数据交易平台选择"律己"策略
$\dfrac{\mathrm{d}z}{\mathrm{d}t}$	数据消费者选择"遵规"策略的变化率
$\dfrac{\mathrm{d}q}{\mathrm{d}t}$	数据供应者选择"供数"策略的变化率

表 2-5   8 个中间变量及其含义

中间变量	含　　义
E_{11}	政府选择管控策略时的期望收益
E_{21}	数据交易平台选择律己策略时的期望收益
E_{31}	数据消费者选择遵规策略时的期望收益
E_{41}	数据供应者选择供数时的期望收益
E_{12}	政府选择不管控策略时的期望收益
E_{22}	数据交易平台选择不律己策略时的期望收益
E_{32}	数据消费者选择不遵规策略时的期望收益
E_{42}	数据供应者选择不供数时的期望收益

表 2-6   参数含义及取值

参数	参　数　含　义	取值
U_{11}	政府在管控情况下获取的收益	20
U_{12}	政府在不管控情况下获取的收益	9
C_{11}	政府在管控情况下获取的成本	10
U_{21}	数据交易平台在律己情况下获取的企业收益	13
U_{22}	数据交易平台在不律己情况下获取的企业收益	12
V_{21}	数据交易平台在律己情况下获取的交易收益	8
V_{22}	数据交易平台在不律己情况下获取的交易收益	9
C_{21}	数据交易平台在律己情况下付出的成本	6

续表

参数	参　数　含　义	取值
C_{22}	数据交易平台在不律己情况下付出的成本	2
F_{21}	数据交易平台律己且政府管控时获取的声誉或奖励	3
P_{21}	数据交易平台不律己且政府管控时受到的惩罚	2
U_{31}	数据消费者在遵规情况下获取的收益	8
U_{32}	数据消费者在不遵规情况下获取的收益	10
C_{31}	数据消费者在遵规情况下付出的成术	3
C_{32}	数据消费者在不遵规情况下付出的成本	1
F_{31}	数据消费者遵规且政府管控时获取的声誉或奖励	3
P_{31}	数据消费者遵规且政府管控时受到的惩罚	2
C_{41}	数据供应者在供数情况下付出的成本	2
U_{41}	数据供应者在供数情况下获取的收益	4
L	数据供应者供数且遭受数据安全风险时的损失	5
W	数据供应者供数而增加的社会福利	3

基于此，构建四方演化博弈 SD 模型如图 2-2 所示。

(二)模型变量设定

基于已知条件与第二节中的假设，参考相关文献中数据交易演化博弈参数赋值方法[135]，同时根据专家对我国目前数据交易市场概况的判断，结合仿真效果，对收益矩阵中各个变量的初始值进行了设定。

设数据供应者选择供数的初始概率 $q = 0.3$，政府相关部门选择管控的概率 $x = 0.4$、数据交易平台选择律己概率 $y = 0.3$，数据消费者选择遵规的概率 $z = 0.2$。

当四方参与者的策略选择概率和所有参数都设定为初始值时，仿真结果如图 2-3 所示。这些结果将作为参考标准，以便在后续的仿真分析中做出对比。这种基准设置有助于理解在给定初始条件下，系统的动态行为和演化趋势，以及各参与者的策略选择如何影响整个系统的状态。同时，通过比较不同仿真结果，也可以探讨参数变化和策略调整如何影响数据交易的演化过程和最终状态。

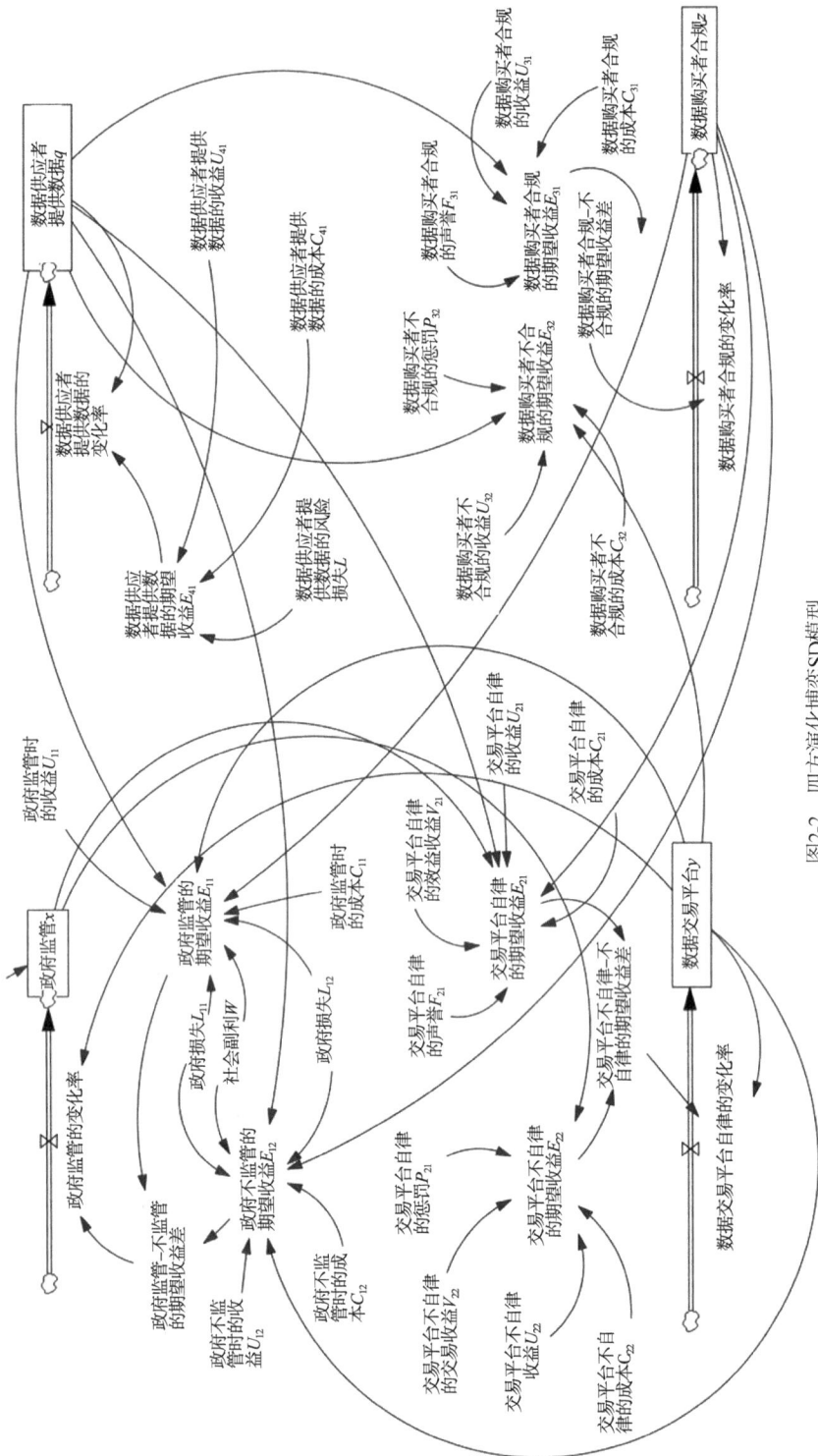

图2-2 四方演化博弈SD模型

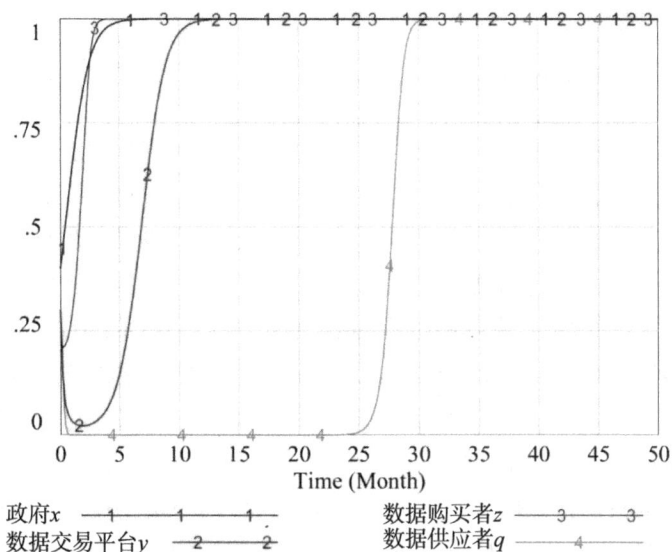

图 2-3   初始值下的演化结果

通过分析图 2-3 的仿真结果，可以观察到在特定的参数设定下，数据供应者的稳定演化速度相较于数据交易平台、政府和数据消费者来说，明显较慢。这一观察结果与当前我国数据交易市场的实际情况相吻合，反映了以下几点现状和挑战。

（1）数据交易市场的发展阶段：数据交易市场仍处于发展的初级阶段，众多参与者，包括政府、数据交易平台和数据消费者，都在逐步探索和适应市场的规则和运作机制。

（2）政府的管控和关注：政府正在加强对数据交易问题的关注和管控，通过制定相关政策和监管措施来引导和规范数据交易活动，保障数据交易的安全和公正。

（3）数据交易平台和数据消费者的行为：数据交易平台和数据消费者虽然对企业利益高度关注，但在数据安全保障方面的积极性可能尚未达到理想水平。随着市场的发展，他们在数据交易中的活跃度正在快速提升。

（4）数据供应者的参与度：数据供应者可能还未完全认识到数据的价值，并对数据交易可能带来的数据安全问题有顾虑，导致他们在供应数据方面的积极性相对较低。

这些观察点出了数据交易市场发展中的关键问题和挑战，也提示了需要进一步研究和解决的方向，比如如何提升数据供应者的参与度，加强数据安全保障措施，以及优化政府的监管策略等，以促进数据交易市场的健康、有序发展。

二、初始状态仿真分析

根据第二节对数据交易演化博弈的分析，了解到政府、数据交易平台、数据消费者和数据供应者这四方在数据交易中的初始纯策略选择是多样化的。每个参与方都有不同的策略选择，这些策略组合在演化博弈理论中形成了多个可能的均衡点，涵盖了 F_1 至 F_{16} 共 16 种可能的状态。每种状态代表了一种特定的策略选择组合，如 $F_1(0，0，0，0)$ 至 $F_{16}(1，1，1，1)$。若数据交易中的参与方在初始时选择这些组合之一，演化博弈将趋于稳定。然而，稳定的均衡状态并非一成不变，任何参与方策略的变动都可能破坏现有的均衡[136]。在本节中，将通过模型仿真来研究四个参与方的初始策略选择如何影响数据交易演化博弈的稳定路径。仿真研究将帮助我们理解在不同的初始条件下，数据交易市场的动态变化情况，以及参与者在长期演化过程中的行为模式。

(一)政府初始策略选择的影响

在假设中，政府作为数据交易过程中的核心领导者，积极采取措施保护数据安全，其选择"管控"策略的初始概率设为 0.8。而数据交易平台选择"律己"、数据消费者选择"遵规"以及数据供应者选择"供数"的初始概率保持原状态不变。在这种设定下，通过模拟仿真可以分析不同初始策略概率对数据交易市场动态和各参与方行为的影响。模拟仿真结果如图 2-4 所示。

从图 2-4 可以观察到，在政府积极采取"管控"策略并给予较高的初始概率时，即使数据交易平台、数据消费者和数据供应者的初始策略选择概率不高，随着时间的推移，这三方也会在演化博弈过程中通过学习、模仿和策略优化，逐步提升选择"律己""遵规"以及"供数"的概率。这种现象表明，政府的监管和管控策略对市场参与者的行为具有显著影响。政府的积极作用可以促使其他参与方改善自身行为，增强对规则的遵守意识，从而整体提升数据交易市场的规范性和安全性。然而，仿真结果也显示，数据供应者在达到理想状态的过程中存在先降后升的演化路径，这可能反映出数据供应者对市场的适应和对数据安全保障措施信心的构建需要更长的时间。他们最终与其他参与方一同达到(1，1，1，1)的演化稳定状态，但相对于数据交易平台和数据消费者实现其理想行为策略，数据供应者的调整和演化速度较慢。结果表明：

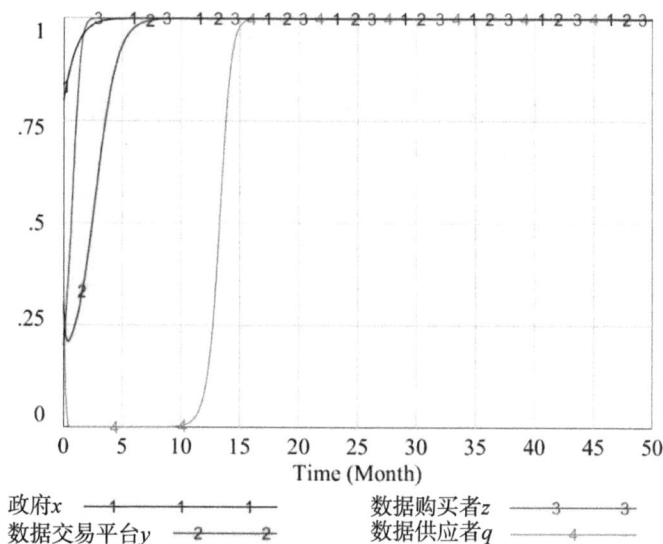

图 2-4　政府选择"管控"对各方策略演化的影响

（1）政府管控的作用：政府通过积极采取"管控"策略，对整个数据交易生态系统产生了积极的影响。政府的监管不仅增强了数据交易平台和数据消费者对数据安全的关注，而且还通过提高数据交易的整体安全性，减少了数据供应者对数据安全的担忧。这种管控策略有效地促进了数据供应者的"供数"行为，有助于实现整个数据交易体系的优化和进步。

（2）策略变化的动态性：尽管政府的管控策略对所有参与者都产生影响，但不同参与者对这种影响的反应速度不同。数据消费者对政府管控政策的响应速度通常较快，这可能是因为数据消费者直接面对的数据安全风险使得他们更迅速地调整策略以适应政府的要求。与此同时，数据交易平台作为中介可能需要更多时间来实施必要的改革和调整，以达到"律己"状态。

（3）政策制定的启示：这些观察结果对政策制定者提供了宝贵的启示，表明在设计和实施数据交易市场的管控策略时，需要考虑到不同参与者对策略变化的敏感度和响应时间。特别需要关注数据供应者的行为动力和激励机制，通过提供明确的数据安全指导、增强信任和激励供数行为，促进数据交易市场的健康发展。同时，这也强调了在推进数据交易市场发展时，政府需要采取综合措施，既要加强监管，又要通过教育、引导和激励等手段，平衡市场参与者之间的关系，共同推动市场向理想状态演进。

(二)数据交易平台初始策略选择的影响

在设定中，如果数据交易平台展现出对数据安全性的高度重视，并将其"律己"策略的初始概率设为 0.8，同时保持政府的"管控"策略、数据消费者的"遵规"策略以及数据供应者的"供数"策略的初始概率不变，这样的配置反映了数据交易平台在数据交易中扮演的积极角色和其对整体数据安全态度的影响。在此参数配置下，通过模拟仿真所得到的结果如图2-5 所示。

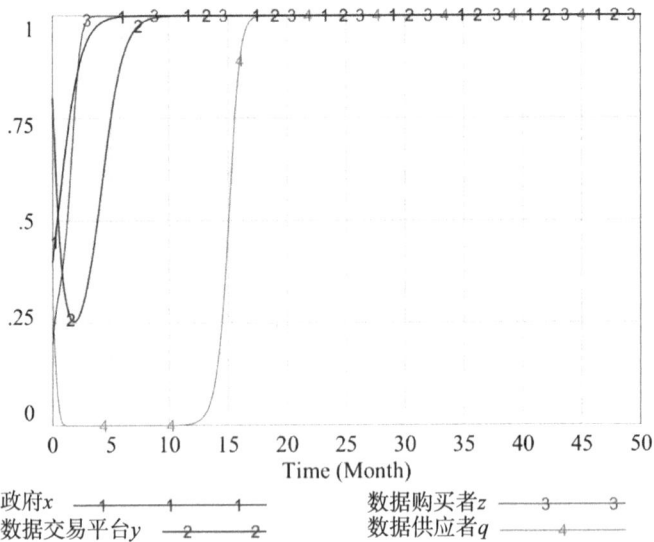

| 政府x —— 1 —— 1 —— | 数据购买者z —— 3 —— 3 —— |
| 数据交易平台y —— 2 —— 2 —— | 数据供应者q —— 4 —— |

图 2-5　数据交易平台积极选择"律己"对各方策略演化的影响

分析图 2-5 可知，在数据交易过程中，数据交易平台积极"律己"的初始设定对整个数据交易系统产生了显著影响。尤其是当数据交易平台的"律己"策略初始概率较高，即使在开始阶段可能出现了对"律己"概率的短暂下降，但最终平台的行为趋向于稳定的理想状态，这表明数据交易平台适应和调整其行为以满足数据交易市场的需求和期望。

同时，虽然政府的"管控"策略、数据消费者的"遵规"策略和数据供应者的"供数"策略的初始概率被设定为较低，但在模拟过程中，这三方也显示出了通过学习、模仿和策略优化来逐渐提升选择各自理想策略的概率的趋势。这一发现强调了演化博弈过程中的动态相互作用和参与方之间的相互学习机制，以及这种机制如何促使各方向着更优的行为策略演进。数据消费者策略选择在这一演化过程中的收敛速度超过政府，而政府策略选择的收敛速度又高于数据供应者，进一步揭示了不同参与者在数据交易市场中角色和影响力的差异性，以及他们对于策略调整的灵敏度。这种差异可能反映了各参与方对数据安全和交易规范的不同态度和响应速度。

总的来说，当数据交易平台采取积极的"律己"行动时，即使其他参与方的初始反应较为保守，最终整个数据交易体系仍能向理想状态稳定演进。这一点强调了在推动数据交易市场健康发展中，数据交易平台的积极作用，以及政府监管和各方参与者之间相互作用的重要性。

(三)数据消费者初始策略选择的影响

假设在数据交易过程中，数据消费者积极采取措施确保数据安全，因此选择"遵规"策略的初始概率被设为 0.8。在这种情况下，数据交易平台的"律己"策略、数据供应者的"供数"策略的初始概率以及政府的"管控"策略保持不变。在这样的参数配置下，模拟仿真的结果会反映出这种初始设置下，四方参与者在数据交易过程中的行为演化和市场发展趋势。这种设置的仿真结果如图 2-6 所示。

从图 2-6 的分析可知，在数据交易过程中，当数据消费者具有高初始概率倾向于"遵规"时，他们的行为将显示出一种向着理想状态稳步上升的趋势。这种积极的消费者行为可能会产生一种积极的反馈效应，促进其他市场参与方的行为调整，即使这种行为一开始的概率较低。政府的"管控"策略、数据供应者的"供数"策略和数据交易平台的"律己"策略，虽然初始概率较低，但在演化博弈的过程中，这些参与方经历了策略的优化和调整，表现为先降后升的过程，最终也达到了各自的理想状态。这一点说明了数据交易市场的动态性和互动性，以及市场参与者如何通过相互学习和适应不断演进其策略。此外，数据交易平台趋向于"律己"状态的速度比数据供应者更快，这可能反映出数据交易平台对市场规则变化的敏感性以及它们在数据交易中所扮演的中介角色，使得它们更快地调整策略以适应市场和政策的变化。这种趋势的认识对于理解不同参与方在数据交易生态系统中的行为和影响至关重要，也为政策制定者和市场监管者提供了洞见，以便更好地设计和实施策略，促进数据交易市场的安全和效率。

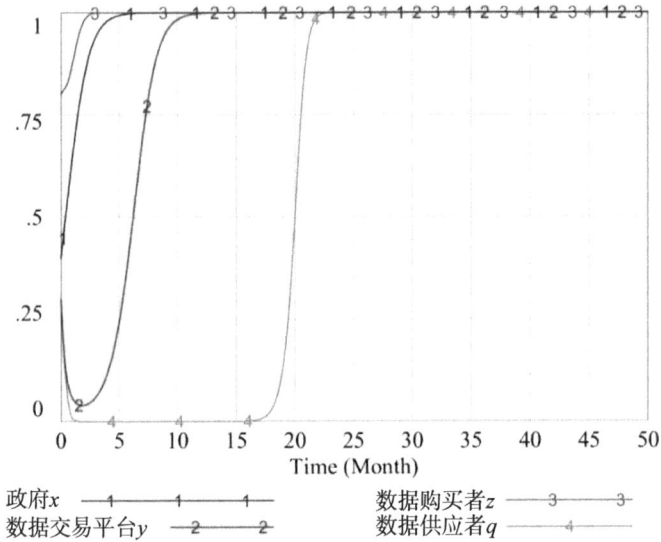

图 2-6   数据消费者积极选择"遵规"对各方策略演化的影响

(四)数据供应者初始策略选择的影响

在这个假设下，通过设置数据供应者采取积极措施确保数据安全，并且将他们选择"供数"策略的初始概率设定为 0.8，可以探究数据供应者在数据交易生态系统中的积极角色及其影响。同时，政府的"管控"策略、数据消费者的"遵规"策略和数据交易平台的"律己"策略的初始概率保持不变，以便观察在数据供应者行为变化的背景下，整个数据交易系统的演化动态。此假定下的仿真结果如图 2-7 所示。

从图 2-7 的分析可以看出，如果数据供应者在数据交易过程中选择"供数"的初始概率较高，那么数据交易平台和数据供应者的策略选择概率会经历一个"先下降后上升"的过程，而政府和数据消费者的策略选择概率则呈现出稳定上升的趋势，最终所有参与方都会稳定在各自的理想状态。然而，值得注意的是，与其他参与者相比，数据供应者达到理想状态的速度明显较慢。这可能是因为数据供应者在面对数据安全风险、满足数据消费者需求以及响应政府监管等复杂任务时，需要更多的时间和资源来调整和优化自己的策略。

这个结果揭示了一个重要的观察点，那就是当数据供应者积极提供数据时，即使其他参与者(如政府、数据消费者和数据交易平台)的初始策

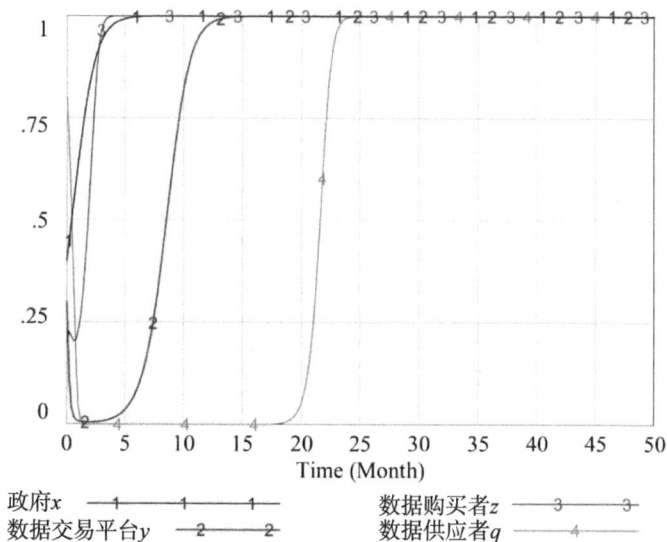

图 2-7　数据供应者积极选择"供数"对各方策略演化的影响

略选择概率较低，这些参与者也会通过学习和适应，逐步提高自己的策略选择概率，以响应数据供应者的行为变化。这种互动和相互影响的过程，最终导致整个数据交易市场实现理想的稳定状态。

这一发现对于理解数据交易市场的动态性和互动机制具有重要意义。它揭示了数据供应者的策略选择在推动市场演化中的关键作用，以及如何通过优化各参与者的策略选择来实现数据交易市场的优化。这也为政策制定者和市场监管者提供了有价值的启示，有助于他们设计和实施更有效的政策和措施，以促进数据交易市场的健康发展和数据安全。

三、关键因素对数据交易演化的影响

演化状态不仅由参与方的策略选择决定，还受到许多其他因素的影响。这些因素可能包括市场需求变化、法律法规的更新、技术进步、社会意识的提高等，它们均能对数据交易市场的行为模式产生重要影响。在调整外生变量参数的基础上，通过演化博弈系统动力学（SD）模型来研究关键变量对政府、数据交易平台、数据消费者和数据供应者策略选择的影响，可以提供一种全面分析数据交易市场动态的方法。这种方法可以模拟不同的市场条件和政策环境，从而更好地理解不同因素如何影响市场参与者的行为和策略选择，以及这些选择如何进一步影响数据交易市场的整体

发展。

（一）关键因素对政府策略选择的影响

1. 管控成本对政府策略选择的影响

为了深入探究管控成本对政府策略选择的影响，可以通过调整政府管控成本 C_{11} 的值进行模拟实验。在这个实验中，将政府管控成本 C_{11} 分别设为 11、10 和 9，然后观察这些变化如何影响政府的策略选择，以及政府策略的演化趋势。这样的模拟实验可以帮助我们理解管控成本如何影响政府在数据交易市场中的行为，特别是它如何影响政府选择"管控"策略的概率。相关的模拟结果见图 2-8。

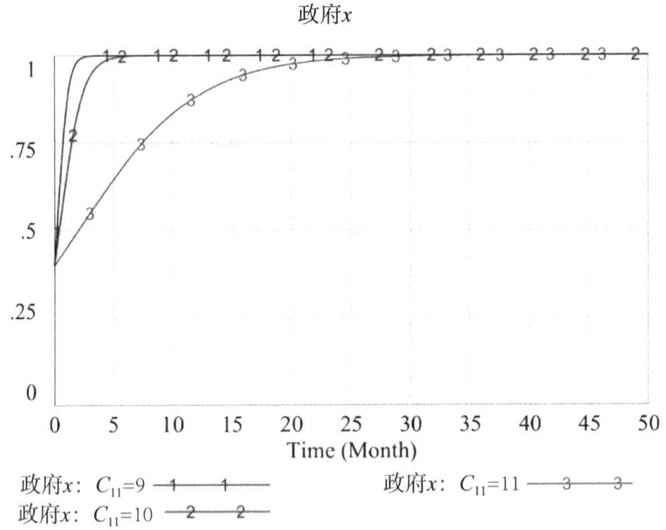

图 2-8　管控成本对政府策略选择的影响

据图 2-8 可以初步得出以下结论：随着政府管控成本 C_{11} 的降低，政府更快地达到选择"管控"策略的理想状态，这个观察结果是有意义的。它表明，成本是影响政府监管决策的一个关键因素。较低的管控成本使得政府在执行监管策略时承担的经济负担减少，因此政府更有可能采取主动监管的行动，这有助于保障数据交易过程中的数据安全和透明度。为了实现政府积极管控的稳定状态，政府需要优化管控机制和合理控制管控成本，这是非常重要的。有效的监管不仅要保障数据交易的安全性和合规性，还要考虑到监管的经济性和效率。政府可能需要探索使用技术手段、提高行政效率、促进政策协调和合作等多种方式，以确保在有效监管的同时，也能保持较低的管控成本。

此外，这种分析对于制定数据交易政策具有重要指导意义，有助于政府制定更有效的监管策略，平衡市场监管和经济效率的关系，同时保护公众利益和促进市场的健康发展。

2. 收益对政府策略选择的影响

探究收益对政府策略选择的影响是理解数据交易市场动态的重要方面。通过设置政府在执行管控策略时的收益 U_{11} 为不同的数值(22、20 和 18)，可以观察不同收益水平下政府策略选择的演化趋势。这种模拟实验有助于揭示政府如何权衡收益来确定其在数据交易市场中的监管策略。在这种假设设定下，相关的模拟结果见图 2-9。

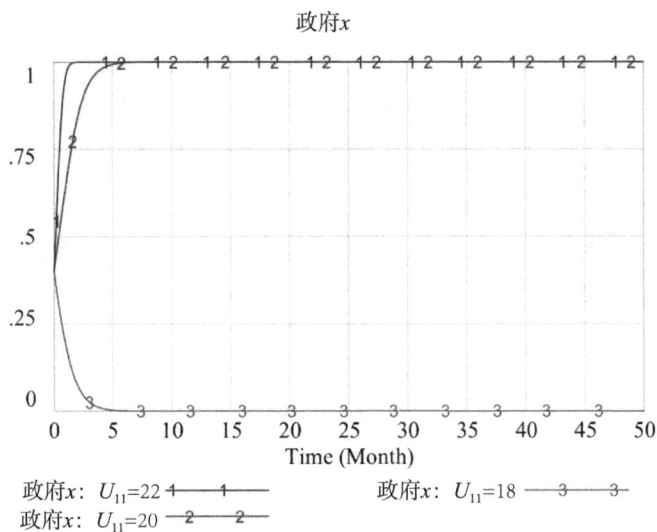

图 2-9 政府收益对各方策略演化的影响

从图 2-9 的模拟结果可以看出，政府管控收益 U_{11} 的变化对政府选择"管控"策略的影响非常明显。当政府管控收益较低($U_{11}=18$)时，政府倾向于降低选择"管控"策略的概率，这反映出低收益水平下，政府可能认为投入管控活动中的资源与从中获得的收益不成比例。因此，政府可能更倾向于寻求其他非直接管控的方式来达到监管目标，或是在一定程度上放宽对数据交易市场的管控。

相反，当政府管控收益逐步提高时(例如 U_{11} 从 20 增加到 22)，政府选择"管控"策略的概率显著上升，并且这种选择的速度更快地趋向于1。这表明，随着从管控活动中获得的收益增加，政府更有动力采取主动的监管措施，以确保数据交易的安全和合规性。高收益不仅能够覆盖监管的成本，还可能为政府带来额外的经济和社会效益，如提高市场效率、促进数据的合理使用和保护个人隐私等。

这一趋势说明，政府在决定其监管策略时，会综合考虑管控活动的经济效益。因此，在设计和实施监管政策时，政策制定者需要考虑如何通过合理的激励机制，提高监管效率，确保管控活动能够在确保数据交易安全和促进市场发展之间取得平衡。这为优化政府的数据交易监管策略提供了有价值的参考。

(二)关键因素对数据交易平台策略选择的影响

1. 成本对数据交易平台的影响

通过设置不同的不律己成本(C_{22})为4、2和1，可以研究这些成本变化对数据交易平台策略选择的影响，以及这种影响如何体现在数据交易平台的策略演化过程中。这种分析有助于理解在不同的成本压力下，数据交易平台可能如何调整其行为，以适应市场和监管的要求。在这种设定下，图2-10的模拟结果展示了数据交易平台在面对不同不律己成本时的策略选择和演化趋势。

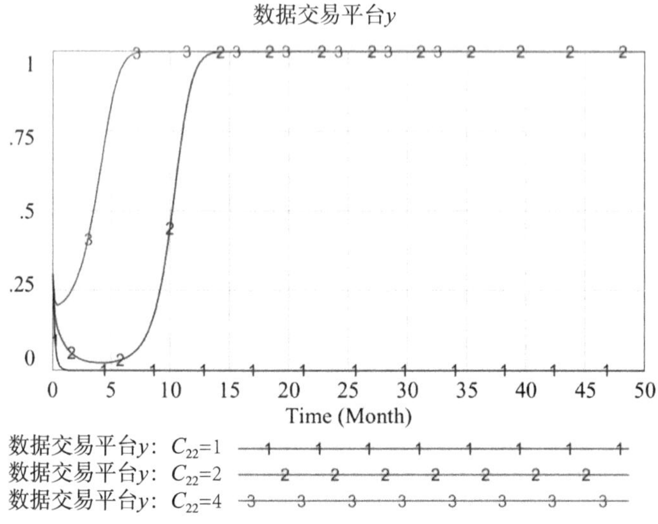

图2-10　成本对数据交易平台策略演化的影响

由图 2-10 可以初步得出以下结论：在其他参数保持不变的情况下，若律己成本 C_{21} 始终为 6，当不律己成本 C_{22} 为 1 时，数据交易平台选择"律己"的概率逐渐降低，最终接近于零。而当 C_{22} 增加到 2 时，平台选择"律己"策略的概率随之上升，最终达到 1。随着不律己成本 C_{22} 的增加、趋近于律己成本 C_{21}，数据交易平台选择"律己"策略的速率也逐步加快。这说明，数据交易平台面临的不律己成本越高，越倾向于选择律己策略，以避免不律己的高成本。因此，为了促进数据交易平台律己行为的稳定性，数据交易平台可以采取技术保护、权限管理等措施，提升非法获取数据的难度和风险，从而增加不律己的成本，确保数据交易的安全。

2. 收益对数据交易平台的影响

设置 U_{21} 和 V_{21} 的值为 $U_{21} = 13$、$V_{21} = 10$，$U_{21} = 13$、$V_{21} = 8$ 以及 $U_{21} = 10$、$V_{21} = 8$，以研究这些值对数据交易平台策略选择的影响。关于数据交易平台策略的演变过程和结果，参见图 2-11。

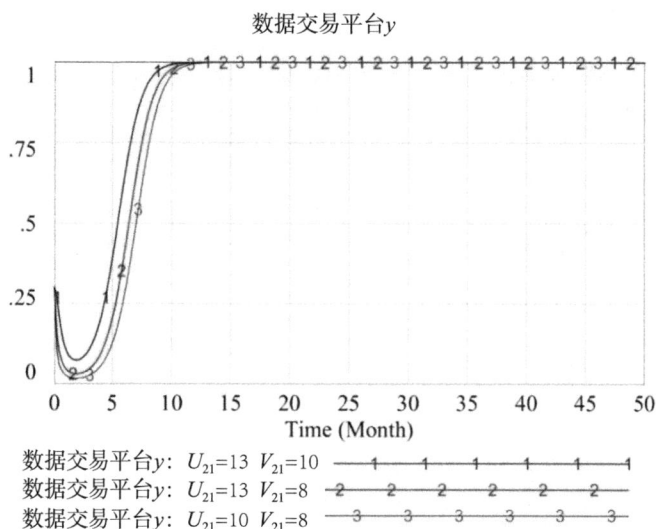

图 2-11　收益对数据交易平台策略演化的影响

如图 2-11 所示，在保持其他条件不变的前提下，可以看到随着律己收益 U_{21} 和 V_{21} 的提升，数据交易平台采取"律己"策略的可能性持续增加，并且这种策略成为理想选择的速度也相应提高。这表明数据交易平台会偏向于选择能够最大化其利益的策略。因此，提高律己行为的收益能够激励平台主动采取保护数据安全的措施，这有助于促进数据交易市场的健康和有序发展。

3. 奖惩强度对数据交易平台的影响

本部分通过设定不同的奖励 F_{21} 和惩罚 P_{21} 强度，例如 $F_{21}=5$、$P_{21}=4$，$F_{21}=3$、$P_{21}=2$，以及 $F_{21}=2$、$P_{21}=1$，来探讨这些因素如何影响数据交易平台的策略选择。通过模拟这些条件下的策略演化过程及其结果，可以在图 2-12 中找到详细信息。这一方法旨在分析数据交易平台在采取"律己"策略以确保数据安全并获得奖励，或选择"不律己"策略可能引发的数据泄露等安全问题并遭受惩罚时，奖励和惩罚的强度是如何影响其决策的。

根据图 2-12 可以推断出：在其他因素不变的前提下，奖励和惩罚的强度 F_{21} 与 P_{21} 的增加会显著提高数据交易平台采取"律己"策略的可能性，并加速其达到期望状态。因此，为了促进数据交易平台朝着更稳定的自律行为方向发展，建立一个有效的奖惩系统是非常关键的。这表明，应对数据安全问题施加更加严格的惩罚措施，以增加平台潜在的行为成本，从而促使其进行行为调整。同时，对于那些采取积极措施以确保数据安全的自律行为，应提供充分的奖励，鼓励平台更加努力地保障数据安全。这种奖惩体系有利于推动数据交易市场的健康和有序发展。

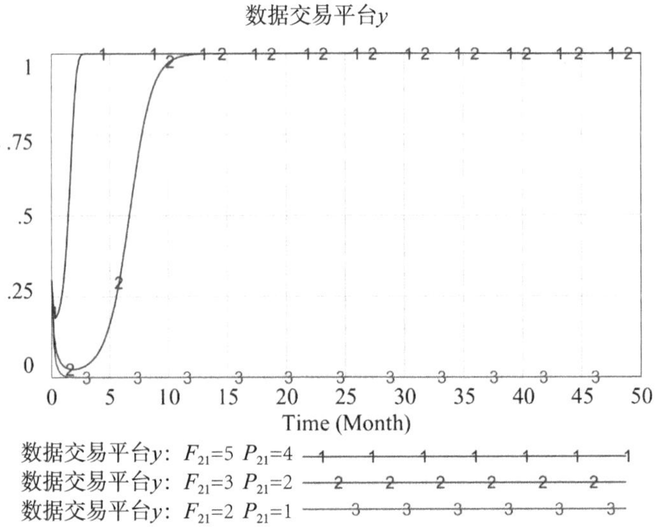

图 2-12　政府奖惩强度对数据交易平台策略演化的影响

（三）关键因素对数据消费者策略选择的影响

1. 成本对数据消费者的影响

本部分设定不同的成本参数 C_{31} 和 C_{32}，包括 $C_{31}=5$、$C_{32}=1$，$C_{31}=5$、$C_{32}=2$，以及 $C_{31}=3$、$C_{32}=1$，目的是探讨这些成本参数对数据消费者策略选择的影响。有关数据消费者在这些条件下策略演化的过程及结果，参见图 2-13。

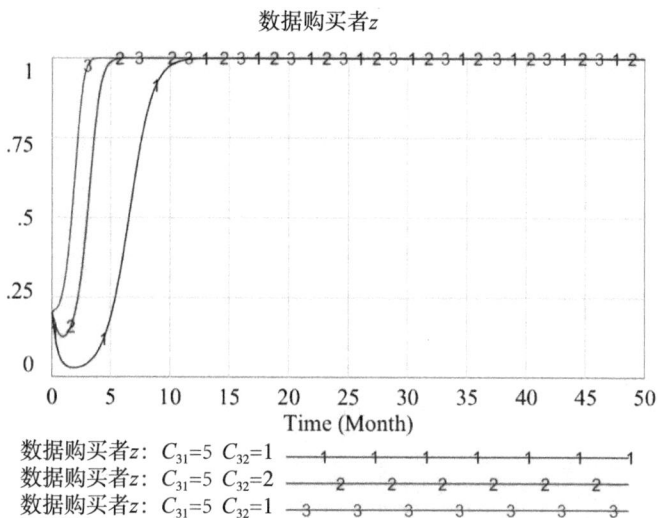

图 2-13　交易成本对数据消费者策略演化的影响

通过图 2-13 的分析，可以观察到：在其他条件不变的情况下，当数据消费者面临的不遵规成本 C_{32} 较低（例如 $C_{32}=1$，$C_{31}=5$）时，他们选择遵守规则的概率会逐渐降低，甚至可能降到零。相对地，如果不遵规成本 C_{32} 增至 2 而遵规成本 C_{31} 保持为 5，数据消费者遵守规则的概率则会逐步增加，最终接近 1。随着不遵规成本 C_{32} 逐渐靠近遵规成本 C_{31}，数据消费者倾向于遵守规则的速度加快。这表明，面对较低不遵规成本时，数据消费者可能更倾向于选择不遵守规则的策略；而当不遵规成本上升时，为了避免更高的成本，他们更倾向于遵守规则。因此，增加不遵规的成本对于激励数据消费者维护数据安全和促进数据交易市场的健康有序发展是非常重要的。

2. 奖惩强度对数据消费者的影响

为了探究奖励与惩罚机制如何影响数据消费者的行为策略，设立了不同等级的奖励 F_{31} 和惩罚 P_{31} 参数，分别为 $F_{31}=6$、$P_{31}=4$，$F_{31}=3$、$P_{31}=2$，以及 $F_{31}=2$、$P_{31}=1$。相关的数据消费者行为策略变化过程及其结果见图 2-14。这一设置旨在分析当数据消费者遵循规则进行合法交易和积极保护数据安全时所获得的奖励（如提升企业信誉），以及在违规如数据倒卖等行为下所面临的惩罚，对他们策略选择的具体影响。

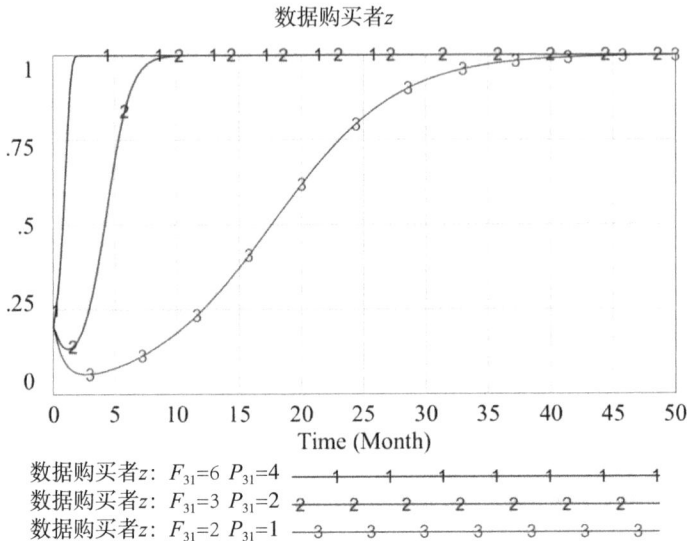

图 2-14　奖惩强度对数据消费者的影响

从图 2-14 的分析可以看出，保持其他因素不变时，随着奖励 F_{31} 和惩罚 P_{31} 强度的提高，数据消费者选择"遵规"策略的可能性逐渐增加，且达到这一状态的速度也加快。这表明，提升奖惩机制的力度能够有效促使数据消费者放弃违规操作，如数据倒卖，转而遵循规则。因此，通过设定合理的奖惩力度，加大对违规行为的惩罚，减少其可能获得的收益，同时对遵规行为给予适当奖励，可以激励数据消费者持续进行合法的数据交易和使用，有利于推动数据交易市场的健康和有序发展。

进一步比较图 2-12 和图 2-14 中策略演化的变化情况，发现数据消费者选择"遵规"策略的可能性变化幅度通常大于数据交易平台选择"律己"策略的变化幅度。这一观察表明，相较于数据交易平台，数据消费者的策略选择受到奖惩机制影响的程度更大，说明政府或监管机构设置的奖惩制度对数据消费者行为有着显著的导向作用。

(四) 关键因素对数据供应者策略选择的影响

1. 收益对数据供应者的影响

本研究设置不同的收益参数 U_{41}，例如 $U_{41}=8$、$U_{41}=6$ 和 $U_{41}=4$，旨在分析这些收益水平对数据供应者策略选择的影响。针对这些不同收益水平，数据供应者策略演化的过程及其结果，参考图 2-15。

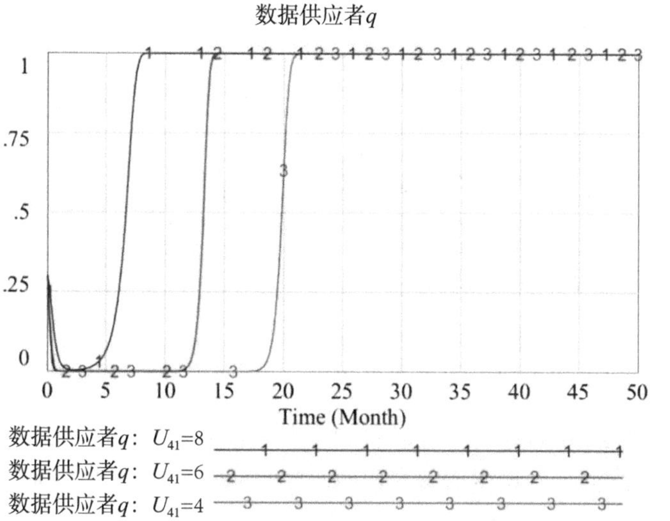

图 2-15　收益对数据供应者策略演化的影响

从图 2-15 的分析中可以得出，当固定其他条件不变时，数据供应者提供数据时所获得的收益 U_{41} 越高，他们选择供数参与数据交易的概率也越高，并且达到理想状态的速率也会加快。这表明提高数据供应者从供数中获得的收益，能够有效地鼓励他们更加积极地参与到数据交易中来。因此，为了促进数据交易市场的健康发展，提升数据供应者供数时的收益是至关重要的。这样的激励措施能够吸引更多的数据供应者加入市场，增加数据的供应量，推动整个数据交易市场的繁荣。

2. 损失对数据供应者策略选择的影响

为了探索数据安全问题对数据供应者策略选择的影响，本研究设置了不同的损失参数 L_{41}，包括 $L_{41}=4$、$L_{41}=3$ 以及 $L_{41}=2$。这一设置旨在分析数据交易平台的不律己行为或数据消费者的不遵规行为给数据供应者带来的潜在威胁和风险，以及这些风险如何影响数据供应者参与数据交易的策略选择。相关的策略演化过程和结果详见图 2-16。

数据供应者*q*

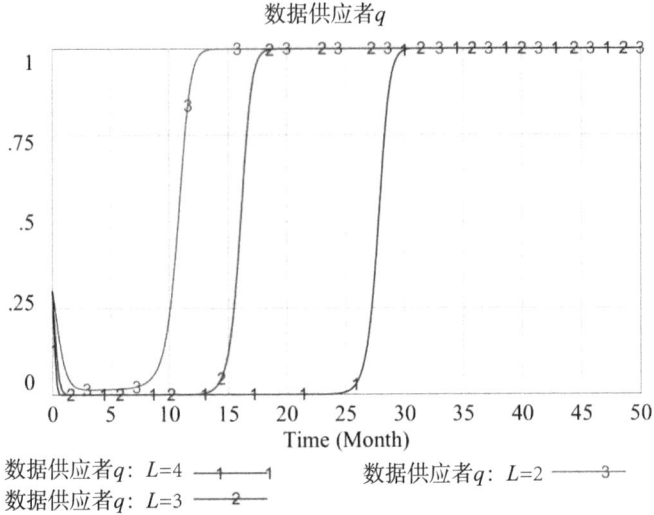

图 2-16   损失对数据供应者策略演化的影响

根据图 2-16 的分析，可以看到在其他条件不变的情况下，随着潜在损失 L_{41} 的降低，数据供应者采取"供数"策略的概率逐渐增加，并且实现理想状态的速度也相应提速。这表明，数据供应者面临的数据安全威胁和因此引起的损失越小，他们选择参与数据供应的意愿越强。反过来，当面临较高的损失时，数据供应者参与供数的概率会减少，更可能选择"不供数"作为策略。因此，为了鼓励数据供应者稳定地供数，降低他们因数据安全问题可能遭受的损失显得尤为重要，例如通过加强数据安全技术保护措施和权限管理，以减轻数据供应者的风险和损失。

第四节   基于强化学习的数据交易演化博弈改进模型

从系统动力学模型的仿真结果来看，数据供应者在选择供数策略上的演化趋势确实显得滞后于政府、数据交易平台和数据消费者，有时候他们甚至倾向于不选择供数。这一观察结果指出，现行的数据交易演化博弈模型可能在某些情况下无法充分激励数据供应者朝向理想的行为模式演进。

　　因此，本节将探索一种新的方法，即将演化博弈过程与强化学习相结合，以期改进现有模型。由于演化博弈通常涉及未知的传递函数，Q-Learning 算法作为一种不需模型的强化学习方法，可以在缺乏传递函数的情况下进行学习，这一特性使其成为与演化博弈结合的理想选择。因此，本节将采用 Q-Learning 算法并结合演化博弈理论，构建一个新的模型，该模型专门针对数据供应者与其他三方（政府、数据交易平台和数据消费者）的策略互动。

　　接下来，将通过仿真分析来深入研究如何有效地引导数据供应者偏向"供数"策略，并且分析不同的负反馈参数如何影响所有数据交易参与方的演化趋势。这样的仿真分析有助于我们理解在不同激励和调控机制下，数据供应者及其他参与者的行为如何变化，进而为数据交易市场的规制提供理论支持和策略建议。

一、Q-Learning 算法

(一)基本原理

　　Q-Learning 算法是一种无须预先知道环境模型的强化学习方法，用于学习在给定状态下采取哪个动作可以获得最大的预期奖励。其基本原理是通过与环境的交互来学习一个叫作 Q 值的函数，该函数为每个状态（State）-动作（Action）对提供一个分数，表示在特定状态下执行某个动作的价值。

　　在 Q-Learning 模型中，学习者或智能体（Agent）在每个时间步骤都会根据当前状态和 Q 值表（Q-table）选择一个动作来执行。动作执行后，智能体会观察到一个新状态和收到一个即时奖励。智能体使用这个奖励和新状态来更新 Q 值表中的值，这一更新过程按照式(2-25)进行：

$$Q_{(i,\,t+1)}(s_i,\,a_i) = (1 - \alpha)\,Q_{(i,\,t)}(s_i,\,a_i) + \alpha(r + \gamma \max Q_{(i,\,t)}(S_i',\,b))$$

$$(2\text{-}25)$$

其中，$Q_{(i,\,t)}(s_i,\,a_i)$ 表示参与主体在状态 s_i、t 时刻选择策略时的 Q 值；α 是学习效率，决定了新信息覆盖旧信息的速度；γ 是折扣因子，用于衡量未来奖励的当前价值；i 表示智能体；a_i 表示在阶段 t 博弈主体 i 所选择的策略；s_i 表示在阶段 t 参与主体 i 选择策略前的状态；$\max Q_{(i,\,t)}(S_i',\,b)$ 表示参与主体 S_i' 所有选择策略下的最大 Q 值。智能体不断通过这种方式学习，最终形成一个策略，指导它在每个状态下选择最优动作。

（二）策略选择机制

Epsilon-greedy 算法是一种在 Q-Learning 策略选择中常用的技术。它是一种用于平衡探索（Exploration）和利用（Exploitation）的方法。在这种算法中，智能体在每一步决策时都有一个小概率 ε 去随机选择一个可能的动作，而以较大概率 $1-\varepsilon$ 选择当前已知的最佳动作（即具有最高 Q 值的动作）。这样的策略确保了智能体不会完全被当前的知识局限，而是有机会探索可能更优的策略。其工作原理见图 2-17。

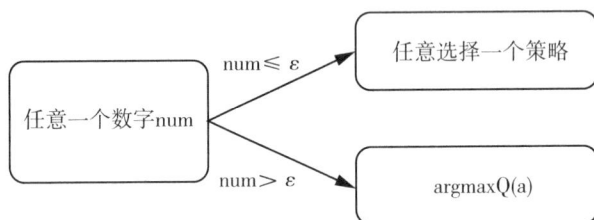

图 2-17　Epsilon-greedy 算法原理图

将 Epsilon-greedy 算法应用到演化博弈中，可以模拟演化博弈中参与主体的有限理性行为。即使在有限的信息和计算能力下，参与主体仍然能够在大多数情况下选择最优策略，同时也有一定的机会去探索其他潜在的策略选择。这种方法能够促进系统在长期中找到更加稳定和高效的策略配置。通过 Epsilon-greedy 算法，Q-Learning 能够结合在演化博弈中的策略选择特点，为数据供应者及其他博弈参与者提供一个动态学习和适应的框架，从而改进其策略选择，使其更好地适应复杂多变的数据交易环境。

二、基于 Q-Learning 的演化博弈

在基于 Q-Learning 的演化博弈改进模型中，两个核心组成部分是：演化博弈改进模型和 Q-Learning 演化规则。这两部分共同构成了一个整合的框架，能够更有效地指导博弈主体在数据交易环境中的策略选择和行为演化。本节对该演化博弈框架进行介绍。

（一）改进的演化博弈模型

本节关注的重点是在数据交易博弈过程中，数据供应者演化趋势不理想的问题。为解决这个问题，在第二节构建的演化博弈模型基础上，引入了负反馈惩罚机制。这种机制能够对数据供应者的不理想行为进行惩罚，

进而影响其后续的策略选择。通过这种方式，构建了一个改进的博弈模型，该模型考虑了数据供应者与其他三方（即政府、数据交易平台和数据消费者）间的两两博弈。这一改进模型能够更好地反映数据交易市场中的实际情况，并有望引导数据供应者改变其演化趋势，从而推动整个市场的健康发展。

1. 政府与数据供应者的演化博弈

负反馈惩罚机制已被研究证明能够有效地改进演化博弈模型[137]。为了更深入地探讨政府和数据供应者之间的演化博弈，本节在第二节构建的收益矩阵基础上，引入了负反馈惩罚机制 L，以提高模型的适用性和效果。这意味着，当数据供应者的行为与理想的策略选择出现偏差时，他们将受到一定的惩罚。这种机制可以激励数据供应者改变他们的行为，更好地遵循理想的策略选择，从而提高整个数据交易系统的效率和稳定性。L 的计算见式（2-26）。

$$L = \beta \cdot W \tag{2-26}$$

其中，β 代表负反馈强度的系数，而 W 则表示政府在收益矩阵中的社会收益。引入负反馈机制之后，数据供应者与政府的收益矩阵将会更新，具体的更新结果如表 2-7 所示。

表 2-7　政府与数据供应者的演化博弈收益矩阵

策略组合	政府的收益	数据供应者的收益
（管控，供数）	$U_{11} - C_{11} + W$	$U_{41} - C_{41}$
（管控，不供数）	$U_{11} - C_{11}$	0
（不管控，供数）	$W - L$	$U_{41} - C_{41} - L_{41}$
（不管控，不供数）	$- L$	0

2. 数据交易平台与数据供应者

参照第二节中提到的四方（政府、数据交易平台、数据消费者和数据供应者）的收益矩阵，引入负反馈惩罚机制 L（见式（2-27））：

$$L = \theta \cdot F_{21} \tag{2-27}$$

其中，θ 代表负反馈强度的系数，F_{21} 则表示交易平台在收益矩阵中的奖励。引入负反馈机制后，数据供应者与数据交易平台的收益矩阵将会更新，具体的更新结果如表 2-8 所示。

表 2-8   平台与数据供应者的演化博弈收益矩阵

策略组合	数据交易平台的收益	数据供应者的收益
（律己，供数）	$U_{21} + V_{21} - C_{21} + F_{21}$	$U_{41} - C_{41}$
（律己，不供数）	$- C_{21} + F_{21}$	0
（不律己，供数）	$U_{22} + V_{22} - C_{22} - L$	$U_{41} - C_{41} - L_{41}$
（不律己，不供数）	$- C_{22} - L$	0

3. 数据消费者与数据供应者

参照第二节中提到的四方（政府、数据交易平台、数据消费者和数据供应者）的收益矩阵，引入负反馈惩罚机制 L（见式（2-28））：

$$L = \varphi \cdot F_{31} \tag{2-28}$$

其中，φ 代表负反馈强度的系数，F_{31} 则表示交易平台在收益矩阵中的奖励。引入负反馈机制后，数据消费者与数据供应者的收益矩阵将会更新，具体的更新结果如表 2-9 所示。

表 2-9   数据消费者与数据供应者的演化博弈收益矩阵

策略组合	数据消费者的收益	数据供应者的收益
（遵规，提供）	$U_{31} - C_{31} + F_{31}$	$U_{41} - C_{41}$
（遵规，不提供）	$- C_{31} + F_{31}$	0
（不遵规，提供）	$U_{32} - C_{32} - L$	$U_{41} - C_{41} - L_{41}$
（不遵规，不提供）	$- C_{32} - L$	0

（二）Q-Learning 演化定义

要将 Q-Learning 融入演化博弈模型中，需要定义如下核心要素：

智能体。在本研究中，智能体指的是参与博弈的主体，具体包括两类群体：数据供应者和其他参与方如政府、数据交易平台和数据消费者。这两类群体中，每个群体都由多个个体组成。

动作集。在 Q-Learning 算法中，智能体可以采取的动作对应于原始演化博弈模型中的策略选择。这些动作构成了智能体的动作集，每个动作对应于智能体在某个特定状态下可以采取的决策。具体来说，各智能体对应的动作集如表 2-10 所示。

表 2-10　各智能体动作集

智能体	动作集
政府	管控，不管控
数据集交易平台	律己，不律己
数据购买者	遵规，不遵规

状态集。状态集是 Q-Learning 算法的关键特性之一，其引入为模型增加了记忆机制，使智能体能够基于过去的策略和结果来调整当前的行为。智能体的状态集由其最近两次的动作组成，表示为(a_i，a_{i+1})。例如，数据交易平台的可能状态集为(律己，不律己)。

奖励函数。它是学习过程中的核心，它定义了策略选择的直接后果。通过不断优化奖励函数，智能体能够在多轮博弈中逐渐找到最优策略。本研究的奖励函数由不同策略组合的收益来定义，对应智能体选择某一策略时获得的收益。

整合 Q-Learning 算法后的演化博弈模型不仅能够反映参与者在单次决策中的策略选择，还能模拟参与者如何基于过去的经验和互动逐步学习和适应，从而在长期博弈中寻求最佳策略。这种方法为研究复杂的数据交易市场动态提供了一个强有力的工具，有助于深入理解市场参与者行为的演化机制及其对市场发展的影响。具体的演化博弈步骤如下：

（1）为所有的状态–动作对初始化 Q 值。

（2）两个博弈方的个体通过随机配对的方式，进行一对一的博弈。

（3）根据表 2-7、表 2-8、表 2-9 计算每个参与主体在当前博弈中的奖励。

（4）利用 Epsilom-grocdy 决策机制，基于当前的 Q 值表选择下一轮博弈的策略。

（5）根据式(2-25)更新 Q 表。

（6）重复步骤(2)到步骤(5)，进行多轮迭代，直到达到设定的回合数，停止博弈。

三、仿真实验与结果分析

在本次仿真实验中，通过设置具体参数来模拟和分析数据交易中博弈双方智能体群体的策略演化趋势。以下是实验设置的具体参数：

（1）群体数量(N)：博弈双方群体中的个体数量被设定为 100。这意味着每个博弈方群体中有 100 个智能体，每个智能体都能独立地做出策略选择。

（2）迭代次数：实验设置了 200 次迭代，每次迭代代表一轮博弈。通过多次迭代，可以观察到博弈双方智能体策略选择的演化过程和趋势。

（3）初始策略选择比例：在初始状态下，博弈双方的策略选择比例被设定为 1：5。这表示在开始时，选择一种策略的智能体数量相对于另一种策略的数量比例为 1：5，从而模拟不同的初始市场条件或偏好。

目标是深入分析和理解数据交易过程中各参与主体（如政府、数据交易平台、数据消费者和数据供应者）的演化趋势。通过设定初始条件和迭代过程，仿真可以帮助我们观察当这些智能体在多轮博弈中根据自身和对方的策略进行适应和调整时，其行为模式和策略选择是如何演变的。

图 2-18 展示了在一轮模拟中 Q 值的误差变化情况。仿真结果显示，尽管 Q 值在不同初始值下可能会有所波动，但最终都能够收敛，说明 Q-Learning 算法能够稳定地引导智能体学习到有效的策略，从而模拟数据交易中各参与方的演化行为。

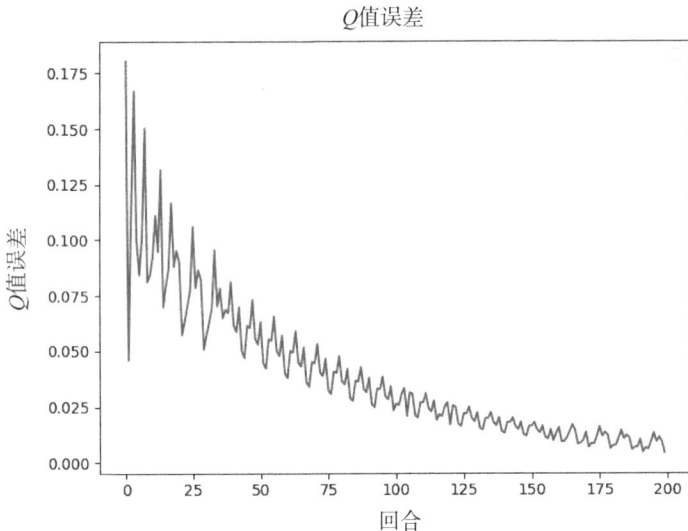

图 2-18　Q 值误差

（一）数据供应者与政府的演化博弈仿真

分别设置负反馈参数 β 的取值为 0.15、0.5、0.8，同时保持收益矩阵中的其他参数不变，数据供应者与政府在这三种不同 β 值下的策略选择和演化趋势如图 2-19、图 2-20、图 2-21 所示。

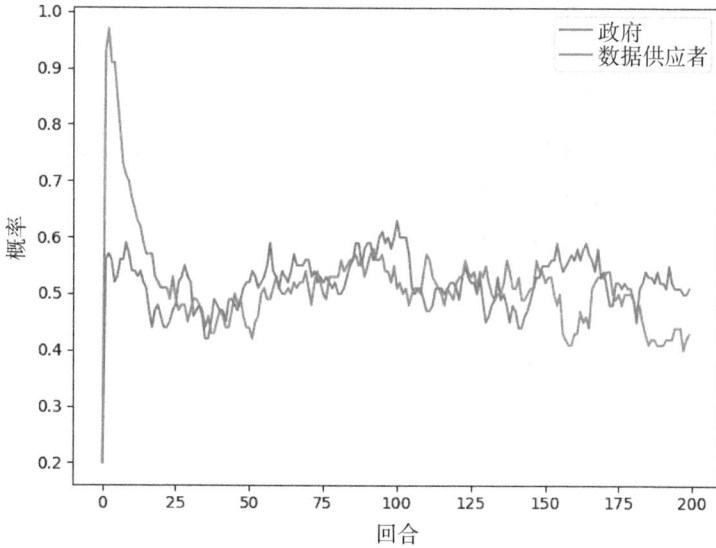

图 2-19　$\beta = 0.15$ 时政府与数据供应者的演化博弈情况

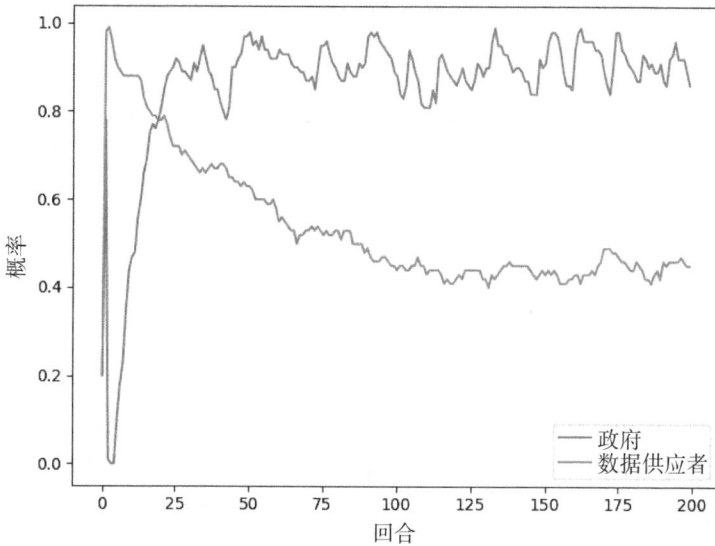

图 2-20　$\beta = 0.5$ 时政府与数据供应者的演化博弈情况

分析图 2-19、图 2-20、图 2-21 的仿真结果，初步可以得出以下结论：

随着参数 β 数值的不断攀升，可以明显观察到这样一个趋势：数据供应者更倾向于采取"供数"的策略，而政府则更乐于选择"管控"的方针。通过数据分析，二者选择相应策略的百分比均有了显著的提高，并逐步接近理想状态。特别是当 β 值提高至 0.8 时，政府和数据供应者选择相应策略的比例达到最高，显示出负反馈机制在促进这两方采取积极策略方面的有效性。相比于原始博弈模型，当 β 设定为 0.8 时，基于 Q-Learning 的改进模型能够更有效地指导数据供应者的演化博弈，导致其在选择"供数"策略方面表现出更明显的积极性。这说明在合理的参数设定下，多智能体强化学习演化博弈模型能够更好地促进数据供应者向理想演化状态的转变。

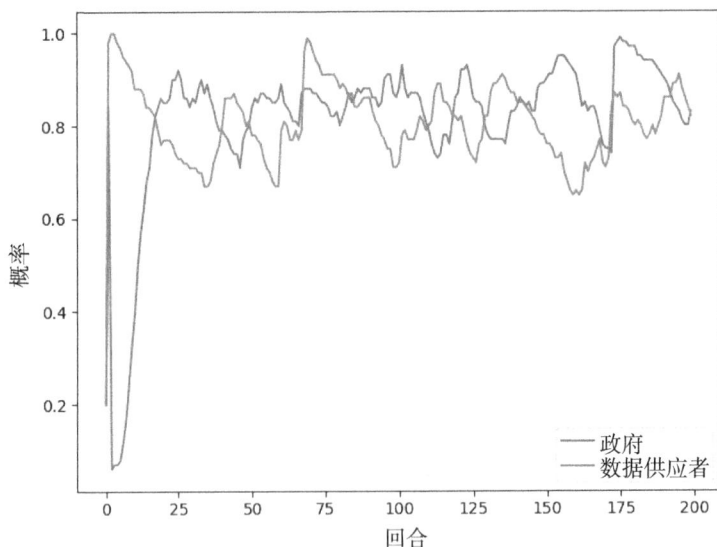

图 2-21 $\beta = 0.8$ 时政府与数据供应者的演化博弈情况

(二)数据供应者与数据交易平台的演化博弈仿真

保持收益矩阵中的其他参数不变，分别设置负反馈参数 θ 的不同取值为 0.5、0.7、0.9，观察这一参数如何影响数据供应者与数据交易平台的策略选择及演化趋势，结果见图 2-22、图 2-23、图 2-24 所示。

通过分析图 2-22、图 2-23、图 2-24 的仿真结果，可以得出以下初步结论：随着参数 θ 数值的不断攀升，可以明显观察到这样一个趋势：数据交易平台更倾向于采取"律己"的策略，而数据供应者则更乐于选择"供数"的方针。通过数据分析，二者选择相应策略的百分比均有了显著的提

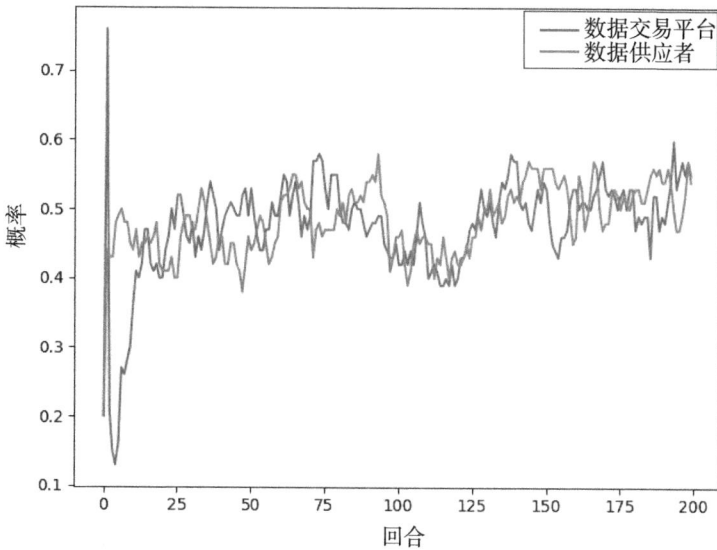

图 2-22　$\theta = 0.5$ 时数据供应者与数据交易平台的演化博弈

高，并趋于理想稳定状态。特别是当 θ 值提高至 0.9 时，数据交易平台和数据供应者选择各自策略的比例达到最高，这表明负反馈系数 θ 在促进这两方采取积极策略方面起到了显著作用。相比于原始的演化博弈模型，当 θ 设定为 0.9 时，基于 Q-Learning 的改进模型在引导数据供应者的演化博

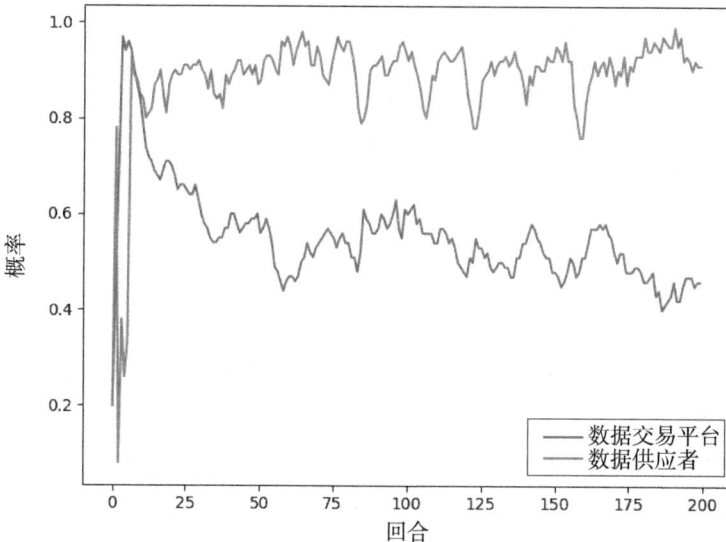

图 2-23　$\theta = 0.7$ 时数据供应者与数据交易平台的演化博弈

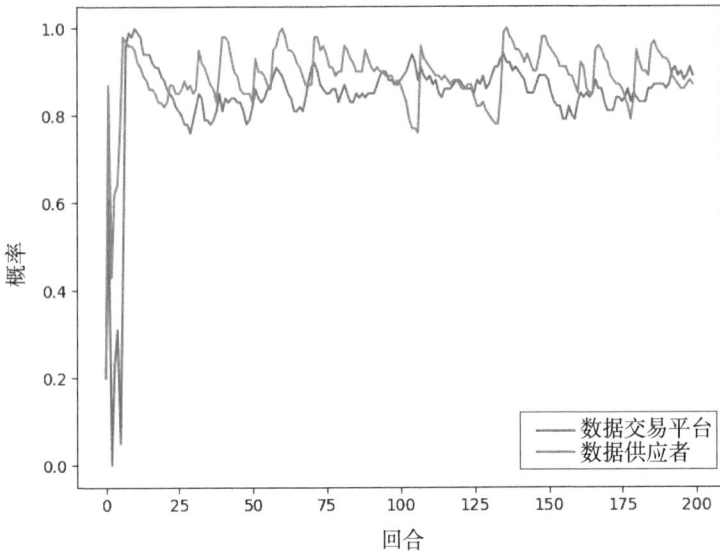

图 2-24 $\theta = 0.9$ 时数据供应者与数据交易平台的演化博弈

弈方面展现出更有效的指导作用。这表明，在合理设置 θ 参数的情况下，通过引入多个智能体，并使其在强化学习的框架下进行演化博弈，该模型能够更有效地引导并推动数据供应者向着理想的状态不断演进和转变，使其在博弈过程中做出更加有利的策略选择。

(三)数据供应者与数据消费者的演化博弈仿真

分别设置参数 φ 的值为 0.3、0.6、0.99，同时保持收益矩阵中其他参数值不变，观察在不同 φ 值下，数据供应者与数据消费者的策略选择及演化趋势是如何变化的，结果如图 2-25、图 2-26、图 2-27 所示。

从图 2-25、图 2-26、图 2-27 的仿真结果分析可以得出以下初步结论：随着参数 φ 数值的不断攀升，可以明显观察到这样一个趋势：数据消费者更倾向于采取"遵规"的策略，而数据供应者则更乐于选择"供数"的方针。通过数据分析，二者选择相应策略的百分比均有了显著的提高，并趋于理想稳定状态。尤其是当 φ 值增至 0.99 时，数据消费者和数据供应者选择各自策略的比例达到最高，表明负反馈系数 φ 在促进这两方采取积极策略方面的显著效果。当 $\varphi = 0.99$ 时，相比于原始模型，改进模型在引导数据供应者演化博弈方向上的有效性得到了提升。这表明，在合理设置 θ 参数的情况下，通过引入多个智能体，并使其在强化学习的框架下进行演化博弈，该模型能够更有效地引导并推动数据供应者向着理想的状态不断演进和转变，使其在博弈过程中做出更加有利的策略选择。

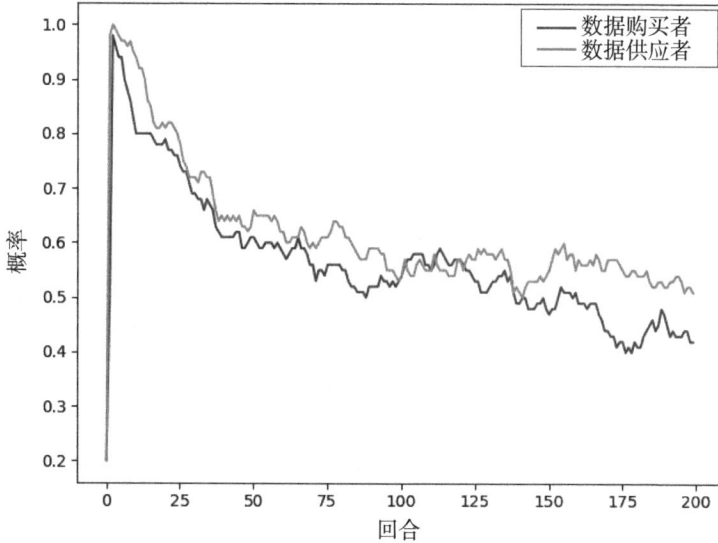

图 2-25　$\varphi = 0.3$ 时数据供应者与数据消费者的演化博弈

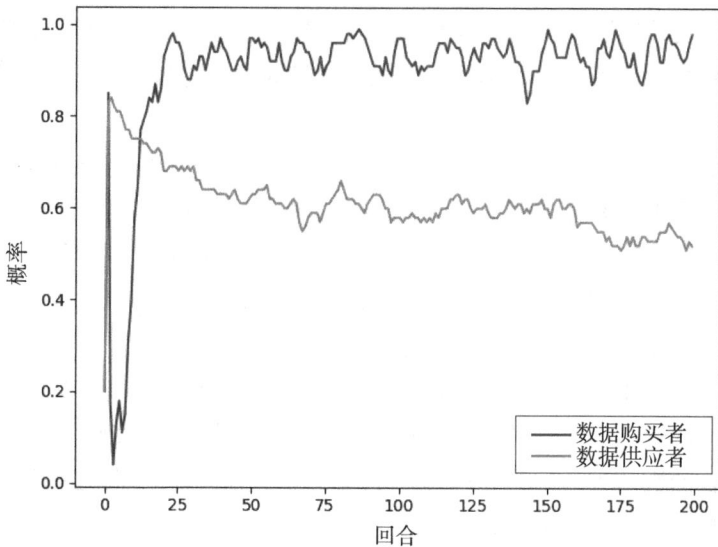

图 2-26　$\varphi = 0.5$ 时数据供应者与数据消费者的演化博弈

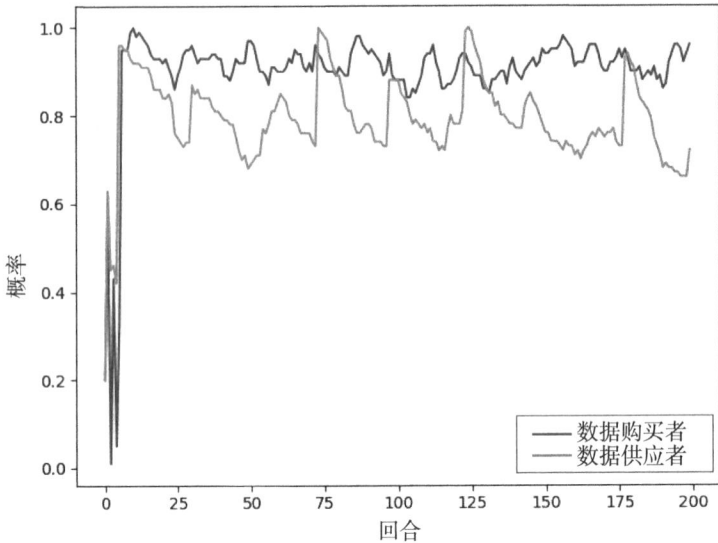

图 2-27　$\varphi = 0.99$ 时数据供应者与数据消费者的演化博弈

（四）结果分析

图 2-18 至图 2-27 直观地呈现了一个令人印象深刻的现象：当负反馈系数发生变化时，作为博弈参与方的政府机构、数据交易平台、数据消费者以及数据供应者在策略选择上出现了明显的变化趋势。通过对这些实验结果的深入分析，可以得出如下结论：

（1）传统的演化博弈模型与本节新提出的基于多智能体强化学习的改进模型，两者之间存在着显著差异。在后者中，数据供应主体在选择"提供数据"这一策略时，其演化速率得到了大幅度的提升。多智能体强化学习的机制的引入有效地解决了在原有模型中数据供应者演化状态不尽如人意的问题，使其能够更快速地向着理想的目标状态不断演进。

（2）在数据交易的演化博弈过程中，负反馈系数对参与主体的策略选择产生了深远的影响。针对不同的参与方，这一影响的体现分析如下：首先，当 β 的数值被设定为 0.8 时，政府机构与数据供应主体之间的演化趋势更加贴近理想的稳定状态。这意味着，在这一参数设置下，双方能够更好地协调彼此的策略，从而实现更加理想的博弈均衡。其次，对于数据交易平台而言，当 θ 的数值达到 0.9 时，观察到平台方与数据供应者能够迅速达成理想的状态。值得一提的是，在这种情况下，数据供应者的状态表现得尤为出色，充分体现了负反馈系数的积极作用。最后，当将 φ 的数值设为 0.99 时，数据消费者与数据供应者呈现出同步演化的趋势，共同向着理想的稳定状态不断迈进。

（3）通过对这些仿真实验结果的深入分析，得到了一些宝贵的启示。这些发现为政府机构在制定奖惩机制时提供了坚实的理论基础。政府可以参考这些结果，合理地设定奖励和惩罚的比例，以达到最佳的博弈均衡状态。

（4）现实世界中的数据交易场景往往复杂多变，参与其中的主体不可能始终保持完全理性，在选择策略时可能会受到各种因素的影响，导致其行为偏离理论预期。而基于强化学习所构建的改进模型，在一定程度上考虑了个体的有限理性和实际行为特点。通过引入这些更加贴近现实的因素，本节的模型能够为设计更加务实有效的数据交易策略提供宝贵的参考和借鉴。

第五节　对策建议

基于前几节模拟结果，本节将分别为数据交易平台、政府、数据消费者和数据供应者四个关键参与方，提出具体和针对性的对策建议，以确保数据安全得到有效保障，有效促进数据交易市场的稳健发展。

一、对政府层的对策建议

政府在数据交易中扮演着至关重要的宏观调控角色，其管理策略直接影响数据安全和交易的流畅性，其根本目标在于同时激励数据交易平台与数据消费者主动进行交易，并确保数据安全，同时也增强数据供应者的供应意愿。本部分基于模拟分析成果，提出了一套具体的策略和建议。

（一）加强数据安全法律法规建设

为促进数据交易安全的健康发展，建立完整的法律体系是必不可少的。当前，我国在数据交易领域的相关法规尚不完备，立法的更新迫在眉睫。为了强化数据交易的法律保障，应当全面审视和修订相关法规。政府有责任进一步明确数据产权的法律界限，因为在产权不明确的背景下，一旦出现数据被非法利用或个人信息泄露的事件，数据供应者面临的法律保护不足，这将对数据交易市场的规范运营产生负面影响。此外，必须制定详尽的数据管控政策，涵盖交易的各方参与者、数据的范围和质量，以此加强对数据安全性的法律监督。

(二)构建完善的激励与惩罚机制

为了促进数据消费者和数据交易平台积极主动保障交易过程中的数据安全，需要优化激励措施，调整奖惩力度的平衡，从而消除数据安全面临的潜在威胁。

(1)增大惩罚措施力度。当数据交易平台和消费者因违规行为而遭受的惩罚较轻时，他们可能会因盈利驱动而忽视数据安全，导致平台选择放任自流、消费者选择违规操作。增强惩罚的力度将减少违规带来的不当利益，进而驱使平台和消费者遵守规则。政府对于损害数据安全的行为，可以实施罚款、公开谴责、撤销营业许可等手段进行严厉制裁。

(2)提升奖励标准。同时，应当提升对积极维护数据安全的平台和消费者的奖励，以此鼓励他们在数据交易中持续保障数据安全，促进数据市场的良性运行。

然而，过度的奖惩措施可能导致参与方产生逆向激励，甚至操纵行为以谋取不当利益。因此，政府需要根据参与各方的积极表现调整奖惩强度，确保奖励与惩罚之间的比例适宜，以便有效地指导和规范数据交易平台、数据消费者及数据供应者的行为。

(三)完善管控机制

1. 丰富管控手段

可以利用政府管控与社会监督齐抓共管的方法。政府和社会共同监督数据交易平台的安全性能够确保平台操作的透明性和公正性，这样的管控合作有助于建立起一个更加健全的数据经济生态。对于政府而言，管控的作用在于设立和执行数据安全性的标准和法规，确保平台的遵规性，保护消费者的权利，并对违规行为进行制裁，这有助于维护整个数字市场的秩序。社会监督则通常体现在第三方机构和公众的参与上，他们可以通过独立审查、提供专业建议和揭露问题来补充政府管控的不足，增加平台的透明度，并推动数据交易平台的自我完善。为了实现联合监督，可以建立多方面的沟通和协调机制，如设立跨部门的管控小组、提供公众举报通道、组织定期的安全审计和公开审查结果等。同时，政府应鼓励数据交易平台与社会监督机构合作，如共享安全审计报告、开放数据接口等，以提升管控的有效性。这种多元化的监督体系，不仅能够增强数据交易平台的安全性，还能为公众提供更高质量的服务，促进数据交易市场的长期健康发展。

2. 健全信用体系

建立信用评分体系，对数据交易中的参与者根据其行为进行评定，为律己的数据交易平台和遵规交易的数据消费者提供信用积分奖励。同样地，对于那些行为不端的数据交易平台和不遵规的数据消费者，实施信用扣分或其他惩罚措施，以此施加行为约束。通过信用评分体系，减轻数据供应者评估交易对方可信度的负担，降低其决策成本，从而激发其参与交易和分享数据的意愿。

二、对数据交易平台的对策建议

数据交易平台在数据交易市场扮演关键角色，其决策和行为对数据消费者和供应者的策略选择产生深远影响。基于仿真分析结果，为保障数据交易市场的秩序和过程中的数据安全，向数据交易平台提出以下建议。

(一)优化数据交易机制

为保障数据交易的安全，数据交易平台需建立完善的交易规则，为数据的有序流通和安全性提供制度保障。以下是具体的建议措施：(1)强化数据安全管理：在数据的整个生命周期中，从收集到交易的各个环节，加强数据安全的管理措施。(2)明确数据收集范围：为数据供应者设定明确的数据收集范围，并对可收集和可交易的数据类型进行规范。(3)实行数据交易资格认证：建立数据交易资格认证制度，对数据消费者的信誉和数据使用目的进行审查，避免与违规或信用不佳的实体进行交易。(4)统一数据标准：制定关于数据规范性、标准性和安全性的明确标准，界定数据流通的范围和限制。(5)透明化交易定价规则：制定公正透明的定价机制，根据数据的质量和时效等因素进行差异化定价，降低交易成本。(6)趋向律己发展：鼓励数据交易平台自主规范行为，以律己促进数据交易市场的健康发展。

通过这些措施，数据交易平台可以在保障数据交易安全的同时，推动数据交易市场向更加有序和健康的方向发展。

(二)夯实技术保障

数据交易平台需积极推进数据安全技术的发展，确保交易过程中数据的安全。在交易、存储及使用各阶段，数据安全均面临挑战，要求平台针对各阶段的特定问题开发对应的安全保护技术。首先，数据存储环节需增强数据库漏洞扫描和审计技术，提升风险管理。其次，在数据交易环节，加强对敏感数据的识别和应用区块链技术等，以防数据泄露。最后，在数据使用环节，实施数据追踪、匿名化处理等措施降低风险。通过加固技术防线，提升数据盗用的难度和成本，降低安全风险，激励数据供应者和消费者更积极地参与交易，促进数据交易在数据安全保护下的健康发展。

为了确保数据交易的安全性，数据交易平台必须致力于数据安全技术的创新和提升，为数据在交易、存储和使用各阶段提供坚实的技术保障。以下是对数据交易平台在数据安全技术方面的建议：（1）加强交易阶段的技术保障：利用敏感数据识别技术，提前预防潜在的数据泄露风险；推动区块链等先进技术在数据交易中的应用，以确保数据的不可篡改性和透明度。（2）提升数据存储安全性：加强数据库的漏洞扫描技术，以便及时发现并修补安全缺口；利用数据库审计等手段，保证数据库操作的合规性，增强数据存储阶段的风险管理效能。（3）优化数据使用阶段的安全管理：实施数据追踪溯源技术，保持对数据流向的监控，确保数据使用的合法遵规；应用数据匿名化技术，最大限度降低个人隐私泄露的风险。

总的来说，通过增强数据交易平台的技术防护能力，可以有效提高非法获取数据的难度和成本，降低数据安全风险，减少数据供应者遭受损失的可能性。这样既能激励数据供应者和消费者更主动地参与数据交易，又能在确保数据安全的同时，推动数据交易市场的健康成长。

三、数据消费者层面的对策建议

在互联网时代背景下，数据消费者的角色变得越发重要，其行为直接影响着数据交易市场的健康和数据安全。依据仿真分析结果，本节提出如下建议，为数据消费者在数据交易市场中的行为提供指导，从而促进市场的有序发展和提高数据交易过程中的安全性。

（1）明确数据来源：在获取和使用数据前，确认数据的来源是否合法、可靠。优先选择那些有良好声誉的数据交易平台或供应商，避免使用来源不明或有法律风险的数据。

（2）了解数据使用权限：在购买或接收数据前，清楚了解数据的使用范围、限制和条件。确保自己的使用方式不违反数据供应者的使用协议，特别是涉及个人隐私数据的使用。

（3）加强数据保护措施：采取有效的技术和管理措施保障所获取的数据安全，防止数据泄露、篡改和丢失。这包括数据加密、访问控制、数据备份等措施。

（4）进行数据合规性评估：定期对数据的使用情况进行合规性评估，确保数据处理活动符合相关法律法规的要求。

（5）制定数据应急响应计划：制定并实施数据泄露和安全事故的应急响应计划。一旦发生数据安全事件，能够迅速采取措施，减轻损失。

（6）加强数据安全和隐私保护知识培训：为员工提供数据安全和隐私保护的相关培训，提高他们的安全意识和操作技能。

四、对数据供应者的对策建议

在如今的大数据环境下，数据供应者的范围广泛，涵盖了个人用户和数据生产的各类企业。数据供应者若初期就积极参与数据交易，并倾向于选择供数的策略，将使得数据交易平台获得更多高质量、可操作的数据资源，从而增强与数据供应者的数据合作关系。这种合作不仅能够增强数据交易平台的服务能力，也能够吸引更多数据消费者的参与，进一步活跃数据交易市场。随着各方的积极互动，数据交易市场将朝着有序且安全的方向发展，确保数据交易活动的健康进行，同时加强数据安全的保护。

（一）增强安全意识

站在数据供应者的角度，必须认识到两个关键点：一是要合理地提供数据，二是要增强自身的数据安全意识。这两点对于数据供应者的长远发展至关重要。作为数据的提供方，不能被动等待，而应该主动出击，采取积极的行动。具体来说，数据供应者需要全面而深入地了解数据交易平台和数据消费者的行为模式和信用状况，这样才能在交易过程中做出明智的决策，最大限度地保护自身利益，以此降低自己在数据交易中的成本和风险。个人数据供应者应避免因小额利益而轻易泄露个人隐私信息。在积极参与数据交易的同时，必须采取措施来确保个人数据的安全，从而推动数据交易市场健康有序地发展。

（二）积极参与交易

当将目光聚焦到以企业为主体的数据供应者群体时，一个至关重要的议题浮现出来：如何激发它们参与数据交易的热情？这是一个需要深入思考和探讨的问题。对于这些企业而言，提升参与数据交易的积极性无疑是一个关键的着力点。只有当它们意识到数据交易所带来的巨大潜在利益，并且愿意主动投入时间和精力去参与其中，数据交易市场才能真正焕发出勃勃生机。许多企业，尤其是一些传统和中小型企业，尽管掌握着大量高价值数据，却未能意识到这一点，或因数据安全担忧而未参与交易。以下是针对数据供应者的具体建议：（1）提升数据交易参与积极性：企业应打破对内部数据的保守态度，认识到数据释放和变现所能带来的潜在益处；需要教育企业理解数据交易的商业机会，并激励其积极探索数据开放和交易的可能性。（2）优化数据交易资源利用：作为数据供应的主体，企业应该积极主动地去挖掘和利用数据交易平台所提供的各种功能。通过这些功能，它们可以更加高效地寻找到合适的数据需求方，并与之建立起稳定而长久的供需关系。这种关系的建立，离不开高质量数据的支撑。数据供应者必须时刻谨记，只有不断提升自身数据的质量，才能在激烈的市场竞争中占据有利位置，赢得消费者的青睐和信赖，吸引更多消费者参与交易，增加市场活力，从而确保数据交易的长期稳定和可持续性。

数据供应者的积极参与不仅有助于推动自身业务的发展和提升市场竞争力，还能够促进整个数据交易市场的繁荣和数据安全的维护。

第六节　小　　结

一、本节总结

本研究以数据安全为出发点，利用演化博弈理论探讨了数据交易中各参与主体的演化规律和策略选择。研究首先分析了数据交易的当前状况和相关前沿研究，确定数据供应者、数据交易平台、政府和数据消费者四个参与主体作为研究对象。接着，基于这些主体，进行了演化博弈的分析。紧接着，结合系统动力学方法，建立了数据交易四方的演化博弈系统动力学模型，以研究初始策略选择和关键因素如何影响博弈结果。尽管系统动力学模型在许多方面表现出色，但发现它在引导数据供应者行为方面还存在一些局限性。面对这一挑战，本节决定从多智能体强化学习理论中寻求灵感。通过借鉴 Q-Learning 算法的核心思想，构建了一个全新的改进型演化博弈模型。与此同时，还创新性地引入了负反馈惩罚机制，旨在优化参与者的策略选择过程。这些改进措施取得了显著成效，有效地解决了原有模型存在的问题，使其性能得到了大幅提升。仿真结果揭示了如下关键发现：

（1）参与主体的初始策略选择对博弈结果有着显著影响。某一方的积极初始策略选择能够提升其他主体的积极性，从而实现整体的均衡稳定状态。

（2）收益、成本、损失、声誉、奖励和惩罚等因素对博弈主体策略选择产生重要影响，适当的调整可提高各方的积极性。

（3）负反馈系数的设定直接影响博弈结果。特定的系数设定下，各主体的策略选择能稳定在理想状态，Q-Learning 算法的引入显著提高了模型效果，为政府设置奖惩比例提供了依据。

（4）基于仿真结果，提出了针对四方的对策建议，旨在推动数据交易市场的健康发展和数据安全的实现。

二、研究展望

未来的研究可以从以下几个方向进一步探索：

（1）参与主体类型的细化：数据交易市场中各参与方类型繁多，未来研究可以更细致地区分各类参与者，如将数据消费者细分为政府、企业、机构或个人，研究各自在数据交易中的行为特征和策略选择。

（2）数据交易不同发展阶段的研究：根据数据交易市场的不同发展阶段，如探索期、起步期、发展期和成熟期，各类参与者的策略重点可能会有所变化。今后的研究可针对不同阶段进行专门的分析与探讨。

（3）群体规模对演化博弈影响的研究：本研究在模拟实验中设定了特定的群体规模，但不同规模的群体可能对演化博弈的结果有所影响。未来可尝试研究不同规模的群体在演化博弈中的路径和结果，以获得更全面的认识。

综上所述，未来工作将更加深入地探索数据交易过程中的演化博弈动态，以及如何通过不同的模型和方法促进数据交易市场的健康有序发展。

第3章 数据定价方法研究

第一节 概　　述

数据定价是数据要素流通交易的关键环节，事关各参与方核心利益。目前市场上多数的数据交易都是"点对点"直接交易的模式，交易价格以协商为主，辅以拍卖、博弈策略。实践中应用的此类定价方法存在效率低下、交易周期长、投入人力物力成本高等问题。如何设计高效透明、公平合理的数据定价方法，是数据交易环节的难点和关键。数据定价的难点在于：

(1)买卖双方信息不对称。在市场中，商家与消费者很容易形成信息不对称。一方面，数据一般包含了许多条目，消费者无法在短时间判断数据的好坏，商家很容易以此来欺瞒消费者；另一方面，数据市场的各项理论以及管理机制等都还不够成熟，数据对于买卖双方的透明度完全不同，消费者会逐渐对市场失去信任，这样的一种情况显然是不利于市场的发展的。此种情况易导致"柠檬市场"[138]的形成。

(2)数据商品价值量化难。数据资产和传统的商品相比，表现出一些全新的特质，如零边际成本、信息悖论、非竞争性消费、非标性等。这导致传统基于成本的定价方法、基于收益的定价方法和基于市场的定价方法难以应用：由于数据往往是作为生产经营的附属衍生物，为企业所带来的收益是与企业的产品交织在一起的，导致其对应成本难以区分，其带来的收益也难以分割，折旧贬值及利润率等关键指标也难以估算，致使收益法和成本法难以在数据定价中应用；市场法虽然是一种最直接的定价方式，但对数据商品来说，因每一个数据商品都是非标性商品，加上当下交易低迷，难以找到竞品，目前也难以适用于数据商品。

(3)有效可借鉴的定价实践较少。如导论所述，虽然我国大数据技术日益成熟，相继创立了不少大数据交易平台，但是蓬勃景象之下，数据交易市场化并未达到预期的活跃程度[163]。以最具影响力的贵阳大数据交易所为例，目前该所累积交易额共计 2.2 亿元，这与到 2025 年突破 100 亿元大关的目标还有不小的差距，其实在成立的 7 年间该所的目标一改再改，从最开始的"日交易额 100 亿元"变成"年交易额突破亿元"。对这些数据交易平台的分析，不难看出，大多数据交易平台除了难以提供涵盖整个数据交易流程的在线交易功能外，缺乏明确的数据定价规则或算法也是一个重要客观原因。理论研究与实践脱节严重，是当前数据定价面临的现实问题。

近期，经济领域、计算机领域、法学等各领域学者已开始对这些问题进行研究（详见导论第二节所述），但数据资产的定价方法大多还处于理论探讨阶段，系统性不足，实践指导的有效性还有待检验。因此，数据定价方法研究，尤其是结合我国数据要素市场及国情的定价方法研究，还有大量研究要做。

本部分针对我国数据交易市场的国情，系统对数据定价问题进行研究，以期设计出透明、合理、高效、落地性强的数据定价方法。主要从如下几个方面展开：

（1）基于卖方利益的数据集定价方法。以个人数据为例，以隐私度量基础，引入数据引用度和数据老化度量函数，提出了动态数据定价方法。此研究是从特定数据集出发，研究如何通过利用特定数据集内在特性，进行数据集定价。详细内容见第二节。

（2）兼顾买卖双方利益的均衡数据集定价方法。基于"质"（数据质量）和"量"（信息熵）两个指标来衡量数据价值，提出了计算数据集质量分数以及信息熵的数学方法；继而，根据商品多版本的理念，设计了兼顾买卖双方利益的基于版本的数据定价策略；并借助双层规划建模，对该策略进行了理论分析验证。此研究是通用数据集定价方法的探索，详细见三节。

（3）基于元学习的数据绝对定价方法研究。现有研究大多是相对价格或虚拟价格的研究，真实价格的确定往往是借助协商方式进行的。本部分探索研究如何基于已有数据交易价格数据，利用元学习来实现数据绝对价格的预测，研究内容包括数据资产定价因素分析及度量、相似数据商品价格信息爬取、元学习模型构建及模型训练验证等。此研究是实际交易价格预测方法的研究。详细见第四节。

1. 理论意义

本研究可以揭示传统商品定价理论、现有数据商品定价方法与理论的缺陷和不足，充分利用数据商品内在的特质，探索数据商品定价理论和方法，丰富和发展信息经济学理论，进一步完善现代经济学理论体系。

2. 现实意义

积极响应数据要素市场化发展的国家战略规划，为数据商品的定价实践提供科学理论依据，进一步促进数字经济的发展。本课题提出数据价格影响因素及测度方法、数据价格函数等理论和思想，可以为数据交易平台商品定价实践提供一定的科学理论参考，更好地促进数据交易市场的发展。

为数据交易平台的通用情况下的数据定价提供指导建议。尽管数据交易平台为数据交易提供了相对可靠、安全的平台，但各参与方缺乏统一的定价策略和认识，存在较严重的信息不对称问题，往往导致价格不够透明或价格的设定不合理、数据消费者不能客观把握数据的合适价位。数据交易平台目前采用的定价方法基本还停留在简单的数据定价方法如基于协商的数据定价方法上，存在低效问题。

第二节 基于隐私的个人数据动态定价方法

一、概述

个人数据资产，是从个体的活动、行为与记录中所提取和整合的数据集合。这些数据源于个人，因此其所有权自然而然地归属于数据所关联的个体。个体对其拥有的数据具有完全的控制权，可自由决策如何掌管、处理及使用这些数据。这类数据范围广泛，包括但不限于微信聊天内容、电商平台购物历史、个人医疗信息及电子邮件数据等，它们共同构筑了大数据领域的核心组成部分[139]。这些数据与个体生活紧密相连，当众多的个人数据汇聚起来，其所蕴含的潜在价值不可估量。在医疗研究方面，这些数据能助力科学家更深入地理解人类健康与疾病；在消费行为预测与购物习惯分析上，它们则能帮助企业和机构更好地理解消费者需求，优化产品和服务。因此，个人数据资产在数据要素化的时代扮演着至关重要的角色，它不仅影响着数据市场的健康成长，还是其稳定发展的基石。对于那些经过处理的、不涉及个人隐私的个人数据资产，它们所蕴含的研究与经济价值不可小觑。一方面，通过租赁、买卖或其他形式的隐私补偿，这些数据可以进行公平交易。这种激励机制能鼓励更多人愿意将其个人数据资产投入市场，从而促进原始数据的生成和流动。另一方面，作为数据购买者的其他组织或个人，通过支付报酬或提供隐私补偿，能够获得数据的使用权。通过对这些数据进行深度加工、分析和应用，数据购买者能够更好地制定决策、优化行为，并改进产品和服务。如此良性的循环，不仅能够推动数字经济的快速发展，更能确保其稳定和可持续。个人数据资产的合理使用和流通，无疑是推动整个社会数字化进程的关键一环。

个人数据在参与市场交易的环节中，其价格的公平性至关重要，因为它直接关系到数据源头——广大个体权益的保障问题。当前，随着数据资源的重要性日益凸显，其市场配置已上升为国家层面的战略考量。然而，对个人数据所蕴含的经济价值的评估，尚属于一个相对新兴且研究尚浅的领域。在这一背景下，迫切需要深入探索和构建一个公正且合理的个人数据资产定价机制。这一举措不仅是对数据价值评估领域的一次重要探索，更是数据资源化时代对个体利益的切实保障。通过建立这样的定价机制，可以确保数据交易中的公平性和透明性，促进数据市场的健康发展。同时，这也是对数据时代个体权益的一次有力维护。通过公正的定价，可以使每个数据供应者获得其应得的回报，进而激发其参与数据市场的积极性，形成数据资源的高效流通与利用。在这个过程中，数据市场的竞争性和活力也将得到进一步增强，为数字经济的持续健康发展提供有力支撑。

为了解决当前数据资产估价模型在动态适应性、粒度、灵活性和通用性方面的不足，本研究致力于深化数据资产定价理论，尤其是鲜有涉及的个人数据定价领域。创新地研发出一套全新的动态多维数据定价方法，旨在更精准、灵活地反映个人数据的实际价值。在研究过程中，首先深入剖析了传统商品与数据商品之间的本质差异，揭示了传统定价模型在数据定价领域的局限性。为此，引入信息熵①这一重要概念，将其作为衡量数据价值的核心指标之一。随后，综合考虑个人数据的隐私级别、主体特征（如年龄、性别、职业）以及个人风险偏好，对个体隐私要素进行了全面而细致的评估。通过结合隐私要素和信息熵，成功构建了个人数据商品的初步估值公式。在此基础上，进一步关注数据的引用要素和老化要素。通过监测每条记录或字段的引用频率变化，能够准确把握数据的引用价值；而通过分析数据随时间老化而价值减少的现象，则能够度量数据的老化程度。最终，将隐私、引用和老化这三个核心要素有机结合，构建出一个更

---

① 接收的每条消息中包含的信息量。

加符合市场动态的定价模型。为验证模型的有效性，选取了特定数据集进行模型验证，结果表明该模型具有良好的动态适应性和无套利特性。与现有模型相比，新模型在准确性和合理性方面均表现出显著优势。本研究的成果不仅弥补了现有数据资产定价理论的不足，也为数据市场的健康发展提供了有力支持。

二、研究思路及贡献

(一) 研究思路与内容组织

图 3-1 展示了本项研究的思路框架，研究内容主体分为五大块：

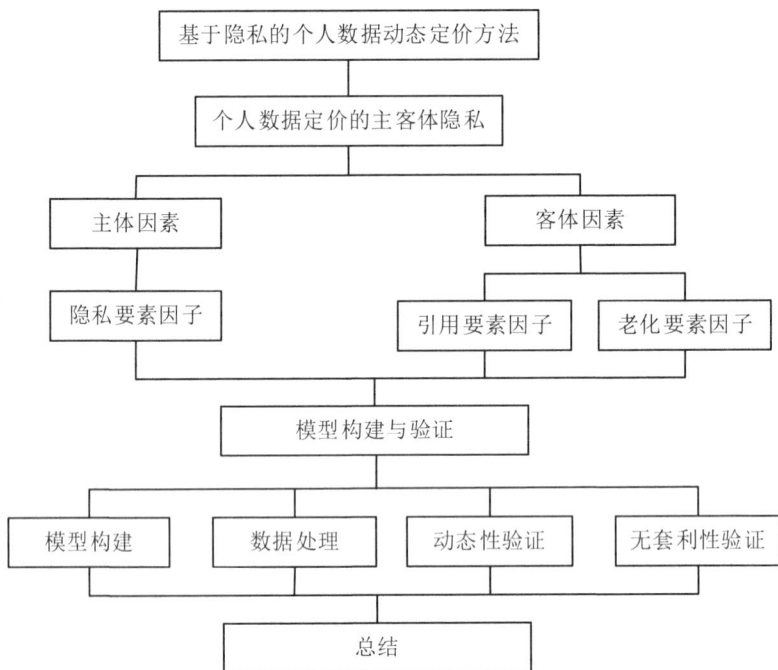

图 3-1　本节研究思路图

首先，介绍本研究的主要内容、贡献及结构。

第二部分着重探究个人数据定价的关键影响因素，具体包括：对个人数据中的隐私要素进行分解分析(涵盖隐私相关主体、风险偏好、隐私数据敏感级别等维度)、数据引用热度(引用要素)以及数据时效性衰减等因素。通过上述三个维度的定量建模和实证分析，深入评估各因素对个人数据价格的作用机理和影响程度。

第三部分涵盖定价模型的建立及其验证过程。首先，对选定的实验数据集进行描述，随后综合第二部分的影响因素，构建出一个完整的定价模型，并从模型的动态适应性和交易无套利性两方面进行验证，以证实模型的有效性。

第四部分对本节内容进行总结并给出展望。

(二)贡献

(1)设计了客观易量化且兼顾买卖双方利益的数据价值评估指标体系，考虑因素比现有研究更加全面，更易获得买卖双方的接受。用隐私从数据供应者角度衡量数据价值，用信息熵从数据消费者角度评估可能产生的价值。

(2)引入数据时效性与引用频率这两个变量，作为动态调整数据价值的工具，保证了定价机制能够适应市场的各种时效性需求。这一设计改进了以往研究中普遍存在的静态定价问题，也照顾到了数据消费者的长远利益。

(3)支持细粒度定价。定价模型基于细粒度数据进行估值定价，能够精确到数据的元组和字段级别，可为数据消费者提供更为细致和个性化的购买选项。

(4)深入分析了无套利性这一核心要素，以确保所有数据消费者在公平的市场环境下进行交易。

三、个人数据资产定价的主客体因素

本研究专注于解决个人数据资产的估值问题，主要关注的对象是数据市场中个人数据，研究目标是探讨如何合理定价每个个体的数据资产。

(一)研究依赖的市场模型

在数据市场环境中，每一位数据供应者都处于相对弱势的地位，且并非完全理性。他们各自拥有不同类型的数据，但却像是处在各自的信息孤岛[140]中，数据之间无法实现互通。单个个体手中的数据是低价值的。然而，当这些众多低价值的个人数据汇聚在一起，它们所蕴含的潜在价值便被逐渐释放出来，成为研究和分析的宝贵资源。遗憾的是，当数据的流通受阻，这些数据供应者手中的宝藏便如同沉重的负债，无法转化为期待的独立收益。数据的价值在孤立中沉寂，难以释放出应有的价值。因此，打

破信息孤岛，实现数据的自由流通和有效整合，对于发挥数据的真正价值，以及确保数据供应者的合法权益具有极其重要的意义。

当前，随着大数据时代的推进，数据交易的需求愈发强烈，不断攀升的态势展示了市场的广阔前景。然而，同样不能忽视数据供应者面临的挑战与困境。在大多数情况下，数据供应者并不具备独立建设交易平台的能力，这无疑限制了他们参与数据交易市场的深度和广度。由于缺乏专业的技术支持和运营经验，数据供应者独自开展数据销售活动充满了高风险，这既包括对数据安全性的担忧，也涉及市场波动的潜在影响。更为关键的是，单一的个人数据往往显得较为零散和碎片化，缺乏足够的研究价值，难以有效吸引数据消费者的注意。在这种情况下，即便数据供应者有意愿参与交易，也难以实现数据的最大化利用和合理回报。因此，对于数据供应者而言，如何在确保数据安全的前提下，有效整合和展示数据资源，提升数据的吸引力，成为亟待解决的问题。综上所述，数据交易市场的蓬勃发展带来了无限的商机，但同时也为数据供应者带来了诸多挑战。我们需要从多个角度出发，思考如何既满足数据交易的需求，又保护数据供应者的权益，实现市场的健康、有序发展。

鉴于当前数据市场的复杂性和数据供应者的局限性，一个更为理性的策略是，将数据供应者手中的个人数据交由专业的第三方交易平台进行托管。这一做法不仅能保障数据的安全性和合规性，更能促进数据的流通和价值实现。在此模式下，第三方平台扮演着至关重要的角色。它们负责接收数据供应者提交的个人数据，并进行必要的清洗和分类，以确保数据的准确性和可用性。同时，它们还负责将这些数据销售给有需求的数据消费者，并根据消费者的具体要求提供定制化服务。对于数据消费者而言，他们只需向第三方平台支付一定的费用，便可获得所需的数据资源。这不仅简化了交易流程，降低了交易成本，还提高了交易效率。而作为中介的第三方平台，在完成每一笔交易后，会从数据购买者支付的金额中抽取一部分作为佣金，以维持平台的运营和发展。余下的款项则会根据每个数据供应者的数据贡献度进行合理分配，确保每位数据供应者都能获得与其贡献相匹配的收益。这种交易模式不仅保障了数据供应者和消费者的权益，也促进了数据的共享和流通，有助于推动数据市场的健康发展。通过第三方平台的托管和销售服务，个人数据的价值得到了充分释放，为数据市场的繁荣注入了新的活力。该交易模式如图 3-2 所示。

本研究基于图 3-2 所展示的三方参与的数据市场模型展开。这一模型中，核心参与者共有三方：数据提供者（Data Providers，至少一位）、数据购买者(Data Consumers，至少一位)，以及作为中介与桥梁的第三方数据交易平台(如贵阳大数据交易所、上海数据交易中心等)。这些角色在模型中各自扮演关键角色，相互协作，共同推动数据市场的有序运转与发展。数据提供者作为市场的基石，他们拥有的个人数据是市场的原始动力。这些数据可能来源于各种场景，包括但不限于用户行为记录、消费习惯等，它们共同构成了数据市场的庞大资源池。而数据消费者则是市场的另一极，他们根据自身需求，在市场中寻求所需的数据资源。这些数据可能用于市场分析、决策支持、产品研发等多个领域，是消费者实现商业目标的重要工具。在这两者之间，第三方交易平台发挥着不可或缺的桥梁作用。它们不仅提供了数据清洗、分类、销售等一系列专业服务，还通过制定交易规则、保障交易安全等方式，维护市场的公平与秩序。这些平台作为市场的组织者和监管者，通过优化交易流程、提高交易效率，促进市场的繁荣发展。本研究将深入剖析这一模型中各方参与者的行为模式、利益诉求以及相互作用机制，以期揭示数据市场的内在规律和未来发展趋势。同时，也将结合实际情况，探讨如何进一步优化模型设计，提高市场的效率和公平性，为数据市场的健康发展提供有力支持。

图 3-2　数据市场模型

在这一精心构建的数据市场模型中，两大核心资产流发挥着至关重要的作用。首先是数据资产流。这一流动方向的核心在于个人数据资产的有效传递。数据提供者，作为数据的原始拥有者，通过第三方交易平台的桥梁作用，将数据资产安全、准确地传递至数据消费者。这一过程确保了数据价值的最大化实现，同时满足了数据消费者对数据资源的需求。紧接着，关注现金资产流。与数据资产流相辅相成，现金资产流在这一模型中扮演着支付与回报的角色。数据消费者根据所需数据的价值和用途，向第三方交易平台支付相应的现金费用。随后，这部分现金通过平台的公正、透明机制，转移到数据供应者手中，作为对其数据贡献的经济回报。通过

　　这两个核心资产流的有机结合，数据市场实现了数据资产与现金资产的良性循环，为数据供应者和消费者提供了高效、便捷的交易环境。同时，第三方交易平台的角色也得以凸显，它不仅促进了数据的流通与交易，还确保了市场的公平与秩序，为数据市场的健康发展奠定了坚实基础。

　　数据资产流与现金资产流在传递方式上存在显著差异。数据资产流的核心目的是实现无损传递，确保数据源源不断地完整传递给购买者。与之相对应的是现金资产流，其传递过程中会发生损耗，因为第三方交易平台会收取一定的费用或佣金。因此，在资产流转过程中，需要更加注重数据资产流的完整性，以保障信息的准确性和可靠性。

　　此模型还可以进一步细化为图 3-3。图 3-3 描绘了数据市场模型中的完整交易流程。在该模型中，数据供应者借助第三方交易平台提供的专用软件或设备，生成原始数据，这些数据可能以非结构化或半结构化的形式存在，例如购物记录、电子病历和运动轨迹等。此外，数据供应者还可以通过填报的方式提交半结构化和结构化的数据。交易平台利用上述多种渠道，实现个人数据资产的采集，并根据数据供应者的每次数据贡献，支付相应的酬金 $P_i(P_i \geq 0)$。

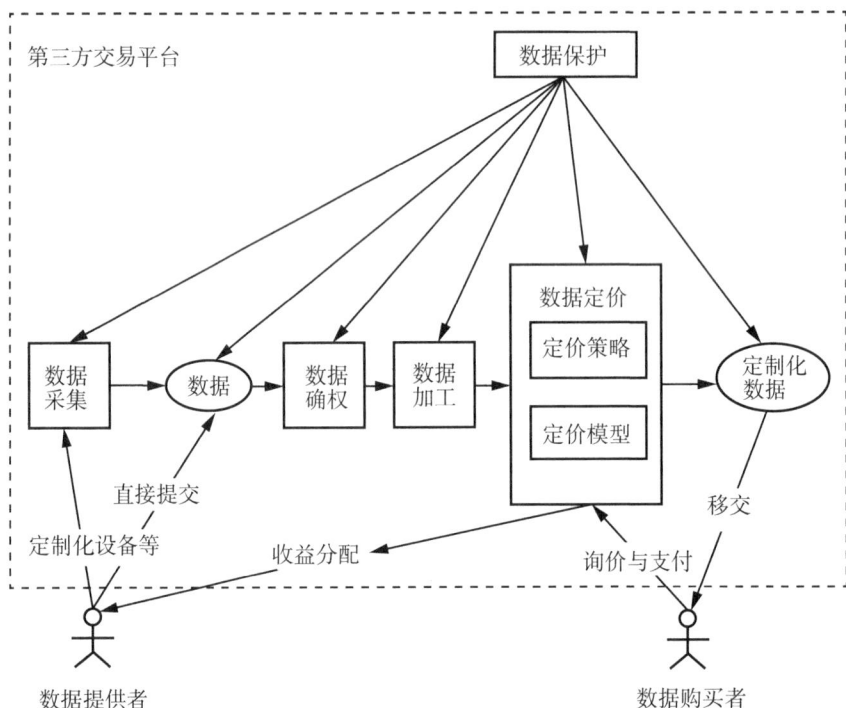

图 3-3　数据市场精细模型

在数据供应环节中,第三方交易平台必须确保交易流程的安全,防止数据泄露和其他潜在风险。平台在收集个人数据后,承担数据确权、加工等任务,明确定数据权属,并进行数据清洗,以维护数据的品质和可用性。除了确权外,平台的另一个重要职责是数据定价。必须建立合理的定价策略和模型,一方面为定制化数据集制定价格,确定售价;另一方面为数据集中的个人数据定价,以便后续收益分配。本研究专注于如何为数据集中的个人数据定价。一旦定价策略和模型确定,平台就会根据这些准则向购买者交付定制化数据。平台的收入来源于向数据供应者收取的服务佣金 $C(C > 0)$。

数据购买者,如服务提供商、开发者和研究人员等,通过平台获取元数据信息,向平台提出数据需求和询价。交易平台根据需求准备定制化数据集,并通过定价模型进行定价,然后向数据消费者通报价格 $P(P > 0)$。在交易平台与数据消费者达成共识后,签订合同并移交数据;数据消费者完成款项支付,从而完成数据交易流程。

(二)研究前提假设

本研究专注于在所描述的市场模型框架下,探讨在已完成的定制化数据集交易中,如何为每一条个人数据资产(即每个数据元组)进行定价。关键在于确定在已售出的数据集中,哪些因素对数据的定价具有重要影响。

本研究将从第三方交易平台的角度出发,专注于数据供应者的利益,并从两大方面仔细考量定价因素。首先关注的是主体因素,包括数据供应者的特征及数据的隐私属性,这不仅是数据供应者极为关注的中心议题,也构成了个人数据定价的根基。其次是客体因素,如数据的使用频次和数据的新旧程度,这些是市场及数据消费者在评价数据价值时所集中的焦点。在开始这项研究之前,设定了一些关键假设作为研究的基础前提条件。

假设 1:第三方交易平台通过用户提交或专用软件收集等手段获得数据集 D,并在管理及处理数据集 D 的过程中可以掌握数据集的全部信息。

假设 2:在法律和相关制度的约束下,数据交易平台和数据供应者均高度关注数据中可能存在的敏感信息。第三方交易平台被认为完全可信,不会主动泄露数据集中的敏感信息。

假设 3:数据交易平台可通过问卷等方式掌握数据供应者的意向和态度,能够与每个数据供应者保持有效沟通,及时跟踪数据供应者状态的任何变化，并将这些变动实时更新至数据集 D 中。

假设4：第三方交易平台与数据供应者在对数据集 D 完成清洗等预处理步骤后，通过拍卖等机制已确定了数据集 D 的初始交易价格 P_t，并就数据集 D 的初始净收益 P_b 以及平台佣金比例 R_c 等达成共识，其计算关系可以用式（3-1）来表示。

$$P_b = P_t(1 - R_c) \tag{3-1}$$

在这些假设的基础上，本研究将围绕隐私特征、数据引用频率和数据的老化程度这三个核心元素，深入探讨个人数据资产的定价模型。研究的目标是创建一个能够对个人数据资产动态定价的模型，可用式（3-2）表示：

$$f_{TP}: D \to P_i, \quad i \in [1, N] \tag{3-2}$$

其中，D 为目标交易数据集，P_i 为该个人数据资产的价格，N 为数据集 D 包含的数据供应者个数。

（三）主体因素

在数据交易市场中，当数据供应者将个人数据资产托管至第三方交易平台出售时，他们最为关注的并非数据消费者所应当关注的数据质量，而是隐私泄露的风险。从某种程度上说，数据供应者通过出售其隐私来获得经济补偿。不论是数据所有者还是数据购买者，在市场中都表现出追求自身利益最大化的倾向。因此，数据供应者主要忧虑个人数据隐私泄漏的风险，而数据购买者关注的重点在于付费后所获取数据的质量。

本节的研究视角，聚焦于一个尚未得到充分探讨的领域：个人数据定价。在这一问题上，力图在维护数据供应者利益的同时，兼顾数据消费者的诉求。为达成这一目标，提出了一个创新的定价模型，其理论基础在于隐私补偿机制。这一机制的核心任务，是对数据供应者及其数据所涉及的隐私要素进行全面评估。本研究将这些隐私要素统称为主体因素，并进一步将其细分为三个层面。

1. 隐私主体

从法律的视角审视，每一位公民都应当在隐私权方面享有平等的地位。法律面前，人人平等，每个个体的隐私都理应受到同等程度的保护和尊重。这是现代法治社会的基本伦理诉求，也是维护公民基本权利的重要保障。然而，当跳出法律的框架，站在伦理道德的高度俯瞰这一问题时，一个微妙的差异就凸显出来了。在道德伦理的尺度下，对不同个体的隐私保护力度，理应存在一定的区分和侧重。以未成年人和犯罪分子为例，对前者的隐私保护程度，就应该明显高于后者。这样的差别对待，绝非对法律面前人人平等原则的背离，而是对个体特殊性的必要关照。隐私主体分级的标准主要涵盖两方面内容：首先，考虑到隐私主体的个性化特征，包括个体的自我保护能力和自我恢复能力；其次，从公共利益的角度考虑，包括因素如民主性和公众信任等。此外，不同个体对隐私的需求程度，存在着客观的差异。有些群体，或因年龄、身份等先天因素，或因社会地位、经济条件等后天因素，更容易沦为隐私侵犯的受害者。对这些相对弱势的群体而言，隐私保护的需求更为强烈，也更为紧迫。作为一个负责任的社会，有必要对这些群体的特殊需求给予更多的关注。

基于此，本研究从性别、年龄和职业三个维度出发，对隐私主体进行如下分类分级研究。

（1）性别分级

在隐私保护方面考虑性别这一维度时，女性群体理应获得更高程度的关注和呵护。这一判断，并非源于某种主观臆断，而是建立在扎实的调查数据基础之上的。权威机构 Pew Research Centre 的全球调查显示，在所有人群中，女性对隐私泄露问题的关注度最高。这种高度关注，绝非偶然，而是有着深刻的社会根源。首先，女性因其特殊的生理结构和身体特征，在日常生活中更易遭受隐私侵犯。在就医、安全检查等场合，女性往往不得不暴露更多的隐私信息，这无疑增加了她们的隐私泄露风险。其次，在一个男性主导的社会环境中，女性的隐私更频繁地成为侵犯的对象。令人遗憾的是，那些持有窥私欲望的主体，大多是男性。这种性别失衡，使得女性成为隐私侵犯的潜在目标。更为严重的是，受到历史文化的影响，女性的隐私往往与其贞洁和名誉紧密相连。一旦隐私遭到侵犯，其造成的负面影响和损害，往往更为深远和持久。这不仅给女性个体带来巨大的精神创伤，也给整个社会带来沉重的负担。要修复这些创伤，代价是极为高昂的。值得警惕的是，调查还揭示了女性在隐私保护意识和自我保护能力上的明显不足。这种不足，再加上社会环境中对女性隐私的过度窥视，使得女性的隐私防线更加脆弱。

综上所述，基于对女性成为隐私侵害受害者的社会现状的认知，以及出于对女性隐私的特殊保护考量，在隐私权的维护上，必须给予女性更深层次的关注。这既是对女性基本权利的尊重，也是构建一个更加公平正义社会的应有之义。性别的分级因素可见于公式(3-3)：

$$f_G: \ G \rightarrow L_G \tag{3-3}$$

G 代表隐私主体性别，$L_G \in \{1, 2\}$ 代表性别分级。在性别分级的结果中，权重因子直接使用其字面量值，L_G 取值 1 和 2，分别代表男性和女性。

（2）年龄分级

当从年龄这一视角审视隐私保护问题时，一个清晰的优先级梯度往往如下：儿童的隐私保护程度应居于最高位，老年人次之，而处于两者之间的青壮年群体，则相对而言隐私保护的需求最低。这种差异化的保护策略，并非一种随意的价值判断，而是建立在对不同年龄群体特点的细致考量之上的。

首先是儿童群体的隐私需求。纵观国际社会，从《世界人权宣言》①等国际组织通过的法律文本，到各国出台的未成年人保护法，无不对儿童的特殊保护予以高度重视。这种重视，绝非没有道理。一方面，面对互联网等新兴技术，儿童虽然展现出惊人的创造力和适应力，但同时也极易受到伤害。媒体等机构的不当介入，很可能对儿童的隐私构成威胁。另一方面，儿童尚不具备成熟的判断力，更容易受到误导。一些别有用心的网络营销者，可能专门从儿童这一群体中获取敏感信息，从而侵犯他们的隐私。考虑到儿童的这些特殊性，对其隐私的保护就必须更进一步。

其次是关注老年人的隐私保护需求。根据联合国的定义，老年人是指年满 60 周岁及以上的群体。这一群体之所以在隐私保护方面有着特殊需求，原因是多方面的。首先，老年人群体数量庞大，他们的保护状况直接关系到社会的稳定和经济的发展。其次，老年人往往面临着失去亲人、健康下降等困境，他们的自我保护能力和自愈能力相对较弱，这使得他们更需要社会的关怀。再者，老年人通常拥有较多的财产，且频繁接触医疗服务，这使他们成为隐私泄露和财产盗窃的高危群体。最后，从文化的角度看，老年人十分看重个人声誉，保护他们的隐私，对维护他们的晚年生活质量至关重要。基于这些原因，老年人的隐私保护需求，理应高于普通成年人。

相比之下，处于青壮年时期的群体，他们的自我保护意识和能力普遍较强，隐私受到侵犯后的恢复能力也相对较高。因此，在隐私保护的排序上，他们理应位于儿童和老年人之后。

基于以上讨论，给出如下年龄分级方法，见式（3-4）：

$$f_A : A \to L_A \tag{3-4}$$

A 为隐私主体的年龄，$L_A \in \{1, 2, 3\}$ 代表年龄的分级结果。具体分级赋

---

① 联合国大会于 1948 年 12 月 10 日通过的旨在维护人类基本权利的文献。

值见表 3-1。

表 3-1　年龄分级

年龄	年龄分级
≤ 13	3
$A \geqslant 60$	2
13 < A < 60	1

（3）职业分级

当将职业这一维度纳入隐私保护的考量时，一个有趣的现象浮现出来：不同职业的公共性程度，似乎与其从业者的隐私保护级别呈现出一种反比关系。那些公共性较高、社会影响力较大的职业，其从业者的隐私保护程度往往相对较低；反之，那些更加私密化的职业，其从业者的隐私则通常能得到更高程度的保障。

具体而言，公共性较高的职业主要包括四类：公共知识分子、社会活动家、明星和政客。他们或通过言论启迪民智，或通过行动推动变革，或因高曝光率而为大众所熟知，或因公共角色而受到全面监督。相比之下，其他职业的公共性则相对较低。

在这四类职业中，从业者的隐私保护级别似乎也存在着微妙的差异。公共知识分子主要通过发表评论影响社会，其影响力主要集中在言论领域，因此公共性相对较低。社会活动家则通过有组织的行动推动社会变革，他们在言行方面的曝光率更高，但仍不及明星。明星因其在影视娱乐领域的高频亮相，几乎持续地暴露在公众视野中，公共性极高。而政客，尤其是政治候选人，则因其特殊的公共角色，几乎丧失了与普通公民相同的隐私权，他们的一举一动都需接受公众的全面监督。

由此可见，就职业而言，隐私保护的梯度呈现出一个清晰的序列：普通职业者享有最高的隐私保护，其次是公共知识分子，再次是社会活动家，明星位于更低的保护级别，而政客的隐私保护程度最低。

这种差异化的隐私保护策略，反映了社会对不同职业角色的期待和要求。对于那些公共性较高的职业，社会希望他们能够接受更多的公众监督，以确保他们恪尽职守，为公众利益服务。而对于普通职业者，社会则更加尊重他们的个人隐私，给予他们更大的私人空间。这种平衡，既彰显了社会的包容和理解，也体现了对特殊职业角色的约束和监管。职业分级因子详见公式(3-5)：

$$f_O : O \to L_O \qquad (3\text{-}5)$$

其中，O 为职业，$L_O \in \{1, 2, 3, 4, 5\}$ 为该职业的对应分级，分别代表普通职业者、公共知识分子、社会活动家和明星的分级结果。

通过结合隐私主体的性别、年龄和职业这三个维度，可以构建一个评估个人主体保护级别的模型，具体表达式如式(3-6)所示：

$$f_M(x_i) = \sqrt{f_G(x_i) * f_A(x_i) * f_O(x_i)} \qquad (3\text{-}6)$$

其中，x_i 表示隐私主体，$f_M(x_i)$ 代表隐私主体受保护级别的函数，$f_G(x_i)$、$f_A(x_i)$、$f_O(x_i)$ 分别对应性别、年龄、职业的隐私因子函数。

2. 数据隐私级别

在隐私信息和敏感数据的度量领域，当前存在两种广受认可的模式：一种是"欧盟标准"，另一种则在此基础上增加了"犯罪记录"这一项。为了深入了解全球范围内对隐私和敏感数据的界定情况，王敏[141]开展了一项广泛的调查。其研究对象涵盖了全球 92 个国家和地区，其中 74 个国家和地区在其法律政策中对"隐私/敏感数据"有着明确的定义。通过对这些法律文件中列举的各类信息进行系统的分类和统计，该项研究总结出了一个关于敏感数据的公认排行榜，如表 3-2 所示。

表 3-2　敏感数据类别统计表

数　据　类　别	国家或地区(个)	认可率(%)
生理、精神健康信息	72	97.30
宗教信仰	71	95.95
政治观点和党派	69	93.24
性生活、性经历、性取向	68	91.89
民族、种族	66	89.19
工会身份	60	81.08
道德信仰	55	74 32
犯罪记录、行政诉讼	40	54.05
基因信息	23	31.08
生物特征	17	22.97
婚姻、家庭等私生活	9	12.16
财务信息	7	9.46

续表

数 据 类 别	国家或地区(个)	认可率(%)
政府注册码、社会福利	6	8.11
个性特征、喜好、习惯	6	8.11
身份证号	5	6.76
密码	4	5.41
其他数据(年龄、性别)	2	2.70

　　分析表 3-2，会发现一个有趣的现象：在这个排行榜上，认可率最高的前七类数据，与《欧盟第 95/45/EC 号指令》①[142] 中提及的敏感信息类别完全吻合。这七类数据分别是：民族/种族、政治观点、宗教或哲学信仰、工会身份、健康状况和性生活[142]。这些数据被普遍认为是敏感的隐私信息。

　　在界定隐私数据的范畴时，"欧盟标准"和"欧盟标准加犯罪记录"这两种模式存在一个关键的差异。后者将"犯罪记录或行政诉讼"纳入了敏感数据的范畴，而前者则并未涵盖这一类别。这一差异反映了不同的价值取向和政策考量。在本研究中，经过慎重考虑，决定采用"欧盟标准"作为界定隐私数据的依据，而不将"犯罪记录"列入敏感数据的范畴。这一决定主要基于对社会安全性的考量。诚然，犯罪记录涉及个人的隐私，在某种意义上也属于敏感信息。然而，必须认识到，这类信息同时也与社会安全紧密相关。一个人的犯罪记录，可能预示着其未来再次危害社会的风险。如果对这类信息给予过高的隐私保护，可能会妨碍执法部门对潜在风险的识别和预防，从而影响社会的安全稳定。因此，在隐私保护和社会安全之间，必须寻求一个微妙的平衡。将犯罪记录排除在敏感数据之外，意味着在给予这类信息一定程度的隐私保护的同时，也为执法部门留出了必要的空间，以便他们可以在合法合规的前提下，利用这些信息维护社会安全。

　　研究初期，课题组进行了对校内外约 500 人的问卷调查，旨在了解公众对隐私信息的关注程度。调查中，被调查者被要求提供他们认为最私密的信息，调查结果见图 3-4。

　　在本研究中，通过问卷调查的方式，对国内民众的隐私观念进行了深

———————

① 欧盟提出的一项法律保护指令。

校内外人群隐私重视比例

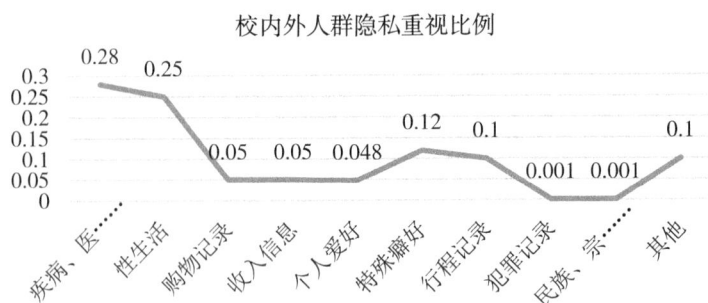

图 3-4   校内外人群隐私重视比例折线图

入探究。有趣的是，调查结果与王敏教授的统计数据存在一定差异。在我国受访者看来，民族和宗教信仰并不属于极其隐私的信息，其私密程度甚至不及购物信息和个人收入。相比之下，国内民众更加关注医疗信息、性生活、特殊癖好等领域的隐私保护。造成这一差异的根源，可能在于中西方社会在历史、传统和文化上的差异。这些差异塑造了不同社会中人们对隐私的不同理解和诉求。在以欧盟为代表的西方国家，民族和宗教信仰往往被视为高度敏感的个人信息，受到严格保护。而在我国，这些信息的私密性则相对较低。

基于这一认知，在参考王敏教授统计结果的同时，结合国内的实际情况，对隐私信息的分类进行了适当调整，具体如表 3-3 所示。在调整后的分类中，生理信息、医疗数据等仍然被归入最高隐私级别，而民族、宗教信仰的隐私级别则有所下调，以更加贴合国人的隐私观念。

表 3-3   敏感数据类别统计分级表

数 据 类 别	隐私级别
生理、精神健康信息	16
道德/宗教信仰	5
政治观点和党派	4
性生活、性经历、性取向	14
民族、种族	2
工会身份	4
犯罪记录、行政诉讼	3

续表

数 据 类 别	隐私级别
基因信息	15
生物特征	14
婚姻、家庭等私生活	12
财务信息	11
行程信息	10
政府注册码、社会福利	9
个性特征、喜好、习惯	6
身份证号	7
密码	8
其他数据(性别等)	1

这一调整反映了在借鉴国际经验的同时，也注重结合本国实际，发展符合自身国情的隐私保护策略。毕竟，隐私保护的核心目的，是为了回应民众的真实诉求，维护他们的合法权益。只有深入了解本国民众对隐私的独特理解，才能制定出更加精准、更加有效的隐私保护政策。当然，这并不意味着可以忽视民族、宗教等信息的隐私属性。尽管这些信息在我国的私密程度相对较低，但仍然需要给予必要的保护，防止这些信息被滥用、泄露，从而损害个人利益，引发社会问题。只是在保护的力度和优先级上，需要根据国情进行适当的调整和取舍。

数据集中的每个属性字段都可以根据表格中提供的级别进行分类。隐私级别由$L_K \in [1, 16]$表示。每个属性字段的隐私级别因子的具体计算公式如式(3-7)所示：

$$f_F: F_i \rightarrow L_K, \ i \in [1, M] \tag{3-7}$$

F_i表示数据集D的第i个字段，M是数据集D字段总数。

假设数据集D中包含N个个体的个人数据资产，即包含N条记录，每条记录有M个字段。可把D中的每个字段$F_i (i \in [1, M])$视为一个离散的随机变量。假设R_{F_i}为字段F_i的取值空间，其元素个数为$N_{R_{F_i}}$。$p(F_{ij})$为字段F_i取值的概率分布，其计算见式(3-8)：

$$p(F_{ij}) = \frac{T_{F_{ij}}}{N}, \ i \in [1, M] \ j \in [1, N_{R_{F_i}}] \tag{3-8}$$

F_{ij}表示数据集D中第i个字段的第j个取值，$T_{F_{ij}}$表示F_{ij}出现的次数。

　　将式(3-8)定义的概率分布应用于信息熵的计算,可以得到数据集 D 中第 i 个个体的个人数据信息熵的计算公式,如式(3-9)所示:

$$H(x_i) = - \sum_{j=1}^{M} p(x_{ij}) \log_2 p(x_{ij}) \tag{3-9}$$

$H(x_i)$ 为信息熵,代表一个元组所含信息量, x_i 表示 D 中第 i 条记录,即第 i 个个人数据, x_{ij} 表示第 i 个元组的第 j 个字段, $p(x_{ij})$ 即为 x_{ij} 的概率分布。

　　个人数据交易,是一个复杂而微妙的过程,其中交织着数据供应者和数据消费者的不同诉求。对于数据供应者而言,他们最为关切的是数据交易可能带来的隐私泄露风险。每一条个人数据,都可能包含着他们不愿为外人所知的敏感信息。一旦这些信息在交易过程中无意泄露,其后果可能是难以预料的。而站在数据消费者的角度,他们更关注的是数据所承载的信息价值。对他们而言,数据是一种宝贵的资源,其价值在于其所包含的信息量。信息量越大,数据的应用空间就越广阔,其潜在价值也就越高。因此,数据消费者往往希望获取到信息量尽可能丰富的数据。这种供需双方的不同诉求,为个人数据的定价问题带来了复杂的挑战。一个合理的定价机制,必须在尊重数据供应者隐私诉求的同时,也能满足数据购买者对信息量的需求。

　　面对这一挑战,需要一个能够兼顾隐私保护和信息含量的定价机制。在此,本研究提出了一个新的定价公式,试图在这两个维度之间找到一个平衡点。这一公式的基础,是个人数据的信息熵。信息熵,如公式(3-9)所定义的那样,反映了一组数据所包含的信息量。信息熵越高,意味着数据蕴含的信息越丰富,其潜在应用价值也就越大。因此,信息熵为评估数据的信息价值提供了一个客观的度量标准。然而,仅仅考虑信息熵是不够的。还必须将数据的隐私级别纳入考量。隐私级别,如公式(3-7)所述,反映了数据中包含的敏感信息的多寡。隐私级别越高,意味着数据包含的敏感信息越多,其泄露风险也就越大。因此,在定价时,需要给予高隐私级别的数据更多的保护,这就需要在价格上给予一定的补偿。基于这两个因素,本研究推导出了一个新的定价公式,如公式(3-10)所详细描述的那样。这一公式在个人数据信息熵的基础上,引入了隐私级别因子,试图在数据的信息价值和隐私保护之间取得一个微妙的平衡。通过这一公式,可以为不同隐私级别、不同信息量的个人数据赋予差异化的价格,既确保数据供应者的隐私得到应有的保护,也使得数据消费者能够根据数据的信息价值支付相应的费用。这一定价公式的提出,为个人数据交易提供了一个新的思路。它尝试在尊重个人隐私和发掘数据价值之间找到一个平衡点，为数据供应者和数据消费者之间的利益博弈提供了一个合理的框架。

$$f_H: \ x_i \rightarrow - \sum_{j=1}^{M} f_F(x_{ij}) p(x_{ij}) \log_2 p(x_{ij}) \tag{3-10}$$

其中，f_H 表示经隐私权重修正的个人数据信息量，这个量基于每个元组的信息熵进行调整，并考虑了每个字段的隐私级别权重，$f_F(x_{ij})$ 是指数据元素 x_{ij} 的隐私级别因子。

3. 风险态度

为了深入了解受访者的情况，本研究采用问卷调查的方式，对校内外约 500 名受访者进行了数据收集。在获取问卷数据后，根据受访者的问卷总得分，这里将其划分为三个等级：42 分以下、42 分至 64 分以及 64 分以上。通过对问卷数据的统计分析，得到了不同得分等级的受访者分布情况。图 3-5 直观地展示了各等级受访者的具体分布结果。

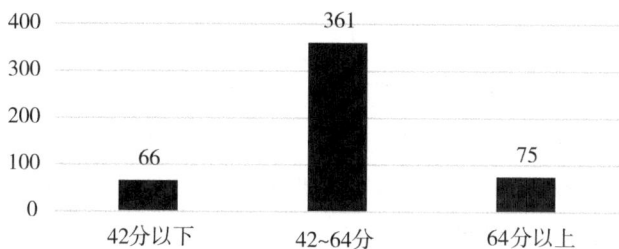

图 3-5　校内外人群风险态度得分分布柱状图

问卷调查结果显示，受访者对敏感数据的风险态度存在明显差异。根据得分情况，得分在 42 分以下的受访者对敏感数据的风险态度最为宽松，而得分在 64 分以上的受访者则对敏感数据的风险态度最为重视。这三类受访者的比例大致为 3∶14∶3。基于受访者对敏感数据风险态度的不同，这里将数据供应者划分为三种类型：风险厌恶型、风险中立型和风险偏好型。风险厌恶型个体倾向于规避风险，即使这意味着可能放弃潜在的高收益；风险偏好型个体则更倾向于接受高风险以追求高额回报；风险中立型个体的风险偏好介于两者之间。图 3-5 直观展示了实际人群中不同风险态度的比例分布，即风险偏好型、风险中立型和风险厌恶型的比例关系为 3∶14∶3。这一结果将被应用于后续的实验数据处理和分析。在基于隐私补偿的定价模型中，假设信息量一致的情况下，数据的敏感程度越高，其在收益分配中所占的权重也越大。在这样的机制下，风险偏好型的数据供应者通常更愿意提供高隐私级别的数据以获取更高的收益，而风险厌恶型的供应者则倾向于出售隐私级别较低的数据。本研究通过问卷调查和分类分析，揭示了数据供应者风险态度的差异性及其比例分布，为后续的定价模型构建和策略制定提供了重要的理论依据和现实参考。

Yang Jian 等人[143]针对不同风险态度的数据供应者，提出了相应的隐私补偿机制。本研究在借鉴其理念的基础上，进一步完善和优化了隐私补偿机制，为不同风险态度的数据供应者群体设计了定制化的补偿方案。

对于风险偏好型的数据供应者，他们在主观上更愿意承担风险，且具备较强的风险承受能力。为了激励这部分数据供应者积极贡献数据，本研究提出了一种基于次线性函数的隐私补偿机制，具体表述如式(3-11)所示。这一机制充分考虑了风险偏好型数据供应者的特点，通过提供更高的补偿来鼓励他们分享高隐私级别的数据。

$$C_1(f_F) = 1 - \frac{1}{1 + 0.25 f_F} \tag{3-11}$$

而对于风险厌恶型的数据供应者，他们通常表现得更为保守，不愿意承担过多风险。因此，为了满足这部分数据供应者的需求和偏好，本研究设计了一种基于对数函数的隐私补偿机制，具体表述如式(3-12)所示。该机制通过提供相对温和的补偿方案，来吸引风险厌恶型数据供应者参与数据分享，同时避免了过高的风险敞口。

$$C_3(f_F) = \frac{\ln(10^3 * f_F + 1)}{L_{\max}} \tag{3-12}$$

风险中立型的数据供应者在风险偏好上介于上述两类之间，既不倾向于承担高风险，也不特别厌恶风险。针对这一群体，本研究采取了一种折中的方法来设计其隐私补偿机制，详细的计算方式如式(3-13)所示。这种机制在补偿水平上实现了平衡，既提供了一定的激励，又避免了过度的风险暴露。

$$C_2(f_F) = \frac{C_1 + C_3}{2} = \frac{1 - \frac{1}{1 + 0.25 f_F} + \frac{\ln(10^3 * f_F + 1)}{L_{\max}}}{2} \tag{3-13}$$

f_F 为数据隐私级别因子，$L_{\max}$ 是 f_F 最大值，即最高隐私级别。

本研究通过设计差异化的隐私补偿机制，有效地满足了不同风险态度数据供应者的需求，提高了他们参与数据分享的积极性。这一研究成果为数据市场的健康发展提供了重要的理论支撑和实践指导。

C_1、C_2、C_3 的函数图形见图 3-6。该图直观地对比了三种隐私补偿机制的结果。

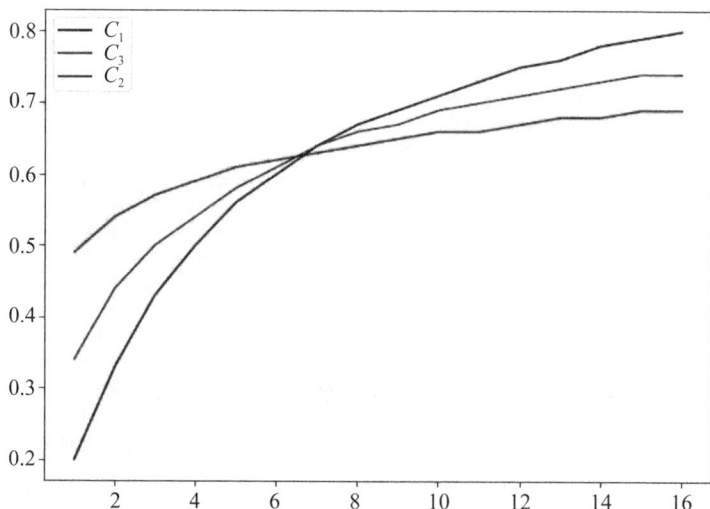

图 3-6　三种补偿机制趋势图

对于风险偏好型的数据供应者而言，当数据的敏感级别较低时，他们所获得的隐私补偿相对较低。然而，随着数据敏感程度的不断提高，他们的隐私补偿将呈现出逐渐增加的趋势，并最终超过其他两种风险态度的数据供应者。这一结果表明，风险偏好型的数据供应者更倾向于分享高敏感级别的数据，以获取更高的隐私补偿。

对于风险厌恶型的数据供应者来说，即使是微小的隐私损失也能够获得大于零的隐私补偿。这一机制设计充分考虑了风险厌恶型数据供应者的心理特点，即对隐私损失的高度敏感性。然而，随着隐私级别的提高，他们能够获得的最大补偿远远低于风险偏好型的数据供应者。这一结果与风险厌恶型数据供应者的风险偏好是一致的，即他们更倾向于分享低敏感级别的数据，以避免过高的隐私风险。

风险中立型的数据供应者所获得的补偿水平始终位于风险偏好型和风险厌恶型之间。这一结果与风险中立型数据供应者的风险态度相吻合，即他们在风险偏好上介于两者之间，既不过度追求高风险高收益，也不完全排斥隐私损失。

通过综合考虑隐私主体、数据隐私级别和风险态度这三个关键维度，本研究得出了隐私要素对定价模型影响的具体公式，即式(3-14)。这一公式不仅体现了不同因素之间的相互作用，而且为量化隐私要素的影响提供了一种可操作的方法。该公式的提出对于构建更加精细化和个性化的隐私补偿机制具有重要的指导意义。

$$f_P(x_i) = \begin{cases} -f_M(x_i) * \sum\limits_{j=1}^{M} C_1(f_F(x_{ij})) * f_F(x_{ij}) * p(x_{ij}) * \log_2 p(x_{ij}) \\ -f_M(x_i) * \sum\limits_{j=1}^{M} C_2(f_F(x_{ij})) * f_F(x_{ij}) * p(x_{ij}) * \log_2 p(x_{ij}) \\ -f_M(x_i) * \sum\limits_{j=1}^{M} C_3(f_F(x_{ij})) * f_F(x_{ij}) * p(x_{ij}) * \log_2 p(x_{ij}) \end{cases}$$

$$(3\text{-}14)$$

在数据集 D 中，设 $f_P(x_i)$ 为第 i 个数据贡献者的个人隐私要素函数，$f_M(x_i)$ 为该数据供应者隐私主体的保护等级函数，$f_F(x_{ij})$ 为第 i 个贡献者提供的第 j 个数据 x_{ij} 的隐私等级函数，$p(x_{ij})$ 为数据 x_{ij} 的概率密度函数。针对不同类型的数据贡献者，设计了三种隐私补偿机制，即 C_1、C_2 和 C_3，分别对应于风险偏好型、风险中立型和风险厌恶型的数据贡献者，以平衡数据利用与隐私保护之间的关系，实现数据共享过程中的隐私保护和激励兼容。

(四)客体因素

本研究不仅将隐私要素视为影响数据定价的主体因素，而且还纳入了反映数据实际效用价值的客体因素。具体而言，这里选择数据引用要素和数据老化要素作为定价模型的客体因素，以综合考虑数据的内在价值和时效性，构建更加全面和准确的数据定价框架，为数据交易和共享提供理论依据和实践指导。

1. 引用要素

引用要素是本研究中考虑的一个关键客体因素。它是基于 H 指数的概念，该指数由物理学家提出，最初用于评估学术论文的影响力。H 指数的定义是一个学者有 h 篇论文，每篇论文至少被引用了 h 次。H 指数越大，表明该学者的论文数量多且被引用频次高[144]。

学术论文的出版和个人数据资产的概念，虽然属于不同的领域，但二者之间存在着相似之处。从广义上讲，已发表的学术论文可以被视为研究

者个人数据的一个重要组成部分。这种相似性为探讨个人数据资产的定价
问题提供了一个新的视角。在学术领域，引用指数是衡量一篇论文影响力
和受认可程度的重要指标。一篇论文被引用的次数越多，说明其研究结果
得到了学界更广泛的认可和应用，其学术价值也就越高。这一机制启示我
们，对于个人数据资产的定价，也可以参考类似的逻辑。具体而言，在一
个总价固定的个人数据集中，如果某条数据的购买或引用次数明显高于其
他数据，那么它很可能包含了更多有价值的信息，能够为数据需求方带来
更大的效用。因此，从市场认可的角度看，这条数据的定价理应高于数据
集中的其他数据。这种定价机制有助于合理评估不同数据的价值，提高数
据定价的科学性和准确性。

　　本研究基于数据被引用频次这一重要指标，提出了"引用要素因子"
这一概念。该概念的具体的计算公式见式(3-15)。

$$R(r_{x_{ij}}) = \frac{1}{1 + e^{-r_{x_{ij}}}} \qquad (3\text{-}15)$$

　　在式(3-15)中，$r_{x_{ij}}$表示第i个元组中第j个属性被引用或购买的频
次。鉴于第三方平台可能会根据购买者的特定需求，采取横向(按元组销
售)或纵向(按属性销售)的方式来定制数据产品，因此$r_{x_{ij}}$的取值范围为
大于或等于0的实数。函数R是一个单调递增的收敛函数，本研究选择了
Sigmoid 函数作为其具体形式，以保证引用频次对数据定价的影响是有界
的，如图 3-7 所示。从图 3-7 可以发现，某一特定数据被引用的频次越
高，其相应的引用要素因子也会随之增大，但最大值不会超过 1。此外，
当引用频次达到一定的高值时，引用频次的进一步提升对引用因子的影响
会逐渐减弱，这确保了引用频次这一因素对定价模型起到微调和优化的作
用，避免了过度依赖单一指标。

　　2. 数据老化要素

　　数据老化(Data Aging)是本研究中另一个至关重要的客体因素。信息
老化是指信息的效用价值随着时间的推移而逐渐降低和消失的现象[145]。
作为一种特殊的信息形式，个人数据资产同样会经历老化过程，其效用价
值会随时间而不断衰减。

　　J. D. 贝尔纳①首次提出了"文献半衰期"这一概念，用以描述文献质
量(如被引用频次)随时间衰减至原来一半所需的周期。这一概念不仅适
用于描述文献质量的衰减规律，也可以用于刻画某学科领域内论文不再被

---

　　①　英国科学家，出生于爱尔兰，毕业于剑桥大学，主要研究方向为 X 射线晶体学。

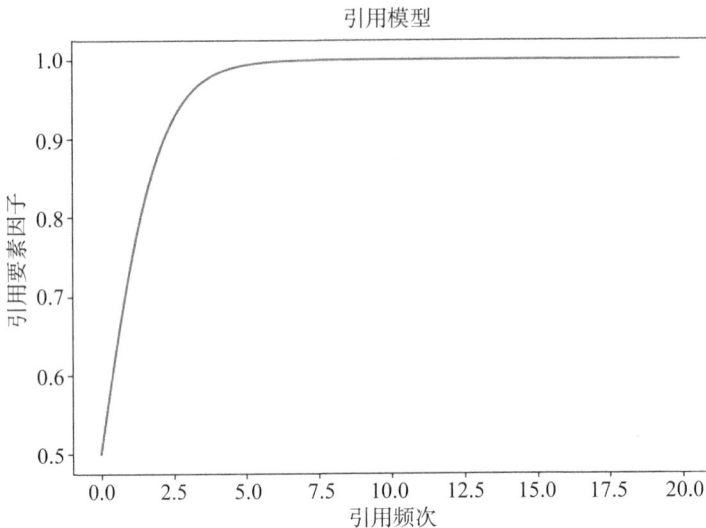

图 3-7　引用要素因子函数图像

使用的时间点的一半。

贝尔纳提出的负指数模型能够有效描述文献衰减的一般规律，这一模型可以通过式（3-16）进行数学表示：

$$C(t) = K e^{-at} \tag{3-16}$$

在贝尔纳的负指数模型中，t 表示文献出版后经过的年数，$C(t)$ 表示在第 t 年该文献的引用频率，k 是一个因学科而异的常数，e 是自然对数的底数，而 a 表示文献的老化率[146]。根据该模型，$C(t)$ 反映了一篇论文在第 t 年被引用的频率。这个频率可以间接地体现论文在第 t 年的价值，或者说是数据的老化程度。换言之，随着时间的推移，论文的被引用频率通常会呈现出下降的趋势，这反映了数据价值的逐渐衰减。为了更好地应用贝尔纳指数来描述数据老化的特点，本研究对其进行了适当的调整。通过设定 k 为 1，可以简化模型中的参数，使其更加便于计算和理解。在此基础上，本研究推导出了文献在第 t 年的老化因子的具体计算方法，如式（3-17）所示。

$$C(t)' = e^{-at} \tag{3-17}$$

通过对本节中引用指数的深入讨论和分析，可以发现文献和数据在价值衰减方面具有一定的同质性。这种同质性体现在两者的价值都会随着时间的推移而逐渐降低，并呈现出类似的衰减规律。基于这一认识，本研究认为数据的价值老化因子也应当满足公式（3-17）所描述的负指数函数关系。可以进一步细化$C(t)'$，设定$a = 1/16$，从而得出数据老化因子的具体公式，即公式(3-18)，具体的图形表示如图3-8所示：

$$f_T(t) = e^{-\frac{t}{16}} \tag{3-18}$$

其中，$f_T(t)$为数据老化因子，t为数据集D的年龄。

数据老化模型

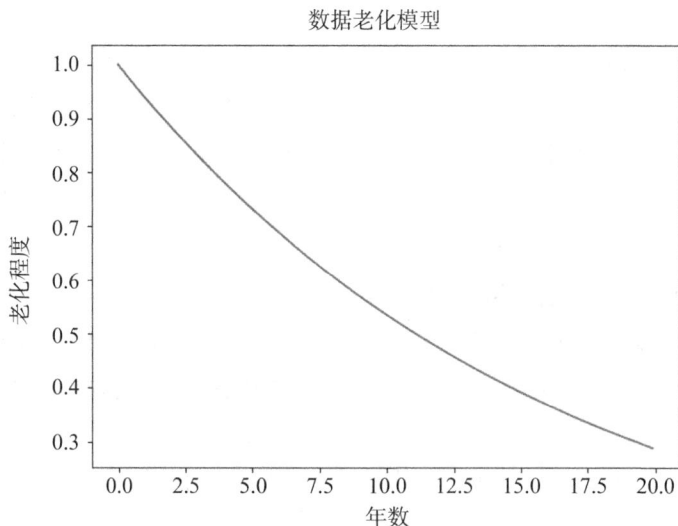

图 3-8　数据老化因子函数

数据在初期，其老化速度较快，近似呈现出直线下降的趋势。但随着时间的推移，当数据老化到一定程度后，其随时间变化的速度逐渐放缓。公式(3-18)中所描述的凹函数①具有良好的数学特性，这与数据老化的客观规律相符合。

四、模型构建与验证

本研究所构建的个人数据资产动态定价模型由三个核心部分组成，分别是隐私要素因子、引用因子和数据老化因子。其中，隐私要素因子主要代表了数据定价中的主体因素，后两者代表客体因素。

(一)模型构建

第三方交易平台处理后的数据集D是高度规范化的，其中包含了N个

---

①　数学模型中的一种，一个定义在某个向量空间的凸集C(区间)上的实值函数。

数据供应者的个人数据,每条数据由 M 个属性字段组成。对于字段 F_i,其取值空间为 R_{F_i}(即 $x_{ij} \in R_{F_i}$),R_{F_i} 空间的大小为 $N_{R_{F_i}}$。结合式(3-14)和式(3-15),可以得出数据集 D 初始总价值因子的计算公式,即式(3-19)。

$$V_T = -\sum_{i=1}^{N} \sum_{j=1}^{M} R(r_{x_{ij}}) * f_M(x_i) * C_{A_i}(f_F(x_{ij})) * f_F(x_{ij}) * p(x_{ij}) * \log_2 p(x_{ij}) \tag{3-19}$$

V_T 为表示数据集 D 的初始总价值因子,x_i 代表第 i 个数据供应者,x_{ij} 表示第 i 个数据供应者提供的第 j 条数据,$r_{x_{ij}}$ 是数据 x_{ij} 的引用次数,$R(r_{x_{ij}})$ 表示与引用次数相对应的引用因子,$f_M(x_i)$ 和 $f_F(x_{ij})$ 分别表示数据供应者 x_i 的隐私保护级别和数据 x_{ij} 的隐私级别,体现了数据主体对隐私保护的重视程度以及数据本身的敏感性。$p(x_{ij})$ 表示数据 x_{ij} 的概率分布,C_{A_i} 是第 i 个数据供应者所获得的隐私补偿,$A_i \in \{1, 2, 3\}$,取决于该个体的风险态度,即风险偏好型、风险厌恶型和风险中立型。需要特别指出的是,由于数据集 D 处于初始阶段,此时数据的老化程度为 0,因此老化因子 $f_T(t) = 1$。

数据集 D 中第 i 个数据供应者的个人数据资产的价值因子 V_i 可根据式(3-20)计算。

$$V_i(x_i) = -\sum_{j=1}^{M} R(r_{x_{ij}}) * f_M(x_i) * C_{A_i}(f_F(x_{ij})) * f_F(x_{ij}) * p(x_{ij}) * \log_2 p(x_{ij}) \tag{3-20}$$

结合式(3-18)、(3-19)以及(3-20),引入数据老化要素后,个人数据资产的定价模型可表示为式(3-21):

$$f_{TP}(x_i, t) = P_b * f_T(t) * \frac{-\sum_{j=1}^{M'} R(r_{x_{ij}}) * f_M(x_i) * C_{A_i}(f_F(x_{ij})) * f_F(x_{ij}) * p(x_{ij}) * \log_2 p(x_{ij})}{-\sum_{i=1}^{N} \sum_{j=1}^{M} R(r_{x_{ij}}) * f_M(x_i) * C_{A_i}(f_F(x_{ij})) * f_F(x_{ij}) * \log_2 p(x_{ij})} \tag{3-21}$$

式(3-21)中,P_b 代表数据集 D 的初始净收益。t 代表数据的年龄,即数据从生成到当前时刻所经历的时间。$f_T(t)$ 是数据老化因子,刻画了数据价值随时间推移而衰减的规律。$f_{TP}(x_i, t)$ 指的是在一次交易中第 i 个数据供应者所提供个人数据的定价,且满足非负约束条件 $f_{TP}(x_i) \geq 0$。值得注意的是，式(3-21)中M'和M的数量关系取决于数据集D'的定制方式，具体而言，当数据以元组为单位进行定制时，即保留数据集中的完整记录，此时$M' = M$；而当数据以字段为单位进行定制时，即只选取数据集中的部分属性，此时$M' \leqslant M$。这种灵活的定制方式为数据需求方提供了更多选择，同时也对数据定价产生了重要影响。为了更直观地展示本研究所构建定价模型的运算流程，图3-9描述了本研究提出的定价模型的整体流程。

在这个计算过程中，内层循环首先对第i个元组的每个数据项进行处理。具体而言，首先根据信息熵的概念计算每个数据的信息量，然后结合隐私偏重因子$F(X_{ij})$、隐私补偿$CA_i(X_{ij})$和引用要素$R(X_{ij})$，对这些结果进行加权求和。在此基础上，再引入第i个数据供应者的隐私保护级别M_i，从而得到第i个元组的价值因子V_i。在外层循环中，遍历数据集的每个元组，计算每个元组的价值因子，并通过累加得到总价值因子V_t。最后，引入老化因子$T(t)$、数据集的初始净收益P_b、各元组的价值因子V_i和总价值因子V_t，循环计算出每个数据供应者的个人数据资产在一次数据交易中的定价结果P_i。

本模型在计算总价值因子V_T时，最多涉及两层求和操作，因此在运算过程中基本上只需要两层循环，其时间复杂度为$O(MN)$，其中M表示数据集中每个元组的属性字段数，N表示数据集中元组的数量。这一时间复杂度表明，模型的计算效率与数据集的规模呈线性关系，具有较好的可扩展性。同时，为了进一步提高模型的运算效率，在实际实现过程中还采用了两种优化策略：回表操作和动态规划的备忘录模式。回表操作是指在计算过程中，对于一些需要重复使用的中间结果，如隐私保护级别、隐私补偿因子等，可以将其预先计算并存储在内存中，以避免重复计算，提高运算效率。动态规划的备忘录模式是指在计算过程中，对于一些具有重叠子问题的计算任务，可以将子问题的计算结果存储在备忘录中，当再次遇到相同的子问题时，直接从备忘录中获取结果，避免了重复计算，提高了运算效率。通过采用这两种优化策略，可以显著减少不必要的计算开销，提高模型的运行性能。

(二)数据处理

本研究所使用的数据集来源于著名的数据科学竞赛平台Kaggle，数据集的名称为"personal data"，属于测试数据集(test_data)，共包含8756条数据记录。该数据集由40个字段组成，涵盖了个人的身份证号、年龄、

开始

输入dealt_data表（ $N*M$ ）

输入Statistic_result (json)数据

输入reference表($N*M$)

$i=0, j=0, P_b, t$

获取 i 个体的隐私态度 A_i 、年龄 A 、职业 O 、性别 G 并构建 M_i

获取数据 X_{ij}

从statistic_result和reference中查询对应数据，构建 $F(X_{ij})$ 、 $P(X_{ij})$ 、 $R(X_{ij})$ 、 $CA_i(X_{ij})$

将 M_i 、 $F(X_{ij})$ 、 $P(X_{ij})$ 、 $R(X_{ij})$ 、 $CA_i(X_{ij})$ 输入计算公式

$j++$

$j<M?$ Y

获得 i 个体数据的价值因子 V_i

$i++$

$i<N?$ Y

N

获得总价值因子 V_t

$I=0$

$P_i=T(t)*P_b*V_i/V_t$

输出第 i 个体个人数据价格 P_i

$I++$

$I<N?$ Y

N

终止

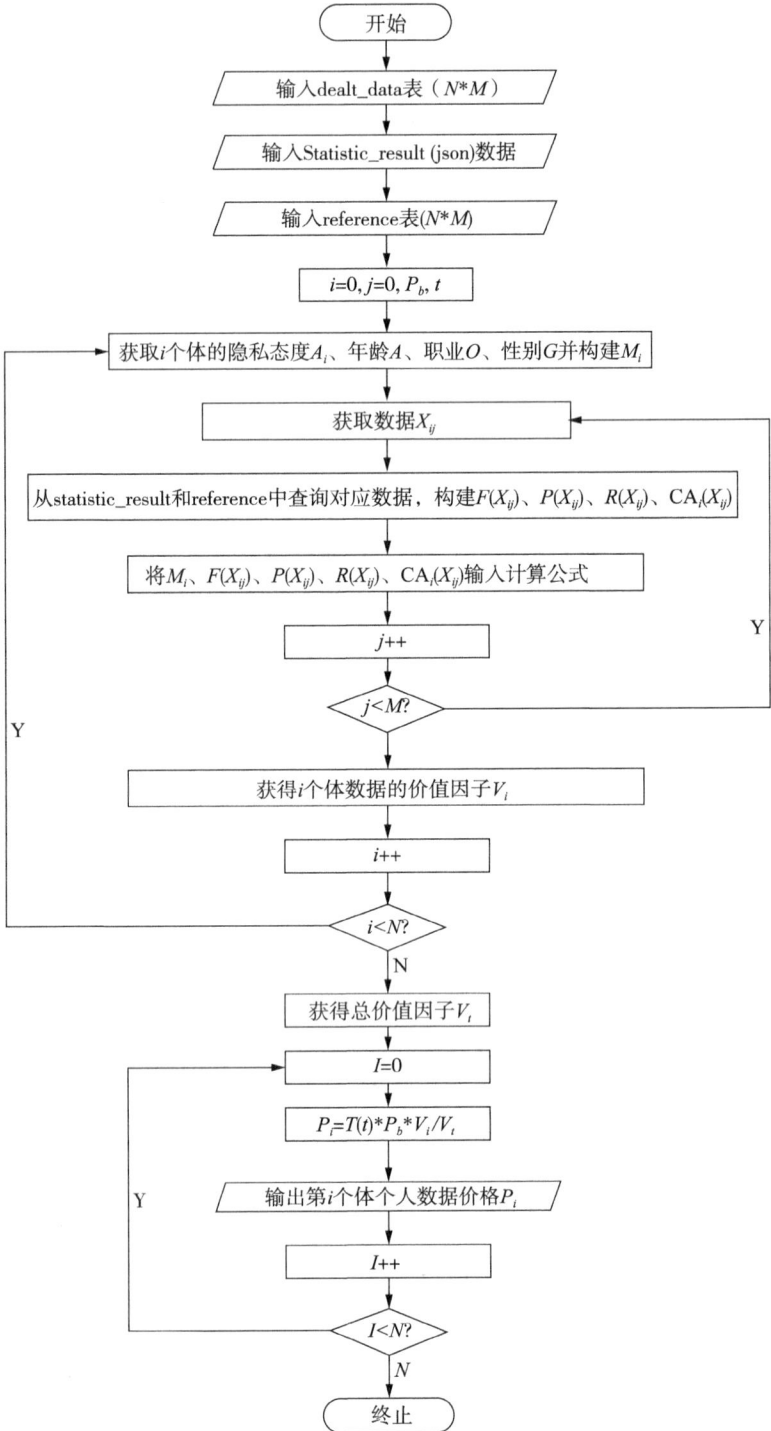

图 3-9　定价模型运行流程图

性别、邮箱、收入等多个维度的信息，如图 3-10 所示(为保护隐私，敏感数据已经过脱敏处理)。这个数据集的特点在于，它包含了多种类型的数据，如数值型、类别型、文本型等，能够较为全面地反映个人的基本属性和行为特征。同时，数据集的规模适中，数据质量较高，基本满足本研究对数据的需求。因此，在后续的研究中，将以该数据集为基础，对所提出的个人数据定价模型进行实验验证和性能评估。通过在真实数据集上进行实验，可以全面评估模型的有效性、准确性和效率等指标，为模型的进一步优化和改进提供重要的参考和依据。同时，使用真实数据集也有助于验证模型在实际应用场景中的适用性和鲁棒性，为后续的模型部署和应用奠定基础。

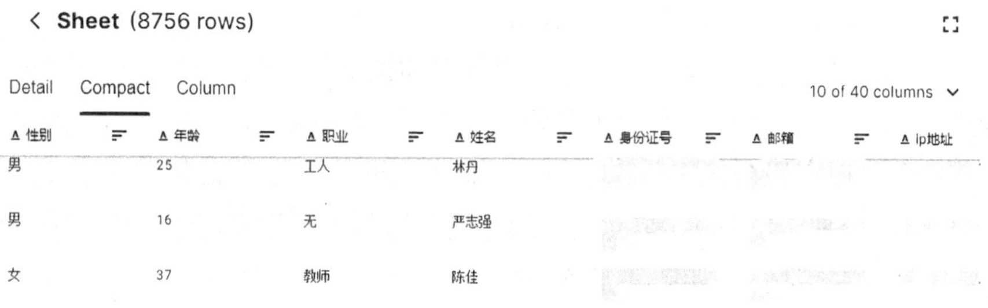

< **Sheet** (8756 rows)

Detail	Compact	Column					10 of 40 columns ∨
△ 性别	△ 年龄	△ 职业	△ 姓名	△ 身份证号	△ 邮箱	△ ip地址
男	25	工人	林丹			
男	16	无	严志强			
女	37	教师	陈佳			

图 3-10　test_data 数据概览图

1. 数据脱敏

在对原始的 test_data 数据集进行处理时，考虑到某些数据字段具有较强的特殊性和唯一性，为了确保本研究符合现实法律规定，对这些敏感数据进行了脱敏处理。

具体而言，使用 Python 语言读取 test_data. xlsx 文件，并根据 test_data 的元数据信息，采用删除脱敏的方式，去除了姓名、身份证号、手机号码、邮箱、IP 地址等敏感字段。这一静态脱敏处理可以有效保护个人隐私，避免敏感信息的泄露。为了使实验更加贴近现实场景，根据本节第三部分提到的问卷调查结果，按照风险厌恶型、风险中立型、风险偏好型为 3∶14∶3 的比例关系，随机生成了风险态度字段，并将其作为新的字段添加到数据集中。这一字段可以反映数据供应者的风险偏好，为后续的定价和交易提供重要的参考。同时，为了唯一标识每个数据供应者，为每个数据元组生成了唯一的 UUID(Universally Unique Identifier)，作为数据供应者在第三方交易平台注册的账户标识。为了使后期的数值呈现更加规整，本研究选取了前 8000 条处理后的数据，并将其保存为 dealt_data. xlsx 文件。dealt_data 数据集包含 37 个字段，其中 35 个字段为普通字段，具体结果如图 3-11 所示。通过对原始数据集进行脱敏、添加风险态度字段、生成 uuid 等一系列处理，得到了一个更加符合实际应用场景、兼顾隐私保护的 dealt_data 数据集。这为后续的模型实验和性能评估提供了高质量的数据基础，同时也展示了在个人数据交易场景中，如何平衡数据利用与隐私保护的问题。

如图 3-11 所示，经过脱敏处理后的 dealt_data 数据集已经不再包含能够直接定位到数据供应者个人身份的敏感信息，如姓名、身份证号、手机号码、邮箱、IP 地址等。这一处理过程保证了本研究所使用数据的合法性和合规性，有效保护了数据供应者的隐私。

2. 数据特征统计

在对 dealt_data 数据集进行脱敏处理后，需要对其进行统计分析，以确定每个字段的隐私级别、数据出现概率和被引用次数。这一统计分析过程对于后续的个人数据定价和交易至关重要。具体而言，对于数据集中的后 36 个普通字段（除去 uuid 字段），统计分析的目标是为每个字段 F_i 确定其隐私级别，以及第 i 个元组中第 j 个字段的出现概率 $p(x_{ij})$ 和被引用次数。预期的统计结果如图 3-12 所示。

在最初的实验方案中，计划构建一个数据表，除了前两列外，其余列都由三元组构成，每个三元组包含字段的隐私级别、数据出现概率和引用次数。这种半结构化的数据表示方式在计算时更加直观，但是占用的存储空间大约是原始数据的 3 倍。考虑到第三方交易平台维护的实际数据集应该比托管的数据集 D 更大，且数据集 D 在采集完成后不会再进行元组的增删操作（即各个数据出现的概率已经确定），为了优化存储效率，本研究采用了一种新的方案，即使用 JSON 数据和单独的引用次数表（reference table）进行组合。在这种优化方案中，JSON 数据用于存储每个字段的隐私级别和各个取值的概率，而引用次数表则用于存储对应位置的数据被引用的次数。在引用次数表的初始状态下，只有 uuid 列记录了每个元组的唯一标识符，其他位置都初始化为 0。这种优化方案相比第一种方案可以节省 33%~66%的存储空间。在具体计算时，结合公式（3-21），两种方案都需要进行两次数据遍历，但第二种方案需要借助字典（Dictionary）进行查找，因此在计算效率上可能稍微逊色于第一种方案，但影响不大。JSON 数据的内容如图 3-13 所示。

图 3-13 中的 Field X 代表 dealt_data 表中的属性字段名，privacy_level 则对应该字段的隐私级别，value 是该字段的可能取值，probability 是该

ID	风险类型	职业	省份	性别	年龄	学历	政治面貌	民族	信贷	消费描述	性格	兴趣1	兴趣2	情感	口味	饮食	评价	婚姻	健康	逾期	资产	收入	比例	是否	品类	购物方式	频率	维权	品类2
8e2b3475-ca62-4f04-ad43-2a79e90991b6	风险偏好型		浙江	女	13	初中	群众	汉族	无	匆匆过客,慵懒碎碎	热情	运动类	其他类	友情	辣	素食	一般	未婚	正常	否	无	0-2000	10%以下	是	食品	线下购物	一月一次	无	胃胃
3b6295b4-8f9d-43c6-9ef7-1825c1d8b569	风险中立型		四川	男	12	初中	群众	汉族	无	匆匆过客,慵懒碎碎	热情	运动类	其他类	友情	辣	素食	一般	未婚	正常	否	无	0-2000	10%以下	是	食品	拼多多	多月一次	无	食品
b8d1d7fd-6430-43de-97f5-e4e923d2a1e7	风险厌恶型	服务员/客服	安徽	女	60	初中	群众	汉族	无	冷淡,文艺类 不沉游戏	冷淡	文艺类	家庭	亲情	清淡	荤素均衡	一般	未婚	正常	否	无	2000-5000	50%-80%	是	电器	淘宝	一周一周		
58b856c3-5f4d-4767-bcec-86c226c9f9fa	风险中立型	服务员/客服	江西	女	44	初中	群众	汉族	已婚	惊惊碎碎,慵懒碎碎	惊惊	娱乐类	卡牌类	友情	苦	荤素均衡	很好	已婚	正常	是	一周一次	2000-5000	80%-100%	是	食品	淘宝			
36145e3c-1e98-4077-9951-fbcc09ab935b	风险中立型	科学家	山西	女	101	初中	群众	汉族	匆匆过客,慵懒碎碎	清淡	素食	器器类	健康	乐器类	清淡	素食	好	已婚	正常	好	已婚	0-2000	10%-20%	是	电子产品	线下购物	一周		
8157322c-f70b-4a26-b5b0-f64f01d153bd	风险中立型	行业专家	福建	男	71	未接受教育	群众	汉族	无	匆匆过客,慵懒碎碎	惊惊	娱乐类	塔防类	友情	辣	荤素均衡	好	已婚	正常	否	无	2000-5000	50%-80%	是	生活用品	线下购物			
afe7a717-de1a-42b3-9574-8543080163ae	风险中立型	店铺经营者/摊贩	黑龙江	女	25	高中	群众	汉族	无	匆匆过客,慵懒碎碎	惊惊	娱乐类	卡牌类	权利地位	苦	荤素均衡	很好	已婚	正常	一般	已婚	2000-5000	20%-50%	是	生活用品	线下购物	半年一次		
fd98fd73-d092-4070-9659-d7cc2708d1d7	风险中立型	网红	广西	男	57	小学	群众	汉族	伊斯兰教	匆匆过客,慵懒碎碎	热情	娱乐类	平易	娱乐类	苦	自由	辣	主荤	荤素均衡	差	未婚	2000-5000	10%以下	否	电器	线下购物	一周一次		
cbf93955-9742-47b4-8538-33261f02e357	风险中立型	农民	广西	男	70	初中	党员	汉族	无	匆匆过客,慵懒碎碎	热情	智力类	射击类	娱乐类	甜	荤素均衡	未婚	正常	否	无	2000-5000	80%-100%	是	生活用品	线下购物	一月		
067f25ac-67b2-4023-8f37-258a43e7de98	风险中立型	行业专家	福建	女	95	初中	党员	汉族	无	匆匆过客,慵懒碎碎	热情	文艺类	其他类	家庭	甜	荤素均衡	已婚	正常	否	无	0-2000	20%-50%	是	生活用品	淘宝	一周一次		
84b37944-79b0-4403-91d8-e2e8e4d1a3d6	风险中立型	主持人	河北	研究生	男	104	党员	汉族	无	匆匆过客,慵懒碎碎	热情	运动类	卡牌类	事业	苦	素食	很好	高异	正常	否	无	0-2000	50%-80%	否	生活用品	淘宝	一月一次	否	是
7acab1f5-412d-4623-bd0e-bdc495fb993d	风险中立型	服务员/客服	安徽	小学	男	32	群众	汉族	佛教	汉族	群众	汉族	佛教	文艺类	热情	甜	荤素均衡	友情	甜	荤素均衡	一般	丧偶	正常	是	一年一次	5000-10000	20%-50%	否	电器

图3-11　test_data数据脱敏结果

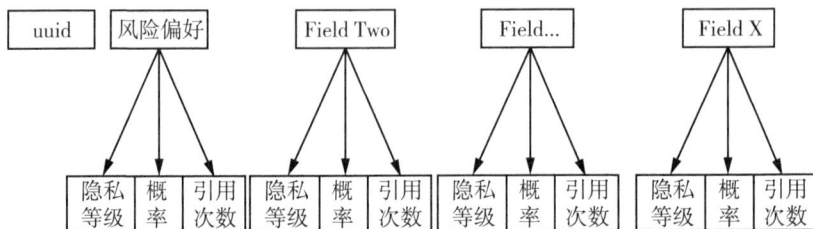

图 3-12   数据处理需求效果图

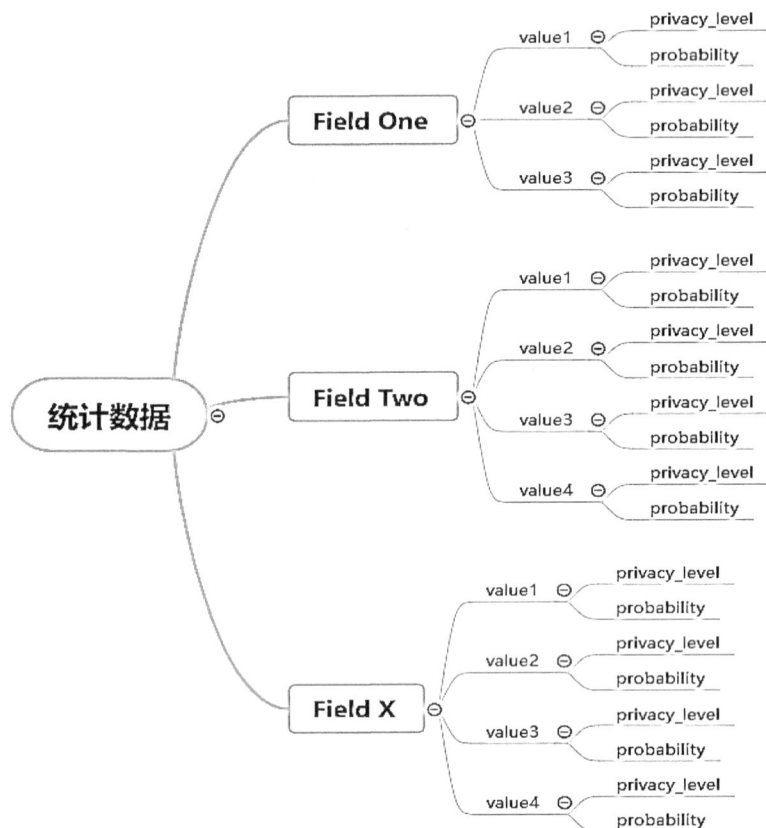

图 3-13   JSON 统计数据格式效果图

value 的出现概率。每个字段由字段名、隐私级别以及一个由取值和对应概率组成的字典构成。通过采用 JSON 数据和引用次数表相结合的方式，在保证数据完整性和计算正确性的同时，显著减少了存储开销，提高了数据管理的效率。这种优化方案更加适合大规模数据集的存储和处理，为第三方交易平台的数据管理提供了一种可行的解决方案。

在对 dealt_data 数据集的特征进行统计分析之前，首先需要确定数据集中各个字段的隐私级别。本研究将基于本节第三部分表 3-2 中提出的敏感度分级方式，对数据集的元数据进行隐私敏感度评估和分级，具体结果如图 3-14 所示。

字段	性别	年龄	是否有驾驶证	风险偏好	教育背景	是否有诉讼经历	是否有犯罪经历
隐私级别	1	3	4	7	4	3	3
字段	职业	民族	曾患何种疾病	是否为残疾人	政治面貌	去医院的频率	是否经历家庭暴力
隐私级别	3	2	16	14	4	10	13
字段	特殊癖好	省份	是否有遗传病	个人性格偏好	宗教信仰	生活态度	
隐私级别	15	4	15	6	5	5	

图 3-14　dealt_data 字段隐私分级结果

在统计数据特征的过程中，dealt_data 数据集中各个字段的隐私级别和数据出概率被存储在 statistic_result. json 结构中，而每个元组的每个数据项的引用次数则被存储在单独的 reference 表中。这种存储方式可以提高数据管理的效率和灵活性。具体的统计结果可以参见图 3-15 和图 3-16。

在第三方数据交易平台完成对个人数据资产的收集与预处理后，将形成一个统一规范的数据集 D。该数据集的价格将通过拍卖等市场化方式来确定，而一旦价格确定，数据集 D 的内容将保持不变，即不会再对其进行任何增加或删除操作。因此，用于记录数据集 D 统计特征的 statistic_result 文件将始终保持恒定。在后续的交易过程中，唯一可能发生变化的是 reference 表。具体而言，每当从数据集 D 中售出一个定制化的子集 D' 后，都需要对 reference 表中与 D' 对应的数据条目的引用次数进行更新。为了验证所提出定价模型的有效性和优越性，后续的实验将严格基于 dealt_data、statistic_result 和 reference 这三个数据表展开。

(三)动态性验证

本部分实验与分析的设计思路借鉴了先前研究者的方法，拟采用仿真实验的途径，对多种数据定价方案进行比较研究。具体而言，实验将涵盖

```
{
    "性别": {
        "女": [
            0.497875,
            1
        ],
        "男": [
            0.502125,
            1
        ]
    },
    "年龄": {...},
    "职业": {...},
    "风险偏好": {...},
    "教育背景": {
        "小学": [
            0.297875,
            4
        ],
        "高中": [
            0.221,
            4
        ],
```

图 3-15   statistic_result 结果

	0 uuid	1 风险偏好	2 性别	3 年龄	4 职业	...	32 是否经历家庭暴力	33 去医院的频率	34 是否有犯罪经历	35 是否有诉讼经历	36 是否有驾驶证
0	b509bb68-d9c1-480a-938a-b31b0ec64c5d	0	0	0	0	...	0	0	0	0	0
1	5f598d5b-ad70-47cc-83ec-d312b867e09c	0	0	0	0	...	0	0	0	0	0
2	f80540f0-d76b-4e98-899a-c0692643fae8	0	0	0	0	...	0	0	0	0	0
3	e5f25179-5b57-415a-8405-b30e430364ec	0	0	0	0	...	0	0	0	0	0
4	47b8ccfe-194a-43b5-8d2c-9e26e76e6e2f	0	0	0	0	...	0	0	0	0	0
5	873ef30c-c4fb-49de-acc2-619492d75b44	0	0	0	0	...	0	0	0	0	0
6	ad1e0657-6f23-42af-b6c6-bbcb0041ef88	0	0	0	0	...	0	0	0	0	0
7	99ea7d94-827d-4f51-bc78-78fc69bba9f0	0	0	0	0	...	0	0	0	0	0
8	0d196bb2-732c-4d4f-953a-6950a5f49f26	0	0	0	0	...	0	0	0	0	0
9	...	...	...	...	...	...	...	...	...	...	...
7991	cb5feb1f-3c93-4ebd-8de1-2317d0ef0b55	0	0	0	0	...	0	0	0	0	0
7992	7efb71b2-3cad-49b8-bbbb-41abdeda126d	0	0	0	0	...	0	0	0	0	0
7993	4dd92e29-86dc-4148-86de-6c5a918995a7	0	0	0	0	...	0	0	0	0	0
7994	e5509846-e9c0-4731-ae61-bae8f4d3c98f	0	0	0	0	...	0	0	0	0	0
7995	39c571-405f-497c-ab40-048446a8a0ff	0	0	0	0	...	0	0	0	0	0
7996	a3897682-30c3-4113-a714-7cc8e225286a	0	0	0	0	...	0	0	0	0	0
7997	fc8cb67d-00d2-43d5-9308-02cdf2f37437	0	0	0	0	...	0	0	0	0	0
7998	7e3aa42b-5174-4b32-be80-2aed590dd62d	0	0	0	0	...	0	0	0	0	0
7999	01c537ce-fa32-4e5b-9e01-ff38d4a75417	0	0	0	0	...	0	0	0	0	0
8000	47d65cba-2047-45e5-b5a2-093ad56c1f8e	0	0	0	0	...	0	0	0	0	0

图 3-16   reference 表初始数据

五种定价策略：第一，等额定价，即对所有数据均采取相同的定价；第二，基于隐私度量定价[147]，根据数据的隐私敏感程度确定价格；第三，基于隐私要素的定价，综合考虑多个隐私相关因素；第四，结合隐私要素和数据引用频次的双要素定价；第五，综合定价方案，同时考虑隐私要素、数据时效性(老化程度)和引用频次三个方面。通过系统的仿真实验与比较分析，可以全面评估不同定价方案的优劣。

这里的隐私要素定价与隐私度量定价是有区别的。隐私度量定价模型如式(3-22)、(3-23)和(3-24)所示：

$$\theta_i = L_k * O_d * H(x_i) \tag{3-22}$$

$$p_i = P_b * \left(\alpha * \frac{\theta_i}{\theta} + \beta * \frac{r_i}{r} \right) \tag{3-23}$$

$$\alpha + \beta = 1 \tag{3-24}$$

其中，$H(x_i)$ 表示第 i 个元组 x_i 的信息熵，L_{ik} 表示第 i 个元组的隐私级别，$O_d \in \{1, 2, 3\}$ 表示元组 i 所属的信息类别，O_d 取值 1、2 和 3 分别代表 "组织""物""人"，θ_i 为每个元组的隐私度量，θ 表示隐私度量总和，r_i 为引用指数，r 表示引用指数总和。该模型的适用条件为 $r \neq 0$。

本研究提出的个人数据资产动态定价模型与彭慧波等[147]学者构建的隐私度量定价模型在理论内涵上存在明显区别，主要表现在以下几个层面：首先，隐私度量模型未能考虑数据价值随时间推移而发生贬损的问题，而本定价模型将数据的时效性纳入考量范畴，并引入了老化要素这一新概念。其次，隐私度量模型仅将数据的隐私级别作为唯一影响因素，并与信息熵概念相结合。而本研究的定价模型在隐私级别的基础上，进一步纳入了数据供应者的身份特征(即隐私主体)、风险偏好和个人数据的敏感程度等多维隐私相关要素，同时也引入了信息熵的概念进行综合度量。最后，在刻画数据的受欢迎程度时，隐私度量模型采用了引用指数这一指标，而本定价模型则引入了引用要素这一新概念，二者在引用频次的计算方法上存在差异。综上所述，与现有的隐私度量模型相比，本研究构建的个人数据资产定价模型在影响因素的综合考量和概念构建的原创性方面更进一步。

隐私要素定价方案是在本研究所构建的个人数据资产动态定价模型的基础上，进行适当简化而得到的一种定价策略，该方案在定价时仅考虑与隐私相关的因素，而忽略了其他因素的影响。与此类似，隐私和引用双要素定价方案也是在本研究定价模型的基础上，通过简化处理得到的另一种定价策略，该方案在定价时仅考虑隐私要素和数据引用频次这两个因素，而不考虑数据的时效性等其他因素。与上述两种简化的定价方案不同，综合定价方案则是直接采用本研究构建的完整的个人数据资产动态定价模型进行定价，该方案在定价时综合考虑了隐私要素、数据老化程度以及引用频次等所有相关因素，因此是一种全面而系统的定价策略。通过对这几种不同定价方案的仿真实验与比较分析，可以揭示不同因素在个人数据定价中的作用和影响。

根据图 3-1 所示的计算流程，可以编写相应的程序，计算出数据集 D 在初始状态下每个数据元组的等额定价和综合定价结果。具体而言，假设数据交易平台在扣除必要的佣金后，为整个数据集 D 确定的初始总价格 P_b 为 16000。需要注意的是，在数据集 D 的初始状态下，其数据的存在时间（即数据年龄）和老化程度均为 0，因此根据老化因子的定义，此时 $f_T(0)$ 的取值为 1。这意味着，在数据集 D 的初始状态下，数据的时效性对其价格没有影响，而隐私要素和引用频次将成为影响数据定价的主要因素。基于上述假设和参数设置，利用所编写的程序，可以方便地计算出数据集 D 中每个元组在等额定价和综合定价两种策略下的初始价格，并进一步分析比较不同定价方案的差异及其成因。

在上述参数设置和假设条件下，通过编写的程序计算得到的结果如图 3-17 所示。图 3-17 展示了数据集 D 中前 8000 个数据元组的计算结果，具体包括每条个人数据的价值影响因子、数据年龄、定价权重、综合定价结果（即本研究所构建的个人数据资产动态定价模型的计算结果）以及等额定价的结果。需要注意的是，第 8001 行数据并非独立的数据元组，而是对前 8000 行数据进行求和汇总得到的结果。通过对比分析这些计算结果，可以发现在本研究提出的个人数据资产动态定价模型下，不同数据供应者所拥有的个人数据资产的定价结果存在显著差异。这一结果直观地反映了数据定价的个性化特征，即不同数据供应者的个人数据资产价值是有差别的。这种定价结果的差异性源自模型中所考虑的隐私要素、数据老化程度以及历史引用频次等多种动态影响因素的综合作用。

图 3-18 展示了数据集 D 中前 20 条数据记录在不同定价方案下的定价折线图。通过对比分析可以发现，在本研究所构建的个人数据资产动态定价模型中，不同数据供应者所拥有的个人数据资产的定价结果存在明显差异，造成这种差异的根本原因在于不同数据供应者所提供的数据所包含的隐私信息量不尽相同。进一步地，只有在不同数据供应者提供的数据在隐私属性上完全同质的情况下，他们的个人数据资产的定价结果才可能完全相同。相比于简单的等额定价方案，本研究所提出的个人数据资产定价模型能够更加合理地反映不同数据之间在隐私属性上的差异，从而给出更加公平合理的定价结果。这一发现表明，在个人数据资产定价时，有必要充分考虑数据的隐私属性这一关键特征，单纯采用等额定价的方式可能无法准确刻画不同数据的价值差异。

	个人数据价值因子	定价权重	综合定价	等额定价	数据年龄
0	78.293826	0.000125	1.992846	2.0	0.0
1	84.417353	0.000134	2.148711	2.0	0.0
2	99.753410	0.000159	2.539066	2.0	0.0
3	53.762276	0.000086	1.368434	2.0	0.0
4	175.800218	0.000280	4.474718	2.0	0.0
5	123.256738	0.000196	3.137306	2.0	0.0
6	61.990759	0.000099	1.577877	2.0	0.0
7	86.402687	0.000137	2.199244	2.0	0.0
8	43.878855	0.000070	1.116867	2.0	0.0
9	61.273871	0.000097	1.559630	2.0	0.0
...	...	...	...	...	...
7991	77.578630	0.000123	1.974642	2.0	0.0
7992	53.022434	0.000084	1.349603	2.0	0.0
7993	115.224274	0.000183	2.932852	2.0	0.0
7994	61.114260	0.000097	1.555567	2.0	0.0
7995	37.281997	0.000059	0.948955	2.0	0.0
7996	30.412988	0.000048	0.774115	2.0	0.0
7997	71.376019	0.000114	1.816764	2.0	0.0
7998	93.968491	0.000149	2.391820	2.0	0.0
7999	85.416887	0.000136	2.174152	2.0	0.0
8000	628599.082295	1.000000	16000.000000	16000.0	0.0

图 3-17　数据集 D 初始定价计算

1. 实验仿真

本部分实验采用迭代仿真的方法，设定迭代次数为 40，每次迭代模拟第三方交易平台在半年时间内对数据集 D 的售出操作。具体而言，在每次迭代过程中，会模拟 1000 次对数据记录的随机购买和 50 次对不同字段数据的随机购买。每完成一次迭代，都会及时更新 reference 表，以记录数据元组的最新引用情况。经过 40 次迭代后，reference 表中的引用数据将会发生 40100036+40508000＝17440000 次变动。

图 3-19 展示了本部分仿真实验的算法伪代码。根据该伪代码，在仿真实验开始前，首先设定初始参数 P_b ＝16000，α ＝0.5，β ＝0.5。然后，通过 Pandas 和 Json 两个 Python 库，将前文提到的三个数据文件加载到 dealt_data、statistic_result 和 reference 三个数据结构中，并提取 dealt_data 的字段名存入 data_columns 列表中。接下来开始进行 40 次迭代仿真，在每次迭代中，首先对 reference 表进行更新，随机更新其中的 1000 行和 50 列数据（uuid 列保持不变），更新操作是将整行或整列的引用次数在原有

图 3-18 隐私定价和等额定价对比图

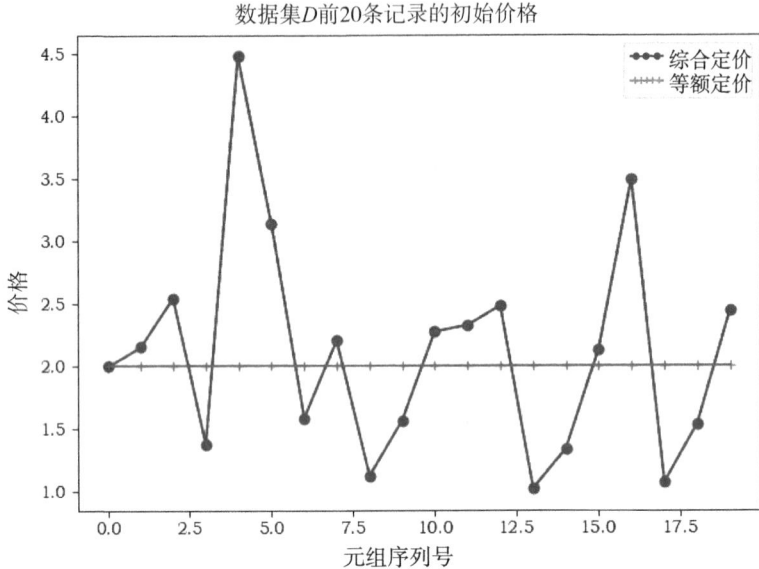

数据集D前20条记录的初始价格

基础上加上相应数据元组的隐私级别 privacy_level。基于已知的数据供应者属性(包括 occupation、risk_attitude、age、gender)、数据元组的隐私级别 privacy_level、数据发生概率 probability 以及更新后的引用次数 reference_times,引入隐私因子 f_M、个人敏感度 C_{Ai}、引用影响函数 $R(r_{x_{ij}})$、老化因子 f_T 等公式,按照前文提到的等额定价、隐私度量定价、隐私要素定价、隐私和引用双要素定价以及综合定价等 5 种定价方案,对数据集 D 中的 8000 条数据元组分别进行定价计算,每轮迭代完成即实现对所有数据元组的定价更新。在完成 40 轮迭代后,对定价结果进行统计分析,并将相关结果以图表的形式直观地展示出来。

图 3-20 展示了第 40 轮迭代的部分仿真结果。图 3-20 中的最后一行数据展示了前 8000 行数据在不同定价方案下的定价结果汇总。通过分析 reference 表的引用总次数可以发现,在整个仿真过程中,reference 表确实按预期发生了 17440000 次更新。在所采用的 5 种定价方案中,表现最差的是等额定价方案。在整个仿真实验过程中,采用等额定价方案得到的各数据元组的价格都保持不变,均为 P_b /8000(即 2.0)。尽管等额定价方案的计算复杂度最低,但由于其对不同数据供应者提供的不同数据给出相同的价格,因此并不能合理地反映数据的实际价值。相比之下,隐私度量定价、隐私要素定价以及隐私、引用双要素定价这三种方案都能够根据数据供应者的属性以及数据元组的特征,给出相对个性化的定价结果。这三种

Algorithm 1: simulation of the pricing model

Initialize the paths of the three datasets dealt_data,statistic_result and reference,P_b,$alpha$,$beta$
function simulation(dealt_data_path,statistic_result_path,reference_path)
  load data:
    dealt_data ← dealt_data_path
    statistic_result ← statistic_result_path
    reference ← reference_path
    data_columns ← dealt_data's columns' name
  while i<40 **do**
    j ← 0
    while j<1000 **do**
      Randomly select n from [0,7999], and reference the number of references to the n-th tuple +1
    j ← 0
    while j<50 **do**
      Randomly select n from [0,49], and the number of references to the n-th field of reference +1
    data_age ← 0.5 * i
    while row in dealt_data.iterrows **do**
      risk_attitude ← row[1][1]
      gender ← row[1][2]
      age ← row[1][3]
      occupation ← row[1][4]
      while col in data_columns **do**
        probability_and_level ← statistic_result
        probability ← probability_and_level[0]
        privacy_level ← probability_and_level[1]
        # **Privacy subject factor**
        mankind_factor ← gender, age, occupation
        # **Privacy compensation factor**
        compensate_factor ← risk_attitude, privacy_level
        # **Privacy information factor**
        privacy_info_factor ← probability
        # **Reference factor**
        refernece_times ← reference
        reference_factor ← refernece_times
        # **privacy measure**
        privacy_measure ← privacy_info_factor
        # **Privacy element only**
        Value_of_Personal_privacy ← privacy_info_factor,privacy_level,compensate_factor,mankind_factor
        # **Privacy Elements + reference Elements**
        Value_of_Personal_privacy_reference ← privacy_info_factor,reference_factor,privacy_level, compensate_factor,mankind_factor
        # **comprehensive element**
        Value_of_Personal_comprehensive ← privacy_info_factor,reference_factor,privacy_level,compensate_factor,mankind_factor
        # **equal price**
        equal_pricing ← P_b/len(dealt_data)
        # **privacy measure price**
        privacy_measure_pricing ← privacy_measure
        # **privacy element only**
        only_privacy_factor_pricing ← Value_of_Personal_privacy
        # **privacy element + reference element**
        privacy_reference ← Value_of_Personal_privacy_reference
        # **comprehensive element**
        comprehensive_pricing ← Value_of_Personal_comprehensive
      # **privacy measure price result**
      privacy_measure_result ← P_b,alpha,beta,privacy_measure_pricing,reference_times
      # **privacy element only result**
      only_privacy_factor_pricing_result ← P_b,only_privacy_factor_pricing
      # **privacy element + reference element result**
      privacy_reference_result ← P_b,privacy_reference
      # **comprehensive element result**
      comprehensive_pricing_result ← P_b,comprehensive_pricing,aging_factor
  print the statistic of the 40th iteration
  draw the picture of Changes In The Total Price Of The Five Plans
  draw the picture of hanges In The Personal Price Of The First Tuple(People)
  draw the picture of Changes In The Personal Price Of The Top 10
end function

图 3-19　仿真实验算法 simulation 伪代码

=====第40轮完成=====

	引用总次数	等额定价	综合因子	综合因子权重	综合定价	隐私、引用定价	隐私度量	隐私度量定价	隐私要素定价
0	2108.0	2.0	46.287221	0.000125	0.589084	1.992846	11.680536	1.986976	1.992846
1	2216.0	2.0	49.907443	0.000134	0.635158	2.148711	11.354545	2.008051	2.148711
2	2108.0	2.0	58.974103	0.000159	0.750546	2.539066	11.685341	1.987396	2.539066
3	2072.0	2.0	31.784197	0.000086	0.404508	1.368434	11.675292	1.970005	1.368434
4	2144.0	2.0	103.932890	0.000280	1.322724	4.474718	11.337719	1.973554	4.474718
5	2288.0	2.0	72.869245	0.000196	0.927386	3.137306	11.377461	2.043079	3.137306
6	2144.0	2.0	36.648866	0.000099	0.466420	1.577877	11.660526	2.001743	1.577877
7	2072.0	2.0	51.081171	0.000137	0.650095	2.199244	11.453128	1.950604	2.199244
8	2180.0	2.0	25.941129	0.000070	0.330145	1.116867	11.748757	2.025961	1.116867
9	2180.0	2.0	36.225043	0.000097	0.461026	1.559630	11.586479	2.011790	1.559630
...	...	...	...	...	...	...	...	...	...
7991	2108.0	2.0	45.864398	0.000123	0.583703	1.974642	11.463798	1.968050	1.974642
7992	2000.0	2.0	31.346803	0.000084	0.398942	1.349603	10.971736	1.875539	1.349603
7993	2144.0	2.0	68.120461	0.000183	0.866950	2.932852	10.413402	1.892838	2.932852
7994	2072.0	2.0	36.130681	0.000097	0.459825	1.555567	11.381914	1.944385	1.555567
7995	2000.0	2.0	22.041075	0.000059	0.280510	0.948955	11.235794	1.898598	0.948955
7996	2180.0	2.0	17.980124	0.000048	0.228828	0.774115	11.624473	2.015108	0.774115
7997	2180.0	2.0	42.197422	0.000114	0.537034	1.816764	11.070297	1.966715	1.816764
7998	2180.0	2.0	55.554066	0.000149	0.707021	2.391820	11.333021	1.989657	2.391820
7999	2108.0	2.0	50.498367	0.000136	0.642678	2.174152	11.525730	1.973458	2.174152
8000	17440000.0	16000.0	371627.067611	1.000000	4729.590966	16000.000000	91611.693710	16000.000000	16000.000000

[8001 rows x 9 columns]

图 3-20 仿真实验第40轮统计计算结果

定价方案的共同特点是，数据元组所包含的隐私信息量越大、被引用的次数越多，其对应的价格就越高。不过，由于这三种定价方案在隐私度量函数、引用影响函数以及综合定价模型等方面存在差异，因此对于同一数据元组，不同定价方案给出的价格会存在一定的差异。例如，对于第 4 个数据元组，在隐私度量定价方案下的价格为 1.970005，而在隐私、引用双要素定价方案下的价格则为 1.368434；对于第 5 个数据元组，情况则正好相反，其在隐私度量定价方案下的价格为 1.973354，而在隐私、引用双要素定价方案下的价格则为 4.474718。这种由于定价模型差异而产生的价格差异是合理的，它反映了不同定价方案对隐私因素和数据引用情况的侧重点不同。

在分析实验结果时，注意到一个有趣的现象：在第 40 次迭代中，隐私要素定价模型和隐私、引用双要素定价模型的结果是一致的。这种现象可以通过本定价模型中引用要素因子的度量模型——sigmoid 函数的特性来解释。在本定价模型中，引用要素因子的度量模型采用了 sigmoid 函数。当输入 $x \geq 0$ 时，sigmoid 函数为凸函数，具有以下特点：当输入值很大时，sigmoid 函数的输出值会逐渐接近于 1；当多个输入值都很大时，它们对应的输出结果会趋于一致，差异变得非常小。在第 40 轮迭代时，由于数据集经过了多轮引用和交易，各个数据的引用因子都变得非常大，且彼此之间的差值几乎可以忽略不计。在这种情况下，引用要素因子对定价的影响趋于饱和，其值都接近于 1。因此，在第 40 轮迭代时，隐私、引用双要素定价模型实质上退化为隐私要素定价模型。由于引用要素因子的影响被削弱到可以忽略的程度，定价结果主要由隐私要素因子决定。这就导致了隐私要素定价模型和隐私、引用双要素定价模型的输出结果相同。这一现象揭示了引用要素因子在定价模型中的作用和局限性。引用次数的增加会提高数据的价值，但当引用次数超过一定阈值后，其对定价的影响会逐渐饱和，出现收益递减的效应。这也说明，在实际应用中，需要根据具体场景和数据特征，合理设置引用要素因子的参数，以平衡其对定价的贡献和影响。

在隐私要素定价模型中，由于隐私主体和隐私数据的概率都是固定不变的，因此尽管不同的数据定价方法会产生不同的结果，但在整个迭代仿真过程中，该方法下每个元组各自的定价都保持恒定不变。这种定价方式虽然简单直观，但忽略了数据价值随时间变化的客观规律。后三种定价方案(隐私度量定价、隐私要素定价、隐私要素和引用双要素定价)虽然较等额定价在合理性上有明显提升，但仍存在价格无损性的缺陷。在第40轮迭代中，前四种定价方案计算得到的个人数据价格总和都恒等于16000，即每个元组的定价均未受到数据集 D 老化程度的影响。然而，考虑到数据老化的客观特性，这种定价结果明显违背了市场规律，缺乏合理性。相比之下，综合定价方案的表现优于先前四种方案。通过引入数据老化因素，综合定价方案使数据价格呈现出随时间推移而渐降的趋势，更加符合市场规律。在第40轮迭代（即数据集 D 形成20年后）时，综合定价方案计算得到的数据集 D 中各个元组价格的总和为4729.590966，体现了数据价值的自然衰减过程，具有更高的合理性。综合定价方案的优势在于，它综合考虑了隐私要素、引用要素和老化要素对数据价值的影响，能够动态地反映数据价值随时间的变化规律。这种定价方式不仅符合市场客观规律，也为数据交易各方提供了更加公平合理的定价依据，有助于促进个人数据交易市场的健康发展。

本定价模型在整个仿真实验中表现出优异的动态性优势，主要体现在以下两个方面。

（1）本定价模型的一个重要特点是具有整体动态性，如图3-21所示。在图3-21中，前4条曲线（等额定价，隐私度量定价，隐私要素定价，隐私、引用双要素定价）重合在一起，表明这些定价方案下数据集 D 的总价格不会随时间发生变化。而综合定价方案的曲线则随着时间的增加而逐渐降低，表明在本定价模型下，数据集 D 的整体价格会随着存续时间的增加而不断衰减。这种整体动态性确保了数据集 D 的价格在时间维度上是动态变化的，很好地反映了数据老化对数据价值的影响。随着时间的推移，数据的时效性和准确性会逐渐降低，其价值也会相应减少。本定价模型能够捕捉到这一客观规律，使数据价格与其真实价值相匹配。同时，本定价模型还能够根据市场需求的变化动态调整价格。当市场对某些数据的需求增加时，定价模型可以适当提高相应数据的价格；而当市场需求减弱时，定价模型则会相应降低数据价格。这种动态调整机制确保了数据价格始终与市场价值相匹配，避免了价格与价值脱节的问题。此外，数据资产具有边际成本为零和可无限复制的特性，这决定了数据资产不会出现供不应求的情况。一旦数据集 D 的整体价格确定，其价格应该遵循严格递减的规律。本定价模型的整体动态性特点与数据资产的这些特点完全匹配，同时也契合数据老化和市场规律，使其适用于实际数据市场中的短期、中期和长期交易。

综上所述，本定价模型的整体动态性是其一大亮点和优势。它能够反映数据价值随时间的变化规律，并根据市场需求动态调整价格，确保数据定价的合理性和准确性。这一特点使得本定价模型更加贴近实际数据交易场景，为数据交易各方提供了可靠的定价依据，促进了数据市场的健康发展。

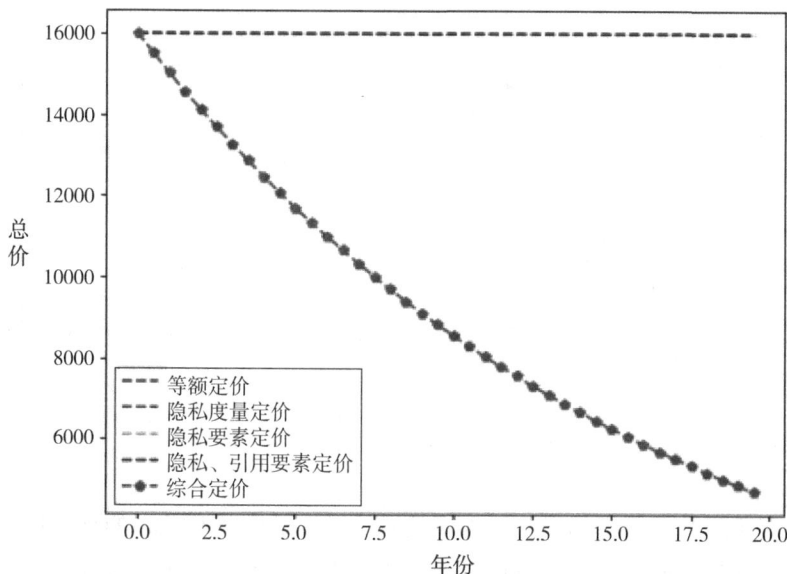

图 3-21　仿真实验五种定价方案总价格变化

（2）本定价模型除了具有整体动态性外，还具有局部动态性，如图 3-22 和图 3-23 所示。图 3-22 展示了五种定价方案下第一个元组在 40 次迭代中的价格变化情况。对于等额定价和隐私要素定价，第一个元组的价格在整个实验过程中保持不变（尽管二者的数值不同），这表明这两种定价方案缺乏局部动态性，无法根据数据的实际使用情况进行价格调整。而隐私度量定价、隐私要素和引用双要素定价在前期表现出较大的价格变化，表明其价格能够根据数据的引用次数进行动态调整，具有良好的局部动态性。这一特点使得这两种定价方案能够更加准确地反映数据的实际价值，避免了价格僵化的问题。随着仿真实验的进行，随机购买行为的增多使得数据集 D 中各个数据的引用次数逐渐趋于均衡。这导致隐私度量定价和隐私、引用双要素定价在后期慢慢收敛到 2.00，因为这两种方案在效果上都逐渐退化为隐私要素定价。然而，隐私度量定价方案的退化速度较慢，因此其价格在较长时间内保持高于隐私、引用双要素定价。

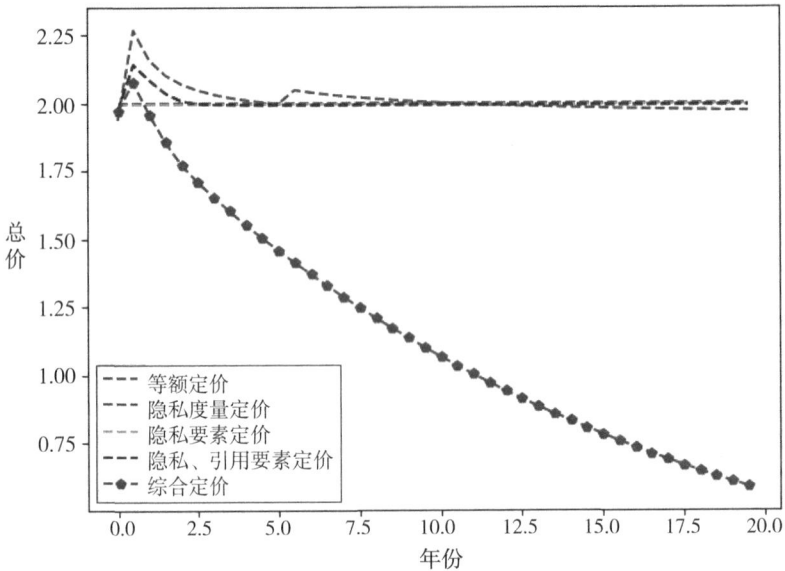

图 3-22　五种方案下第一个元组价格变化

　　在实际的数据市场中，数据消费者的需求通常具有较强的针对性，他们会根据自己的实际需求有选择地购买数据，而不会像仿真实验中那样随机购买数据。这一特点对数据定价模型的实际表现有着重要影响。对于隐私度量定价和隐私、引用双要素定价，由于它们能够根据数据的引用情况动态调整价格，因此在实际应用中，它们不太可能出现像仿真实验中那样明显的退化现象。相反，这两种定价方案可以根据数据的实际需求和使用情况，对不同数据的价格进行有针对性的调整，从而更加准确地反映数据的市场价值。特别是综合定价方案，它将隐私、引用双要素定价与数据老化因子相结合，因此其局部动态性不仅包含因引用变化带来的价格调整，还包含因数据老化带来的价格衰减。这使得综合定价方案能够更加全面和动态地反映数据的实际价值，在实际应用中表现出更加良好的局部动态性。

　　图 3-23 展示了综合定价模型下前 10 个元组在仿真实验 40 次迭代中的价格变化情况。从图中可以观察到以下两个重要特点：元组的初始价格与其隐私要素因子成正比。这是因为隐私要素因子反映了数据元组的敏感性和稀有性，隐私要素因子较大的数据元组通常包含更多的敏感信息或者

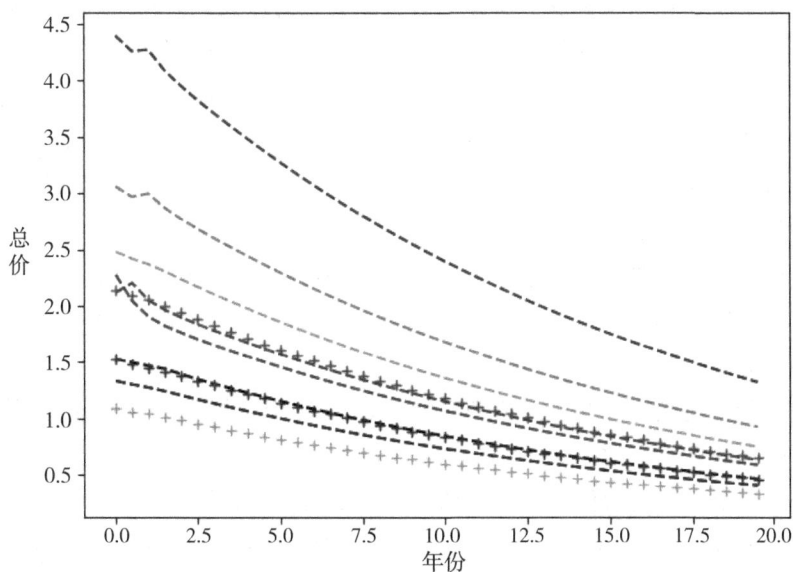

图 3-23 仿真实验前 10 个元组价格波动

具有更高的独特性，因此在初始定价时就被赋予了更高的价值。这一特点体现了综合定价模型在考虑数据隐私特征方面的合理性。数据引用要素因子对价格的调整可能超过隐私要素的影响。这是因为引用要素因子反映了数据元组的受欢迎程度和实用性，引用次数越多，表明该数据元组越能满足实际需求，因此其价值也就越高。在仿真实验中，一些初始价格较低的数据元组，由于其引用次数的快速增长，其价格出现了大幅上涨，甚至超过了一些隐私要素因子较高的数据元组。这一特点表明，综合定价模型能够根据数据的实际使用情况对价格进行动态调整，准确反映了数据的市场价值。这两个特点充分体现了综合定价模型的局部动态性。该模型在初始定价时考虑了数据的隐私特征，在后续迭代中又根据数据的引用情况对价格进行动态调整，使得数据定价更加全面和准确。这种定价机制不仅兼顾了数据的内在价值和市场需求，也为数据交易各方提供了更加公平合理的定价依据。因此，综合定价模型的局部动态性特点使其成为一种优秀的数据定价解决方案。它能够在数据隐私保护和数据价值最大化之间取得平衡，为数据交易市场的健康发展提供重要支持。

(四) 无套利性验证

套利是一种重要的金融交易策略，其核心思想是利用市场中存在的价格差异来获取无风险利润。具体而言，套利交易涉及同时买入和卖出两个相关资产，通过利用它们之间的价格差异来锁定利润空间。在个人数据交易市场中，由于数据定价的复杂性和市场信息的不对称性，可能会出现某些数据资产在不同交易场景或不同交易对象之间存在价格差异的情况。这种价格差异为交易参与者提供了套利的机会。交易过程中的套利性描述了交易参与者利用价格差距在交易中获得超额利润的情形。

在这部分实验中，将基于上一节中第 10 次迭代所得到的 reference 表作为起点进行操作。具体的程序逻辑和步骤将严格遵循图 3-24 中展示的伪代码进行。

无套利性验证是在前一节完成的仿真实验结果的基础上进行的，其主要目的是计算每个数据 x_{ij} 的价值因子。这一过程涉及评估数据集中各个元组的每个字段的价值因子、价值权重和价格，并将这些结果分别记录在 result、result_proportion 和 result_price 文件中，以便后续分析和比较。需要注意的是，尽管之前的仿真实验执行了 40 轮迭代，但无套利性实验仅基于第 10 次迭代的数据结果进行，可以视为只执行了单轮迭代。这是因为实验目的是验证定价模型在特定时间点上的无套利性，而不是观察其在多轮迭代中的表现。通过对比图 3-19 和图 3-24 中的伪代码，可以发现本部分实验的计算量要小于仿真实验。由于无套利性实验只进行了单轮迭代，其运算量大约是仿真实验的 1/40。

图 3-25 展示了各个元组的价值因子。通过观察图中的数据，可以得出以下结论：对于每一列，即每个字段而言，其价值因子通常随着敏感级别的提高而增加。这一现象与预期相符，因为敏感级别越高的字段，通常包含更多的隐私信息，因此其价值也就越大。例如，"去医院的频率"字段的价值因子普遍高于"性别""职业"和"年龄"等字段，这是因为前者涉及个人的健康隐私，敏感程度更高。图 3-25 的最后一列是每个元组各个字段价值因子的综合。这一综合价值因子将各个字段的价值因子进行了加权平均，反映了整个元组的总体价值。这一指标将在本节后续的实验中分析。

图 3-26 展示了 dealt_data 表中各数据元组的价值权重。这些结果是基于图 3-25 中的数据计算得出的。图中第 8001 行展示了前 8000 行数据的汇总统计，而最后一列则表示了前 36 个字段价值因子权重的总和。通过仔细观察图 3-26，可以发现一些重要的特点：无论数据消费者是按字段还是按元组进行购买，任何字段、元组或元组-字段组合方案的权重和始终不会超过数据集 D 的总权重和。这意味着，数据集 D 的总价值始终大于

Algorithm 2: no arbitrage verification

Initialize the paths of the three datasets dealt_data,statistic_result,reference_10,P_b
function no_arbitrage(dealt_data_path,statistic_result_path,reference_10_path)
load data:
  dealt_data ← dealt_data_path
  statistic_result ← statistic_result_path
  reference_10 ← reference_10_path
  data_columns ← dealt_data's columns
  while row in dealt_data.columns **do**
    risk_attitude ← row[1][1]
    gender ← row[1][2]
    age ← row[1][3]
    occupation ← row[1][4]
    while col in data_columns **do**
      x_{ij} ← row[1][col]
      Field_i ← data_columns[col]
      # 从statistic_result中获取该数据的概率分布和隐私级别
      probability_and_level ← statistic_result[Field_i][str(x_{ij})]
      probability ← probability_and_level[0]
      privacy_level ← probability_and_level[1]
      # 隐私主体因子
      mankind_factor ← gender, age, occupation
      # 隐私补偿因子
      compensate_factor ← risk_attitude, privacy_level
      # 隐私信息因子
      privacy_info_factor ← probability
      # 引用因子
      refernece_times ← reference_10,row_of_x_{ij},col
      reference_factor ← refernece_times
      value_factor_of_x_{ij} = privacy_info_factor * reference_factor * privacy_level * compensate_factor * mankind_factor
      row_i_statistic ← value_factor_of_x_{ij}
    total_value_of_all ← row_i_statistic,total_value_of_all
    total_value_factor ← row_i_statistic
  result ← total_value_factor
  while col in data_columns **do**
    field_i_value ← result, col
    field_price_of_every_row ← P_b,total_value_of_all,field_i_value
    field_proportion_of_erery_row ← total_value_of_all,field_i_value
    result_proportion ← field_proportion_of_erery_row
    result_price ← field_price_of_every_row
  print result
  print result_proportion
  print result_price
end function

图 3-24　无套利性 no_arbitrage 伪代码

或等于其任何子集的价值，不存在通过部分购买获得超额价值的情况。数据集 D 的总价值权重也不会小于部分或全部字段或元组的价值权重和。

	风险偏好	性别	年龄	职业	省份	...	去医院的频率	是否有犯罪经历	是否有诉讼经历	是否有驾驶证	元组总价值因子
0	2.231982	0.305897	0.171643	0.336435	0.966530	...	3.706948	0.027822	0.703686	1.533973	78.293826
1	2.081226	0.222951	0.136020	0.291007	0.949383	...	4.290317	0.025825	0.653170	1.056768	84.417353
2	2.326882	0.250206	0.137697	0.798863	0.622374	...	3.322128	0.028873	0.730267	1.181503	99.753410
3	1.274486	0.136529	0.092404	0.205305	0.316231	...	1.819605	0.015814	0.615491	0.647136	53.762276
4	4.929968	0.274373	0.224714	1.276660	0.811321	...	6.372503	0.046141	1.167036	2.009461	175.800218
5	2.943299	0.316489	0.168590	0.411546	0.731971	...	6.451118	0.036521	0.923722	1.494496	123.256738
6	1.764537	0.240925	0.099270	0.352945	0.594238	...	3.027268	0.021995	0.856049	0.850538	61.990759
7	2.081226	0.223791	0.141042	0.288287	0.516403	...	4.153316	0.025825	0.653170	1.056768	86.402687
8	1.040613	0.111475	0.070521	0.151760	0.334409	...	2.076658	0.012912	0.502546	0.528384	43.878855
9	1.471649	0.157650	0.088932	0.225704	0.091707	...	3.225559	0.018261	0.710708	0.747248	61.273871
...	...	...	...	...	...	...	...	...	...	...	...
7990	2.326882	0.250206	0.137697	0.560607	0.539667	...	4.796721	0.028873	1.123727	1.684607	101.833341
7991	2.231982	0.305897	0.131272	0.310583	0.341710	...	4.071378	0.027822	0.703686	1.075855	77.578630
7992	1.578250	0.215490	0.095810	0.243160	0.481468	...	2.878899	0.019673	0.497581	0.760744	53.022434
7993	2.943299	0.316489	0.197896	0.407699	0.731971	...	5.873676	0.036521	0.923722	1.494496	115.224274
7994	1.471649	0.157650	0.094387	0.205773	0.379970	...	3.225559	0.018261	0.461861	0.747248	61.114260
7995	1.115991	0.152374	0.064216	0.157729	0.375829	...	1.853474	0.013911	0.351843	0.766986	37.281997
7996	0.735825	0.078825	0.045837	0.106998	0.335658	...	1.612779	0.009130	0.230931	0.373624	30.412988
7997	1.802395	0.193809	0.130679	0.267425	0.483060	...	3.596877	0.022365	0.565662	0.915188	71.376019
7998	2.326882	0.249267	0.144949	0.497947	0.747762	...	5.100056	0.028873	0.730267	1.181503	93.968491
7999	2.081226	0.223791	0.145999	0.290102	0.556668	...	2.971402	0.025825	0.653170	1.506758	85.416887

图3-25　各元组数据价值因子

	风险偏好	性别	年龄	职业	省份	...	去医院的频率	是否有犯罪经历	是否有诉讼经历	是否有驾驶证	元组总价值因子
0	0.000004	4.866332e-07	2.730571e-07	5.352143e-07	1.537594e-06	...	0.000000	4.426000e-08	1.119451e-06	2.440304e-06	0.000125
1	0.000003	3.547489e-07	2.163851e-07	4.629450e-07	1.510316e-06	...	0.000007	4.108270e-08	1.039089e-06	1.681148e-06	0.000134
2	0.000004	3.980381e-07	2.190541e-07	1.270863e-06	9.900970e-07	...	0.000005	4.593186e-08	1.161737e-06	1.879581e-06	0.000159
3	0.000002	2.171956e-07	1.469999e-07	3.266079e-07	5.030729e-07	...	0.000003	2.515791e-08	9.791468e-07	1.029489e-06	0.000086
4	0.000008	4.364832e-07	3.574833e-07	2.030960e-06	1.299681e-06	...	0.000010	7.340349e-08	1.856566e-06	3.196730e-06	0.000280
5	0.000005	5.034828e-07	2.682001e-07	6.547031e-07	1.164448e-06	...	0.000010	5.809971e-08	1.469493e-06	2.377502e-06	0.000196
6	0.000003	3.832724e-07	1.579232e-07	5.614783e-07	9.453377e-07	...	0.000005	3.499061e-08	1.361836e-06	1.353669e-06	0.000099
7	0.000003	3.560161e-07	2.243747e-07	4.586177e-07	8.215147e-07	...	0.000007	4.108270e-08	1.039089e-06	1.681148e-06	0.000137
8	0.000002	1.773395e-07	1.121874e-07	2.414260e-07	5.319166e-07	...	0.000003	2.054135e-08	7.994700e-07	8.465740e-07	0.000070
9	0.000003	2.507959e-07	1.414761e-07	3.590584e-07	1.458911e-07	...	0.000005	2.904986e-08	1.130621e-06	1.188751e-06	0.000097
...	...	...	...	...	...	...	...	...	...	...	...
7991	0.000004	4.866332e-07	2.088333e-07	4.940869e-07	5.436051e-07	...	0.000006	4.426000e-08	1.119451e-06	1.711512e-06	0.000123
7992	0.000003	3.428092e-07	1.524177e-07	3.868277e-07	7.659383e-07	...	0.000005	3.129655e-08	7.915714e-07	1.210222e-06	0.000084
7993	0.000005	5.034828e-07	3.145029e-07	6.485834e-06	1.164448e-06	...	0.000009	5.809971e-08	1.469493e-06	2.377502e-06	0.000183
7994	0.000002	2.507959e-07	1.501543e-07	3.273515e-07	6.044786e-07	...	0.000005	2.904986e-08	7.347467e-07	1.188751e-06	0.000097
7995	0.000002	2.424027e-07	1.021566e-07	2.509218e-07	5.978841e-07	...	0.000003	2.213000e-08	5.597255e-07	1.220152e-06	0.000059
7996	0.000001	1.253979e-07	7.291899e-08	1.702166e-07	5.339773e-07	...	0.000003	1.452493e-08	3.673733e-07	5.943756e-07	0.000048
7997	0.000003	3.083190e-07	2.078093e-07	4.254294e-07	7.684714e-07	...	0.000006	3.557866e-08	8.998772e-07	1.455917e-06	0.000114
7998	0.000004	3.965431e-07	2.305901e-07	7.921528e-07	1.189569e-06	...	0.000008	4.593186e-08	1.161737e-06	1.879581e-06	0.000149
7999	0.000003	3.560161e-07	2.322615e-07	4.615050e-07	8.855697e-07	...	0.000005	4.108270e-08	1.039089e-06	2.397010e-06	0.000136
8000	0.025416	2.613400e-03	1.555986e-03	5.053678e-03	6.496410e-03	...	0.049696	3.119225e-04	8.761091e-03	1.388893e-02	1.000000

[8001 rows x 37 columns]

图3-26　各元组数据价值权重

这表明，数据集 D 的总价值是其所有子集价值的上界，购买整个数据集 D 的价值始终大于或等于购买其任何子集的价值。以上满足了式（3-25）、（3-26）和（3-27）所描述的条件：

$$\sum_{j=1}^{M} w_{ij} = W_i \tag{3-25}$$

$$\sum_{i=1}^{N} w_{ij} = W_j \tag{3-26}$$

$$\sum_{i=1}^{N} \sum_{j=1}^{M} w_{ij} = W = 1 \tag{3-27}$$

其中，w_{ij} 为数据x_{ij}的价值权重，W_i 代表第 i 个数据供应者的所有属性字段价值权重之和，W_j 是所有数据供应者第 j 列所有数据的价值权重之和，而 W 则代表数据集 D 的总价值因子权重。

价值权重和价格的关系可以用式（3-28）表示，其中p_{ij}是数据x_{ij}的价格。

$$P_b w_{ij} = p_{ij} \tag{3-28}$$

dealt_data 表中各元组的定价结果见图 3-27。

图 3-27 是基于图 3-26 的数据计算得出的，它展示了数据集 D 中每个元组的各个字段的具体价格。第 8001 行数据汇总了每一列的数据价格总和，反映了每个字段在整个数据集中的总价值；而第 37 列则汇总了每个元组中各个字段的价格总和，反映了每个元组的总价值。通过分析图 3-27，可以得出以下重要结论：本研究构建的定价模型能够精确到对任意元组的任意字段进行定价，实现了字段级数据的定价。这意味着，无论数据消费者采取何种购买策略（按字段购买、按元组购买或按元组－字段组合购买），第三方交易平台都能为定制化数据集 D' 及其包含的每条个人数据提供精确的定价。这种细粒度的定价机制为数据消费者提供了更大的灵活性和选择空间，同时也为数据供应者提供了更加公平合理的补偿。结果符合式（3-29）、（3-30）和（3-31）所定义的条件：

$$\sum_{j=1}^{M} p_{ij} = P_b \sum_{j=1}^{M} w_{ij} = P_i \tag{3-29}$$

$$\sum_{i=1}^{N} p_{ij} = P_b \sum_{i=1}^{N} w_{ij} = P_j \tag{3-30}$$

$$\sum_{i=1}^{N} \sum_{j=1}^{M} p_{ij} = P_b \sum_{i=1}^{N} \sum_{j=1}^{M} w_{ij} = P_b \tag{3-31}$$

在相关计算中，P_i 代表第 i 个数据供应者所有数据的价格总和，P_j 指的是第 j 个字段下所有数据供应者的数据价格总和，而P_b 则表示数据集 D

	风险偏好	性别	年龄	职业	省份	...	去医院的频率	是否有犯罪经历	是否有诉讼经历	是否有驾驶证	元组总价格
0	0.056812	0.007786	0.004369	0.008563	0.024602	...	0.094355	0.000708	0.017911	0.039045	1.992846
1	0.052974	0.005675	0.003462	0.007407	0.024165	...	0.109203	0.000657	0.016625	0.026898	2.148711
2	0.059227	0.006369	0.003505	0.020334	0.015842	...	0.084560	0.000735	0.018588	0.030073	2.539066
3	0.032440	0.003475	0.002352	0.005226	0.008049	...	0.046315	0.000403	0.015666	0.016472	1.368434
4	0.125485	0.006984	0.005720	0.032495	0.020651	...	0.162202	0.001174	0.029705	0.051148	4.474718
5	0.074917	0.008056	0.004291	0.010475	0.018631	...	0.164203	0.000930	0.023512	0.038040	3.137306
6	0.044914	0.006132	0.002527	0.008984	0.015125	...	0.077054	0.000560	0.021789	0.021649	1.577877
7	0.052974	0.005696	0.003590	0.007338	0.013144	...	0.105716	0.000657	0.016625	0.026898	2.199244
8	0.026487	0.002837	0.001795	0.003863	0.008512	...	0.052858	0.000329	0.012792	0.013449	1.116867
9	0.037459	0.004013	0.002264	0.005745	0.002334	...	0.082102	0.000465	0.018090	0.019020	1.559630
...	...	...	...	...	...	...	...	...	...	...	...
7991	0.056812	0.007786	0.003341	0.007905	0.008698	...	0.103631	0.000708	0.017911	0.027384	1.974642
7992	0.040172	0.005485	0.002439	0.006189	0.012255	...	0.073278	0.000501	0.012665	0.019364	1.349603
7993	0.074917	0.008056	0.005032	0.010377	0.018631	...	0.149505	0.000930	0.023512	0.030040	2.932852
7994	0.037459	0.004013	0.002402	0.005238	0.009672	...	0.082102	0.000465	0.011756	0.019020	1.555567
7995	0.028406	0.003878	0.001635	0.004015	0.009566	...	0.047177	0.000354	0.008956	0.019522	0.948955
7996	0.018729	0.002006	0.001167	0.002723	0.008544	...	0.041051	0.000232	0.005878	0.009510	0.774115
7997	0.045877	0.004933	0.003326	0.006807	0.012296	...	0.091553	0.000569	0.014398	0.023295	1.816764
7998	0.059227	0.006345	0.003689	0.012674	0.019033	...	0.129814	0.000735	0.018588	0.030073	2.391820
7999	0.052974	0.005696	0.003716	0.007384	0.014169	...	0.075632	0.000657	0.016625	0.038352	2.174152
8000	406.658171	41.814404	24.895779	80.858850	103.942566	...	795.133993	4.990760	140.177455	222.222952	16000.000000

[8001 rows x 37 columns]

图3-27　各元组数据定价结果

的初始净收益。

若数据消费者按列购买(仅选取部分字段),设其购买策略为 $S_c = [c_1, c_2, \cdots, c_m]$,其中 $c_1, c_2, \cdots, c_m \in \{0, 1\}$,$m \in [1, M]$,$m$ 为整数,其定价结果满足式(3-32):

$$P_c = \sum_{i=1}^{N} \sum_{j=1}^{M} c_j p_{ij} = \sum_{j=1}^{M} c_j P_j \qquad (3\text{-}32)$$

若数据消费者按行购买(仅选取部分元组),设其策略为 $S_r = [r_1, r_2, \cdots, r_n]$,其中 $r_1, r_2, \cdots, r_n \in \{0, 1\}$,$n \in [1, N]$,$n$ 为整数,则定价结果满足式(3-33):

$$P_r = \sum_{i=1}^{N} \sum_{j=1}^{M} r_i p_{ij} = \sum_{i=1}^{N} r_i P_i \qquad (3\text{-}33)$$

若数据消费者按混合方式购买(选取部分元组的部分字段),设其策略为 $S_{rc} = [[r_1, r_2, \cdots, r_n], [c_1, c_2, \cdots, c_m]]$,其中 $r_1, r_2, \cdots, r_n \in \{0, 1\}$,$c_1, c_2, \cdots, c_m \in \{0, 1\}$,$n \in [1, N]$,$m \in [1, M]$,$m$、$n$ 为整数,则定价结果满足式(3-34):

$$P_{rc} = \sum_{i=1}^{N} \sum_{j=1}^{M} r_i c_j p_{ij} \qquad (3\text{-}34)$$

在本定价模型中,引入了三个重要的价格参数:P_c、P_r 和 P_{rc},分别对应于数据消费者采取不同购买策略时应支付的价格。P_c 代表数据消费者在按字段(列)购买时应支付的价格,P_r 代表数据消费者在按元组(行)购买时应支付的价格,P_{rc} 表示数据消费者在采取混合购买策略时应支付的价格。混合购买策略是指数据消费者同时按字段和元组进行购买,即选择某些特定的元组和字段组合。P_c、P_r 和 P_{rc} 的计算结果将根据 p_{ij} 的不同组合而有所不同。p_{ij} 表示第 i 个元组的第 j 个字段的价格,是定价模型的基本单元。数据消费者选择不同的字段、元组或元组 – 字段组合,就会导致不同的 P_c、P_r 和 P_{rc} 值。无论数据消费者采取何种购买策略,第三方交易平台的定价过程都是清晰且透明的。根据数据消费者的选择,平台可以根据 p_{ij} 的组合快速计算出相应的 P_c、P_r 和 P_{rc}。这种定价机制确保了所定出的数据价格无利差,即不存在任何套利空间。

式(3-32)、(3-33)和(3-34)在验证定价模型的无套利性方面发挥了关键作用。这三个公式分别对应于数据消费者采取的三种购买策略:按字段购买、按元组购买以及混合购买。这三个公式共同验证了一个重要的性质:无论数据消费者选择哪种购买方案,他们都不会获得超过其支付价格的数据量,同时也不会为相应的数据量支付少于其价值的价格。这一性质确保了在交易过程中不存在任何利差,从而保障了数据交易过程不会存在套利空间。数据消费者无法通过巧妙地选择购买策略来获得额外的利润，因为部分购买的价格总是大于或等于相应数据的价值。

因此，可以认为本定价模型具备一定程度的交易过程无套利性。这是一个非常重要的性质，它有助于维护数据交易市场的公平性和效率性，防止数据消费者通过套利行为获取不当利益，同时也为数据供应者提供了合理的补偿。这种无套利性质的实现得益于定价模型的精心设计。通过综合考虑数据的隐私特征、引用情况和时间衰减等因素，定价模型能够合理估计每个数据单元的价值，并确保整体价格与部分价格之间的一致性。这为建立一个健康、可持续的数据交易生态系统奠定了重要的基础。

本研究构建的定价模型具备达到字段级精细定价的能力，这确实是其一个显著的优点，与多数模型相比具有独特的优势。字段级精细定价的能力使得采纳本定价模型的第三方交易平台能够更加灵活地应对数据消费者的需求。在实际的数据交易场景中，数据消费者对数据的需求往往是多样化和特定化的。他们可能只对某些特定的字段感兴趣，而不需要购买整个数据集。定价模型能够在字段级别进行精细定价，使得交易平台能够根据数据消费者的具体需求，提供定制化的数据子集，并给出相应的合理价格。这大大提高了数据交易的灵活性和效率，满足了数据消费者的个性化需求。

字段级精细定价的能力也为定价模型赋予了交易过程中的无套利性。由于定价模型能够准确评估每个字段的价值，并确保部分购买的价格总是大于或等于相应数据的价值，因此数据消费者无法通过选择性购买来获得额外的利润。这种无套利性质有效地避免了潜在的市场操纵行为，如数据消费者通过巧妙的购买策略来获取不当利益。这保证了交易的公正性，维护了数据交易市场的健康运作。

字段级精细定价的能力还体现了定价模型的公平性。通过对每个字段的价值进行精细评估，定价模型确保了数据供应者为其提供的每一条数据都获得了合理的补偿。这避免了某些字段的价值被低估或忽视，保护了数据供应者的利益。同时，数据消费者也只需要为他们实际需要和使用的数据付费，避免了为不需要的数据支付额外费用的情况。这种公平性有助于建立数据供应者和数据消费者之间的信任，促进数据交易的积极性。

综上所述，字段级精细定价的能力是本定价模型的一个显著优点。它提高了数据交易的灵活性和效率，满足了数据消费者的个性化需求；同时也赋予了定价模型交易过程中的无套利性，避免了潜在的市场操纵行为，保证了交易的公正性；此外，它还体现了定价模型的公平性，保护了数据供应者的利益，促进了数据交易的积极性。这些优点使得本定价模型在实际应用中具有广阔的前景，有望成为数据交易市场的重要工具。

五、总结与展望

(一)总结

该定价模型确实针对数据要素化时代的现实需求而设计，旨在为个人数据资产提供一种科学、合理且动态的定价机制。

该定价模型植根于信息熵的基础理论，将隐私要素作为核心。这一选择是基隐私在个人数据资产定价中的重要性。个人数据的价值很大程度上取决于其包含的隐私信息，隐私级别越高，数据的敏感性越强，其价值也就越大。因此，以隐私要素为核心，可以准确捕捉个人数据的内在价值。

在隐私要素的基础上，该定价模型还引入了引用要素和数据老化要素作为补充的客体变量。这是对以往仅依赖隐私度量的方法的重要改进。引用要素反映了数据的受欢迎程度和实用性，数据被引用的次数越多，其价值也就越高。数据老化要素则考虑了数据的时效性，随着时间的推移，数据的价值会逐渐衰减。引入这两个要素，使得定价模型能够更加全面和动态地反映数据的实际价值。

该定价模型考虑了隐私主体、数据的隐私级别以及数据供应者的风险态度等三个维度。这种多维度的考量使得定价更加细致入微。不同群体的个人数据在隐私主体上存在差异，定价模型可以据此提供差异化的定价。即使在同一群体中，不同个人的数据也可能因隐私级别和风险态度的不同而获得区别化的定价。这种定价机制充分尊重了个人数据的多样性和个体差异。

引用要素和数据老化要素的引入，赋予了定价模型局部动态性和整体动态性。局部动态性体现在模型能针对不同数据的价格进行动态调整，当某些数据的引用次数增加时，其价格会相应上涨。整体动态性体现在模型能够根据数据的时间衰减规律对整个数据集的价格进行动态调整，随着时间的推移，数据集的整体价值会逐渐降低。这种动态定价机制使得定价模型能够适应数据市场在不同时间尺度上的需求，无论是对短期的数据交易还是长期的数据资产管理，都能够提供合理的定价依据。

本定价模型还具备精细化定价和无套利性等优点。它能够在字段级别进行精细定价，满足数据消费者的个性化需求，提高数据交易的灵活性和效率。同时，无套利性质避免了潜在的市场操纵行为，保证了交易的公正性，维护了数据交易市场的健康运作。

综上所述，本研究所创建设计的个人数据资产动态定价模型是一种科学、合理且全面的定价机制。它充分考虑了数据要素化时代的现实需求，综合了隐私、引用和时间等多个影响因素，具备动态性、精细化、无套利性和公平性等优点。这种定价模型有望成为数据交易市场的重要工具，为个人数据资产的定价和交易提供可靠的依据，促进数据要素市场的健康发展。

（二）展望

尽管已通过实验手段证明了本定价模型的理论合理性和实践可行性，但研究过程中仍然存在一些问题和挑战，这些问题值得进一步关注并进行更深入和系统的研究，以期对模型进行进一步的补充和完善：

1. 目前国内尚缺乏一套被广泛认可或具有权威性的数据隐私级别划分方法。现行多采用的是"欧盟标准"或者在此基础上增加犯罪记录的"欧盟标准加犯罪记录"，这并不能充分适应国内对隐私信息的理解和需求。因此，未来的研究需更深入地结合中国的实际情况，对数据隐私进行分级探索，以实现个人数据定价符合国内实际情况的需求。

2. 在贝尔纳负指数模型的应用中，老化率参数 a 的取值通常是基于特定文献领域的经验设定。然而，当将该模型应用于个人数据资产的定价时，如何针对个人数据资产的特定老化过程，对老化率参数 a 进行精确设定，仍然是一个有待深入研究的问题。此外，考虑到不同类型的个人数据在老化速率和老化模式上可能存在显著差异，因此有必要对各个领域的个人数据分别开展详细的实证研究，以探索其内在的老化规律，进而为老化率参数 a 的设定提供理论和实践依据。

3. 在当前的个人数据资产定价模型中，引用要素因子是基于 sigmoid 函数进行量化表示的。尽管 sigmoid 函数具有良好的数学性质，但仍然存在一些局限性。未来的研究可以进一步探索其他更适合的模型和函数形式，以期更加准确地刻画引用行为对个人数据资产价值的影响，进而提升整个定价模型的精确度和解释力。这可能需要综合运用计量经济学、数据挖掘等多种方法，对海量的引用数据进行深入挖掘和分析，发现更加符合引用行为内在规律的函数形式，为引用要素因子的量化测定提供更加坚实的理论基础。

第三节　基于数据质量和信息熵的双边数据定价方法

一、概述

前一节的研究以个人数据为研究对象，围绕其固有属性并考虑数据价值的动态变化特性，对特定类型数据的定价方法进行了探讨，在数据消费者的个性化需求和支付意愿等方面的考量较为有限，对如何均衡买卖双方的利益考虑较少。本节将研究一种利益平衡定价方法，旨在更全面地考虑买卖双方的利益，以达成市场交易的均衡。

本节研究提出了针对机器学习数据集的一种新颖定价机制。鉴于现行研究存在的局限性，该定价方法利用信息熵和数据质量两个指标来评估数据集的内在价值，并将数据集的价值得分作为定价的依据；利用数据易复制的特性，采用版本控制的策略来优化模型的盈利能力和市场覆盖率。不满足于仅仅验证模型的合理性，本研究进一步将目光投向了现实世界的消费者行为。通过深入分析消费者的购买决策过程和支付意愿，在此基础上构建了一个与之相适应的定价模型。此外，通过模拟实验改进了传统遗传算法来解决模型问题，实验结果表明该模型在市场中具有出色的性能，能够实现更精细的市场细分，确保数据供应者和消费者双方的利益。同时，还通过具体数据集对该定价策略进行了实际验证。

纵观本节的内容，可以将其划分为两个主要部分：定价模型的构建和实验验证。（1）定价模型构建。在这一过程中，本研究利用了信息熵和数据质量这两个关键指标，将其作为计算数据集价值得分的基础。有了这个得分，就可以在此基础上实施多版本策略。这一策略的核心在于，它为消费者提供了根据自身支付意愿选择不同版本数据集的自由。而模型的主要目标，则是通过这种灵活的多版本定价策略，实现利润的最大化。（2）实验验证。为了对构建完毕的模型进行求解，选择了遗传算法这一强大的优化工具。通过一系列的模拟实验，得出了总利润和市场覆盖率这两个关键指标。这些结果有力地证明了模型的有效性。不仅如此，还通过具体的数据集，生动地展示了定价方法的执行过程。这进一步说明了本研究提出的模型在实际应用中所蕴含的巨大潜力。

二、研究思路及贡献

（一）研究思路及内容

本方法的研究内容主要分为以下 6 个板块，见图 3-28。

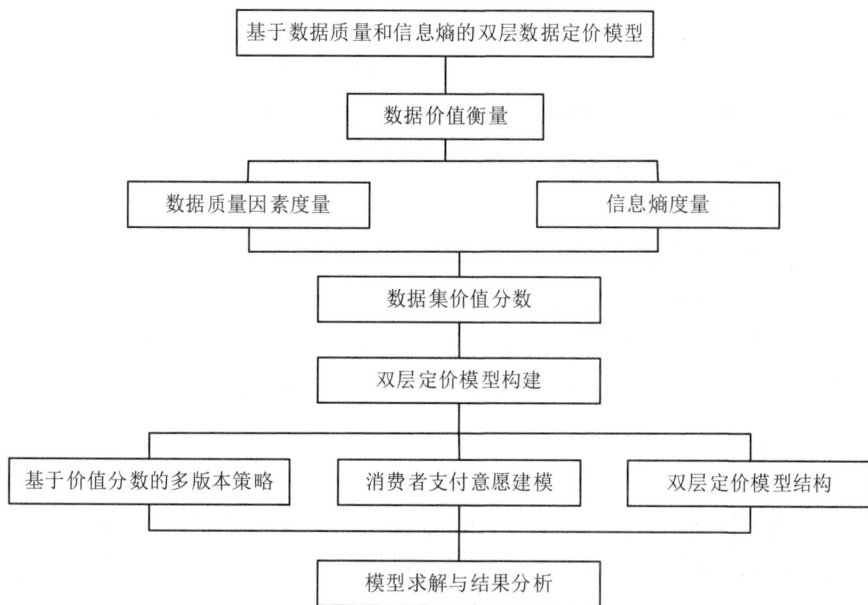

图 3-28　本节研究思路

第二部分描述本节的研究思路、内容组织及贡献。

第三部分详细阐述了衡量数据价值的方法，并提出了计算数据集信息熵、质量分数及整体价值分数的方法。此外，该部分还讨论了基于数据价值得出的定价策略优势，以及价值分数有效性的合理依据。

在第四部分中，详细阐述了双层模型的构建流程。为了确保模型的严谨性，本研究对其前提假设进行了缜密的分析和说明。在此基础上，本研究提出了一种创新的多版本定价策略，该策略巧妙地利用了基于价值分数的计算方法。与此同时，还引入了消费者的非线性支付意愿函数，以更加准确地刻画消费者的行为特征。

第五部分的重点在于对双层模型的求解。为了达到这一目标，本研究采用了基于子代调优的遗传算法。通过一系列实验，全面考察了模型在不同消费者分布和成本条件下的表现。实验数据有力地验证了本研究提出的模型能够有效实现利润最大化的目标。

最后，在第六部分中，对本研究方法的主要贡献进行了系统总结。同时，也客观地分析了文中理论设计可能存在的不足之处，并对相关领域的研究方向和发展趋势进行了深入探讨。这些讨论能够为后续研究提供宝贵的启示和参考。

(二)贡献

第一，提出了兼顾买卖双方利益的数据定价策略，为数据定价策略提供了一种新思路。该策略利用数据商品可零成本任意加工复制的优势，设计多版本策略，平衡买卖双方的利益。

第二，分别从数据质量("质")和信息熵("量")两方面入手，实现数据的价值量化评估，并论证了价值分数的合理性。

第三，对定价策略进行了实现和验证，验证了模型的有效性。实验表明，本研究提出的双边数据定价模型可以兼顾买卖双方的利益诉求，有效提高市场覆盖率，实现利润最大化，促成交易的达成。

三、数据集价值的衡量

本研究旨在为机器学习领域中广泛使用的数据集制定一套全面的定价方案，致力于使定价能够真实反映数据的固有属性，以确保价格与数据集的内在价值紧密关联，从而解决当前数据市场交易中存在的信息不对称问题。

(一)从信息熵衡量数据的价值

信息熵，作为衡量信息量的一个关键指标，在信息论中占据着核心地位。对于一个离散变量 X，假设它的取值空间包含 n 个元素，可以将其记为 $\{x_1, x_2, \cdots, x_n\}$。与此同时，用 $P(X)$ 来表示 X 的概率分布函数。有了这些基本概念，就可以给出离散变量 X 的熵的严格数学定义，如式(3-35)所示：

$$E(X) = -\sum_{i=1}^{n} P(x_i) \log_2 P(x_i) \tag{3-35}$$

在式(3-35)中，$E(X)$ 代表离散变量 X 的熵，$P(x_i)$ 表示 X 取值为 x_i 的概率，并且在 $P(x_i) = \dfrac{1}{n}$ 时，$E(X)$ 取得最大值 $\log_2 n$。

若存在多个离散变量，例如存在另一离散变量 Y，其可能取值为

$\{y_1, y_2, \cdots, y_m\}$，则 X，Y 两个变量的联合熵可用式 (3-36) 来计算：

$$E(X, Y) = -\sum_{i=1}^{n} \sum_{j=1}^{m} P(x_i, y_j) \log_2 P(x_i, y_j) \qquad (3\text{-}36)$$

在式 (3-36) 中，引入了一个新的概念：联合熵，用 $E(X, Y)$ 来表示。这里的 X 和 Y 是两个离散变量。联合熵的定义与单个变量的熵类似，但有一个关键的区别。在计算联合熵时，需要使用 X 和 Y 的联合概率分布函数，即 $P(X, Y)$，这个函数描述了 X 和 Y 同时取特定值的概率。

对于机器学习应用场景来讲，其数据集的通常结构形式如式 (3-37) 所示。

$$X = \begin{pmatrix} x_{11} & x_{12} & \cdots & x_{1m} \\ x_{21} & x_{22} & \cdots & x_{2m} \\ \vdots & \cdots & \cdots & \vdots \\ x_{n1} & x_{n2} & \cdots & x_{nm} \end{pmatrix} \qquad (3\text{-}37)$$

在式 (3-37) 中，设数据集 X 拥有 n 行数据、m 个属性，第 i 行数据记为 $r_i = (x_{i1}, x_{i2}, \cdots, x_{im})$，$i = 1, 2, \cdots, n$，第 j 列数据记为 $s_j = (x_{1j}, x_{2j}, \cdots, x_{nj})^{\mathrm{T}}$，$j = 1, 2, \cdots, m$。对于属性 t_j，设其可能取值有 k 个，记为 $\{t_{j1}, t_{j2}, \cdots, t_{jk}\}$，则属性 t_j 信息熵的计算如式 (3-38) 所示。

$$E(t_j) = -\sum_{i=1}^{k} P(t_{ji}) \log_2 P(t_{ji}) \qquad (3\text{-}38)$$

式 (3-38) 中，$P(t_{ji})$ 为数据集中第 j 个属性取第 i 个值时的概率，其计算如式 (3-39)、(3-40) 所示。

$$P(t_{ji}) = \frac{\sum_{i=1}^{n} \varphi(x_{ij}, t_{ji})}{n} \qquad (3\text{-}39)$$

$$\varphi(x_{ij}, t_{ji}) = \begin{cases} 1, & x_{ij} = t_{ji} \\ 0, & x_{ij} \neq t_{ji} \end{cases} \qquad (3\text{-}40)$$

式 (3-39) 中，$\sum_{i=1}^{n} \varphi(x_{ij}, t_{ji})$ 中每种可能取值的出现次数除以总数据行数，就是所需要的概率。

数据集多个属性的联合熵可以用式 (3-41) 表示，其中 $\rho_l = \{t_{j1}, t_{j2}, \cdots, t_{jl}\}$ 表示数据集具有 l 个属性。

$$E(\rho_l) = E(t_{j1}, t_{j2}, \cdots, t_{jl}) \qquad (3\text{-}41)$$

基于式 (3-36)、(3-39) 以及 (3-40) 可以进一步计算求出式 (3-41) 中 $E(\rho_l)$ 的值。为计算方便，可以对这个值进行映射，将其映射到 $(0, 1)$ 的区间内。这个映射有一个有趣的性质：当每个离散变量出现的概率都相等时，熵会取得最大值。这个最大值记作E_{max}，则熵值求解可变换为式(3-42)：

$$\text{Entropyscore} = \frac{E(\rho_l)}{E_{max}} \qquad (3\text{-}42)$$

(二)从数据质量衡量数据的价值

随着数据资产在市场交易中的地位日益凸显，数据市场运营者亟须制定一套合理的定价策略。在诸多影响因素中，数据质量无疑是决定数据价值的关键。对于数据价值的评估可以从两个角度入手。一方面，可以将数据量的规模作为衡量标准。这一方法已经被 Niyato 等研究者[148]成功运用，有效实现了模型利润的最大化。另一方面，还需要考虑数据的质量。这一点在机器学习领域尤为重要。众所周知，高质量的数据集是训练出优秀模型的基石。因此，从数据质量出发评估机器学习数据集的价值，具有十分重要的意义。那么，如何从质量角度评估数据的价值呢？首先，需要识别并确定衡量数据质量的关键维度。这是一个至关重要的步骤，它奠定了后续工作的基础。在确定了这些维度后，可以进一步构建一个线性模型。这个模型将以这些质量维度为自变量，以数据的价值为因变量。通过这种方式，就可以定量地评估数据的价值了。

数据质量评价包含多方面的指标，采用不同的评价指标可能会导致评估结果的偏差，并且不同的数据间也存在一定的差异。因此，选取最具代表性和普遍适用性的质量维度成为评估过程中的一个关键步骤，尤其是在评估通用数据集时，这些维度的选择须能够广泛适用于不同类型的数据。数据质量与定价之间的关系，一直是学术界关注的热点问题。在这个领域，Stahl 等[149]的工作无疑是一个重要的里程碑。他们率先探讨了将质量维度纳入数据定价过程的可行性。这个想法看似简单，但却有着深远的意义。通过理论分析和实证验证，他们为基于数据质量进行定价提供了坚实的研究基础和方法论指导。Stahl 等人的工作为后续研究开辟了广阔的空间。在之后的一项研究中，Stahl [150]进一步拓展了这一思路。他综合考虑了 7 个关键的数据质量维度：完整性、精确度、数据量、冗余度、响应时间、延迟性和及时性。该研究经分析市场上的数据需求，研究提出了一种方法，调整数据质量等级，并实施持续的版本管理策略，以吸引更多的消费者进行数据购买。为了实现这一目标，仅有策略本身还不够，还需要一个具体的实施模型，而这正是本研究的另一个重点。在构建这个模型时，借鉴了学界在数据质量研究方面的最新成果。经过仔细研究和权衡，最终选定了三个最具代表性的维度来衡量机器学习数据集的质量。它们分别是：完整性、准确性和冗余性。首先，完整性是评估数据质量的关键维度，一个完整的数据集，应该包含所有必要的信息，没有遗漏或缺失。只有达到了这一点，数据集才能真正发挥其应有的价值。另外，冗余性指的是数据集中重复数据的存在。过多的重复信息不仅会增加研究所需的处理时间，而且对于研究结果的提升没有任何益处。准确性是数据的基本特性，它决定了数据所传递信息的正确性。如果数据本身不准确，那么其携带的信息同样会出现错误，这样的数据将毫无价值。在机器学习领域，数据的准确性对于训练结果的准确性和模型的有效性有着直接的影响。每个数据集都会在准确性、完整性和冗余性这三个维度上表现出不同的特点。因此，这三个维度被认为是最为通用的质量指标，适合用来衡量大部分数据集的数据质量。这三个数据质量维度的定义及其计算方法见表 3-4。

表 3-4　质量维度的定义及其计算方法

质量维度	定义	参数	计算公式
准确性（pa）	在数据集的所有单元格中，具有正确值的单元格所占的比例。	nce：错误单元格的数量 ncl：单元格总数	$pa = 1 - \dfrac{nce}{ncl}$
完整性（pc）	数据集中完整单元格的比例，即单元格不是空的，并且单元格中的值有意义。	nr：数据行数 nc：数据列数 ic：不完整数据的数量 ncl：单元格总数	$ncl = nr * nc$ $pc = 1 - \dfrac{ic}{ncl}$
冗余性（pr）	冗余表示数据集中重复记录的比例。	nr：数据行数 ndr：重复的数据行数	$pr = 1 - \dfrac{ndr}{nr}$

在表 3-4 所列出的数据质量维度中，准确性位居首位。在机器学习领域，数据集通常被用来表征现实世界中的某个指标。如果数据本身存在偏差，那么由此训练出的模型，其性能也将受到影响。那么，如何判断数据是否存在偏差呢？一个重要的指标是错误单元格的数量。所谓错误单元格，是指那些不符合数据源定义域或信息类型规范的数据。举个例子，假设有一个未成年人信息数据集。根据定义，其中的年龄数据应该限定在 0 至 18 岁的整数范围内。如果某个单元格的年龄为负数或超过 18 岁，那么它就属于域冲突。类似地，如果年龄不是整数值，那么它就违反了信息类型规范。无论是域冲突还是类型违规，这些数据都会被计入错误单元格之

中。除了准确性，完整性和冗余性也是评估数据质量的重要维度。与准确性不同的是，这两个概念相对容易理解。在实际计算时，通常采用一些基础的统计方法。通过综合考虑准确性、完整性和冗余性这三个维度，可以对数据集的质量做出全面评估。这为后续的定价工作奠定了坚实的基础。

表 3-4 展示了一种综合评估方法，旨在量化考察某个对象在三个不同维度上的表现。每个维度的得分都是一个 0 到 1 之间的小数，代表了该维度的相对水平。为了得出一个总体质量分数，采用了一个线性模型，将三个维度的得分按照式(3-43)所示的方法加权平均，从而得到一个能够全面反映整体质量的数值。

$$Quality score = w_1 * accuracy + w_2 * completeness + w_3 * redundancy \tag{3-43}$$

在式(3-43)中，$w_1 + w_2 + w_3 = 1$，通过上述方法，可确保整体数据质量得分在 0 到 1 的范围内，保持了评分的一致性和可比性。用户可以根据具体需求调整各质量维度的权重。例如，如果对数据的准确性有更高的要求，可以相应地提高准确性的权重。同理，完整性和冗余性的权重也可以根据需要进行调整。此外，这种计算方法还具有很好的扩展性，可以轻松地应用于更多的质量维度，如式(3-44)中所示：

$$Quality score = w_1 * accuracy + w_2 * completeness + w_3 * redundancy \\ + \cdots + w_n * dimension_n \tag{3-44}$$

在式(3-44)中，$w_1 + w_2 + w_3 + w_n = 1$，$dimension_n$ 用来表征在衡量数据质量时所考虑的第 n 个维度。值得注意的是，不同领域对数据质量的要求可能存在显著差异。以金融行业为例，数据的实时性往往被视为一个至关重要的因素，因此在评估过程中，这一维度的权重可能会被相应地放大。然而，本研究的重点在于构建一个普适性较强的机器学习数据集质量评估体系。经过权衡，最终选定了准确性、完整性和冗余性这三个维度，作为评判数据集优劣的核心依据。

(三)数据集的价值分数

前文分别从信息熵和数据质量两个视角，探讨了评估数据价值的可行途径。然而，仅仅依赖单一维度的考量，难免会使得评估结果失之偏颇，无法全面反映数据的真实价值。数据作为一种复杂的信息载体，其内在价值往往是多重因素交织影响的结果。质量和数量，犹如硬币的两面，缺一不可，共同决定了数据的真正价值。一方面，数据的质量，诸如准确性、完整性、一致性等，直接关系到数据是否可靠、可用。质量低劣的数据，即便数量再庞大，其价值也必然大打折扣。另一方面，数据的信息量，反映了数据所蕴含的信息多寡。信息量越大，意味着数据对不确定性的消除能力越强，其潜在应用价值也就越高。因此，在评估数据价值时，质和量两个维度缺一不可。只有将二者有机结合，才能更加全面、准确地刻画数据的真实价值。这样的评估方法，不仅考虑了数据的内在品质，也兼顾了数据在应用中的实际效用，可以为数据定价、数据选择等决策提供更为可靠的依据。接下来的部分将会探讨将这两个维度结合的方法。

1. 数据集价值分数的计算

信息熵作为信息量的衡量指标，反映了数据的信息含量，其中熵值越大，意味着信息量越丰富，从而信息价值越高。同理，数据的质量分数越高，其本身的价值也越大。这两个因素均正向影响数据的价值，可以结合起来形成一个综合的数据价值评分，其计算公式如式(3-45)所示。

$$v = w_E * \text{Entropyscore} + w_Q * \text{Qualityscore} \qquad (3\text{-}45)$$

在式(3-45)中，引入了两个权重参数：w_E 和 w_Q，分别表示熵值和质量分数在计算数据价值时所占的比重，$w_E + w_Q = 1$。

根据上述步骤，能够对任意给定的数据集计算出一个量化的价值分数。这个分数为数据定价提供了一个重要的参考依据。数据供应者可以此为基础，综合考虑市场需求、成本损耗等其他因素，制定出合理的定价策略。

2. 对价值分数合理性的证明

将价值分数作为衡量数据集价值的标尺，不失为一种合理的做法。为了证实这一观点的合理性，本研究接下来将使用 UCI 机器学习库中的 glass 数据集①进行验证。这是一个全数字化的数据集，且不存在任何缺失值。该数据集的部分数据展示在图 3-29 中。

数据集包含 214 个样本，每个样本有 10 个属性，其含义依次是样本编号、玻璃折射率，以及玻璃中钠(Na)、镁(Mg)、铝(Al)、硅(Si)、钾(K)、钙(Ca)、钡(Ba)以及铁(Fe)的含量，最后一列为玻璃分类，共有 7 种不同的玻璃类型，分别以数字 1 至 7 表示。值得注意的是，在这个数据集中并没有包含类型 4 的玻璃样本。

为了计算方便，在进行信息熵计算时，选取数据集最后一列作为输入，依据式(3-38)进行计算。整个计算过程借助 Python 代码实现，具体代码展示在图 3-30 中。

---

① https：//archive.ics.uci.edu/ml/datasets/Glass+Identification.

```
1,1.52101,13.64,4.49,1.10,71.78,0.06,8.75,0.00,0.00,1
2,1.51761,13.89,3.60,1.36,72.73,0.48,7.83,0.00,0.00,1
3,1.51618,13.53,3.55,1.54,72.99,0.39,7.78,0.00,0.00,1
4,1.51766,13.21,3.69,1.29,72.61,0.57,8.22,0.00,0.00,1
5,1.51742,13.27,3.62,1.24,73.08,0.55,8.07,0.00,0.00,1
6,1.51596,12.79,3.61,1.62,72.97,0.64,8.07,0.00,0.26,1
7,1.51743,13.30,3.60,1.14,73.09,0.58,8.17,0.00,0.00,1
8,1.51756,13.15,3.61,1.05,73.24,0.57,8.24,0.00,0.00,1
9,1.51918,14.04,3.58,1.37,72.08,0.56,8.30,0.00,0.00,1
```

图 3-29　glass 数据集部分数据

```
num=len(dataset)    #数据集的样本数量
LabelCount={}    #创建一个数据字典，它的键是数据集最优一列数据，
                 即样本的类别，其值是该分类中的样本数量
#计算每种类别下的样本数量，并将其放在字典中对应的键下
for featureVec in dataset:
    label=featureVec[-1]
    if label not in labelCount.keys():
        labelCount[label]=1    #取样本中的最优一个值
    else:
        labelCount[label]+=1
    shannonEnt=0.0
    for key in labelCount.keys():
            pro=float(labelCount[key]/num
            shannonEnt-=pro*log(pro,2)
    return shannonEnt
```

图 3-30　数据集最后一列信息熵计算

　　glass 数据集最后一列信息熵计算结果为 2.1763（精确到小数点后 4 位，在后续的数据处理中也将保持这种精度）。考虑到数据集包含 6 个类别，信息熵的理论最大值为 2.5850。根据式（3-42），该数据集的 Entropyscore（信息熵得分）为 0.8419。由于数据集中不存在缺失或错误数据，因此其质量得分 Qualityscore 为 1。

　　应用式（3-45）来计算数据集的价值分数，若假定信息熵得分和质量得分的权重 w_E 和 w_Q 均为 0.5，则得到的价值分数 v_1 为 0.9209。

　　为了观察数据集在不同情况下各项指标的变化，对数据集最后一列的前 50 个数值进行了修改，将其从 1 改为 4。考虑到原数据集中不存在类

别 4 的数据，这 50 个修改后的数据被视为错误数据。在此基础上，重新计算后的数据集信息熵为 2.4589。因为类别总数增至 7 个，理论上信息熵的最大值是 2.8074，此时的熵值分数达到了 0.8759，较之前所有数据都正确时的 0.8419 有小幅提升。

然而，这一表象背后，隐藏着用信息熵评估数据价值的一个缺陷，当数据集中混入了错误信息时，其价值理应是有所贬损的。但信息熵的计算结果，却给出了恰恰相反的判断，将含有错误的数据集的价值反而抬高了。造成这一现象的根源，在于信息熵仅仅关注数据的不确定性，而忽视了数据的正确性。对于信息熵而言，错误的数据与正确的数据并无区别，只要它们能够提高整体的信息量，就会被赋予更高的价值评分。这无疑是一种本末倒置的评判逻辑。因此，单纯依赖信息熵来评估数据价值，是存在严重缺陷的。它很可能会误导高估劣质数据的价值，进而做出错误的决策判断。这说明，在数据价值评估时，除了考虑信息量这个维度外，还必须将数据质量纳入考量范畴，才能确保评估结果的全面性和准确性。

当运用价值分数这一指标来评估数据集的价值时，数据质量无疑是一个至关重要的影响因素。假设在一个数据集中，存在 50 条错误数据，就可以借助式(3-43)，对这一数据集的质量分数进行量化计算。为了简化计算，设定准确性权重 w_1 为 0.4，完整性和冗余性权重 w_2 和 w_3 为 0.3。由于数据集仍然是完整无缺失且无重复条目的，计算得出的质量分数为 0.9066。因此，综合得到的价值分数 v_2 为 0.8913。与之前得到的 v_1 相比，$v_2 < v_1$。上述分析结果说明：在评估数据集价值时，单纯依赖单一维度的考量，往往难以做出准确、全面的判断。相反，如果能够综合考虑信息熵和数据质量，构建一套更加立体、更加细致的评价体系，就可以大大降低异常数据对评估结果的干扰和影响。

四、双层定价模型的构建

(一)模型的前提假设

为了开发一个有效的数据定价模型，首先必须清晰地理解数据市场的基本框架。本节将阐述构建该定价模型所依赖的一些基本前提假设。

本节所构建的理论模型，立足于一个关键的前提假设：数据交易市场是一个垄断性质的市场环境。这一假设的提出，有着深刻的现实考量。首先，在一个竞争激烈的市场中，定价策略往往逼近成本价为目标，以期在价格战中赢得先机，抢占市场份额。然而，当将视角转移到垄断市场时，情况就大不相同了。在垄断者的世界里，利润最大化和市场覆盖率的提升，成为制定定价策略时的头等大事。这就意味着，垄断市场下的定价策略，必须在保证利润空间的同时，兼顾市场拓展的需求，从而在二者间求得一个微妙的平衡点。其次，必须认识到，数据资产有别于传统资产，其某些特质天然利于垄断格局的形成。以互联网巨头 Facebook 和腾讯为例，它们对用户相关数据的掌控之深、之广，已然到了一种近乎垄断的地步。在这样的市场环境下，讨论数据定价问题，就不得不将垄断因素纳入考量范畴。更进一步，垄断市场的存在，对数据资源的集中配置具有积极意义。对于数据需求方而言，面对一个垄断的供应商，他们在搜寻数据时，可以大大节省时间成本，提高获取数据的效率。而这，恰恰是一个分散的竞争性市场所难以企及的。最后，在垄断市场的前提下，对数据市场运营者的角色定位，也要有一个清晰的认知。他们的职责，不仅在于提供一个数据交易的平台，更在于通过统一管理标准，保证交易的公平性和透明度，以避免市场秩序受到破坏。只有在运营者的积极引导下，数据供应者和消费者对市场的信任度才能不断提升，数据市场才能朝着健康、有序的方向不断发展。

数据市场结构包括单边数据市场与多边数据市场两种模式。为便于对数据供应者和消费者行为进行有效规范，本节市场结构假定为集中型的多边市场架构。这种市场结构能够更有效地连接多方参与者，并协调他们的互动。具体的市场结构框架如图 3-31 所示。

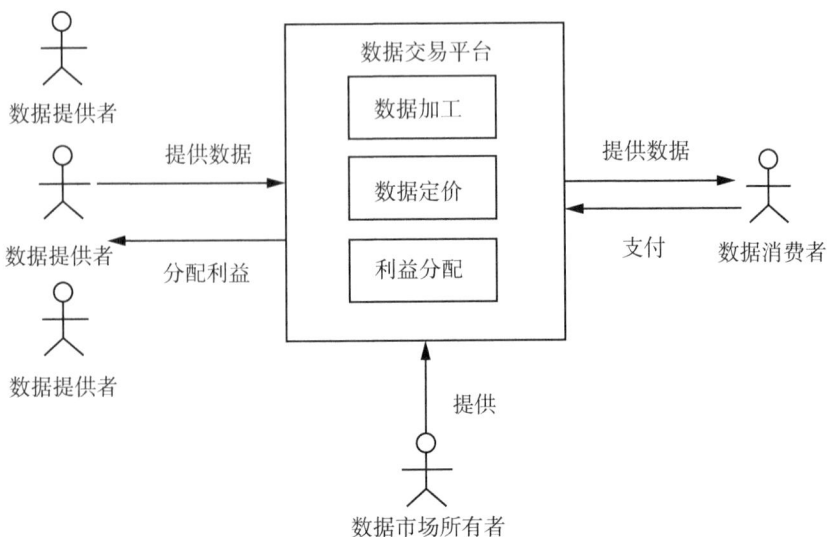

图 3-31   数据市场结构

在图 3-31 中，在数据交易的过程中，主要有三类参与者：数据供应者、数据交易平台以及数据消费者。其中，数据供应者负责收集和提供数据，是数据交易市场中数据的原始来源。他们将手中的数据交给数据交易平台运营者，运营者对数据进行加工整理，并根据预设定价方案给数据标价，然后呈现给数据购买者。数据交易平台主要负责日常的运营管理工作，制定包括管理办法、定价策略、交易规则等在内的各项市场规则。数据交易平台运营者扮演着连接数据购买者与提供方的中间人角色。数据消费者则通过官方渠道搜寻所需数据，支付相应对价后，获得数据的使用或所有权。当数据成功售出，所得收益在数据交易平台和相应的数据供应者之间分成。

本节研究假设，数据消费者对数据的价值评估具有较高的敏感度。由于消费者对数据价值的认知存在个体差异，因此面对相同的数据产品，他们的购买欲望也各不相同。当市场中有多种数据产品可供选择时，消费者往往会挑选自己最想购买的产品进行消费。

(二)基于价值的多版本策略

在商界，提供多种版本的产品是一种普遍采用的策略。电器制造行业就是一个典型的例子，厂商经常推出同一产品的多个型号，主要根据质量等级来区别定位。购买者可以根据自身需要和经济状况，选购最适合自己的电器型号。软件行业中，知名的开发软件如 IDEA 和 PyCharm，通常也会发布包括社区版和专业版在内的多个版本，供用户选用。各版本之间在功能特性方面存在差异，满足不同用户群体的需求：一般用户可能会选择功能较为基础的社区版，而专业研究人员则倾向于选择功能更为全面的专业版。采取这种多版本策略，帮助这些工具获得了广泛的用户基础。汽车制造业由于其高昂的生产成本，需要制定周密的生产规划以规避产品积压的风险。一个普遍的应对策略是提高生产的灵活性，几乎每款车型都提供多种配置，甚至允许客户自选附加配件。通过这种灵活的版本控制策略，汽车制造商可以扩大市场份额并提升销售利润。此外，在设计和制造顶配版本的产品时，制造商需要承担一定的固定成本。但对于信息产品而言，一旦完成高质量版本的开发，推出低质量版本所需的技术和资源投入相对较少，因为这一过程不涉及复杂的技术挑战。因此，从成本控制的角度来看，采用多版本策略也是合理的。经济学领域关于实物商品交易的早期研究表明，产品价格点的差异化受到产品线特征差异化的显著影响。Mussa 和 Rosen 在 1978 年提出的垂直差异化或质量差异化模型[151]指出，相比质量较低的商品，消费者更倾向于选择质量更高的商品。为了满足不同消费者的需求，生产者通常会提供多个质量等级的产品线。

本节提出了一种基于价值分数来区分数据产品的方法。由于消费者对价值分数的敏感度各不相同，本研究通过对数据集进行加工处理，改变其价值分数，从而创建同一份数据的多个版本。每个版本针对不同的市场需求定制，并设置不同的价格点，旨在满足不同消费者的特定需求。这一策略的具体实施方式如图 3-32 所示。

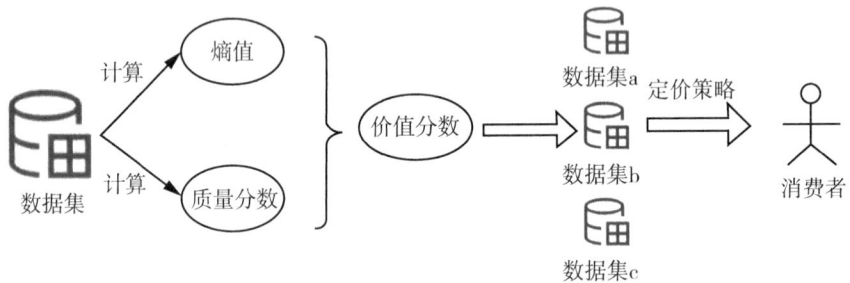

图 3-32　基于价值分数的多版本策略

如图 3-32 所示，经过数据平台的加工处理，数据集以 a、b、c 三个不同的版本在市场上销售。这些版本根据其价值评分进行区分，构成了差异化的产品线。假设市场上有一系列具有不同价值评分的数据产品集合 $V = \{v_1, v_2, \cdots, v_K\}$，其中 $v_1 < v_2 < \cdots < v_K$。版本的价值评分越高，表示其能够满足用户需求的功能就越多。将最高价值评分的版本定义为 v_H，即 $v_K = v_H$。相应地，最低价值评分的版本定义为 v_L，有 $v_1 = v_L > 0$。所有版本的价值评分都落在区间 $[v_L, v_H]$ 内。K 表示开发商在市场上提供的版本总数。在功能方面，价值评分较高的产品包含了所有低价值评分版本的功能，实现了垂直兼容性。通过升级或添加功能模块，低版本产品可以转化为更高价值评分的版本。同样，高价值评分的版本也可以通过移除某些功能来降低其价值评分。

零边际成本如式（3-46）所示：

$$c_1 = c_2 = \cdots = c_K = 0 \tag{3-46}$$

线性边际成本如式（3-47）所示：

$$c_k = c_0 + a v_k, \ k = 1, 2, \cdots, K \tag{3-47}$$

在式（3-47）中，c_k 代表版本 k 的成本，c_0 和 a 均为正常数。

二次递增边际成本计算公式见式（3-48）：

$$c_k = c_0 + a\, q_k + b\, v_k^2, \; k = 1,\, 2,\, \cdots,\, K \tag{3-48}$$

在式(3-48)中，c_0 和 a，b 都是正常数。

另外，每个不同版本的产品都设有相应的销售价格，记为 $P = p_1$，p_2，$\cdots$，p_K，且满足 $p_1 < p_2 < \cdots < p_K$。在边际成本非零的前提下，具有更高价值分数的版本相应地伴随着更高的生产成本。因此，当成本上升时，高价值分数版本的售价也将相应提高。

(三)数据消费者支付意愿函数

消费者对产品的需求强度可以通过其支付意愿(Willingness to Pay，WTP)来衡量，而支付意愿通常是以消费者愿意为产品支付的价格来反映的。在数据产品的版本管理策略中，这尽管已被证明是一种行之有效的方法，但在某些研究中，简单地假设消费者的支付意愿为线性函数可能无法得到最优的模型结果。事实上，消费者支付意愿的线性函数通常如式(3-49)所示：

$$W(e,\, v) = ev \tag{3-49}$$

在式(3-49)中，e 是消费者的类型，v 是产品在某一项指标上的级别。

消费者因购买数据商品而得到的效用如式(3-50)所示：

$$U(e,\, v,\, p) = ev - p \tag{3-50}$$

在式(3-50)中，U 表示效用，p 表示产品的售价。

在消费者进行商品选择的决策过程中，其目标通常是实现个人效用的最大化。Chen 等[152]在研究中指出，当企业采用多版本策略并引入低版本产品时，消费者往往倾向于选择价格更低的低版本产品，而非价格较高的高版本产品。这一现象表明，原本可能选择购买高版本产品的消费者可能会转而购买低版本产品，从而导致企业利润的下降。为了更具体地说明这一问题，假设市场上存在两个版本的产品，其质量水平分别为 $v_1 = 0.2$ 和 $v_2 = 0.85$，相应的售价分别为 $p_1 = 0.1$ 和 $p_2 = 0.8$。对于效用类型为 $e = 1$ 的消费者而言，根据式(3-50)可以计算得到，购买 v_1 版本产品所产生的效用 U_1 为 0.1，而购买 v_2 版本产品所产生的效用 U_2 为 0.05。由于 $U_1 > U_2$，因此该消费者将倾向于选择购买效用更高的低版本产品 v_1。这一示例说明，在多版本策略中，低版本产品的引入可能会吸引原本购买高版本产品的消费者，导致消费者购买行为的转移，进而对企业的利润产生负面影响。因此，企业在制定多版本策略时，需要审慎评估不同版本产品的定价和质量水平，以避免低版本产品对高版本产品销售的不利影响，实现利润最大化。

在大多数情况下，产品的版本级别越高，对消费者的吸引力就越大，这是因为更高级别的产品通常能够提供更优质的用户体验。然而，与传统产品相比，数据产品呈现出一些独有的特征，其中最为显著的特点是数据产品的不同版本之间存在更为明确和显著的区分。以专业软件 Idea 为例，其专业版与免费版在功能和性能上存在着显著的差异。对于那些需要使用专业版功能的用户而言，免费版产品对他们而言并无吸引力，因为免费版无法提供他们所需的服务和功能；反之，对于那些仅需使用免费版功能的用户而言，购买专业版产品也并非必要，因为免费版的功能已经足以满足其需求。这一现象表明，对于数据产品而言，简单地采用线性支付意愿函数可能无法准确刻画消费者的真实需求和支付意愿，因此有必要开发出一种更能够体现数据产品独特性的支付意愿表示方法。这种新的支付意愿表示方法应当能够充分考虑数据产品不同版本之间的功能差异，以及消费者对不同版本产品的实际需求，从而更加准确地预测消费者的购买行为和支付意愿，为数据产品的定价和版本管理提供更为有效的决策支持。

简单地采用线性函数形式可能过于简化，无法准确刻画消费者支付意愿的内在规律。为了更好地解决这一问题，Sundararajan 等[153]提出了一种基于非线性定价函数的数据产品定价方法。通过运用这一方法，他们成功地在消费者之间实现了价格差异化，并取得了显著的市场效果，证明了非线性定价函数在数据产品定价中的优越性。在探讨基于质量进行产品版本划分的研究中，Krishnan 等[154]引入了"饱和质量"的概念。该概念指出，当产品质量达到某个饱和点后，消费者的支付意愿随着质量的进一步提升而增长的速率将会发生改变，这表明消费者支付意愿函数呈现出分段函数的形态。受此启发，本节将尝试构建一个基于消费者自由选择的非线性效用函数，以期更加准确地刻画消费者对不同版本数据产品的支付意愿。通过引入这一新的效用函数，将深入研究数据产品的版本控制策略在面对不同消费者群体和成本条件时的效果和性能，以期为数据产品的版本管理和定价决策提供更加科学和有效的理论依据，并为实现数据产品的市场价值最大化提供新的思路和方法。

消费者对数据产品的价值分数表现出一定的敏感性，当面临市场上提供的多个数据产品版本时，他们会根据自身个性化需求选择产品。考虑到每位消费者的需求和偏好具有其独特性，本节研究中引入了一个衡量消费者对价值分数敏感程度的指标，以便对不同消费者进行区分。对于那些对价值分数敏感程度较高的消费者而言，他们更加重视数据集的内在价值，因此在面对两个具有不同价值分数的数据产品版本时，他们更倾向于选择价值分数较高的版本。在本研究中，用参数 e 来表示消费者对价值分数的敏感程度。为了更好地描述消费者的选择行为，引入了一个效用函数，如式(3-51)所示。通过这一函数，能够定量地衡量消费者的支付意愿，并据此模拟他们在面对不同数据产品时的决策行为。这一效用函数的构建不仅能够帮助我们深入理解消费者的偏好结构和决策机制，而且为数据产品的版本设计和定价策略提供了重要的理论依据，对于企业制定有效的市场策略具有重要的指导意义。

$$U(e, v_k, p_k), \quad k = 1, 2, 3, \cdots, K \qquad (3\text{-}51)$$

在式(3-51)中，U 为产品对于消费者的效用，k 为数据产品的版本号，v_k 为第 k 个数据集产品版本的价值分数，p_k 为第 k 个版本产品的销售价格。

当消费者购买一个产品时，其决策行为可以用效用函数 U 来描述。当效用函数 U 的值大于 0 时，这意味着消费者从购买该产品中获得了正的效用，因此存在购买该产品的可能性。换言之，正的效用值表明该产品对消费者而言具有一定的吸引力，购买该产品能够提升其效用水平。相反，如果效用函数 U 的值小于或等于 0，则表明消费者从购买该产品中无法获得任何正效用，甚至可能会导致效用水平下降，因此消费者必然不会选择购买这一产品。在现实的市场环境中，往往存在多个能够为消费者带来正效用的产品。在这种情况下，理性的消费者会通过比较不同产品所能提供的效用值，选择能够提供最大效用值 U 的产品。这一选择过程体现了消费者追求效用最大化的决策原则，即在预算约束下，选择能够最大限度地提升自身效用水平的产品。

对于敏感程度为 e 的消费者，选择能为其带来最大效用的产品，即选择价值分数最高的版本对应的数据产品，计算如式(3-52)所示：

$$e^* = \underset{k}{\arg\max}\{U(e, v_k, p_k), \quad k = 1, 2, \cdots, K\} \qquad (3\text{-}52)$$

式(3-52)中，e^* 表示对敏感程度为 e 的消费者的效用最大的数据产品。

商家在数据售出后获取的利润可依据式(3-53)计算。

$$\varphi(e, v_k, p_k) = p^* - c^* \qquad (3\text{-}53)$$

式(3-53)中，φ 为售出数据后的收益，p^* 为售出数据的价格，c^* 为对应成本。

考虑到消费者对产品价值分数的敏感程度存在个体差异，并且市场上提供了多个不同价值级别的产品，简单地采用线性函数来刻画消费者的购买行为可能无法准确反映其真实的决策过程。为了更加深入地理解消费者在面对不同产品选择时的行为特征，本节研究引入了支付意愿概念。支付意愿反映了消费者在自由选择的情况下，愿意为某一产品支付的最高价格。通过引入支付意愿这一概念，能够更加准确地描绘消费者在面对不同价值级别产品时的选择行为，揭示其内在的决策机制。支付意愿的数值高低体现了消费者对产品价值的主观评估，以及其购买该产品的意愿强度。

消费者对于数据产品价值分数的需求呈现出显著的异质性，这种需求差异性的根源在于消费者对价值分数的敏感程度存在个体差异。换言之，不同消费者对数据产品价值分数的重视程度和偏好存在差异，而这种差异性可以通过一个关键参数 e 来刻画，即消费者对价值分数的敏感程度。通过引入敏感程度参数 e，能够建立起消费者偏好与其倾向选择的数据产品价值分数之间的映射关系。这种映射关系可以通过一个函数表达式来形式化地描述，如式（3-54）所示：

$$v_e = \frac{e}{e_{\max}} v_H \tag{3-54}$$

式（3-54）中，v_e 为表示消费者期望的数据价值分数水平，$e_{\max}$ 代表最高敏感度，v_H 代表最高价值分数。

在产品的价值分数未达到消费者敏感程度 e 所对应的临界值 v_e 之前，随着价值分数的不断提升，消费者倾向于选择价值分数更高的产品版本。这一行为模式反映了消费者对产品质量的追求，以及其支付意愿随着产品价值提升而同步增长的特点。然而，一旦产品的价值分数显著超过了消费者的临界值 v_e，消费者支付意愿的增长速度将会出现明显的放缓趋势。出现这种转折的原因在于，当产品价值分数超过一定范围后，产品价格的快速提升可能会对消费者的购买意愿产生抑制作用。在这种情况下，理性的消费者可能会权衡产品的性价比，转而选择那些质量略有下降，但价格更加优惠的产品版本。这种消费行为模式更加贴近现实生活中消费者的实际决策过程，体现了消费者在追求产品质量和价格效率之间进行权衡的特点。为了形式化地描述这种消费行为模式，本研究引入了支付意愿函数，其具体的数学定义如式（3-55）所示。通过 WTP 函数，能够量化描述消费者支付意愿与产品价值分数之间的非线性关系，并揭示消费者在不同价值分数水平下的选择偏好，为企业制定差异化的产品定价策略提供重要的决策依据。

$$W(e, v) = \begin{cases} e\, v_e \left[1 + \theta_1 \left(\dfrac{v - v_e}{\theta_1 v_e} \right)^{\alpha} \right], & v \geqslant v_e \\[4mm] ev \left[1 - \left(\dfrac{v_e - v}{(1 - \theta_2) v_e} \right)^{\alpha} \right], & \theta_2 v_e \leqslant v < v_e \\[4mm] 0, & v < \theta_2 v_e \end{cases} \tag{3-55}$$

在式(3-55)中，$W(e,v)$ 代表在消费者敏感程度为 e、数据集价值分数为 v 时，消费者的支付意愿。θ_1，θ_2，α 为取值在 0 ~ 1 常数。

当 $v < \theta_2 v_e$ 时，数据集价值小于消费者心理预期的价值分数 v_e，消费者不愿购买此产品，此种情况下其支付意愿 W 为 0；当 $\theta_2 v_e \leqslant v < v_e$ 的时候，可以计算出一阶导数 $\frac{\partial W}{\partial v} > 0$，二阶导数 $\frac{\partial^2 W}{\partial v^2} > 0$，为凹函数；同样，当 $v \geqslant v_e$ 时，可以得到 $\frac{\partial W}{\partial v} > 0$，$\frac{\partial^2 W}{\partial v^2} < 0$，为凸函数。取 $\theta_1 = 0.1$，$\theta_2 = 0.5$，$\alpha = 0.5$，$e = 0.8$，画出的支付意愿函数如图 3-33 所示。

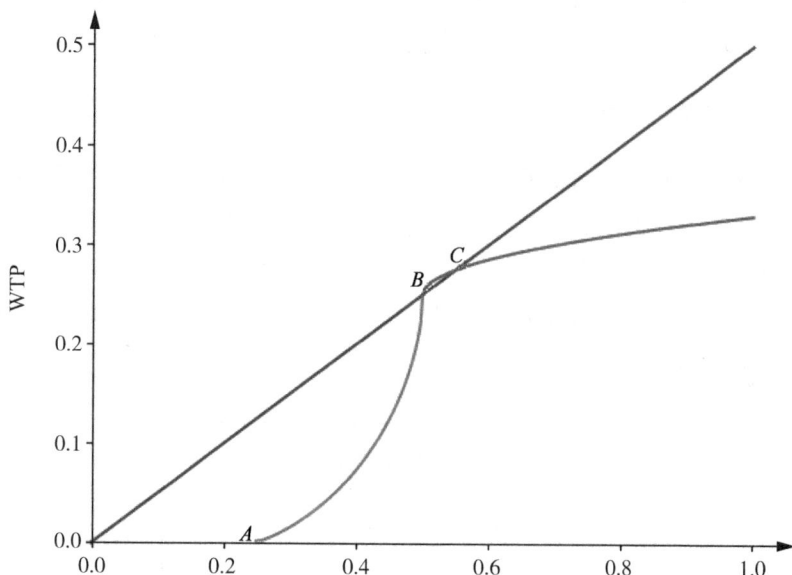

图 3-33　支付意愿(WTP)函数

图 3-33 展示了一条直线 $W = ev$ 和一条曲线，分别代表了消费者支付意愿随价值分数变化的两种不同模式。直线 $W = ev$ 描述了一种简单的线性关系，即消费者的支付意愿随着价值分数的提高而等比例增长。然而，在图中可以观察到，当价值分数低于某一临界值时（即 $v < \theta_2 v_e$，对应图中的 A 点），消费者的支付意愿为 0，表明消费者对于价值分数过低的产品缺乏购买倾向。随着价值分数的逐渐提升，当其处于 A 点和 B 点之间的区间内（即 $\theta_2 v_e \leqslant v < v_e$）时，尽管产品的价值分数尚未达到消费者的心理预期值 v_e，但消费者的支付意愿也随之呈现出上升的趋势。值得注意的是，在非线性模式下，当价值分数接近消费者预期值 v_e 时，支付意愿的增长速

率会出现显著加快。这一现象表明，消费者对接近其心理预期的产品具有更高的购买意愿。然而，当价值分数超过 B 点（即 $v \geq v_e$）后，尽管产品的价值分数进一步提升，但消费者支付意愿的增长速率却开始逐渐减缓。产生这一现象的原因可能在于，此时产品所提供的功能已经超出了消费者的实际需求，对于消费者而言，购买价值分数适中的产品版本已经足以满足其需求，因此其购买高价值分数产品的意愿会随之减弱。

通过比较上述分段函数与简单线性函数，可以发现，分段函数在反映消费者行为时具有更高的合理性，能够更加准确地捕捉消费者心理反应的细微差异，同时也更加符合数据产品的特殊属性。采用这种函数形式，能够更加逼真地模拟消费者在面对多个不同价值分数版本的产品时的选择行为，对于理解消费者决策机制和优化企业产品策略具有重要的指导意义。

（四）双层定价模型的结构

根据前文所述的前提假设和定价策略的讨论，为了进一步评估所提出定价策略的合理性，有必要建立相应的数学模型，对其进行定量分析。在构建数学模型的过程中，需要充分考虑数据产品的版本划分特点以及消费者的选择行为特征。基于这些考虑，本节提出了一个双层结构的定价模型，如图 3-34 所示。

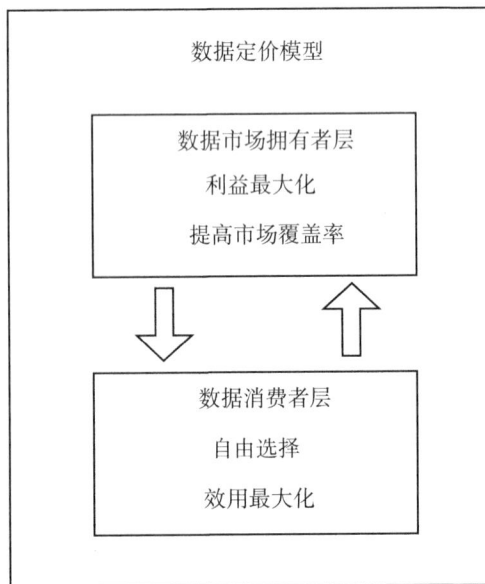

图 3-34　数据定价模型

如图 3-34 所示，该模型采用双层结构，其中第一层的主要目标是实现数据市场拥有者利润的最大化，并以此构建了模型的目标函数。传统观念认为，成本是影响商品定价的主要因素，尤其在数字商品领域，这一观点更为普遍。然而，仅仅考虑成本而忽视其他因素，是一种有缺陷的定价策略。事实上，成本应当被视为影响合理定价的众多因素之一，而一个成熟、全面的定价策略应当以实现商家利润最大化为根本目标，而非仅仅关注成本的降低。模型的第二层则刻画了消费者在市场中的选择行为。现实中，每位消费者都有其独特的个性化偏好，他们会根据自身的效用最大化原则，在市场上流通的各种数据产品版本中进行选择。因此，消费者的选择行为将直接影响数据产品的销售表现，进而决定数据市场拥有者的利润水平。通过模型两层之间的动态互动和反馈，可以利用利润指标来评估当前定价策略的有效性，并据此对策略进行动态调整，以逐步逼近最优解。

作为市场上的垄断者，确定合适的定价策略、提供的产品版本数量以及每个版本的具体价格是至关重要的，目的是为了实现利润最大化。假设市场上总共有 M 位消费者，以他们对价值分数的敏感度不同来区分，即消费者的集合可以表示为 $\varphi = \{e_1, e_2, e_3, \cdots, e_M\}$，而提供的产品版本集合为 $V = \{v_1, v_2, v_3, \cdots, v_K\}$。将数据卖方的决策策略进行公式化，构成定价模型的第一层，具体表示为式（3-56）。模型的相关约束条件分别由式（3-57）、（3-58）和（3-59）给出。

$$\max_{\{v_i,\ p_i\}} \varphi(v,\ p,\ x) = \sum_{j=1}^{M} \sum_{i=1}^{K} (p_i - c_i)\, x_{ij} \tag{3-56}$$

$$v_1 < v_2 < v_3 < \cdots < v_K \tag{3-57}$$

$$p_1 < p_2 < p_3 < \cdots < p_K \tag{3-58}$$

$$x_{ij} = 0\ or\ x_{ij} = 1 \tag{3-59}$$

在式（3-56）中，φ 为当前利润，v_i 和 p_i 分别为第 i 个数据版本的价值分数及其价格，c_i 为第 i 个数据版本的成本，x_{ij} 为消费者选择结果。

该模型旨在最大化利润，其中产品的售价始终高于其成本。每件商品都有一个价值分数和对应的销售价格 $\{v_i,\ p_i\}$，它们是模型中的决策变量。方程（3-57）表明，不同版本的产品在价值分数上存在差异，并且版本序号越大，其价值分数也越高。方程（3-58）则揭示了一个产品版本的价值分数提升会导致其售价的相应增加。x_{ij} 代表消费者的选择结果，它是一个二元变量，取值为 0 或 1，在模型的第二层将对此进行更详尽的阐述。

模型的第二层着重研究消费者的自主选择行为。在市场环境中，每一位消费者都拥有其独特的偏好和兴趣，这些个体差异驱使他们做出不同的消费决策。对于消费者来说，购买某一特定产品的动机在于该产品能够为其提供一定程度的效用或满足感，这一点在方程（3-60）中得到了明确的体现。消费者追求效用最大化，因此他们在面对各种可选商品时，会权衡产品属性与自身偏好，最终选择能够带来最大效用的商品。

$$U(e_j, v_i, p_i) = W(e_j, v_i) - p_i \qquad (3\text{-}60)$$

在式（3-60）中，U 代表产品对于消费者的效用，e_j 代表第 j 个消费者对价值分数的敏感程度，W 为其支付意愿。

消费者从产品中获得的效用 $W(e_j, v_i)$ 的计算方法由方程（3-61）给出，它代表了消费者的支付意愿与产品实际售价之间的差额。拥有不同价值分数的产品会为消费者带来不同程度的效用，而消费者的根本目标是实现自身效用的最大化。对于每一位消费者来说，其选择行为都可以用方程（3-61）来刻画和预测。这一方程式体现了消费者在追求效用最大化时，会权衡产品的价值属性与自身的支付意愿，最终做出理性的选择决策。

$$\max_{\{x_{ij}\}} \mu_j(x) = \sum_{i=1}^{K} x_{ij} U(e_j, v_i, p_i) \qquad (3\text{-}61)$$

$$x_{ij} = 0 \ or \ x_{ij} = 1 \qquad (3\text{-}62)$$

$$x_{i_1 j} x_{i_2 j} = 0, \ i_1 \neq i_2 \qquad (3\text{-}63)$$

$$x_{ij} U(e_j, v_i, p_i) \geqslant 0 \qquad (3\text{-}64)$$

在方程（3-61）中，μ_j 表示消费者的总效用水平。方程（3-62）说明了变量 x_{ij} 的二元性质，其取值仅能为 0 或 1，其中 0 表示消费者 j 不会购买产品 i，而 1 则意味着消费者 j 会选择购买产品 i。方程（3-63）体现了每位消费者最多只能购买一个版本的产品这一约束条件，即对于任意给定的消费者 j，在所有可供选择的产品版本 $i(1 \leqslant i \leqslant K)$ 中，变量 x_{ij} 要么全部取值为零，要么仅有一个取值为 1。方程（3-64）则确保了消费者只会选择购买那些能够为其带来正效用的产品，从而实现效用最大化。这些方程式共同刻画了消费者在面对多样化产品选择时的行为模式与决策机制。

本研究所提出的模型在传统市场目标即利润最大化的基础之上，进一步纳入了消费者选择行为这一重要因素，从而使得该模型拥有更加广泛的适用性。数据价值的高低主要取决于其实际应用效用，因此即便是相同的数据，对于不同的消费者而言，其价值亦可能存在显著差异。为了确立一个标准统一的定价机制，同时规避价格歧视现象的出现，本研究创新性地提出基于价值评分的定价模式，力图实现定价过程中的公平性与合理性。

在一个存在消费者异质性的市场环境中，每位消费者均基于自身行为特征而拥有独特的估值函数，这使得以解析方法求解最优版本控制策略变得不切实际。因此，评估版本控制策略的最优性，以及确定多个版本的最佳价值分数与定价策略，必须依赖于数值计算方法。在先前所阐述的模型框架下，消费者的选择行为对于整个市场策略的成功与否起到了至关重要的作用。商家需要根据消费者的实际选择结果来生产相应版本的产品，并采取合理的定价机制，从而确保其产品能够在目标消费群体中取得较高的市场覆盖率，进而实现利润最大化的经营目标。

五、模型的求解与结果分析

本研究旨在建立一个全方位刻画数据市场的整合模型，该模型涉及数据市场的架构、参与者、利益分配机制以及定价策略等诸多层面。在这一数据市场模型中，制定并执行高效的数据定价策略是确保市场运作的关键所在。

定价模型的第一层刻画了数据供应者的目标函数，即实现利润最大化，而该利润水平直接依赖于消费者的购买行为，因此也体现了市场的覆盖率。第二层则模拟了消费者在面临多个商品版本选择时的决策过程，进而对数据供应者的定价策略产生影响。由于模型在每个层级上都存在独特的决策变量和约束条件，因此其本质上构成了一个典型的双层规划问题。Jeroslow 等学者指出，线性双层规划问题属于 NP-hard 问题[155]，这意味着采用传统的解析算法或启发式算法来求解这类问题极具挑战性。目前，主要有五种常用方法来解决双层规划问题，包括极值点搜索法、梯度下降法、Karush-Kuhn-Tucker 条件法、直接搜索法以及一些非数值优化方法，例如遗传算法、模拟退火算法等。在本节中，考虑到消费者和商品版本的数量有限，模型必然存在最优解。同时，鉴于模型中涉及非线性效用函数，本研究选择了遗传算法对模型进行求解，并对传统算法进行了改进和优化。接下来，本研究将利用具体数值模拟定价过程，并对求解结果进行深入分析，以期为数据市场的定价决策提供有益启示和理论支撑。

(一)子代择优遗传算法

遗传算法，是一种借鉴生物进化原理设计的优化算法，旨在快速求解一些经典的 NP-Hard 问题。这类问题通常具有较高的复杂度，传统算法难以在短时间内找到可行解。遗传算法通过模拟自然界中生物的进化过程，实现了高效的搜索策略。达尔文的进化论指出，生物之所以演化成现有的形态和功能，是由于自然选择的结果。在特定环境下，适应性更强的个体更容易将其基因传递给下一代。类似地，在遗传算法中，从上帝视角出发，对候选解进行一系列筛选和优化，最终得到近似最优解。这一过程犹如自然界中优胜劣汰的法则，不断淘汰劣质解，保留优质解，直至收敛到令人满意的结果。

算法的设计灵感源于生物界的自然选择过程。在大自然中，那些拥有优良基因的个体往往能够将其遗传信息传递给下一代，这一过程被形象地称为"优胜劣汰"。在数值算法的实现过程中，这一思想被巧妙地转化为淘汰不适应环境的解，而保留更加优秀的解。这些优质解不仅能够存活下来，还能将其某些数值特征传给后代，犹如生物的繁衍过程。在本模型中，首先确定数据产品的初始版本，这些版本构成了算法起始的种群。整个算法流程可以划分为选择、交叉和变异几个重要阶段。这些阶段是遗传算法模拟自然进化过程的关键步骤，其具体流程如图 3-35 所示。通过这些步骤的迭代，算法不断优化解的质量，最终收敛到令人满意的结果。

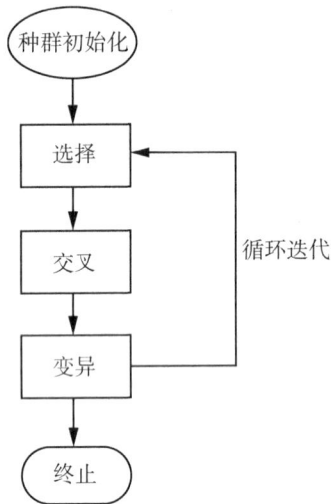

图 3-35　遗传算法的流程

遗传算法是一种强大的优化工具，特别适用于求解复杂的非线性问题。Alexouda[156]运用遗传算法来求解替代产品设计中的市场份额选择问题。替代产品设计涉及多个目标函数和约束条件，是一个典型的多目标优化问题。传统的优化方法难以有效求解这类问题，而遗传算法通过模拟生物进化的过程，能够在复杂的解空间中高效搜索，寻找更优的解。同样，Jiao 等人在解决产品组合规划问题时也采用了遗传算法[157]。产品组合规划是另一个典型的复杂优化问题，涉及产品选择、资源分配、约束满足等多个方面。传统的精确算法难以在可接受的时间内求解大规模的产品组合规划问题，而遗传算法通过智能搜索和进化优化，能够快速获得满意的近似解。这些研究进一步验证了遗传算法在解决复杂组合优化问题方面的有效性，拓展了遗传算法的应用范围。

在本节的模型中，作为决策变量的价值分数和价格之间存在较强的相关性，导致解向量的各个值之间具有强烈的序关系[158]。这一特点给遗传算法的优化过程带来了挑战。当决策变量之间存在强相关性时，算法在搜索过程中容易陷入局部最优，难以跳出局部最优区域，进而影响全局最优解的获取。为了克服传统遗传算法在处理强相关性问题时的局限性，本节提出了一种改进的遗传算法——"子代择优遗传算法"。这一改进的核心在于，在交叉操作生成子代后，对每个子代进行详细的评估和比较，选择其中最优的子代加入新的种群中。通过这种择优保留的方式，算法可以有效地保持决策变量之间的相关性，避免了随机交叉可能带来的信息丢失。这种择优保留的机制可以加速算法的收敛速度，提高算法获得高质量解的能力。同时，由于算法在每一代都选择了表现最好的子代，算法的整体优化效果也得到了提升，更有可能跳出局部最优，获得全局最优解。

设交叉操作产生的子代为 $x = \{a_1, a_2, a_3, \cdots, a_n\}$，其中适应度函数定义为 $f(x)$。在优化商家利润最大化函数的过程中，对子代个体进行微调是一种有效的策略。设 σ 代表调整的幅度，在第一次调整后，x 产生了两个后代：$x_1 = \{a_1 + \sigma, a_2, a_3, \cdots, a_n\}$ 和 $x_2 = \{a_1 - \sigma, a_2, a_3, \cdots, a_n\}$。接下来，通过比较 $f(x)$、$f(x_1)$ 和 $f(x_2)$ 的值，选择最大者来替代原始的 x。这一过程可以重复多次，确保每次选择都朝着适应度函数的增加方向进行。经过对每个基因的调整和选择，最终留下的子代将更接近最优解，从而提升了算法的优化效果。这一优化过程见算法 3-1 中的描述。

算法 3-1：子代择优算法

输入：子代 $x = \{a_1, a_2, a_3, \cdots, a_n\}$；每次调整的最大限度为 σ_{max}；最大循环次数为 ln

输出：择优调整后的子代 x

1　设置循环次数记录 $c = 0$

2　**while** $c < $ ln **do**

3　　$i = 1$

4　**for** $i \leqslant n$ do

5　设置调整的尺度 $\sigma = \text{random}(0, \sigma_{\max})$

6　计算 $x_1 = \{a_1, a_i + \sigma, a_3, \cdots, a_n\}$, $x_2 = \{a_1, a_i - \sigma, a_3, \cdots, a_n\}$

7　计算 $f(x)$, $f(x_1)$, $f(x_2)$

8　取最大值 $f(x_{\max}) = \max (f(x), f(x_1), f(x_2))$

9　$x = x_{\max}$

10　$i = i + 1$

11　$c = c + 1$

12　**end while**

13　**return** x

(二)模型求解的关键步骤说明

1. 种群初始化

鉴于模型的复杂性和层次结构的相互影响,传统的计算方法难以直接应用于快速求解。为了有效地处理这一问题,本研究采用了一种启发式优化算法。该算法首先生成一组初始可行解作为种群,然后通过迭代进化的方式,对种群中的个体进行连续的优化和更新。在每一轮迭代中,算法根据个体的适应度值,采用选择、交叉和变异等遗传操作,不断产生新的子代个体,并用子代个体替换种群中适应度较低的个体。通过这种不断迭代优化的过程,算法能够在解空间中进行高效的搜索,逐步逼近模型的全局最优解,从而有效地解决了传统方法难以处理的复杂优化问题。

在遗传算法中,"种群"是指由一组潜在的问题解决方案所组成的集合。在算法的最后一次迭代中,种群中适应度最高的个体被视为最优解。在本模型中,我们需要求解每个版本数据产品的价值分数及其对应的售价,即解向量 $r = [(v_1, p_1), (v_2, p_2), \cdots, (v_K, p_K)]$,其中 $1 \leqslant K \leqslant 9$。种群中的每个个体都采用上述形式,假设种群规模为 M,则初始种群可以表示为 $P = [r_1, r_2, \cdots, r_M]$。为了更清晰地说明算法的运作过程,我们以版本数量为 4 的情况为例进行详细描述。

当版本数量 $K = 4$ 时,解向量 r 可以表示为 $r = [(v_1, p_1), (v_2, p_2), (v_3, p_3), (v_4, p_4)]$。在算法初始化阶段,需要确定价值分数 v 和价格 p 的具体数值,这两个参数的取值范围均为 0 到 1。在本节所采用的算法中,通过随机生成的方法来设定初始值。为了确保较高的市场覆盖率,价值分数通常会趋向于均匀分布。同时,根据图 3-32 所示,当产品价值分数较低时，消费者往往只愿意支付较低的价格，而且价值分数较低的商品为商家带来的效用也相对有限。因此，在生成随机价值分数时，将其取值范围限定在 0.1 到 1 之间，这不仅避免了过低的价值分数产生，而且更符合实际逻辑，并且有助于加速算法的优化进程。

在设定好价值分数和价格区间之后，可以在 0.1 至 1 之间随机生成 K 个值（对应于版本数量）。根据公式（3-54），价值分数有顺序关系要求，因此将生成的值降序排序，便得到了数据产品的价值分数序列 v_1，v_2，v_3，$\cdots$，v_K。同理，对于产品价格，也在 0 至 1 之间随机生成 K 个值，并进行排序，得到价格序列 p_1，p_2，p_3，$\cdots$，p_K。通过结合价值分数和相应的价格，可以构建出初始种群中的个体 $r = [(v_1, p_1), (v_2, p_2), \cdots, (v_K, p_K)]$。在设定了初始种群规模之后，可以通过重复上述方法来创建所需规模的初始种群。生成初始个体的详细流程如算法 3-2 所示。

算法 3-2：产生初始个体
输入：版本数量 version_num
输出：初始个体 individual
1　**while** i<version_num **do**
2　　从 (0,1) 之间产生价值分数 v
3　　**for** $v \geqslant 0.1$ **do**
4　　将 v 加入价值分数的集合 version 中
5　**end while**
6　**while** i<version_num **do**
7　　从 (0,1) 之间产生价格 p
8　　将 p 加入价格的集合 price 中
9　**end while**
10　将价值分数与价格分别排序
11　individual = [version[i], price[i]] for i in range(version_num)
12　**return** individual

2. 选择

在自然界中，生物个体受到各种环境因素的选择，包括气候、天敌和自然灾害等，只有适应性强的个体能够生存下来并继续繁衍后代。例如，在寒冷环境下，耐寒性强的种群成员存活概率更高，耐寒能力就会成为选择标准。在本节的模型中，目标函数是利润最大化。对于模型中的每一个解(个体)，计算其能够产生的利润。在这一过程中，只有那些能够产生相对较高利润的解才会被保留下来，以便进行下一步的遗传算法中的交叉、变异等操作。

遗传算法在选择过程中会直接保存一部分表现优秀的个体以确保其特性在种群中传承下去，这些在淘汰过程中幸存下来的个体称为"强者"。其余的个体则需要经过选择筛选，其中一部分可能因被淘汰而无法参与后续演变。在实验中，需要设定种群中"强者"的比例，比如设定利润排序前30%的个体为强者。如果种群规模是9，那么净利润排名前3的个体将被直接保留，其余6个个体则需要进行选择。假设淘汰的概率为0.5，那么每一个个体都有50%的概率被淘汰。选择阶段是优化过程的关键，通过淘汰表现不佳的个体，保留表现优秀的个体，种群将逐步向最佳解进化。

在本节实验里，遗传算法的核心是根据适应度函数，选择利润最大化的表现。商家的定价策略取决于消费者的选择行为，因为商家不会生产没有市场需求的产品版本。消费者的支付意愿计算算法如算法3-3所示。

支付意愿以参照式(3-54)进行计算。在实际的经济环境中，支付意愿被定义为消费者对特定商品所愿意支付的货币量，这一量度受到消费者对价值评估的敏感性的直接影响。由于消费者群体对价值评估的敏感性存在差异，他们对同一商品的购买意愿也会因此产生不同。通过从商品的市场售价中减去消费者的支付意愿，我们可以得到该商品对消费者的实际效用。在消费者的购买决策过程中，他们会倾向于选择那些能带来最大效用的商品。市场中所有消费者的购买选择可以通过一系列商品的效用比较来确定，这正是双层模型第二层的功能所在。该层的具体计算过程由算法3-4展现。

算法3-3:消费者支付意愿计算
输入:价值分数 value,价值分数敏感程度 v,最高价格 hign_value
输出:支付意愿函数
1　设置 wtp 初始值为0
2　消费者预期价值分数为 standard_value
3　standard_volue = $(v/1)$ * high_value
4　**if** value<0.5 * standard_value **do**
5　wtp = 0
6　**if** value≥0.5 * standard_value and value<standard_value **do**

7　temp＝math.pow（（standard_value−value）/（0.5 ＊ standard_value），0.5）

8　wtp＝v ＊ value ＊ （1−temp）

9　**if** value ≥ standard_value **do**

10　temp＝math.pow（（value−standard_value）/（0.1 ＊ standard_value），0.5）

11　wtp＝v ＊ standard_value ＊ （1 + 0.1 ＊ temp）

12　**return** wtp

算法 3-4:计算消费者选择矩阵

输入:消费者集合 customer，群体 individual,版本数量 version_num

输出:消费者选择矩阵 x

1　设置 flag_i，flag_j 初始值为−1

2　最大效用 max_utility 为 0

3　**for** i in ranger（version_num）**do**

4　**for** j in range（version_num）**do**

5　$x[i][j]=1$

6　计算效用 utility＝wtp−price

7　**if** 效用大于目前的最大效用 **do**

8　记录当前的角标值 flag_i，flag_j 以及新的 max_utility

9　**if** 有效用最大值 **do**

10　$x[i][j]=1$

11　将 $flag_i$，$flag_j$，max_utility 还原为初始值

12　**return** x

　　一旦获取消费者的购买决策结果矩阵,就可以将这些数据输入模型第一层,以便在当前的环境参数下计算利润。接着,可以根据利润的大小在种群中进行个体的筛选,这一步骤详细描述在算法 3-5 中。种群中直接存活下来的强者个体及一些幸存个体,将被选为下一代种群的双亲,继续参与后续的遗传算法进化过程。

算法 3-5:选择算法

输入:消费者集合 customer，个体 population，存活 $retain_{rate}$

输出:下一代种群的双亲 parents

1　计算个体利润 profits = total_profits(population, customer)

2　按照利润进行排序得到双亲群体 origin_parents

3　按照存活率 retain_rate 从 origin_parents 选择部分双亲

4　剩余的双亲从没被选择的个体中随机抽取

5　**reture** parents

3. 交叉

在生物学领域，两个染色体上的部分基因片段互换的现象被称为基因交叉。在生物繁衍过程中，基因交叉是常见现象，它使得后代有机会继承父母双方的优良基因。这种基因组合的新特性可能导致后代个体的性状更优，从而有利于物种的适应和进化。在遗传算法的寻优过程中，类似的交叉操作能够增加解空间的多样性，有助于算法逃离局部最优，寻找到更优秀的全局解。

在选择过程后，因较弱的个体的被淘汰，种群的规模相应地减小。由于每次迭代后的新种群规模应维持恒定，因此，交叉过程需要产生与被淘汰个体数量相等的新个体数量。在执行交叉操作时，鉴于利润最高的第一个个体拥有当前种群中最优质的基因，为了稳定地保留这些基因，该个体被排除在交叉操作之外。因此，交叉片段是从第二个个体到最后一个个体之间随机选择的。这一过程在算法 3-6 中有详细的描述。

算法 3-6：交叉算法

输入：双亲 parents

输出：子代 children

1　计算需要产生的子代个数 target_count

2　初始化子代集合 children = [ ]

3　**while** len(children) < target_count **do**

4　从双亲群体中随机选取两个个体作为交叉对象 male, femal

5　随机选取交叉片段并将双亲进行交叉操作产生子代 child_1, child_2

6　对子代进行择优

7　将最优的子代添加以 children

8　**end whild**

9　**return** children

在确定交叉片段后，通过互换父母个体相应部分的方式形成两个新的子代。但是，该互换操作可能会导致个体中的价值分数和价格违反"价值分数越高的商品，其价格越高"的原则。因此，每次交叉后，便会对个体中的数据进行重新排序。举例如下：假设有两个个体 a[(2.2，3)，(3.4，3.5)]和个体 b[(2.5，2)，(2.8，2.9)]，其交叉片段是第二个基因。交换后形成新个体为 c[(2.2，3)，(2.8，2.9)]和 d[(2.5，2)，(3.4，3.5)]。可以看出，因为 2.8>2.1 而 2.9<3，个体 c 的价值分数和价格排序不符合假设条件。此时，需对价格进行适当调整。经调整，个体 c 变为[(2.1，2.9)，(2.8，3)]，符合模型的约束条件。

4. 变异

在生物界中，变异是指个体染色体上基因的突发性改变，这些变更常常导致不利的后果。遗传算法中引入变异的目的主要有两个：(1)增强搜索能力：变异提供了一种机制，允许算法探索解空间中的新区域，增加了随机性，从而可以避免算法过早地收敛到局部最优解，而忽略了其他可能的、更优的解。通过随机改变个体的某些基因，变异可以帮助算法跳出局部最优解，增加找到全局最优解的可能性。(2)维持种群多样性：在遗传算法的迭代过程中，选择和交叉操作可能会导致种群的同质化，即种群中的个体趋于相似，这会减少种群的多样性。变异通过引入新的基因组合，有助于维持或增加种群的遗传多样性，这对于算法的健康运行和有效探索至关重要。多样性保证了种群有足够的遗传材料来适应环境的变化，对于找到更好的解决方案是必要的。因此，变异在遗传算法中是一个关键的机制，它不仅有助于提高算法的搜索能力，还有助于维护种群的遗传多样性，从而增加算法找到最优解的概率。在遗传算法中，交叉通常被视为主要操作，而变异则被视为辅助性手段，二者相互配合。但由于通过交叉得到的优质解可能会因变异而遭到破坏。因此，精确设置交叉与变异之间的概率平衡是至关重要的，这将影响最终解的质量和算法的运行效率。在本节设计的算法中，所有通过选择和交叉过程产生的子代，都可以在变异阶段发生调整。变异算法实现见算法 3-7 所示。

算法 3-7：变异算法

输入：子代 children，变异率 mutation_ rate

输出：变异后的子代

1　**for** i in range len(children) **do**

2　**if** 随机产生的值小于变异率 mutation_rate **do**

3 随机产生变异的位置,并调整该位置上对应的价值分数以及价值

4 将该子代替换为变异后的子代

5 **return** children

在阐明了遗传算法的整体框架和关键步骤之后,实验的实施还需要确定一些关键参数的具体数值。这些参数的数值详见表 3-5 所示。实验中,数据产品的版本数量从 1 至 9 依次测试。当版本数量为 1 或 2 时,情形较为特殊,需要单独实验以获取结果。这些特殊情况下的实验过程与前文所述的步骤相一致。对于其他版本数量的情况,按照正常流程进行实验。

表 3-5 遗传算法实验参数

参 数	参数值
消费者数量(customer_num)	10000
种群规模(population_num)	50
进化次数(iteration_time)	1000
"强者"比率(retain_rate)	0.3
弱者存活概率(random_select_rate)	0.5
变异率(mutation_rate)	0.1

假设数据交易市场是一个拥有 10000 名消费者的垄断市场。在该市场中,数据交易平台提供多个不同版本的数据产品供消费者选择,而消费者则根据预设的效用函数,选择感兴趣的数据版本进行购买。此模型的主要目标函数是实现利润最大化。在模型的初始阶段,构建了一个由 50 个个体组成的初始种群。在每一次迭代过程中,我们运用遗传算法对当前种群进行优化处理,以生成新的一代种群。经过 1000 次的迭代运算后,得到了最终的种群。在这个最终种群中,利润最大的个体被认定为模型的最优解。整个优化过程可以通过算法 3-8 进行详细描述和实现。在此优化过程中,首先需要确定消费者的购买选择,即通过模型的消费者层计算得到的 x_{ij} 值,最终形成消费者矩阵。

算法 3-8:遗传算法主程序
输入:迭代次数 iteration_time
输出:新种群 P

1　设置 $t=0$

2　初始化种群 $P(t)$

3　**while** $t<$iteration_time **do**

4　通过选择、交叉、变异产生后代 $P_{\text{offspring}}=\text{S.C.M}(P(0))$

5　将产生的后代与剩余的个体结合形成新的种群 $P(t+1)$

6　$t=t+1$

7　**end while**

8　**return** $P(t)$

消费者矩阵的计算依据算法 3-9 来实现。这种方法确保了每个个体的购买决策都是基于其个体特征和市场环境的综合考虑的结果，从而保证了模型的实用性和准确性。

算法 3-9：消费者购买矩阵计算

输入：消费者总数 customer_num，最大版本数 K，个体 r

输出：矩阵 x_{ij}

1　设置 $i=1,j=1$

2　**while** $i<$customer$_{\text{num}}$ **do**

3　**while** $j<K$：

4　计算 WTP(e_i,v_j)

5　记录效用最大的时候的 j 值

6　效用 $U(e_j,v_i,p_i)=W(e_j,v_i)-p_i$

7　记录 $j=j+1$

8　$x_{ij}=1$

9　$i=i+1$

10　**return** x_{ij}

(三)相关参数说明

在商家层的决策中，需要考虑的因素包括数据产品的版本数量、每个版本的价值分数、各版本产品的定价以及成本。由于数据产品与传统商品在边际成本方面的显著差异，为了使模型更加符合实际的市场环境，本研究考虑了三种不同的数据产品成本场景：零边际成本、线性边际成本以及非线性边际成本。这三种场景分别反映了数据产品在不同生产和分销条件下的成本特性，不同的场景将影响数据产品的定价策略及商家的最终利润。相关的成本参数设定详见表 3-6 所示。

表 3-6　商家层的主要参数

参　　数		参数值
价值分数范围		$v_k \in [0,1], q_H = 1$
价值分数		$v_k, k = 1,2,\cdots,K$
版本数量		$K = 1,2,\cdots,9$
价格		$p_k, k = 1,2,\cdots,K$
价格分布范围		$p \in [0,1], p_H = 1$
产品成本分布	零边际成本	$c_1 = c_2 = \cdots = c_K = 0;$
	线性边际成本	$c_K = 0.25 * v_k, k = 1,2,\cdots,K$
	非线性成本	$c_K = 0.25 * v_k + 0.25 * v_k^2, k = 1,2,\cdots,k$

在消费者层面的模型设定中，核心变量涵盖了消费者总体数量、对数据产品价值评分的敏感度以及支付意愿函数中的参数设定。其中，消费者总数被固定为一个特定的数值，旨在仿真市场上所有潜在客户的总体。数据产品价值评分的敏感度是区分不同消费者群体的关键因素，它影响着消费者在面对不同价值评分的数据产品时的选择偏好。为了更深入地探讨此变量的影响，本研究采取了将消费者群体按三种不同的概率分布进行模拟的方法：均匀分布、正态（高斯）分布和指数分布。通过对这三种分布情况下消费者行为的模拟，能够在分析结果中提供比较视角，从而增强理论论证的深度与说服力。具体的分布参数设置见表 3-7。此外，在子代优选过程中，对个体参数的调整幅度限制（σ_{max}）设定为 0.1，以确保调整的幅度不会太大。最大循环次数（ln）设定为 10，这决定了算法在达到最优解前的迭代次数上限。

表 3-7　消费者层的主要参数

参数	参数值 1	参数值 2	参数值 3
顾客分布范围	$e \in [0,1] e_{max} = 1$		
顾客分布类型	$U(r_1, r_2)$ $r_1 = 0, r_2 = 1$	$N(\mu, \sigma^2)$ $\mu = 0.5, \sigma = 0.1$	$Exp(\lambda)$ $\lambda = 2$

续表

参数	参数值 1	参数值 2	参数值 3
顾客预期质量	$v_e = \dfrac{e}{e_{max}} v_H$		
支付意愿函数	$\theta_1 = 0.1$，$\theta_2 = 0.5$，$\alpha = 0.5$		
顾客总数	$M = 10000$		

(四)结果分析

当前数据市场缺乏一个统一的定价标准，缺少定价标准意味着无法仅通过定价结果来验证价格的合理性，因此大多数研究集中于构建定价框架或计算相对价格[159][160]。此外，个人或小团队很难找到大量可交易的数据，或者找到愿意购买这些数据的买家。因此，通过建立实际的数据市场来验证定价策略可行性难以实行。为了验证定价策略的有效性，现有研究通常会选取一些特定评估指标进行检验分析，常用的评估指标有无套利、利润以及交易量等。其中，利润最大化原则是一个广泛被接受并应用于各类研究的评估准则[161]。因此，本实验将主要关注两个关键评价指标：首先是利润最大化原则，其次是市场覆盖率。这两项指标为我们提供了评估不同定价策略效果的重要依据。在接下来的部分，我们将详细展示实验的具体结果，并对这些结果进行深入的分析和讨论，以期提供对数据产品定价策略影响因素的深入理解和洞见。

定价策略的验证基于本节设计的遗传算法进行。算法将对数据产品的各个版本进行质量水平和价格的持续优化，经过 1000 次的选择、交叉和变异迭代运算后的输出便为最终结果。在实验过程中，考虑了消费者对数据产品价值评分敏感度的 3 种可能分布情况：均匀分布、正态(高斯)分布和指数分布，以及数据产品的 3 种不同成本情况：零边际成本、线性边际成本和非线性边际成本。这导致了实验结果存在 9 种不同的组合情况。为确保实验结果的准确性，我们将对每一种组合进行多次重复实验。

1. 零边际成本下的价值分数与价格

在本节中，我们将深入探讨数据产品在零边际成本条件下的定价，依据消费者不同偏好分布(例如均匀、正态、指数分布)，对数据产品的价值评分与相应定价的动态变化进行分析，并致力于在最大版本数量设定为固定值的前提下，识别出最优化的定价策略。

通过运用遗传算法对所提出的模型进行优化求解，得到了最大版本数分别设定为($K=1$，2，…，9)时，数据产品的最优多版本定价策略。此外，在不同版本数量的设定下，针对数据供应者的总利润表现，详细结果见图 3-36。

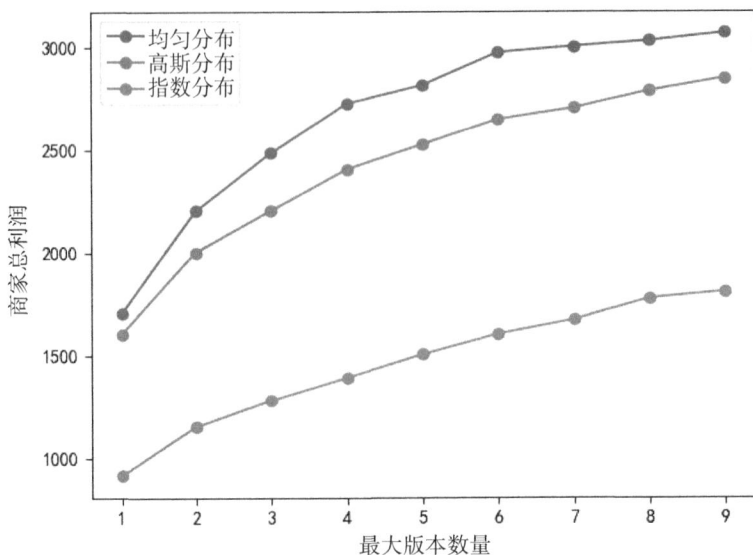

图 3-36 零边际成本下的总利润

从图 3-36 的分析可见，独立于消费者对价值评分敏感度的分布模式（包括均匀、高斯及指数分布），我们观察到一个共同趋势：随着提供的最大版本数量的增加，数据供应者的总利润亦呈增长态势。具体而言，当最大版本数量增至 9 时，不论采用何种分布模型，利润均达到峰值，分别达到 3066.4、2847.5 以及 1806.6 单位。与利润最低点相比，这代表了分别为 80.4%、77.9% 及 98.3% 的利润增长率，充分证明了采纳多版本策略在促进利润增长方面的显著效能。然而，值得注意的是，随着最大版本数量的继续增加，利润增长的速率显示出减缓的趋势，暗示对于数据市场而言，增加较低质量版本带来的边际收益正在递减。此现象强调了在追求最大化市场利润时，策略上需要考虑版本质量与数量之间的平衡。

除了利润指标外，市场覆盖率亦构成评估市场绩效的一个核心维度。市场覆盖率的提升，反映了消费者对数据市场运营者实施的多版本策略的广泛认可与接纳程度。图 3-37 揭示了在零边际成本的假设条件下，针对三种不同消费者价值敏感度分布(即均匀分布、高斯分布和指数分布)的市场覆盖率情况。此数据表明,深入理解消费者对不同数据产品版本的偏好,对于优化市场策略和提高市场覆盖率具有重要意义。

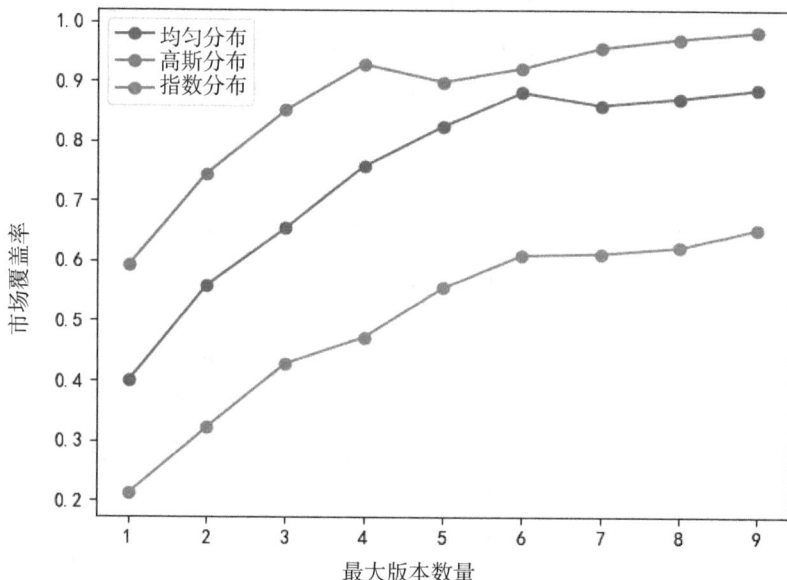

图 3-37　零边际成本下的市场覆盖率

在单一版本数据产品模式下,根据不同的消费者偏好分布——均匀分布、高斯分布和指数分布,市场的覆盖率分别为 39.9%,59.2% 和 21.1%。然而,随着市场引入多版本数据产品,我们观察到市场覆盖率的显著提高,分别达到 88.6%,98.2% 和 65.3%。这一结果强调了多版本策略在扩大市场覆盖率、满足更广泛消费者需求方面的有效性。尤其在高斯分布的消费者群体中,多版本数据产品几乎触及了全部潜在用户。通过对比,我们发现在多版本策略下,市场覆盖率相较于单一版本策略分别提高了 2.22 倍、1.65 倍和 3.09 倍。这一发现验证了研究中采用的层次化模型在优化市场表现方面的潜力,明确指出该模型解的实际应用能够有效增进数据市场运营者的利润及市场份额。

在边际成本趋近于零的假设下,所构建的模型表明,在不同的最大版本数量设定下,得出的最优化解存在显著差异。从图 3-38、图 3-39 和图 3-40 可以看出,在多种版本数量设置下,各版本的价值分数及其相应的价格水平。通过对比分析,我们注意到,在每种最优定价策略中,具有最

高价值分数的产品版本其分数通常接近于 1，这一现象显著揭示了消费者
对于数据产品价值分数的高度敏感性。随着产品版本数量的增加，较低价
值分数的版本被引入市场，目的在于吸引对数据价值相对不敏感的消费者
群体，以此策略拓宽市场覆盖范围。此外，研究还发现，随着新的产品版
本引入市场，现有版本的价值分数和价格在相对于早前的最优化策略框架
下，均展现出上升趋势。这表明，达到价值分数与价格的最优匹配点时，
多版本定价策略对于数据市场的运营者而言，呈现出极大的吸引力和实用
价值。

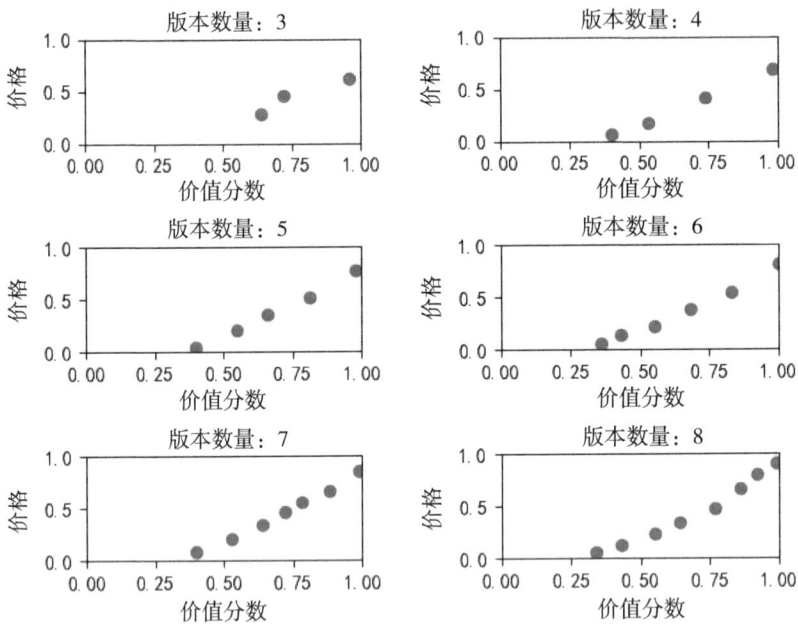

图 3-38   零边际成本下均匀分布的最优解

2. 线性与非线性成本下的价值分数与价格

本小节讨论零边际成本、线性边际成本和非线性边际成本三种情形下
的最优解情况，并对这些结果进行深入分析。

本实验中，边际成本被假设为价值分数的单调递增函数，这意味着具
有更高价值分数的产品版本将承担更高的边际成本。此一设定对于定制化
定价策略中，确定价值分数与价格匹配的最优决策点具有重要影响。图
3-41、图 3-42 和图 3-43 分别揭示了在三种不同的边际成本设置下，对应
不同消费者偏好分布情况下，数据市场运营者所获得的利润变化情况。

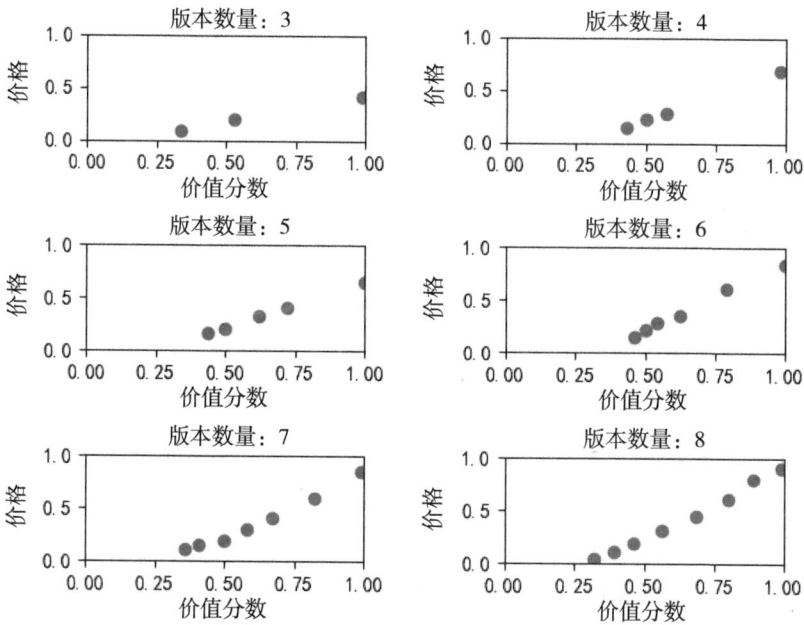

图 3-39 零边际成本下高斯分布的最优解

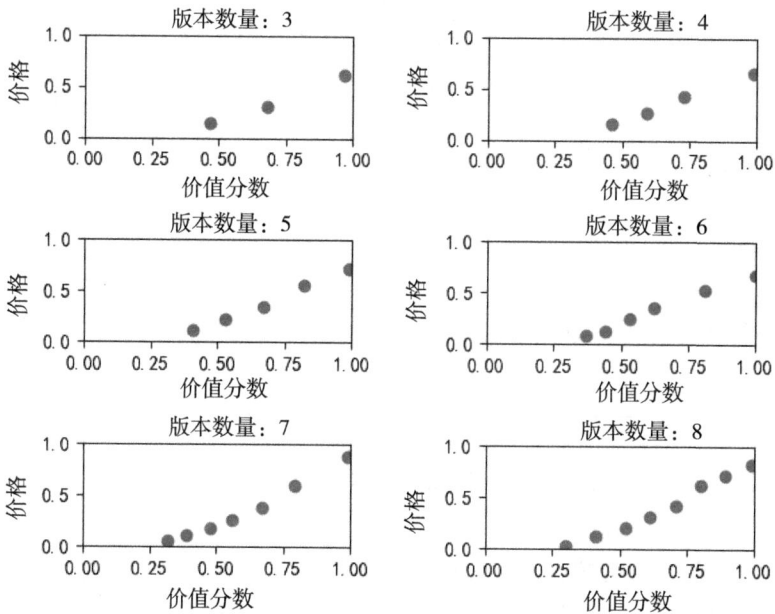

图 3-40 零边际成本下指数分布的最优解

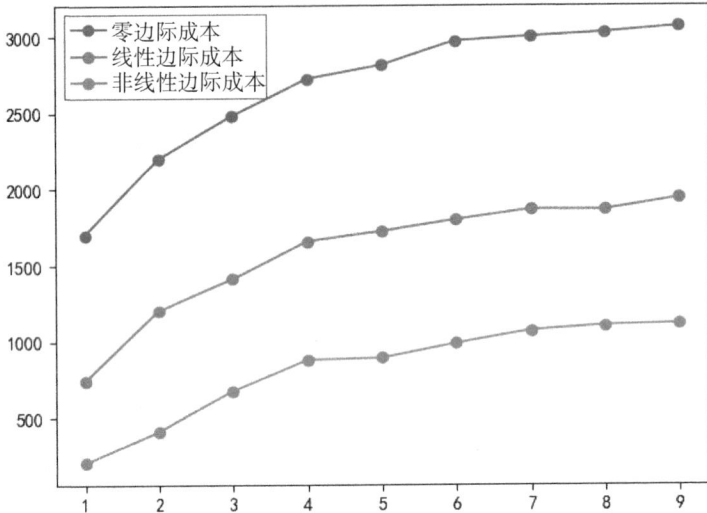

图 3-41　均匀分布下成本对利润的影响

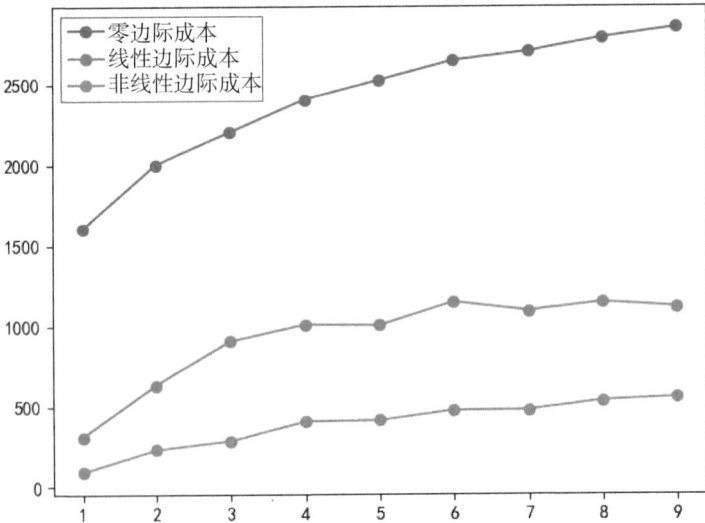

图 3-42　高斯分布下成本对利润的影响

　　观察这些图表可知，随着市场提供的产品版本数量增加，数据市场运营者的总利润呈现出增长趋势。然而，当引入线性成本与非线性成本考量时，与零边际成本条件相比，所获得的利润显著减少，这一现象主要是由于成本增加所引致。

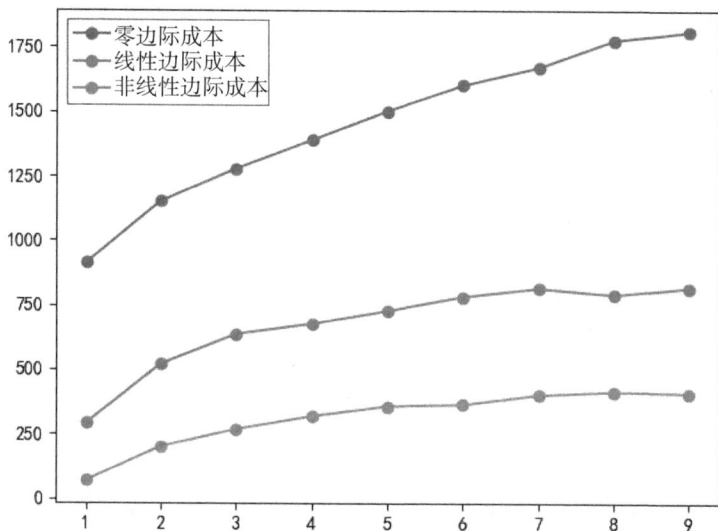

图 3-43　指数分布下成本对利润的影响

图 3-44 展示了在消费者偏好呈均匀分布、最大版本数量为 4 的情况下，数据产品的最优价值分数及其相应价格水平。从图中可以观察到，具有较高价值分数的版本由于具有更高的边际成本，其定价需要显著高于边际成本，以实现利润最大化。当边际成本函数随价值分数呈线性或二次递增时，与边际成本为零的情况相比，具有相同最大版本数量的多版本策略的最优价值分数和价格水平都明显升高。这一结果表明，边际成本的增加对数据产品的最优定价策略有显著影响，迫使商家提高产品价格以弥补成本的上升。

此外，与零边际成本情况相比，线性或二次递增的边际成本还会导致最优多版本策略的市场覆盖率下降。这意味着，当考虑边际成本因素时，商家可能会牺牲一部分市场覆盖率，以维持较高的利润水平。这一现象可以解释为，边际成本的上升使得低价值版本的利润空间被压缩，商家为了保证整体利润，可能会减少低价值版本的供应，转而专注于高价值版本的销售。

图 3-45 进一步验证了上述结果的普适性。无论消费者的偏好分布是高斯分布还是指数分布，边际成本的增加都会对最优定价方案产生类似的影响，导致价值分数和价格水平的提高，以及市场覆盖率的下降。这表明，成本因素是影响数据产品定价策略的关键因素之一，商家在制定定价

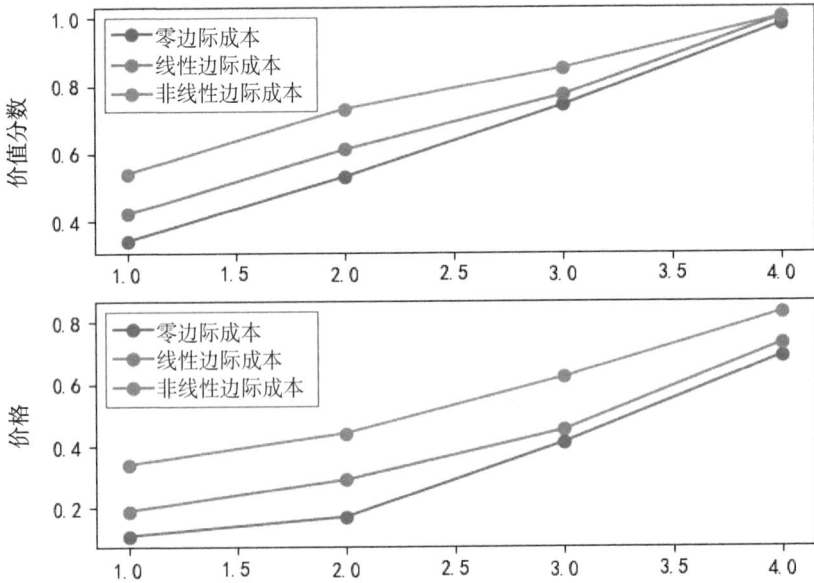

图 3-44   均匀分布下消费者分布不同时的价格水平与质量分数

决策时必须充分考虑边际成本的变化，并在利润最大化和市场渗透率之间进行权衡。

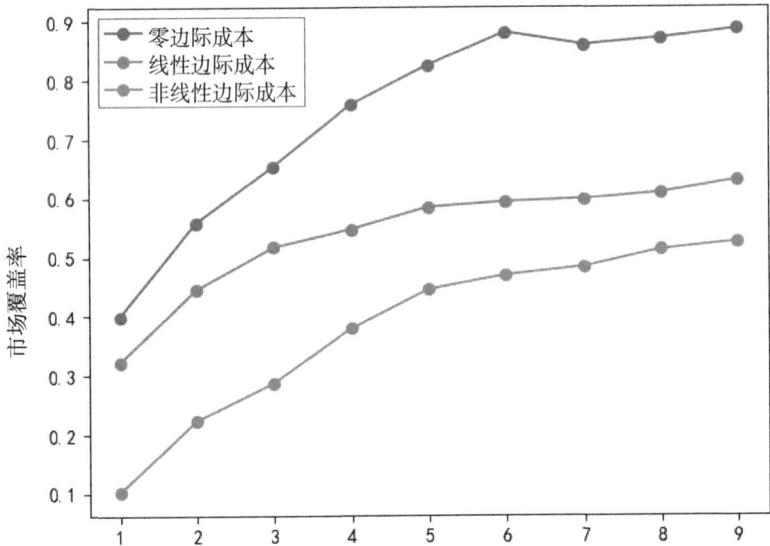

图 3-45   均匀分布下最大版本数量不同成本的市场覆盖率

综上所述，图 3-44 和图 3-45 的结果揭示了边际成本对数据产品最优定价策略的重要影响。边际成本的增加会导致最优价值分数和价格水平的提高，同时可能牺牲一部分市场覆盖率。这一结果对于数据产品的定价决策具有重要的指导意义，提醒商家在制定定价策略时，必须充分考虑成本因素的影响，并在利润最大化和市场渗透率之间进行平衡。同时，这一结果也为进一步研究数据产品的定价策略提供了新的视角，揭示了成本结构对定价决策的重要影响，为后续研究奠定了基础。

从上述实验结果可以得出，垄断型数据市场中，数据交易平台可以借助细致化的产品分级及合理的定价策略，来实现数据产品利润的提升。

3. 实验结论

本研究在制定数据产品定价策略时考虑了消费者的自主选择行为，通过引入消费者对价值分数的敏感程度来区分个体，并采用非线性效用函数来描述消费者的选择行为，以更加贴近实际市场情况，与旨在从数据固有属性出发制定价格的理论相符合。实验结果进一步证明，为市场提供更多版本的数据产品确实能为数据卖方带来更大的利润。这一结果与现实中的商业实践相吻合。以 Matlab 为例，其基础平台提供了最低价值分数的版本，价格相对固定。当用户需要额外的扩展工具箱(如统计分析、金融工具等)时，Matlab 便提供了更高价值分数的版本，并对这些高级版本设定了更高的价格。这种多版本定价策略使 Matlab 在市场中取得了显著的商业成功。

本节为数据卖方和消费者提供了一个双层决策框架，通过考虑消费者的自由选择行为，将数据卖方的定价决策与消费者的购买决策有机地联系起来。这一模型可以作为一个强大的计算平台，帮助数据卖方优化数据产品的不同版本的价值分数水平以及相应的价格，从而实现总利润最大化。以 glass 数据集为例，通过应用该模型，数据卖方可以计算出适合多版本销售的最优价值分数水平和相应的价格水平。这一过程可以通过改变数据处理方式来实现，例如对数据进行不同程度的清洗、标注、增强等，从而生成不同价值分数的版本。模型能够根据市场上不同消费者的需求和偏好，确定每个版本的最优价值分数和价格，使得数据卖方能够有效地进行差异化定价，最大化总利润。实验结果进一步验证了模型在面对不同消费者分布时的有效性。无论消费者的偏好分布是均匀分布、高斯分布还是指数分布，模型都能够给出有效的定价策略，实现利润最大化。这表明该模型具有较强的适应性和鲁棒性，能够应对实际市场中复杂多变的消费者偏好分布。

六、小结

尽管以往的研究已经讨论了多种数据定价形式，并有学者对此进行了综述[58][162]，但数据定价形式多样且缺乏统一标准。本研究通过综合考虑数据质量和信息熵两个维度，基于多版本策略，提出了一种创新的数据价值评估方法，并以此为基础设计了兼顾买卖双方利益的数据定价策略。实验结果表明，该定价策略不仅能实现商家利润的最大化和市场覆盖率的大幅提升，还增强了数据产品对消费者的效用，实现了消费者效用的最大化。核心贡献如下：

（1）数据市场定价方案综合考虑了数据质量和信息量的多个维度，为数据平台所有者和数据消费者提供了一个实用的定价决策工具。该方案不仅关注数据本身的价值，还兼顾了市场参与者的利益，具有较强的实用性和普适性。

（2）将信息熵作为评价数据价值的重要因素，与数据质量维度一起，最终整合为数据的价值分数。这种方法充分考虑了数据的内在价值和外在价值，为数据定价提供了更为全面和科学的依据。

（3）多版本策略可以使数据供应者在不同的质量层面上细分市场，从而获得更高的利润。这一策略能够有效满足消费者的个性化需求，提高数据产品的市场覆盖率，为垄断者带来更大的收益。

（4）采用的非线性效用函数与传统的线性效用函数相比，能够更精确地反映消费者对数据产品的选择行为，考虑到了消费者的个性化需求。这一改进使得多版本策略能够达到最优，避免了次优选择的问题，为垄断者带来了更大的收益。

第四节　基于 MAML 元学习模型的数据绝对定价方法

一、概述

前两节探讨了基于特定数据本身属性如隐私、数据质量、信息熵对数据价值进行评估，依据数据价值评估值，对数据进行定价的方法。此类方法给出的价格实际为相对价格或虚拟价格。数据相对价格或虚拟价格确定方法虽然透明、高效、公平，也是当前数据定价方法的主流方法，但由于主要侧重于理论研究，其实际有效性有待实践验证。当前的数据交易实践中，大数据交易平台通常仍采取协议、拍卖或者博弈等原始方式完成数据的定价，整个定价的周期漫长，时间成本较高，总体耗费的人力和物力较大，信息的不对称性在无形中也阻碍了数据的交易，数据的实时性无法保证，交易效率低下，而且信息存在不对称导致难以撮合买卖双方进行交易。此外，由于我国数据交易仍处在初级发展阶段，数据开放共享程度较低，"信息孤岛""数据孤岛"现象严重，各数据交易平台数据商品维度、语义不协同，开放格式也不统一，缺乏一套标准化、通用的定价要素指标体系。当前数据相对定价和绝对定价方法存在的不足和缺陷如表 3-8 所示。

表 3-8　现有相对定价方法和绝对定价方法存在的不足

数据定价方法	代表性方法	存在的不足
相对定价	基于效用的定价	①只能作为衡量数据价格高低的表征，无法确定数据最终交易的价格。②相对定价方法难以在实际交易场景中落地应用。
	基于信息熵的定价	
	基于隐私因素的定价	
绝对定价	协议定价	①需要数据供应者、消费者和大数据交易平台等多方交易主体的参与，交易过程漫长，时间成本高，效率低。②存在信息不对称、不透明的问题。
	基于拍卖的定价	
	基于博弈论的定价	

综上所述，现有数据定价方法存在如下问题：一是跨大数据交易平台在线数据的定价指标不统一，数据定价模型的通用性差，数据中心存在"信息孤岛"，不利于数据交易平台的集中管控；二是相对定价方法只能确定数据的相对价格，理论效果在平台实际交易场景中的落地应用难以验证和推广；三是国内数据交易平台常用的绝对定价方法，如协议定价、基于拍卖的定价时间长，效率低，交易主体间存在"数据孤岛"，数据交易困难。

针对上述问题，本部分旨在达成两个目标：第一，通过梳理和分析现有数据价格影响因素，结合自爬虫采集的跨大数据交易平台在线数据信息，构建一套较完善、平台通用的标准化定价要素指标体系，并根据平台特点给出易于量化指标的度量方法，最后创建研究跨数据交易平台数据绝对定价方法的实验数据集；第二，提出一种新的基于 MAML 模型的数据绝对定价方法，分析应用元学习和机器学习模型实现数据绝对定价的可行性和适用性，在理论分析的基础上通过实验检验基于 MAML 模型的数据绝对定价方法。

二、研究内容及组织结构

(一)主要内容

数据定价的本质是衡量数据背后的信息价值。数据市场化定价就像是在菜市场买菜，吃之前不知道质量如何，难以给出合适的价格，这也导致数据交易主体交易困难，如何根据有效的定价要素指标确定数据的绝对价格，即实际交易价格是当前数据定价亟待解决的大难题。为了解决相对定价方法难以在实际应用中落地，绝对定价方法交易周期漫长、成本高，且多维度价格影响因素研究停留在理论层面，大数据交易平台之间存在"孤岛"的弊端以及数据资产定价理论匮乏，方法单一，定价要素指标不完善的现状，本节从当前国内外较少涉及的数据绝对定价方法入手，从数据特性出发，构建了多维度的平台通用定价要素指标体系，提出了一种新的基于 MAML 模型的绝对定价方法。

首先，对国内外现有数据定价理论方法进行梳理，分析传统资产同数据资产的差异性，指出现有数据定价方法的不足，分析数据价格影响因素的共性，同时根据理论成果衍生出易于量化的价格影响因素，构建包含场景覆盖度、数据敏感级别、时间跨度、数据新鲜度、数据规模、信息熵评分等，较完善、平台通用的定价要素指标体系。

其次，通过网络爬虫方式采集不同大数据交易平台——京东万象和国信优易的在线交易数据，并依据提出的定价指标体系度量价格影响因素，最终创建本节场景下的训练数据。

最后，利用深度学习的元学习 MAML 算法增强了机器学习回归预测模型在跨任务上的泛化能力，达到通过少量测试任务样本的模型微调，就能在机器学习模型上快速收敛，准确得到数据绝对价格的目的。

本节的主要内容有以下三点：第一，构建多维度、完善、通用的定价要素指标体系；第二，通过网络爬虫获取跨大数据交易平台的在线数据产品信息，进行数据清洗，度量价格影响因素，创建数据绝对定价应用场景的实验数据集；第三，结合机器学习模型构建基于 MAML 模型的数据绝对定价方法。使用元学习模型优化机器学习模型的初始化权重，实现基于 MAML 模型的数据绝对定价方法，同时设计了消融实验，与其他数据定价方法进行对比，从不同方法评价指标衡量本节方法的合理性和有效性。

(二)技术路线

本节的核心技术路线如图 3-46 所示。

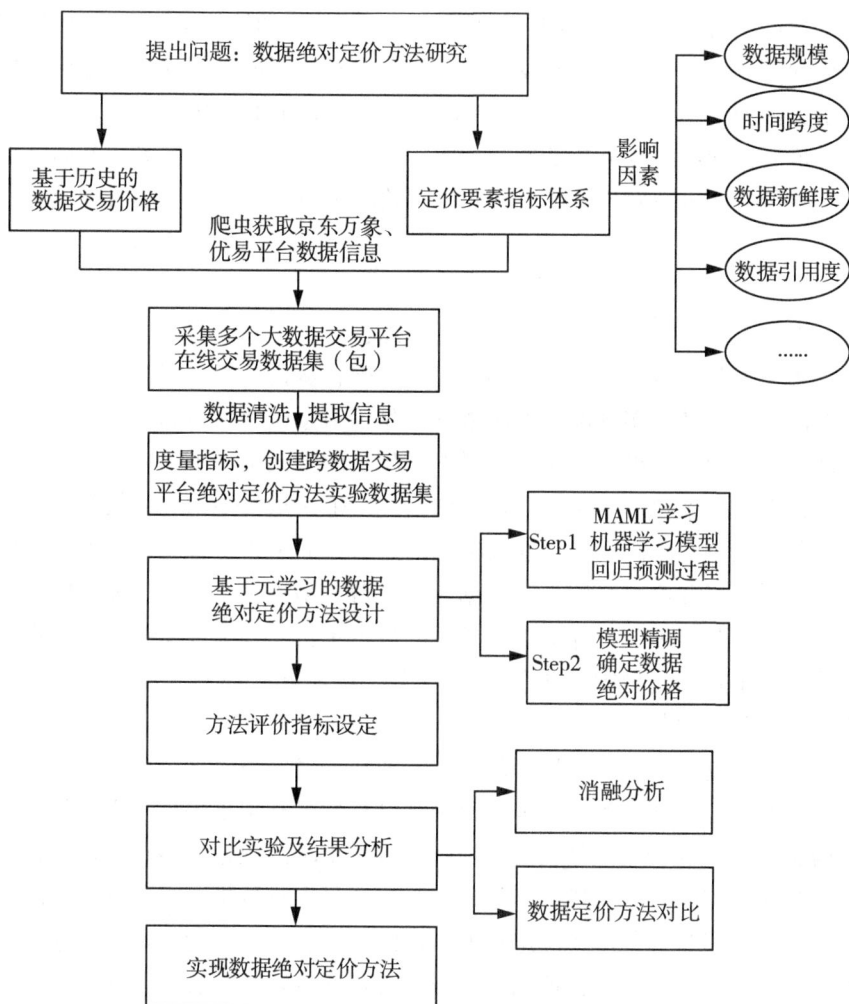

图 3-46　技术路线图

　　首先，通过梳理过往国内外数据交易平台的发展、数据定价要素的研究和现有数据定价方法的不足，提出数据绝对定价方法研究的问题。

　　其次，通过爬虫方式获取跨大数据交易平台的在线数据信息，分析不同种类交易数据之间价格影响因素的共性和差异性，确定数据定价的静态和动态价格要素特征，例如数据规模、时间跨度、数据新鲜度、数据引用度等，构建多维度、完善、平台通用的定价要素指标体系，再根据本部分构建的体系度量价格指标，最终创建应用于跨大数据交易平台的数据绝对定价方法的实验数据集。

再次，设计基于 MAML 模型的数据绝对定价方法，提出将 MAML 应用于数据定价场景之下，利用元学习"学会学习""快速学习"的特点快速适应同任务分布下小样本数据变化，通过内外两层嵌套的梯度计算更新机器学习模型的初始化参数，提高 XGBoost 回归预测的泛化能力。

最后，通过实验分析数据绝对定价方法，设计了消融实验，并与其他数据定价方法进行对比，从不同角度评价本节方法的可行性和合理性。

(三) 创新与贡献

本部分的创新和贡献可以总结为三点：

第一，基于数据交易平台实际交易数据，从指标量化客观性及采集难易度出发，设计了多维度的通用数据商品价值量化评估指标体系。梳理分析现有影响数据价格的因素，通过网络爬虫的方式搜集了国内具有代表性的大数据交易平台——京东万象和国信优易上大量的结构化在线数据集或数据包，同时结合国内平台在线数据信息，最后引入考虑动态和静态的价格影响因素，并给出适用于跨数据交易平台、易于量化的定价要素度量方法，构建一套多维度、标准化、通用的数据定价要素指标体系。由于指标值可以基于真实交易数据采集计算得出，同现有的数据价值量化指标相比，具有更强的落地性。

第二，创新提出了一种新的基于 MAML 元学习模型的数据定价模型。MAML 元学习模型具备小样本学习的优良特性，利用该模型可以基于每个数据交易平台的少量交易数据，训练出符合市场的数据价格预测模型，非常契合绝对相同商品难找、相对相似数据商品多且价格存在共性机理的现状，该方法同时具备市场法定价的市场匹配性、博弈拍卖定价的落地性和客观易量化的优良特性，可以实现数据价格的客观高效透明预测。给定一个新的类别数据，该定价模型可以快速学习，为新类别数据构建高准确率的价格预测模型。

第三，构建了跨平台的数据定价训练数据集，并进行了大量的实验。实验表明，基于 MAML 的数据定价模型具备较强的泛化能力和可解释性；在跨类别小样本测试任务中能选择好地初始权重，实现快速收敛，预测准确率高于使用单一 XGBoost 模型 9%，验证了本实际定价方法的高效性、可行性和合理性。

（四）组织结构

本部分内容组织结构可分为六个部分，如图 3-47 所示，各部分的主要内容如下：

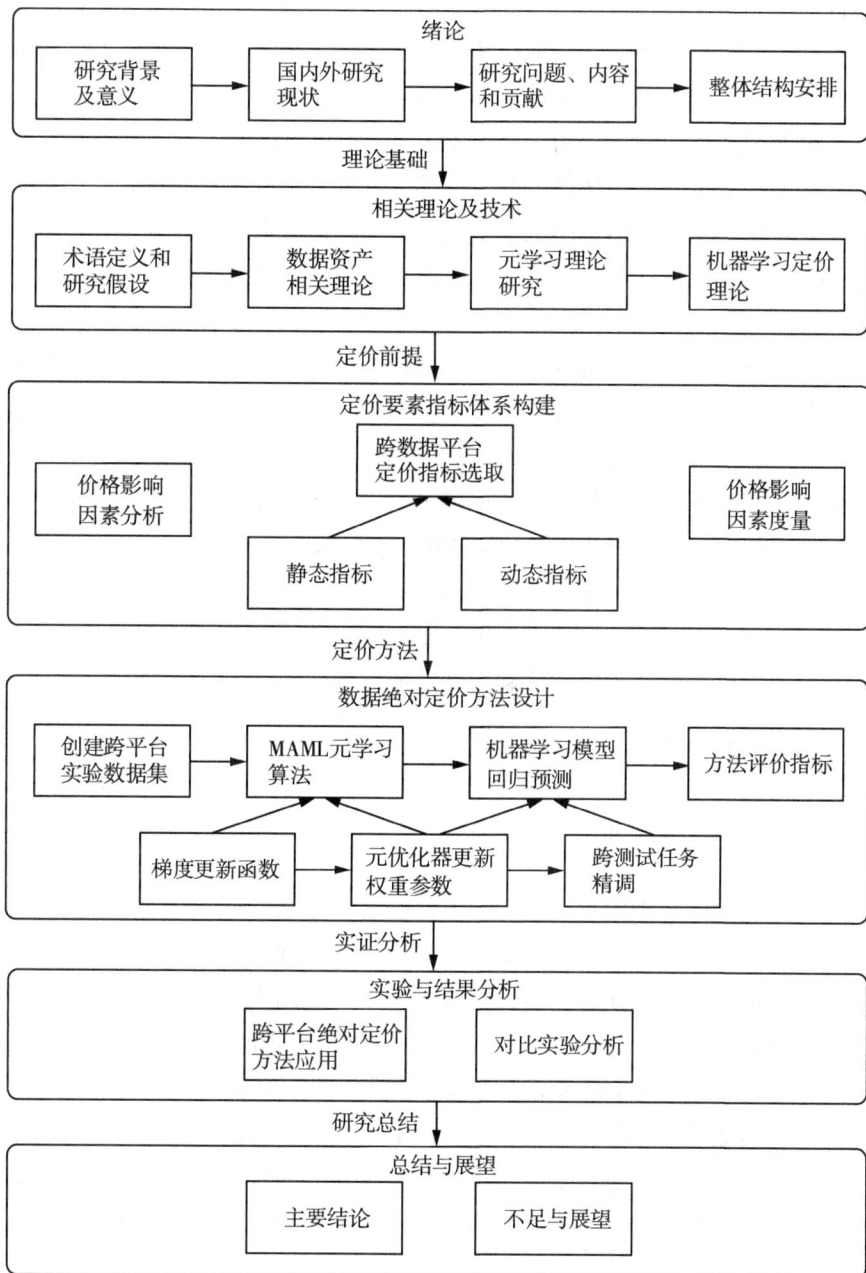

图 3-47　本节内容组织结构

第一节是绪论。概述简要介绍选题背景、目的及研究意义，点明了当前数据定价研究存在的不足。

第二节介绍相关理论及技术。

第三节是定价要素指标体系构建。这一节重点论述了数据定价中重要的价格影响因素，包括它们是如何影响数据价格的，同时分析了不同结构化数据价格影响的共性，最终构建一套多维度、完善、平台通用的定价要素指标体系，并给出了易于量化的指标度量方式。

第四节是数据绝对定价方法设计。本节是对提出的基于 MAML 模型的数据绝对定价方法的详细说明。该部分采取了总分结构，首先介绍了数据绝对定价方法设计的总体框架，然后分别讨论了创建实验数据集、应用 MAML 模型构造数据绝对定价方法和设定模型方法评价指标三大模块的具体内容。

第五节是实验与结果分析。这一节是对前面理论技术和方法设计的应用实践，先是简要描述了实验环境、数据预处理过程和数据相关特征，然后对第三、四节构建的定价要素指标体系和设计的数据绝对定价方法进行实证，通过消融实验，与其他数据定价方法进行对比分析，验证定价要素指标体系的合理性和基于 MAML 模型的数据绝对定价方法的有效性。

第六节是总结与展望。首先总结了本研究的重点内容和研究成果，然后对基于 MAML 模型的数据绝对定价方法研究中存在的不足进行分析，并在最后提出可能的解决方法和后续的研究方向。

三、绝对定价要素指标体系构建

(一) 数据的价值影响要素

为探究数据合理定价的方法，《数据定价办法（试行）》①从大数据品种、时间跨度、数据深度、数据的实时性、完整性和数据样本覆盖度六个方面，制定了三种不同数据定价模式。数据定价的本质是为隐藏在数据背后的信息和知识确定合理的价值。由于不同主体对数据的需求存在差异，导致数据对不同主体有着不同的价值，因此不同种类的数据价格机制不尽相同。当前数据的实际交易价格是由大数据交易平台促进数据买卖双方沟通，并由双方与平台进行最终确认的。数据资产的零边际成本特性使得数据可以无限复制，但这并不意味着卖得越多就越便宜，而要看数据产生的

---

① 2016 年 10 月贵阳大数据交易所发布。

价值，数据价值越高，交易价格越高，由于数据的价值具有不确定性，并且数据交易主体之间存在信息不对称、不透明等问题，所以数据的交易价格存在较大议价空间。

在数字化时代，数据定价的先行领域，诸如金融、电信和各大数据交易平台等都未制定统一普遍适用的数据定价标准，数据定价的主观意识性强，对后续新兴的数据定价行业起不到什么实质性参考作用。2021 年 3 月《中国南方电网有限责任公司数据资产定价方法（试行）》出炉，这是国内能源行业发布的首个数据资产定价方法，此方法在传统定价的基础上兼顾了电网成本与市场的供需关系，旨在让数据交易的一切都有迹可循，交易过程更透明，数据市场更成熟。数据定价不应仅仅关心定价，而应聚焦数据产品划分、数据质量等定价要素方面的特殊性。

过往数据定价方法多基于某一定价要素或以静态定价要素为主，且存在一部分定价要素难以量化，跨大数据交易平台定价要素的维度、语义不协同等问题。想要构建有效的、普遍适用的标准化绝对定价要素指标体系，第一步是要分析数据的价格影响因素，明确定价要素，即数据定价的主要因素，第二步要将筛选出的要素进行指标量化，确定指标的名称、计算方法、限制和数值，构建多维度、平台通用的绝对定价要素指标体系。

1. 影响数据定价的要素

价值是数据定价的重要基础，数据价值要根据重要的价格影响因素来衡量，因此，选取多维度、合理的定价要素指标是数据定价的前提。数据的价格影响因素繁多且复杂，并且不同企业、用户的不同需求对数据价值评估的标准也不尽相同。通过对过往价格影响因素文献的梳理，同时结合国内外数据交易平台的现状，本部分对现行数据价格影响因素进行了总结归纳，如图 3-48 所示。当前影响因素可分为数据质量评价因素、数据历史成交价格、数据效用因素和数据隐私因素四个方面，本节将对其进行逐

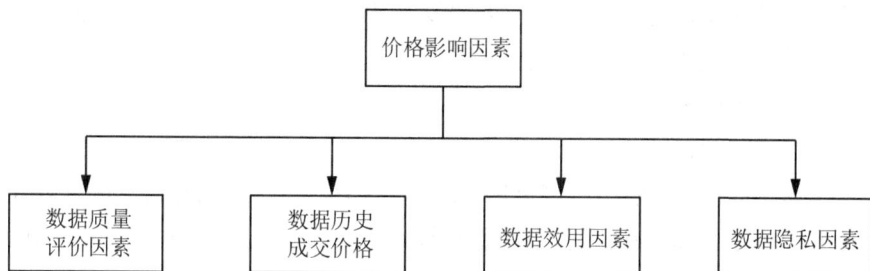

图 3-48　数据价格影响因素

一说明。

（1）数据质量评价因素

数据质量是从数据"质"的方面衡量数据价格的有效指标，是保证数据使用有效性和准确性的前提，通过梳理国内外数据定价的相关文献，并结合国内外大数据交易平台的情况，数据质量可以细化成 8 个评价因素[164]，如表 3-9 所示。

表 3-9　数据质量评价因素

质量评价因素	因素解释
数据量	数据整体包含样本数量
品种	包含 API、块数据等类型
完整性	由于各种原因造成数据缺失或错误
时间跨度	数据采集时间范围广度
实时性	数据的延时性
稀缺性	数据出现的概率
深度	对于数据属性的研究程度
样本覆盖度	数据包含维度和种类

（2）数据历史成交价格

数据集的历史交易价格是针对数据交易平台上购买价格而言的，若存在多个数据历史成交价格，则说明该数据集交易次数较多，数据消费者可以根据历史成交价对此数据集进行议价，并促使大数据交易平台调整数据定价，使数据集稳定在某一价格区间之内。

（3）数据效用因素

数据效用是通过衡量数据使用前和使用后的效用差值的影响因素，计算得出的数据消费者通过数据交易购买获得数据集后产生的经济利润与购买数据集前产生的经济利润之间的差值。

（4）数据隐私因素

数据隐私因素的影响通常体现在个人大数据资产定价中，数据隐私表示数据集中直接或间接存在的涉及个人、企业、机构不愿意或不适宜公开的，希望受到保护的信息，不同隐私级别的数据集在定价中也会体现不同的价值。

2. 定价影响要素分析

首先，数据质量评价因素虽然已经细化成了多个影响因素，但无法给出数据资产的绝对价格，只能评价交易数据集价格的高低，难以实现数据定价的落地应用。其次，数据历史成交价虽然能准确地反映数据交易市场的供需匹配，但可能会受到经济、政治等方面的限制，所以历史成交价格很难起到有效作用。再次，数据效用能在一定程度上衡量数据价值，但它会受到市场、政府等多方面影响，由于数据资产具有价值不确定性，故数据消费者获得数据后是否可以得到预期效益是无法准确估计的，因此数据效用无法准确地度量数据价格[165]。最后，数据隐私因素的衡量比较复杂，主要影响个人健康、身份信息等个人数据的定价，应用范围受限，而且数据隐私性判断变化大，受个人、政治的多方面影响，使用数据隐私因素并不能较好地为交易数据定价。

因此，为了制定合理的定价方法，选取合适的价格影响因素，构建定价要素指标体系势在必行。由于本部分数据绝对定价方法研究的最终应用目标是在集中的双边数据市场中进行数据定价，因此本部分在研究其他数据资产交易的基础上，将大数据交易平台在线数据集或数据包作为数据价格度量的基本单位，通过构建多维度、平台通用的标准化定价要素指标体系度量数据集的实际交易价格，节省数据交易时间，加快数据流通。除了考虑现有的价格影响因素，本部分还加入了影响数据定价的动态指标，如数据引用度、数据新鲜度，同时考虑了数据的应用场景，增加场景覆盖度作为价格影响因素。本部分在下一节会对选取的定价要素指标进行分析，并给出数据交易平台适用的易于量化的度量方法。

(二)绝对定价指标选取及度量

本部分关注数据本身的属性，主要从使用频率较高的维度对数据定价进行了分析，同时又兼顾了静态和动态因素对数据价格的影响，最后确定合理、有效的绝对定价要素，并结合数据交易平台的实际情况，选取可量化的数据价值衡量指标，构建多维度、跨数据交易平台、标准化的定价要素指标体系，而且明确了跨数据平台适用的指标度量方法。

1. 静态定价指标

(1)数据规模

数据规模指标主要考虑的是数据大小和数据容量，数据价格会根据数据规模的变化而发生变化。一般情况下，价值越大的数据资产拥有较大的数据规模，但这两者的关系不是绝对的，在一些特殊情况下，即使数据规模较小的数据资产也具有很高的价格。通过观察数据交易平台在线交易数据的信息，本部分采用数据产品的数据大小和数据量来衡量数据规模。

（2）场景覆盖度

数据资产的多样性使得其不仅可以满足不同数据主体的需求，还可以应用于不同的场景之中，比如企业受处罚记录的数据集不仅可以用在企业征信方面，还可以用于企业内部管理等方面。通常情况下数据可使用的场景越多，数据的价值越高，数据价格也越高。本部分通过计算在线数据包含的场景标签和商品分类标签量化数据应用场景，并用定价要素指标场景覆盖度来表示，如式（3-65）所示：

$$f(x) = s(x) + c(x) \tag{3-65}$$

式中，$s(x)$ 表示数据包含的场景标签数量，$c(x)$ 表示商品分类标签的数量。

（3）时间跨度

数据采集时间范围的广度会对数据价格产生一定影响，采集时间①可定义为信号数据所需要的时间。一般而言，数据采集时间越长，时间覆盖的范围越广，能够获取到的有用数据信息越多，数据价值也会越高，从而拥有更高的数据价格，此外数据采集时间的连贯性也会对数据价格造成影响[166]。本部分利用从数据交易平台获取到的数据采集时间定义了时间跨度指标的度量函数，该指标以月为单位，计算伪代码如表 3-10 所示。

表 3-10　时间跨度指标计算

Function of computing time span
While not done do
Get $d_i \sim D$ one by one
For all d_i do
Extract collect time and split with space
Get start_year, start_month, end_year, end_month
If start_year == end_year:
时间跨度 = end_month − start_month + 1
Else:

---

① 2020 年公布的医学影像技术学名词，出自《医学影像技术学名词》第一版。

```
    时间跨度 = (end_year - start_year) * 12 + end_month - start_month
+ 1
  End if
  Return 时间跨度
End for
```

（4）信息熵评分

数据的信息熵是对数据信息量的度量，信息的不确定性越大，信息量越大，信息熵就越大。假设一个数据变量 D 有 n 个可能的取值，记作 $\{d_1,\ d_2,\cdots,\ d_n\}$，$D$ 的概率分布函数为 $P(D)$，则 D 的熵可以由式（3-66）表示：

$$H(D) = -\sum_{i=1}^{n} P(d_i) \log_2 P(d_i) \tag{3-66}$$

式中，$H(D)$ 表示数据变量 D 的熵，$P(d_i)$ 表示数据变量 $D = d_i$ 的概率。

信息熵可以用来衡量数据集中有用信息的不确定性，根据信息论的定义，随机变量的信息熵越大，不确定性越大，内容的有效性越大，数据价格越高，因此信息熵的大小代表了数据价格的高低，但是由于信息熵需要考虑数据内部信息的不确定性，故通常难以准确衡量。本部分考虑了数据交易平台的实际情况并结合信息熵的含义，决定使用平台中易于获取的数据应用价值和稀缺性评分计算信息熵评分。数据稀缺性评分越高，数据越稀有，出现的概率越低，不确定性越大，信息熵越大；数据应用价值评分越高，数据中的有用信息越多，不确定性越大，信息熵越大。基于此，本部分提出了新的适用于数据交易平台的信息熵评分指标，计算公式如式（3-67）所示：

$$H(d) = \frac{V(d) + S(d)}{2} \tag{3-67}$$

式中，$H(d)$ 表示数据集 d 的信息熵，$V(d)$ 表示数据集 d 的应用价值评分，$S(d)$ 表示数据集 d 的稀缺性评分。

（5）数据敏感级别

在平台的交易数据中特别是在个人交易数据之中可能会包含隐私含量较高或者不愿意、不方便透露的信息。由于数据中存在不同的敏感内容，数据的价格也会发生变化，相对敏感性低的数据来说，敏感性高的数据往往需要更高的价格去购买。本部分根据数据产生主体对不同的数据进行了敏感级别划分，如表 3-11 所示。

表 3-11 数据敏感级别划分

敏感级别	数据产生主体
高	个人数据
中	企业数据
低	国家数据

（6）数据品种

本部分度量的数据品种是指数据定价的基本单位，通过观察发现，在现阶段大数据交易平台中的数据定价基本单位主要是 API 调用次数和块数据，API 按照每次调用计算单价，块数据则以整个数据集或数据包进行销售。因为不同数据购买者的需求存在差异，数据交易平台还会考虑数据出售的安全性等因素，不同的数据品种会在不同程度上影响数据的交易价格。

2. 动态定价指标

本部分不仅选取了价格影响因素中的静态指标，还考虑到了数据定价的动态性，通过加入动态的定价要素指标在一定程度上提高数据定价的实时性，通过阅读相关文献，并结合国内外大数据交易平台的实际情况，本部分拟定了数据引用度、数据新鲜度和数据评分三个动态指标，同时给出了平台适用的量化方法。

（1）数据引用度

数据引用度的思想来自 H 指数，该指数原本是用来衡量出版作品的权威性的，其定义是指数为 h 的学者发表了 h 篇论文，其中每篇论文至少在其他论文中被引用过 h 次。H 指数越大，引用的论文就越多，引用的次数就越多[144][167]。出版作品如论文、电子书等数字产品①和本节的数据产品存在一定共性，出版作品的引用指数为本部分提供了一种新的动态定价要素指标的思路，即数据被引用的次数越高，可以从侧面反映各层面对数据的认可度越高。反映到数集交易中可以认为数据产品被购买的次数越多，表示其认可度越高，则此数据的价格也会随之升高。在数据交易中，可以将平台在线交易数据的销售量看作是对数据的"引用"度。数据定价

---

① 数字产品是指可以通过电子产品消费的无形商品，例如电子书、音乐下载、网络广告、网络优惠券等。

中数据引用度的度量公式，见式(3-68)：

$$R(s_i) = \frac{1}{1 + e^{-s_i}} \qquad (3-68)$$

其中 s_i 表示数据集 i 的销售量，$R(s_i)$ 是一个单调递增的函数，其原型参照了 sigmoid① 函数，$R(s_i)$ 可保证数据引用度对数据价格的影响是收敛的。引用度函数如图 3-49 所示。

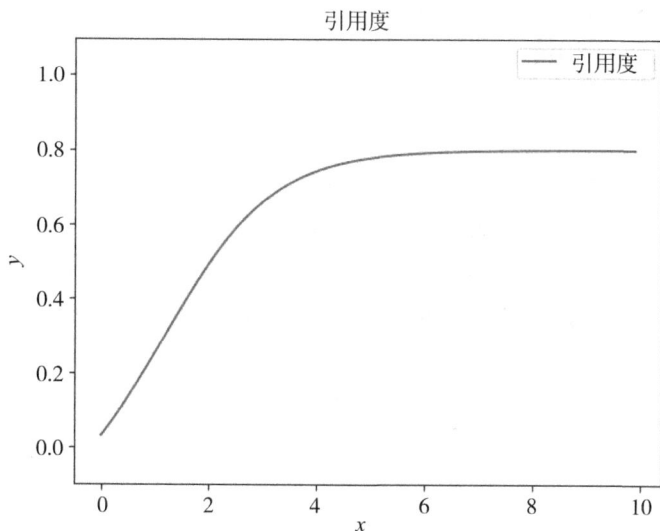

图 3-49　数据引用度趋势

从图 3-49 中可以看出，当数据产品被引用次数，即销售量越高时，数据引用度指标影响也越大，与此同时，当数据购买次数特别大时，数据引用度对数据价格的影响又会逐渐减小，这一规律是符合研究预期的。

（2）数据新鲜度

数据新鲜度是本节考虑的另一个动态价格影响因素，文献[168] 提出，在网络时代，信息的效用价值会随着时间的改变慢慢降低，由于数据资产同样是一种数据信息，因此也存在着这种变化。英国学者 J. D. Bernal 借用物理学放射性物质的衰变性质首次提出了文献半衰期的概念，即某学科领域尚在利用文献中较新的一半是在多长一段时间发表的，可以用负指数公式表示文献衰减的规律，负指数文献老化的累积分布函数如式(3-69)所示：

———————

① sigmoid 函数，常用作神经网络的激活函数，取值范围为(0, 1)。

$$Y(b) = 1 - e^{-bt} \tag{3-69}$$

其中 b 表示文献出版年龄，b 具有非负性，又根据半衰期的定义，令 $Y = 0.5$ 可以变换出半衰期的公式，如式（3-70）所示。

$$T_{1/2} = \frac{\ln 2}{b} \tag{3-70}$$

本节在讨论数据引用度时提到文献等数字产品和数据产品具有同质性，所以，同样可以通过数据的使用时间来度量数据的衰变，即数据新鲜度，在式（3-70）的基础上，本节给出了数据定价中数据新鲜度指标的计算公式，如式（3-71）所示：

$$f(t) = \frac{\ln 2}{t} \approx \frac{0.693}{t} \tag{3-71}$$

其中 $f(t)$ 表示数据新鲜度，t 表示数据的使用时间。

通过图 3-50 可以更直观地揭示数据新鲜度的变化情况，在数据被使用的初期，数据新鲜度下降较快，但是随着时间的推移，数据新鲜度降低到一定程度后，数据新鲜度的下降速度会减缓，并逐渐趋近于零。

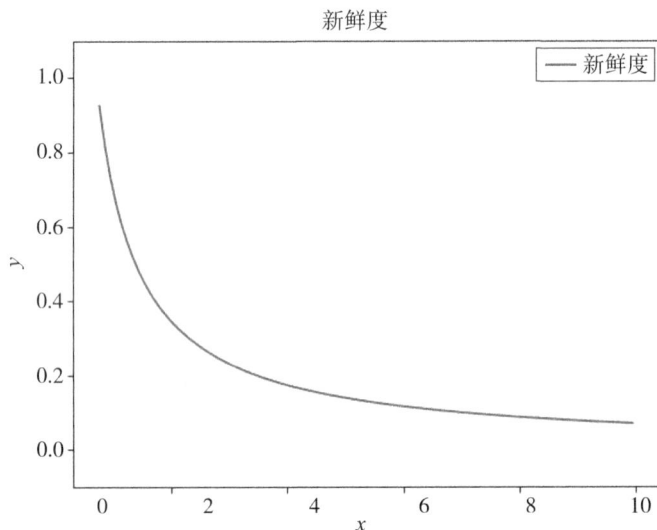

图 3-50 数据新鲜度趋势

（3）数据评分

在数据交易平台中，数据评分也会对数据商品的交易价格产生一定影响。首先，大数据交易平台在获取、处理原始数据后会根据一些数据的特质，如数据的结构化程度、冗余度、一致性等进行初步评分，得到数据的

平台综合评分 S_1；其次，数据消费者购买数据产品后同样能对交易数据进行评价、打分，得到数据的满意度评分 S_2。通常情况下，数据评分越高，代表数据平台、用户、企业等多方参与主体对数据的认可度或是数据的信誉度越高，故数据的价格自然而然地会升高。因此，可以根据数据交易平台采集的属性定义数据评分指标的度量公式，如式(3-72)所示：

$$S(x) = w_1 S_1(x) + w_2 S_2(x) \tag{3-72}$$
$$\text{s. t.} \quad w_1 + w_2 = 1$$

其中，$S(x)$ 表示数据 x 的数据评分，$S_1(x)$ 表示数据 x 的平台综合评分，$S_2(x)$ 表示数据 x 的用户满意度评分，w_i 表示不同评分的权重，大数据交易平台可根据实际情况决定权重分配，公式(3-72)的约束条件为 $w_1 + w_2 = 1$，在这里，本节假设权重参数 $w_1 = w_2 = 0.5$。

(三)小结

本节首先归纳总结了数据的价值影响要素，并分析了当前数据定价要素存在的诸多不足；其次，本节基于数据本身属性，从使用频率较高的维度对数据价格影响进行分析，并筛选出合适的绝对定价要素；最后，对定价要素进行指标量化，给出多数据平台适用的定价要素指标计算方法，构建多维度、跨数据平台、合理的定价要素指标体系。该体系不仅选取了静态定价指标，还加入了数据引用度、数据新鲜度和数据评分三个动态定价指标，较充分地考虑了数据定价的实时性和指标计算方法简便性。

四、基于 MAML 模型的数据绝对定价机制

(一)元学习下数据绝对定价方法设计

在数据定价理论分析的基础之上，本节设计了基于 MAML 模型的数据绝对定价方法，整个研究建立在跨大数据交易平台不同种类的在线交易数据之上，主要应用于集中的双边市场交易。本节将 MAML 元学习数据绝对定价方法的设计分成了三大模块，分别是创建数据集、构建基于 MAML 的绝对定价模型和设置元学习绝对定价评价指标。元学习下数据绝对定价的设计框架如图 3-51 所示。

第一个模块：创建数据集。为实现数据绝对定价方法在我国大数据交易平台的普遍适用性，打破各数据中心之间的信息壁垒，使本节构建的定价要素指标体系能得到充分应用，本节通过代码方式爬取了多数据交易平

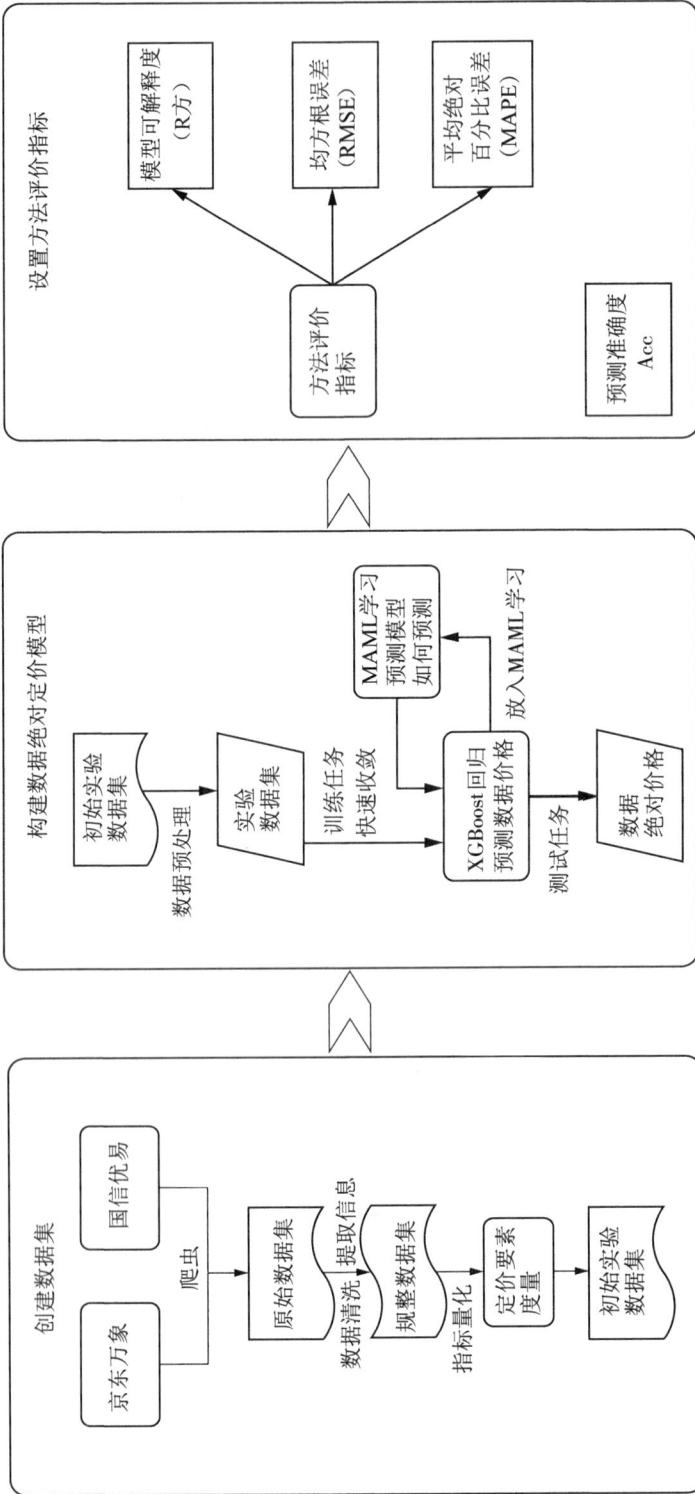

图3-51 元学习中数据绝对定价设计框架

台、多种类的在线数据的数据集和数据包的信息，并且在进行大量数据清洗、提取有用数据特性后，依据第三节构建的定价要素指标体系逐一度量定价指标，创建用于研究跨数据交易平台、跨种类在线数据绝对定价方法的实验数据集。

第二个模块，构建基于 MAML 的绝对定价模型。首先，对创建的初始实验数据集进行数据预处理和特征分析，得到较为规整的绝对定价实验数据集；其次，将选用的 XGBoost 机器学习模型放入 MAML 元学习模型中进行任务训练，构建定价模型的过程包括确定损失函数，指定类别 N 和样本 K 的数值，选择内层和外层的学习率，以及确定元学习器的优化器等；最后，MAML 元学习模型利用少量训练任务快速适应不同种类数据的价格变化，在测试任务中仅通过预测模型的微调就能高效确定数据绝对价格。本节构建的绝对定价模型学习的是 XGBoost 模型预测价格的过程，目的是找到整体任务表现更好的模型初始化权重，并在跨任务的测试数据中快速准确地预测数据绝对价格。

第三个模块，设置元学习绝对定价评价指标。本节选取了模型可解释度 R^2、均方根误差 RMSE 和平均绝对百分比误差 MAPE 作为数据绝对定价方法的评价指标，同时结合绝对定价方法的准确度分析基于 MAML 模型的数据绝对定价机制的合理性和有效性。

(二)绝对定价数据集的创建

1. 大数据交易平台选择

在创建数据绝对定价方法研究的实验数据集时，本节选择了目前国内较有代表性的两个大数据交易平台，分别是京东万象和国信优易。[①] 京东万象数据平台已经在上文的数据交易平台研究现状中进行了介绍，国信优易数据交易平台是国家信息中心打造的事企合作平台的实际运营方，于 2015 年成立。该数据交易平台设有数据集市、数据清洗加工、质量评价等功能，其中优易数据集市在线数据已覆盖 10 大品类，上架超过 6400 个数据商品，可以为数据购买者提供块数据、API 数据和定制数据三个类型的数据服务。该平台数据来源安全，持续更新，同时服务企业数据智能化，应用于数据分析、人工智能、区块链等多个业务场景。

本节所选取的两个大数据交易平台可信度较高，在线交易数据种类丰富，提供的数据集信息比较齐全，基本上能够满足数据绝对定价方法研究

---

① http：//www.youedata.com/.

的落地应用需求。

2. 数据爬取及清洗

本节先是采集了数据交易平台中大量的在线数据产品信息，目前来看，不同数据交易平台中的块数据和 API 接口数据信息还存在一定差异，因此在数据爬虫的过程中需要将不同平台、不同分类的在线数据信息分开处理。在这里本节按照 jd_ api_ data、jd_ block_ data、youe_ api_ data、youe_ block_ data 对表格进行命名，并以 csv 格式存储相应数据平台不同的数据信息，爬取的部分原始数据如图 3-52 所示。

商品名称	商品分类	更新时间	销量	数据大小	综合评分	稀缺性	一致性	应用价值	完整性	结构化程度	信息冗余度	数据量	时效性	价格	描述
腾讯微博内容数据(2	舆情出	201	51	1GB	4	5	3	4	3	3	5	3	5	2856	微博2014数据
报纸微信公众号文章数	舆情出	201	47	164MB	4	5	4	4	5	4	3	4	5	2323	微信公众号数据
广播微信公众号文章数	舆情出	201	35	157MB	4	4	5	3	3	3	5	3	4	2323	微信公众号数据
广播微信公众号文章数	舆情出	201	11	154MB	4	4	4	5	3	3	4	5	3	2307	微信公众号数据
广播微信公众号文章数	舆情出	201	4	158MB	4	5	4	5	4	3	3	4	3	2306	微信公众号数据
电视媒体微信公众文	舆情出	201	32	154MB	4	4	4	4	5	4	3	4	3	2306	电视媒体微信公众
院校微信公众号文章数	舆情出	201	50	158MB	4	3	3	4	5	5	5	5	5	2283	院校微信公众号文
游戏微信公众号文章数	舆情出	201	28	151MB	4	5	4	4	3	3	3	4	5	2280	游戏微信公众号文
电器微信公众号文章数	舆情出	201	17	154MB	4	3	5	4	4	5	4	3	5	2277	电器微信公众号文
电器微信公众号文章数	舆情出	201	31	153MB	4	4	4	4	4	4	3	3	5	2274	电器微信公众号文

图 3-52 数据交易平台爬取原始数据信息

由于通过网站平台爬取的原始数据繁多而且杂乱，不能直接进行指标量化，得到绝对定价方法研究的实验数据集，所以要先进行数据清洗、提取等加工操作，再根据构建的定价要素指标体系将定价要素量化，进而确定实验数据集。从图 3-52 中可以看出，本节能从在线交易数据的描述字段中提取部分有用信息，如采集时间，数据大小，数据条数等，以提取数据条数为例，部分代码程序如表 3-12 所示。

表 3-12 提取数据条数有效信息

Extract information from description

Input：描述

Output：数据条数

Initialize a = 条，b = 级，c = 次

While not done do

    Get d_i ~ D in sequence

```
For all dᵢ do
    Extract 描述 and split it with space
    Initialize 数据条数 = " "
    index_list = find a,b,c in 描述
    If index_list not null:
        Get i ～ index_listin sequence
        For all i do:
            search = 描述[ :i+1]
            For j in range (len(search)-2,-1,-1):
                While search[j] is digit do
                    数据条数 += search[j]
                End for
            Return 数据条数
        End for
    End if
End for
```

使用相应代码对数据进行清洗,同时结合人工筛查得到较规整的交易数据信息,接下来根据本节构建的绝对定价要素指标体系,定义度量要素指标的方法。表 3-13 为计算数据时间跨度的伪代码程序。

表 3-13　定义时间跨度函数

Compute the span of time

```
Input:采集时间
Output:时间跨度
While not done do
    Get dᵢ ～ D in sequence
    For all dᵢ do
        Extract 采集时间 and split it with space
        Get start_year,start_month,end_year,end_month
        If start_year == end_year:
            时间跨度 = end_month - start_month + 1
        Else:
            时间跨度 = (end_year - start_year) * 12 + end_month - start_month + 1
```

续表

End if

Return 时间跨度

End for

在完成上述步骤之后，本节得到了应用于跨大数据交易平台数据绝对定价方法研究的实验数据集，整理的部分数据信息如图 3-53 所示。创建的数据集共包含 10568 条交易数据信息，根据平台、专家和相关文献研究，本节将在线数据划分成了产业经济、金融服务、科研技术、企业管理、生活服务、营销服务和舆情监测七个数据类别。

商品分类	数据交易平台	数据名	数据品种	数据敏感性	数据评分	场景覆盖度	信息熵	时间跨度	数据新鲜度	数据引用	数据大小	数据量	价格
营销服务	优易	房天下河	块数据	中	4	2	0.33	1	0.65	0.83	24MB	87625	1314
产业经济	优易	锌及其制	块数据	低	4	2	0.6	1	0.45	0.25	2.6KB	76	0.1
金融服务	优易	辽宁2009	块数据	低	4	2	0.4	12	0.25	0.8	54.2KB	15	0.1
舆情监测	优易	一千万条	块数据	中	5	2	0.8	48	0.25	0.79	152MB	10000000	0.1
舆情监测	优易	微博信息	块数据	中	4	3	0.8	12	0.35	0.8	23MB	100000	42
产业经济	优易	北京市农	块数据	低	4	2	0.33	1	0.55	0.03	2KB	392	0
营销服务	优易	房天下河	块数据	中	4	2	0.75	1	0.65	0.77	34MB	149140	2237
舆情监测	优易	36氪文章	块数据	中	4	2	0.6	15	0.6	0.44	69.7MB	3008	3
产业经济	优易	北京市新	块数据	低	4	2	0.25	12	0.4	0.08	2MB	280000	0.1
舆情监测	优易	百度贴吧	块数据	中	4	3	0.6	152	0.7	0.44	7.37GB	1491518	7458

图 3-53   绝对定价实验数据集

根据上一小节理论分析可知，不同类别的数据商品虽然有着相同的定价要素指标，但同一定价要素可能会对不同类别的数据价格产生不同方向上的影响，价格的变化规律不尽相同。由于我国大数据交易平台尚处在发展初期，各平台之间存在诸多壁垒，再加上本身技术能力有限，只能采集到较少量的数据信息创建实验数据集，因此，若直接使用传统机器学习模型来确定交易数据的绝对价格必然导致结果不够准确。为了解决上述问题，同时兼顾现阶段国内数据交易平台实际情况，本节设计了基于 MAML 模型的数据绝对定价方法，本节将在下一小节就如何构建应用元学习模型解决数据绝对定价问题进行详细说明。

(三)基于 MAML 的绝对定价模型构建

模型无关的元学习模型能从少数样本中快速学习和适应，并随着更多样本的出现而继续适应，这种快速适应而灵活的学习过程具有挑战性，原因是必须将其先前的经验与少量的新信息相结合，同时还要避免训练过度拟合新数据。MAML 模型可以直接应用于任何梯度下降过程训练的学习问题和模型，并在跨任务的测试数据上用最小的调整就可以产生良好的结果。从动力系统的角度来看，MAML 元学习的学习过程能够看作是最大化新任务的损失函数相对于参数的灵敏度，即当灵敏度很高时，模型参数的微小、局部的变化就能使任务梯度损失值得到大幅度改善。

本节针对集中双边市场使用元学习模型设计数据绝对定价方法制定了基于 MAML 模型的数据绝对定价流程，如图 3-54 所示。meta 元网络随机初始化网络权重参数，再通过机器学习模型计算各训练任务损失值进行参数的梯度更新，最后在不同类别测试任务上进行模型微调实现数据绝对定价。

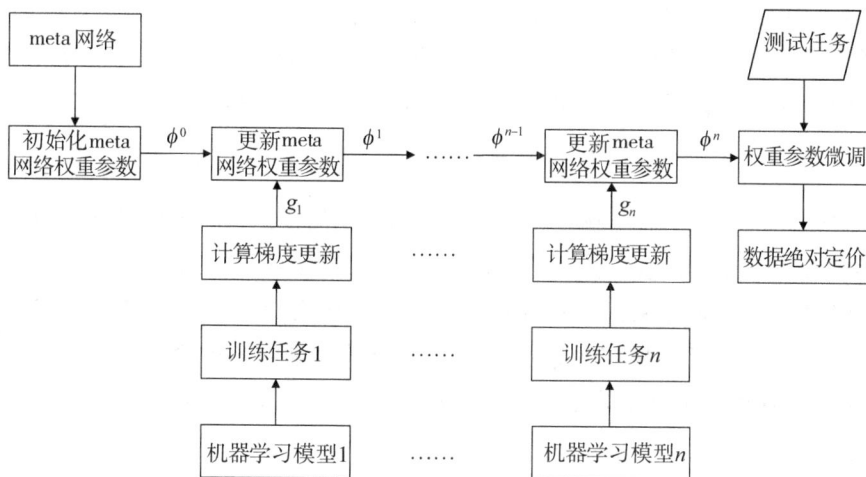

图 3-54　MAML 数据绝对定价流程

运用模型无关元学习模型进行数据绝对定价的目标是让 MAML 模型学会 XGBoost 预测数据价格的方法，使 MAML 基于梯度更新的学习规则在预测任务分布 $P(G)$ 中提取的新任务上快速适应，并且不会发生数据过拟合。实际上 MAML 元学习模型只要找到对提取任务敏感度高的模型权重就可以实现：当在损失梯度方向上改变时，XGBoost 参数的微小变化会对任何从预测任务分布 $P(G)$ 中提取的新任务的损失值作出较大改进，如图 3-55 所示。

利用元学习思想基于梯度更新绝对定价模型的初始权重参数会经过"预训练–精调"两个阶段，整个训练都以任务为基本单位进行。

在第一阶段预训练中，MAML 随机初始化绝对定价模型参数 θ_i，同时

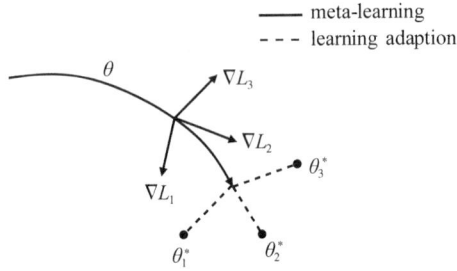

图 3-55　MAML 基于梯度更新权重参数 θ

从创建的同分布 $P(G)$ 不同分类的预测任务池中分别抽取数据组成任务 G_i，再从 G_i 池中选取子任务组成用于 XGBoost 训练的批次 batch，然后将 batch 中的样本数据划分成 Support Set 支持集和 Query Set 查询集，MAML 会对 Support Set 中的数据进行训练，计算每次预测价格的损失，本节采用均方误差损失函数计算价格预测的损失值，见式（3-73）。

$$\nabla\theta L_{\Gamma_i}(f(\theta)) = \sum_{x_i,\ y_i \sim \Gamma_i} \| f(\theta)x_i - y_i \|_2^2 \tag{3-73}$$

其中，x_i 和 y_i 表示一组输入输出对，每种类别的数据预测都会提供 K 组输入输出对用于 MAML 模型的学习，K 根据实际情况在实验中设置。对每种类别的数据任务来说，MAML 模型需要循环执行 K 次损失计算并更新模型参数，将循环执行的第一次梯度下降看作是内层梯度下降，Support Set 每一次内层梯度下降都会进行一次更新，得到新的权重参数 θ_i'，见式（3-74）。

$$\theta_i' = \theta_i - \alpha\nabla\theta L_{\Gamma_i}(f(\theta)) \tag{3-74}$$

其中，α 表示内层梯度下降的固定步长，也称内层元学习率。MAML 模型内层梯度更新后，参数 θ_i' 会直接用到 Support Set 下个数据的预测训练中去，内层梯度下降循环全部结束后会进入模型第二次梯度下降中，即外层梯度下降，外层梯度下降会反向更新 XGBoost 价格预测模型的权重参数 θ，见式（3-75）。

$$\theta \to \theta - \beta\nabla\theta \sum_{T_i \sim p(T)} L_{T_i}f(\theta_i') \tag{3-75}$$

其中，β 表示外层梯度下降的固定步长，也称外层元学习率。外层梯度更新与内层相比有两点不同：第一点，外层梯度更新计算的是整个 batch 梯度损失的总和 L_{sum}；第二点，外层梯度更新使用的样本数据是 batch 中的 Query Set，它类似于传统模型训练的测试集，使用 Query Set 的目的是为了增强 XGBoost 模型在数据价格预测任务上的泛化能力，同时避免了过拟合外层梯度下降训练的 Support Set。MAML 模型通过 NK 次内层梯度下降和一次外层梯度下降完成一个 batch 的参数更新过程，在预训练阶段 MAML 元学习模型的元目标是为了实现最小化的梯度损失，如式（3-76）所示。为了保证构建的数据绝对定价模型的预测效果，设置 epoch 值多次采集子任务进行上述内外层梯度的迭代更新，寻找灵敏度较高的初始权重参数。

$$\min \sum\nolimits_{\Gamma_i \sim p(\Gamma)} L_{\Gamma_i}(f\theta_i') = \sum\nolimits_{\Gamma_i \sim p(\Gamma)} L_{\Gamma_i}(f(\theta) - \alpha \nabla\theta L_i f(\theta)) \quad (3\text{-}76)$$

第一阶段的预训练结束后 MAML 模型会进入第二阶段的模型精调，整个训练过程与预训练大致相同，但是由于 MAML 元学习在预训练阶段已经找到了灵敏度高的权重参数 θ，因此在精调时直接使用更新后的 θ 作为 XGBoost 模型训练的初始权重，同时只需要采集一个子任务进行梯度下降更新即可，具体做法是将子任务拆分成 Support Set 和 Query Set 两个数据集，使用 Support Set 训练绝对定价模型，使用 Query Set 测试绝对定价模型。在实践应用的过程中，为了避免极端情况发生，要选取 M 个子任务分别进行模型的精调，并将每次结果相加取平均值作为最终的预测结果。

本节在数据绝对定价模型中首次应用了元学习模型，其目的是找到绝对定价模型 XGBoost 在总体任务上表现最优的初始权重参数。无论是在预训练还是精调阶段，基于 MAML 元学习的绝对定价模型都经过了两次梯度下降，即 MAML 模型是基于二重梯度更新实现对不同分类少量数据样本绝对价格的快速学习。与其他元学习模型传播方式相同，MAML 对定价模型初始权重参数的更新也是通过元前馈和元反向传播方式进行的，参数更新过程如图 3-56 所示。

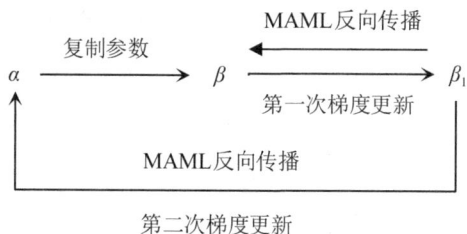

图 3-56 MAML 更新定价模型权重参数

这里假设绝对定价模型的权重参数为 α，复制 α 后得到参数 β，在参数 β 上 MAML 实现了第一次梯度下降和元反向传播，并得到内层梯度更新的参数值，记为 β_1，在内层梯度下降过程中 MAML 对 β 的操作都是在复制模型上进行的，不会反映到原定价模型的参数 α 上，之后模型在 β_1 上进行第二次梯度更新，此时 MAML 会先在 β_1 上计算梯度损失值，再通过元反向传播方式直接更新到原模型参数 α 上。

本小节构建的基于 MAML 的绝对定价模型运行流程如图 3-57 所示。基于模型无关元学习的数据绝对定价方法的核心思想是通过整合少量数据交易平台的绝对定价要素指标，利用 MAML 算法去学习预测模型训练数据任务的过程，其目的是为了获得灵敏度高的初始化权重参数。该方法的优势在于它不像传统机器学习局限于某一特定类别数据的任务，也不像传统定价模型，尤其是复杂度高的深度学习模型需要大量的样本数据进行反复迭代训练，相反元学习数据绝对定价方法非常适合小样本数据任务的训练，并且在面对跨类别数据的测试任务时，它仅通过模型的微调就能快速收敛，适应不同类别数据的价格变化，准确得到交易数据的绝对价格。

(四)MAML 元学习绝对定价评价指标

本节选取了回归模型中常用的评价指标来分析 MAML 元学习下数据绝对定价方法的可行性，接下来将对选用的评价指标进行说明。

1. 模型解释度(R^2)

在回归模型中，因变量 y 的总方差被称作总平方和(Total Sum of Squares，TSS)，具体有两个部分，一部分是模型可以解释的信息(Model Sum of Squares，MSS)，另一部分是模型解释不了的信息(Residual Sum of Squares，RSS)，则模型解释度 R^2 的计算公式如式(3-77)所示，R^2 表示模型解释信息所占的百分比。

R^2 可以比较模型同均值模型的差异，也可以通过式(3-78)计算，其中，$\hat{y}_i$ 表示第 i 个样本的预测值，y_i 表示第 i 个样本的真实值，$\bar{y}$ 表示样本均值。

$$R_2 = \frac{\mathrm{MSS}}{\mathrm{TSS}} \tag{3-77}$$

$$R^2 = 1 - \frac{\sum_i (\hat{y}_i - y_i)^2}{\sum_i (y_i - \bar{y})^2} \tag{3-78}$$

R^2 又称决定系数，从式(3-77)和式(3-78)可以看出，R^2 代表模型中可解释部分所占比例，即预测值解释了因变量 y_i 的方差的比例，衡量的是预测值对于真值的拟合好坏程度。一般来说，决定系数越接近于 1，代表

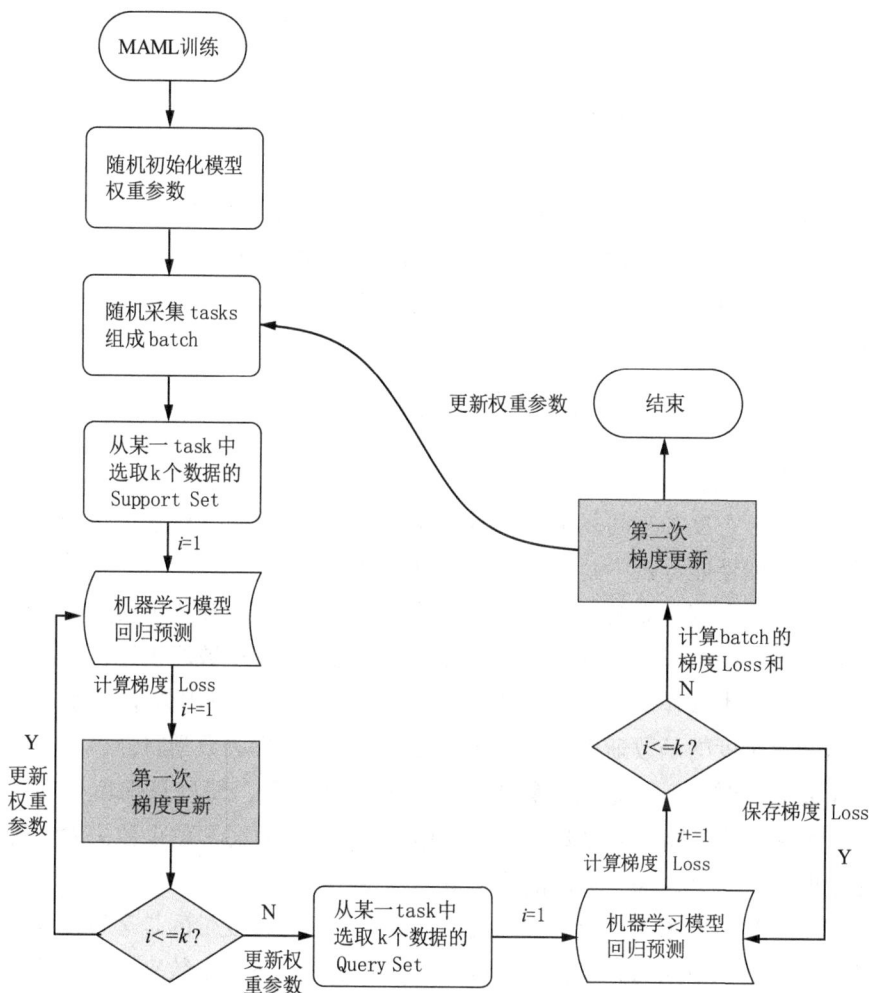

图 3-57　MAML 预训练运行流程图

预测值越接近真实样本值，自变量对因变量的解释度越高，模型的可解释性也越好。

2. 均方根误差（RMSE）

均方根误差是回归方法评价的典型指标之一，用于衡量模型在预测过程中会产生多大的误差，对于较大的误差，在计算时获得的权重较高，计算如式（3-79）所示，其中，y_i 表示第 i 个样本的真实值，$\hat{y}_i$ 表示第 i 个样本的预测值，N 表示样本总量。均方根偏移代表真实值和预测值之差的样本标准差，一般情况下，RMSE 越小，模型效果越好。

$$RMSE = \sqrt{\frac{1}{N} \sum_{i=1}^{n} (y_i - \hat{y}_i)^2} \qquad (3\text{-}79)$$

3. 平均绝对百分比误差(MAPE)

MAPE 对相对误差比较敏感,不会因目标变量的全局缩放而改变,相比均方根误差,MAPE 更适合用在目标变量量纲差距较大的场景中,计算如式(3-80)所示。作为 MAE 的衍生指标,MAPE 解释了所有样本的样本误差的绝对值占真实值的比例,从理论上看,MAPE 越接近于 0,模型越准确。

$$MAPE = \frac{1}{N} \sum_{i=1}^{N} \left| \frac{\hat{y}_i - y_i}{y_i} \right| \times 100 \qquad (3\text{-}80)$$

4. 算法复杂度

时间复杂度和空间复杂度是两种常用的算法复杂度评价指标,能够在模型方法的性能分析中起到较为关键的作用。

时间复杂度主要衡量模型算法的运行速度,它定量描述了所用算法的运行时间。一个算法所花费的时间与其中语句执行的次数成正比,因此可以用算法基本操作的执行次数来表示时间复杂度。本节用数学符号 O 描述时间复杂度的函数渐进行为,同时根据计算机特性和数学特性,在计算时间复杂度时统一规定用常数 1 表示所有加法常数,而且只保留最高阶项,如果存在高阶项且系数不为 1,则将高阶项前面的常数系数去除。理论上时间复杂度越高,算法的执行效率越低。

空间复杂度主要衡量模型算法额外需要的空间,度量的是运行过程中辅助开辟存储空间的大小,因此可以用临时定义变量的个数来表示空间复杂度。一般来说空间复杂度越高,算法的执行消耗越大。由于当前计算机技术发展迅速,机器的存储容量已经到了很高的程度,所以相比时间复杂度,不会特别关注算法的空间复杂度。

五、实验与结果分析

(一)实验设置

1. 实验环境

本节的实验环境设置如表 3-14 所示。

2. 数据预处理

在进行数据绝对定价方法的应用实践前要先对创建的实验数据集进行预处理操作,针对本节数据集的特征进行了如下预处理操作。

表 3-14　实验环境设置

硬件/软件	版　本
操作系统	windows 10 64 位
处理器	Intel(R) Core(TM) i5-7200U CPU @ 2.50GHz 2.71 GHz
程序运行环境	Python3.7
模型学习框架	tensorflow1.13 + cuda10.2 + cudnn8.4.0
主要三方库	numpy1.17.4 + sklearn0.0.post1

第一，去除数据集中 API 在线交易数据调用次数为年、月、日的数据，同时用交易总价除以调用次数得到 API 数据按次调用的单价；

第二，删除在线交易价格为空或 0 的数据；

第三，在对数据规模要素指标进行量化时，将数据大小以 MB① 单位进行统一转换；

第四，对在线数据存在的缺失值进行填充，比如信息熵评分使用了中位数填充，另外，删除了数据集中的部分异常值。

经过预处理后的实验数据集部分信息如图 3-58 所示，其中包含的绝对定价要素指标有数据规模、场景覆盖度、时间跨度、信息熵评分、数据敏感级别、数据品种、数据新鲜度、数据引用度和数据评分。

商品分类	数据交易平台	数据名	数据类型	数据敏感性	数据评分	场景覆盖度	信息熵评分	时间跨度	数据新鲜度	数据引用	数据大小	数据条数	价格
科研技术	优易	2015年11月专	块数据	低	4	2	5	1	0.32	0.66	486	126399	6320
科研技术	优易	飞机和空间运	块数据	低	3	2	4	1	0.45	0.72	0.157	1373	69
科研技术	优易	水泥、混凝土	块数据	低	4	2	4.5	1	0.45	0.83	16	26126	1306
科研技术	优易	一般热交换专	块数据	低	3	2	4	1	0.45	0.44	12	25858	1293
科研技术	优易	2014年10月发	块数据	低	4	2	4.5	1	0.24	0.55	20	26542	1327
金融服务	优易	天津无讼网数	块数据	低	4	2	5	1	0.45	0.25	68	34516	1035
金融服务	优易	广西2013年裁	块数据	低	4	2	5	12	0.12	0.44	166	38677	1160
产业经济	优易	四川省农贸市	块数据	低	4	2	4.5	1	0.5	0.08	0.001	146	0.1
产业经济	优易	甘肃省农贸市	块数据	低	4	2	3.5	1	0.48	0.01	0.001	90	0.1
生活服务	优易	2014年10月门	块数据	低	4	2	3.5	1	0.32	0.05	0.032	1472	30
生活服务	优易	2011年陕西社	块数据	低	4	2	3.5	1	0.12	0.13	0.005	533	11
科研技术	优易	TETRA数字集	块数据	低	4	2	3.5	1	0.48	0.25	1	10000	0.1
科研技术	优易	频繁模式挖掘	块数据	低	5	2	4	1	0.45	0.34	22	10000	0.1
舆情监测	优易	quotes_2008	块数据	中	4	2	5	108	0.1	0.8	13312	10000	0.1

图 3-58　数据预处理后部分数据

---

① 兆字节(MByte)，1 兆字节表示 1048576 字节。

3. 特征描述

经预处理后的数据集一共包含 7593 条在线交易数据产品，按照不同分类可以将数据划分成七类，分别是科研技术、金融服务、产业经济、企业管理、生活服务、营销服务和舆情监测，如图 3-59 所示。在数据集中，科研技术类的数据产品最多，有 2028 条，营销服务类的数据产品最少，有 336 条。

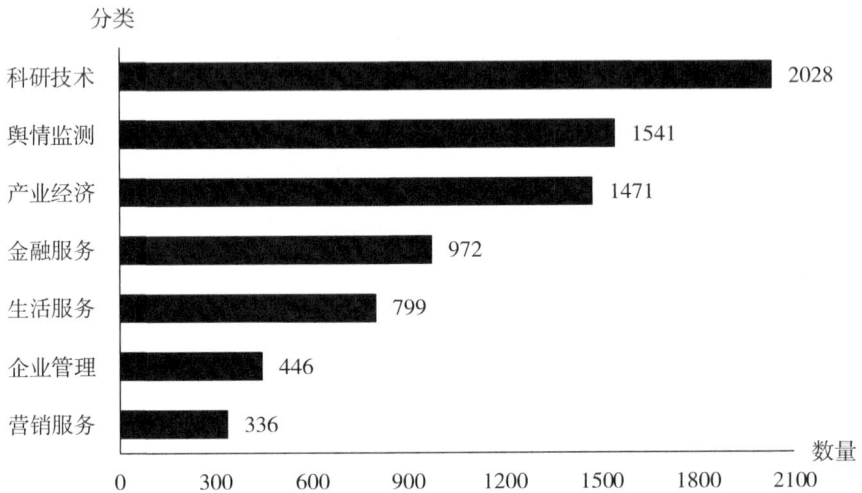

分类

科研技术	2028
舆情监测	1541
产业经济	1471
金融服务	972
生活服务	799
企业管理	446
营销服务	336

0   300   600   900   1200   1500   1800   2100   数量

图 3-59　在线交易数据产品分类图

不同数据类别下的不同定价要素对数据价格产生的影响不尽相同，比如对于考古等科研技术类的数据资产来说，存在着数据新鲜度越低，数据价格反而越高的情况，而对于银行失信人员名单等金融服务类的数据资产来说，又存在时间新鲜度越低，数据价格越低的情况。对于相关性的分析，本节分行业进行了分析。限于篇幅，这里列出了科研技术类数据的相关性热力图，如图 3-60 所示。从图 3-60 可以看出，各因素对科研技术类数据价格的影响呈明显正相关性。

(二) 实验与分析

1. 主要参数说明

本节在基于 MAML 模型的数据绝对方法的应用实践中，根据实际情况设置了如表 3-15 所示的主要实验参数。其中，内层元学习率为 0.05，外层元学习率为 0.01，模型训练的迭代次数为 3000，测试迭代次数为

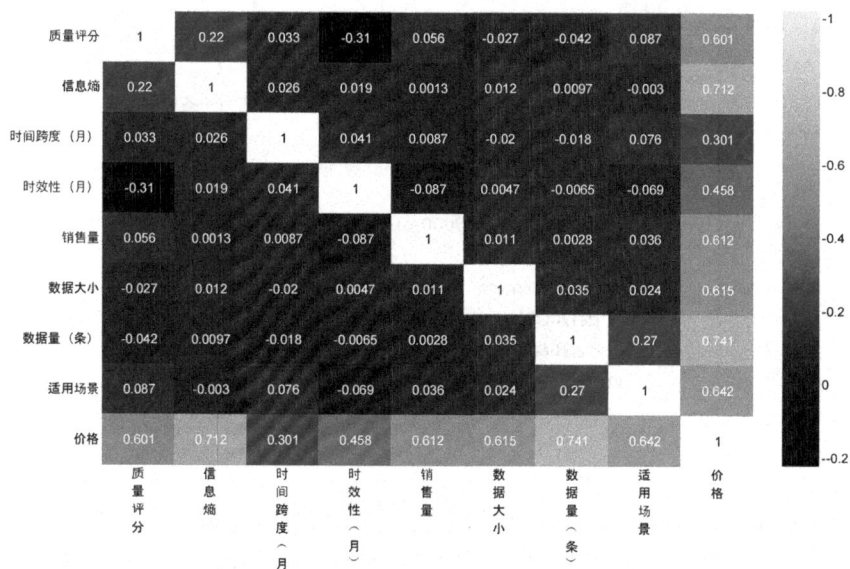

图 3-60　价格要素相关性热力图

300，同时规定按照 3-way 20-shot 的标准进行 MAML 优化，二重梯度损失值的计算均采用均方根误差 MSE 损失函数，并在最后选择 Adam 调优器来更新元学习器的权重参数。

表 3-15　MAML 主要参数设置

主要参数	设置值
Meta_lr	0.05
Update_lr	0.01
Train_epoch	3000
Test_epoch	300
N	3
K	20

2. 基于 MAML 的绝对定价实验

在实验过程中，本节设置每 100 次迭代记录 MAML 模型在 XGBoost 训练中的梯度损失值，并保存每 1000 次迭代生成的模型参数权重文件，如图 3-61 所示。

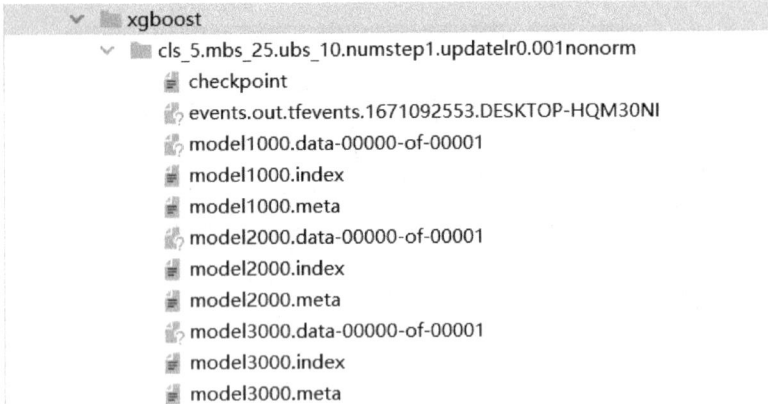

图 3-61　保存模型权重文件

　　在 MAML 元学习模型训练过程会进行两次梯度下降产生不同的损失值，分别将第一次和第二次梯度损失值记为 preloss 和 postloss，两次损失数值的变化如图 3-62 所示。由图 3-62 可知，虽然第一次梯度损失值 preloss 不是一直下降的，但是数据价格预测任务的第二次梯度损失值 preloss 是在不断减小的，这说明 MAML 模型是在寻找对下一次任务最优的初始权重参数，而不是局限于当前训练任务的最优解。

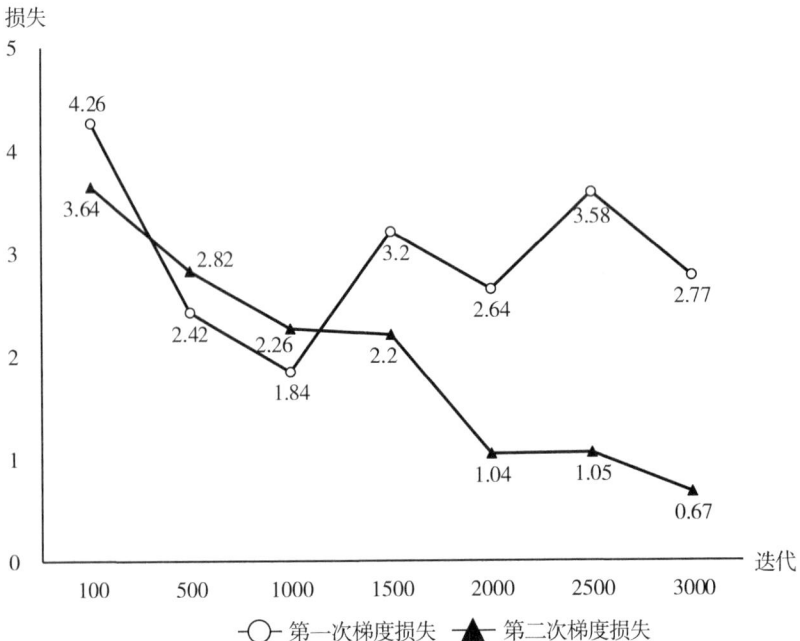

图 3-62　两次梯度损失值变化图

在测试任务中设置的迭代次数为 300，由于 MAML 元学习在预训练阶段已经保存了 XGBoost 模型的权重参数文件，所以在进行测试任务训练时，MAML 能选定较适合的初始权重参数，并在经过模型微调之后快速收敛，一开始就能得到较小的梯度损失值，结果如图 3-63 所示。

```
[3.4448457, 0.22422929, 0.19461267, 0.17884903, 0.16683544, 0.15710595, 0.14910996, 0.14339855, 0.13766274, 0.13250682, 0.1280453]
[0.0832528, 0.051709242, 0.06513322, 0.048968695, 0.062047143, 0.051312614, 0.06697686, 0.058396786, 0.074210964, 0.069230355, 0.08677354]
[3.4843674, 0.8215688, 0.5170638, 0.3454662, 0.24593218, 0.196313, 0.17106096, 0.15728322, 0.14909166, 0.14448324, 0.14168002]
[8.534575, 1.9250482, 1.255759, 0.97230065, 0.8134416, 0.71995986, 0.61435896, 0.5644524, 0.53761554, 0.52936614, 0.51936406]
Mean validation accuracy/loss, stddev, and confidence intervals
(array([3.141843  , 0.7469708 , 0.55983186, 0.4703621 , 0.4348878 ,
        0.404521  , 0.3864726 , 0.37294278, 0.35986853, 0.35208327,
        0.3430916 ], dtype=float32), array([3.2166226 , 0.8049094 , 0.72403646, 0.6218558 , 0.6203532 ,
        0.58122844, 0.5748764 , 0.5647197 , 0.55195296, 0.5413901 ,
        0.5330492 ], dtype=float32), array([0.2573834 , 0.06440616, 0.05793498, 0.04975883, 0.0496386 ,
        0.04650796, 0.04599969, 0.04518699, 0.04416543, 0.04332023,
        0.04265282], dtype=float32))

Process finished with exit code 0
```

图 3-63　测试任务实验结果

3. 消融与对比实验

为了进一步说明基于 MAML 模型的数据绝对定价方法落地应用的高效合理性，本节分别从纵向和横向维度设计了检验方法的消融实验和对比实验，并通过分析不同维度实验结果验证创建的元学习数据绝对定价方法。

（1）消融实验

消融实验类似于实验方法中的控制变量法，本节设计了以 MAML 模型作为控制变量的消融实验，将使用 MAML 元学习的 XGBoost 模型和不使用 MAML 元学习的 XGBoost 模型进行数据绝对定价结果比较，分析两种评价指标的优劣并得出结论。

在消融实验中，本节提出的基于 MAML 模型的数据绝对定价方法在运用机器学习 XGBoost 定价模型进行价格预测时加入了 MAML 算法，其对 XGBoost 训练的过程进行了学习，使数据绝对定价方法能够在新的分类数据任务中使用合适初始化权重参数，在最终测试任务上快速得到数据绝对价格。将两种模型同时迭代 3000 次得到消融实验的结果如表 3-16 所示（结果保留两位小数）。

首先，从表 3-16 中可以看到两种模型在 3000 次循环迭代训练下的表现均不错，模型的 R^2 都在 0.8 以上，说明模型可解释度高，选定的数据绝对定价要素指标和价格之间有较好的拟合度，证明本节构建的绝对定价要素指标体系具备一定合理性；其次，从表 3-16 中观察到两种模型的

RMSE 都比较高，但是 MAPE 值表现效果好，考虑可能是部分定价要素指标量纲相差太大，因此后续还应优化绝对定价要素度量；最后，使用 MAML 模型时数据绝对价格的预测准确率可以达到 88%，而直接使用 XGBoost 定价的准确率为 84%，这说明在对特定类别数据的价格预测任务中基于 MAML 模型的数据绝对定价方法的准确程度要略优于直接使用 XGBoost 模型的绝对定价方法。

表 3-16   迭代 3000 次实验结果对比

	R^2	RMSE	MAPE	ACC
XGBoost	0.85	54.62	17.34	0.84
XGBoost + MAML	0.89	43.37	11.25	0.87
XGBoost + MAML + GA	0.88	40.32	9.22	0.88

接下来用两种模型对划定的测试数据集循环迭代 300 次，在测试数据中的数据类别与训练数据中的完全不同，并且使用的测试数据任务数量更少，表 3-17 展示了该方法在测试数据集上的最终结果。

表 3-17   迭代 300 次实验结果对比

	R^2	RMSE	MAPE	Acc
XGBoost	0.67	65.17	30.41	0.62
XGBoost + MAML	0.86	48.26	6.81	0.88
XGBoost + MAML + GA	0.89	45.66	5.59	0.90

从表 3-17 中可以看出，由于直接使用 XGBoost 模型进行绝对价格预测时，机器学习会对特定类别数据任务从头开始训练拟合，所以在少量样本下迭代训练 300 次得到的结果评价指标远不如基于 MAML 的 XGBoost 绝对定价，不仅模型可解释度 R^2 降低了 0.18，而且数据绝对价格的预测准确度降低了 22%，反观本节创建的基于 MAML 模型在相同类别任务内比较数据价格的相似性，在不同类别任务间比较数据价格的差异性，通过预训练阶段的二重梯度下降保留了 XGBoost 模型权重参数文件，所以在新类别数据的测试任务中能选择整体最优的初始化权重参数，通过快速收敛提高绝对定价的泛化能力，模型可解释度达到 0.86，绝对定价要素拟合性较好，MAPE 值降低到 6.81%，在测试数据上也能保持良好预测精度，准

确率可达到 88%，这比同期直接使用 XGBoost 定价模型提高了 26%，加入遗传算法优化后，基于 MAML 模型的数据绝对定价方法在测试数据上的表现更有优势，R^2 达到了 0.89，MAPE 值持续降低到 5.59%，同时准确率提高到了 90%，该方法的总体数值稳定在较优能力范围之内。

通过消融实验证明在小样本数据绝对定价过程中，基于 MAML 元学习的绝对定价模型能快速适应不同类别数据测试任务，找到全局最优的初始权重参数，解决机器学习需要大量样本数据从头开始训练、无法很好解决同分布下新类别数据价格预测任务、泛化能力差的弊端，整体来说元学习数据绝对定价方法是优于随机初始化权重参数的单一机器学习定价方法的；同时，本节提出的多维度、可量化、平台通用的标准化数据绝对定价要素指标体系能较好拟合数据价格，并且在指标体系中加入动态要素指标增强了绝对定价的实时性。

（2）对比实验

本节设计了基于 MAML 模型的绝对定价方法和基于拍卖的数据绝对定价方法在时间效率方面的对比实验，通过两种绝对定价各步骤的时间复杂度并结合实际时间测试进行对比分析。

本节在定价模型 XGBoost 上运用 MAML 元学习模型不会额外增加参数，并且只需要少量样本进行梯度下降就能快速收敛，准确给出新类别交易数据的绝对价格。MAML 元学习训练过程会经历生成数据、创建任务、计算权重、前向传播的阶段，找到好的初始化权重参数，同时 XGBoost 定价使用基于列块结构的预排序算法，训练过程包括排序和构建回归树查找，基于 MAML 模型的绝对定价各阶段的时间复杂度如表 3-18 所示。在表 3-18 中，m 表示总的 batch 个数，k 表示每个类别样本数据的个数，$\|x\|_0$ 表示训练数据非缺失值项数之和，K 表示构建回归树的个数，d 表示回归树的最大深度。由于 MAML 在预训练和精调时需要多次循环的梯度下降更新，所以生成数据的时间复杂度较大，但是 MAML 创建的任务都基于小样本数据，总体上数量较少，在实际测试中的时间复杂度会降低。

表 3-18　基于 MAML 绝对定价的时间复杂度

	时间复杂度 O
生成数据	$O(m^k)$
创建任务	$O(n)$
计算权重	$O(n)$

续表

	时间复杂度 O
前向传播	$O(n)$
排序	$O(\|x\|_0 \log n)$
回归树查找	$O(Kd\|x\|_0)$

在基于 MAML 模型的绝对定价方法对比实验中，对各项独立操作的时间进行测试，得到的结果如表 3-19 所示。从表 3-19 可以看到，MAML 在划分 Support Set 和 Query Set 数据的时间相对较长，但因为每次任务的数据样本点很少，时间仍然在可接受范围之内，制定每一新类别数据绝对价格的理想总耗时约为 406.56ms。

表 3-19　基于 MAML 绝对定价的独立操作时间

步骤	2048 位
生成数据	324.36ms
创建任务	21.46ms
计算权重	15.21ms
前向传播	10.02ms
排序	6.59ms
回归树查找	28.92ms
总耗时	406.56ms

基于拍卖进行数据绝对定价的关键在于保护数据信息传输的安全性。本节将大数据交易平台看作可信的第三方拍卖中心，选择常用的 Paillier 加密算法和 RSA 数字签名算法保证安全性，并采取集中式第一价格进行拍卖，参与主体为数据供应者、数据交易平台和数据消费者，同时为实现拍卖的抗合谋性和跨数据平台参与性，基于拍卖的绝对定价引入了多数据中心。在整个拍卖过程中，会经历生成密钥、加密、解密、填充、排序、数字签名和验证的阶段，每一阶段的时间复杂度如表 3-20 所示。在表 3-20 中，n 表示密钥的开方，当密钥为 2048 位时，n 的大小是 1024。在基于拍卖的绝对定价过程中，操作复杂度最大的是解密，多数据中心都要进行解密操作，而且数据的最终消费者也要进行解密操作。此外，像生成密

钥、加密等操作均需要多方交易主体进行多次，因此，整个拍卖执行的时间效率较低。

表 3-20 基于拍卖的绝对定价时间复杂度

	时间复杂度 O	数据供应者	交易平台 1	交易平台 2	数据消费者
生成密钥	$O(\log^2 n)$	$2*O(\log^2 n)$	$O(\log^2 n)$	$O(\log^2 n)$	$O(\log^2 n)$
加密	$O(\log(\log^2 n))$	$O(\log(\log^2 n))$	0	0	$O(\log(\log^2 n))$
解密	$O(\log^3 n)$	0	$O(\log^3 n)$	$O(\log^3 n)$	0
填充	$O(\log^2 n)$	0	0	$O(\log^2 n)$	0
排序	$O(\log n)$	0	$n*O(\log n)$	$O(\log(\log^2 n))$	0
数字签名	$O(\log^2 n)$	$O(\log^2 n)$	$O(\log^2 n)$	$O(\log^2 n)$	$O(\log^2 n)$
验证	$O(\log^3 n)$	0	$O(\log^3 n)$	$O(\log^3 n)$	0

在基于拍卖的绝对定价方法对比实验中，选择 2048 位[①]密钥对各项独立操作的时间进行测试，得到的结果如表 3-21 所示。

表 3-21 基于拍卖的绝对定价独立操作时间

操作	2048 位
生成密钥	4.36ms
加密	17.23ms
解密	253.9ms
填充	0.09ms
排序	0.02ms
数字签名	13.12ms
验证	235.02ms
总耗时	523.20ms

从表 3-21 可以看到，进行数据拍卖时解密和验证的耗时较长，总耗时约为 523.20ms。虽然在对时间复杂度分析时发现基于拍卖的绝对定价方法模型的复杂度不高，但是整个流程比较复杂，参与交易的数据主体比

① 在现阶段 1024 位密钥面临严重的安全问题，2048 位密钥能够提供足够的安全性。

较多，拍卖数据的特定性强，不具备泛化性，同时还要考虑主体之间的通信问题，而且整个时间效率的人为影响因素比基于 MAML 模型的绝对定价更加难以控制。

综上所述，本节的数据绝对定价方法由于使用 MAML 算法学习了 XGBoost 模型价格预测的过程，提高了绝对定价的泛化性，可以在新类别数据的价格预测任务上选择较好的初始权重参数，实现快速收敛，在理论和应用中都要优于采用随机初始化权重参数，利用大量特定数据集训练的机器学习定价方法。另外，用传统基于拍卖的绝对定价方法与基于 MAML 模型数据绝对定价方法进行实验对比，发现基于 MAML 模型的数据绝对定价方法能更快地制定数据价格，减少了拍卖竞价过程中不确定的人为因素，迁移能力更强，从理论和实际应用中提高了数据交易的效率，从而降低了数据交易平台的时间成本。

（三）小结

本节对基于 MAML 模型的数据绝对定价方法进行了实证，同时设计了两个对比实验，从不同角度去评价分析数据定价方法模型的结果。本节选取 XGBoost 进行数据价格预测，并加入 MAML 元学习算法优化模型初始化权重的定价方法能够在测试数据集上通过少量迭代获得较好的准确精度，提高数据价格更新的实时性，缩短数据平台交易时间，使数据交易更具高效性。

六、本节小结

在数据生产力时代，数据已经成为关键的第五大生产要素，数据资产化是现阶段迫在眉睫的战略任务，本节从数据作为新型资产，亟须加快数据要素市场化出发，构建了多维度、数据平台通用的标准化绝对定价要素指标体系，并基于此创建了应用于集中数据市场的数据绝对定价方法研究数据集，同时针对不同类别交易数据价格的变化，本节利用模型无关元学习模型小样本学习、泛化性强、适用范围广的特性构建基于 MAML 的绝对定价模型，完善数据绝对定价机制，完成对基于 MAML 模型的数据绝对定价方法研究。

不同于国内数据平台常见的绝对定价方法，利用 MAML 模型学习 XGBoost 预测数据价格的方法，能使预测模型快速适应不同类别交易数据的价格变化，找到较好的模型初始化权重，优化 XGBoost 机器学习定价模型的泛化能力，在准确得到数据绝对价格的同时减少了现有绝对定价方法的时间成本。在绝对定价要素指标体系的构建中，本节在分析价格影响因素的基础上选取了多维度的定价要素，不仅扩充了原有的静态定价指标，还加入了数据引用度、数据新鲜度等动态指标，与大多数数据定价方法制定的相对价格或虚拟价格不同，本节提出的数据绝对定价方法一方面提高了数据价格的实时性，另一方面更侧重于制定数据的绝对价格，即实际交易价格，有利于促进数据交易的公平性和透明性，提高数据平台交易效率。

在检验绝对定价方法实际应用时，本节先以自爬虫方式采集了跨数据交易平台的在线数据，经数据清洗后根据绝对定价要素指标体系创建了绝对定价实验数据集，最后将基于 MAML 模型的数据绝对定价方法用在创建的数据集上，并设计消融和对比实验进行结果分析。由于加入了符合国内数据交易平台现状的动态定价要素指标，本节提出的绝对定价方法提高了价格的动态性，实验结果表明，使用模型无关的元学习模型有效提高了机器学习模型的泛化能力，在跨类别的小样本测试任务中准确率可达到 0.88，远超直接使用机器学习预测的准确率 0.67，同时本节运用的数据绝对定价方法的模型可解释度 R^2 较高，R^2 值均在 0.85 以上，充分证明构建的绝对定价要素指标体系与数据价格之间有良好的拟合性，方法的可解释性高。

在数据交易市场化初期，以合理方式制定数据价格是数据交易市场活跃发展的必要条件。本节从多个维度对数据价格进行分析，抓住不同类别数据产品价格变化的规律，利用元学习模型学习机器学习模型训练的过程，根据跨数据平台在线数据共性制定绝对定价方法。若该方法能应用于未来的数据市场，既能打破多数据中心的"信息孤岛"，促进对多数据交易平台的统一管理，促进大数据交易平台标准化运行，又能营造良好的数据市场交易氛围，促进买卖双方高效率交易，减少交易周期，促进数据交易市场化更进一步发展。

第五节 总结与对策政策建议

一、总结

本章分别从三个不同视角出发，对三种场景下的数据定价问题进行了研究。(1)从特定数据集特殊性视角出发，以个人数据集为例，提出了基于隐私的数据定价方法；从通用数据集视角，提出了基于数据质量(质)

和信息熵(量)的通用的数据集定价方法。考虑到价格的实践指导性和落地性，设计了数据实际交易价格预测模型、基于 MAML 元学习模型的实际数据定价模型。

二、对策政策建议

由于数据商品的特殊性，加上实践及理论的发展初期性，数据定价方法的发展和完善亟须在政策导向方面做出适当倾斜：

(1)设立数据定价管控机构：政府可以设立专门的机构来管控数据定价，制定相关政策和规定，确保数据交易市场的公平竞争和合理价格形成。管控机构可以负责定期审查、监督和评估数据交易市场的运行情况，并对不当行为进行处罚和取证。

(2)建立数据定价参考标准：政府可以参考国内外相关经验和案例，制定数据定价的参考标准。这些标准可以基于数据的价值、稀缺性、市场需求等因素进行制定，旨在提供一个公正、透明的数据定价依据，避免数据买卖中的不合理定价现象。

(3)促进数据估值方法研究：政府可以鼓励学术界和行业专家从事数据估值方法的研究，包括基于市场交易数据的定价模型、成本法、收益法等。通过深入研究和推广有效的数据估值方法，可以提升数据定价的科学性和准确性，避免不合理或过高的数据定价。

(4)建立数据交易市场规则：政府可以制定数据交易市场的规则和准则，明确数据交易的行为准则、数据交易的流程以及争议解决机制等。这样可以保障数据交易市场的健康发展，防止不正当行为和信息不对称等问题的发生。

(5)鼓励数据定价透明和公开：政府可以要求数据交易平台和相关参与方在数据交易过程中公开数据定价信息，并建立相应的信息披露机制。这样可以增加市场的透明度，帮助确定合理的数据定价，并加强管控部门对数据交易价格的监督和评估。

第4章 基于区块链的云边协同
数据交易平台原型系统

第一节 问题与挑战

数据交易平台提供了一个市场，使得数据的拥有者能够将其数据进行交易，并从中获取经济回报。这样，数据的价值可以得到充分的实现，激励更多的组织和个人投入数据收集和分析；也为各行业提供了一个共享数据的平台，不同组织之间可以通过数据交易平台互相购买、出售和共享数据，从而提升数据的利用效率和创新速度。通过更加广泛的数据使用，创新和发展将被大大促进。数据交易平台通过建立统一的数据交易规则和标准，确保数据交易的遵规性，确保数据交易的公平性和透明度；通过数据交易平台，组织可以共享自身的数据，获取其他组织的数据，从而获得更全面、更准确的信息。这种数据的共享和合作将推动跨组织间的合作关系，促进产业链上下游的协同发展。总的来说，数据交易平台的建设有助于实现数据价值的最大化，促进创新和发展，保障数据的安全和遵规性，推动数据共享和合作，以及提升数据治理的透明度和可信度。这对于推动数字经济的发展，提升社会效益具有重要的意义。

截至目前，国内已经成立了近80家数据交易平台，但现有数据交易平台跟传统电商平台上商品交易类似，对于数据商品本身需要特殊关注的如下基础性问题考虑不足。

一、数据侵权追踪难

数据商品不同于传统物质商品，可以几乎零成本无限复制传播，一旦数据的交易过程完成，数据的所有权也可能转移给数据消费者，这些消费者可以通过转卖来赚取利益。如果没有严格的知识产权保护与追踪机制，数据平台所有者可能会失去对数据的控制，因为数据消费者随后可以转移、共享或出售数据，从而导致竞争和冲突。数据资产化离不开确权这一必要步骤，唯有经此阶段，数据作为要素方可转化为资产，才能在市场规范交易、被深入开发利用，其价值才能得以不断释放。

然而，遗憾的是，当下的数据交易平台及相关研究，鲜有关注数据交易过程，尤其是交易后的侵权追踪问题。此外，从架构上讲，现有研究都侧重于区块链云端，确权服务的使用都在云端完成。

二、交易效率低下

同传统电子商务平台类似，交易的方便性、高效性是数据交易市场发展的关键环节。当下数据交易的效率低下，主要原因有除了定价采用了效率低下的协商、博弈等方式外，还有如下原因：（1）缺乏通用的标准化和规范化的数据交易规则，使得数据交易各方需要花费更多时间和资源来沟通、协商和适应不同的数据要求，从而降低了交易的效率。（2）数据交易涉及合同签订、安全保障等环节，需要耗费大量的时间和人力资源。

三、海量数据存储计算性能挑战

数据交易平台作为数据交易的场所，在大数据时代面临如下挑战：

（1）海量数据存储的可扩展性要求日益凸显。国际数据公司 IDC 调研显示，2020 年全球数据总量高达 60ZB，而中国数据增长尤为强劲。据预测，到 2025 年中国数据总量将飙升至 48.6ZB，在全球占比达 27.8%[1]。

（2）强大算力支持。现阶段，数据市场尚未建立统一定价规则，针对不同数据资产类型，定价标准可能各异。这些定价模型的实现，需要消耗巨量计算资源。同时，为兼顾用户体验，还要保证定价及时更新。

区块链技术在数据交易领域有着广泛的应用场景和潜力，其技术优势主要体现在数据的安全性和不可篡改性上。区块链技术通过分布式账本和加密算法，可以确保数据的安全性和完整性，防止数据被篡改。这对于需要高度安全性和信任度的数据处理场景（如金融、医疗等）非常有用。然而，区块链技术在处理海量大数据时也存在一些局限性。首先，区块链技术的处理速度相对较慢，因为每一笔交易都需要通过网络中的多个节点进行验证。其次，区块链技术需要存储所有的交易记录，这会占用大量的存储空间。最后，区块链技术的隐私保护能力也有待提高，因为所有的交易记录都是公开的。

综上所述，如何实现海量数据的安全高效交易和处理，是数据交易面临的一大挑战。

第二节　系统分析

一、交易环境支撑性功能需求分析

数据交易远非单纯的技术难题，而是一个跨越经济学、计算机科学、法律等诸多领域的交叉型问题。本部分从经济学、法学等学科出发，对数据交易平的构建需求进行系统深入挖掘分析。

(一)确权的可控可追溯

产权理论强调产权的明确性和可交易性。数据作为一种重要的资产，必须得到合法的保护和确权。在数据交易平台中，需要明确数据的所有权和使用权，保护数据所有者的权益。这需要平台设计出一套完善的数据确权和追溯机制，以便在数据交易过程中，可以清晰地追溯数据的来源和使用情况。通过确权的可控可追溯机制，数据供应者可以明确自己的数据权益，包括数据使用、分享和转让等方面的权利，让数据所有者可以了解其数据的使用情况，防止数据的滥用。这样可以防止未经授权的数据使用或滥用，并保护数据供应者的合法权益，增加数据交易的可信度和透明度。通过建立确权记录和审计机制，可以追溯每一次数据使用和交易的过程，确保数据使用和交易的合法性和遵规性。这有助于消除不确定因素，增强数据交易参与方对交易过程的信任，可以帮助保护用户个人隐私和数据安全。通过确权机制，用户可以授予特定的权限和许可，限制他人对其数据的访问和使用。这有助于降低个人信息泄露的风险，提高数据交易平台的安全性和可信度。为数据供应者和数据购买者提供了明确的权益保障和交易规则，鼓励更多的参与者加入数据交易中来。这有助于推动数据交易市场的繁荣和创新，促进数据的流通和有效利用。

(二)交易高效透明

信息不对称理论认为，市场中的一方拥有比另一方更多的信息，会导致市场失效。在数据交易平台中，设计需求需要解决信息不对称问题，提高市场效率。这需要平台设计出一套公开透明的数据评价和交易记录系统，让买卖双方都能获取到准确的数据信息，减少信息不对称带来的市场失灵。

交易成本理论认为，交易成本的高低会影响市场的运行效率。在数据交易平台中，设计需求需要降低交易成本，简化数据的交易流程，提高交易效率。这需要平台设计出一套高效的数据交易和结算系统，减少交易过程中的时间和金钱成本。

(三)隐私安全

外部性理论认为，经济行为可能会对外部环境产生影响，这种影响可能是正面的，也可能是负面的。在数据交易平台中，设计需求需要考虑到数据交易的外部性，防止数据的滥用和泄露。这需要设计出一套严格的数据安全和隐私保护机制，以防止数据交易过程中的负面外部性。

(四)交易合约的程序化实现及自动执行

契约理论认为，契约是规范经济行为的重要工具。在数据交易平台中，设计需求需要通过契约，规范数据交易行为。这需要设计出一套标准的数据交易合同，明确数据交易的权利和义务，降低交易风险。

交易合约可以借助程序代码自动生成并执行，可以确保交易的自动化执行，不依赖信任或人工干预，从而提高交易的可信度和效率。电子化交易合约通过去除中介和减少人为错误的风险，使数据交易过程更加可靠。执行过程被记录在系统上，可以实现交易的透明度和可追溯性。参与数据交易的各方可以查看合约的执行记录和交易细节，确保交易的公平性和一致性。其透明度也有助于减少争议和纠纷，提高交易的信任度。

(五)支持透明定价方法的接入

数据定价是数据交易的核心环节之一，能够直接影响到数据供应者和数据购买者的利益。通过供数定价方法接口，平台可以赋予用户更大的自主权和灵活性，让他们能够根据自身需求和市场条件来确定数据的价格，并进行交易。

不同类型的数据具有不同的价值和需求，因此数据定价方法需要考虑到数据的特性和市场需求的多样性。通过供数定价方法接口，平台可以支持各种不同的数据定价模型和策略，以满足不同类型数据和市场需求的定价要求。

数据定价的公平性对于数据交易市场的健康发展至关重要。通过供数定价方法接口，平台可以确保数据供应者和数据购买者在定价过程中参与公平竞争，并根据市场供需关系制定合理的价格策略。这有助于促进市场的发展和繁荣，同时保护各方的利益。

（六）系统的可扩展性和高效性

网络效应理论认为，网络的价值与网络的规模成正比。随着数据交易市场的发展和用户数量的增加，数据交易平台需要处理越来越多的数据和用户请求。在数据交易平台的设计中，需要考虑网络效应，在平台规模扩大，实现规模经济时，需重点考虑系统的扩展性。一个具有良好可扩展性的平台能够有效应对业务的快速增长，确保高效的数据交易和顺畅的用户体验。一个可扩展的平台可以根据业务需求进行弹性扩展，避免过度投入或资源浪费。通过按需分配资源，平台可以降低成本并减少不必要的资源浪费。此外，可扩展性还可以降低因系统崩溃或性能下降而导致的业务中断和不良影响的风险。

此外，快速的响应速度是一个成功的数据交易平台的关键特征。用户希望能够迅速地访问和交易数据，而不用等待过长的时间。高性能的系统可以显著减少数据查询、交易和传输的延迟，提供即时的结果和反馈。

二、功能性需求分析

以数据资产化为背景，提出了基于区块链的云边协同技术架构的总体设计目标。通过对数据交易中数据供应者、数据购买者及数据交易平台等各参与方的功能性需求和非功能性需求进行综合分析，为系统设计提供输入。

（一）主体功能性需求

对于数据交易系统设计而言，首先需要回答三个核心问题：
（1）谁拥有、访问、使用数据资产和谁从数据资产中受益。
（2）交易的平台是否可靠和透明。
（3）如何评估数据资产的价值。

为应对上述三个问题，系统须至少包含数据所有者、数据消费者和交易平台这三类角色。以下将逐一剖析各方对功能的诉求。

1. 数据所有者

数据所有者的需求可概述为：具备对其数据完整的所有权，故而其对数据使用者的知情是必须的。同时，数据使用的透明度、不变性与追踪能力也是关键。除了这些基础需求，还有其他具体要求。数据需作为边缘资源提供。数据持有者对自己的数据拥有确凿的所有权，并有权了解其数据的使用方，以便能够审查购买记录。再者，数据持有者在区块链上仅限于查询权限而无法进行数据的写入。数据所有者的用例图见图 4-1。

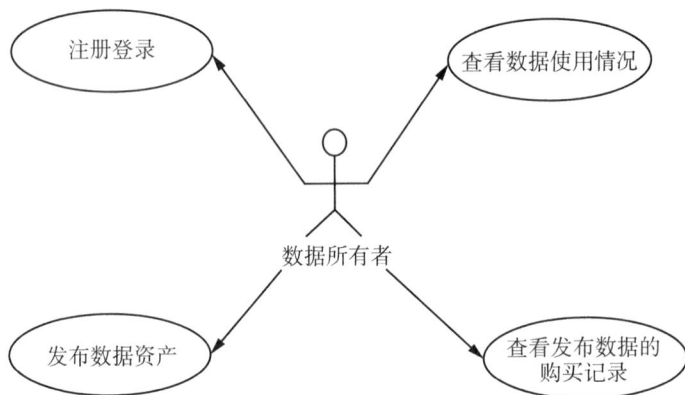

图 4-1　数据所有者用例图

2. 数据消费者

数据消费者的主要需求是，他们需要知道数据的价格及其波动①，还需要确保这个信息是可信可追溯且不可修改的。

数据使用者的核心需求集中于获悉数据定价及其变动情况，并要求该信息具有可信性、可追溯性以及不可更改性。在满足这些主要需求的基础上，进一步的具体需求包括：(1)数据使用者享有数据购买权；(2)在交易时，他们应能掌握当前及过往的数据价格信息；(3)为确保交易的真实性，必须在区块链上记录交易详情；(4)数据使用者可以持有数据，但须得到区块链网络的认证。与数据所有者相同，数据使用者在区块链上的权限也仅限于查询权限，没有写入权限。数据消费者的用例图如图 4-2 所示。

3. 平台方

数据交易平台是数据交易市场的代表，其要实现的职责为：(1)具备海量数据存储和处理能力。由于考虑到数据量可能比较大，交易平台应具备大规模可扩展能力。(2)具备从边缘侧向一处集中的(n 对 1)模式，以

----

① 这里的波动主要指价格的波动，而价格的波动主要是由数据的交易流水体现。

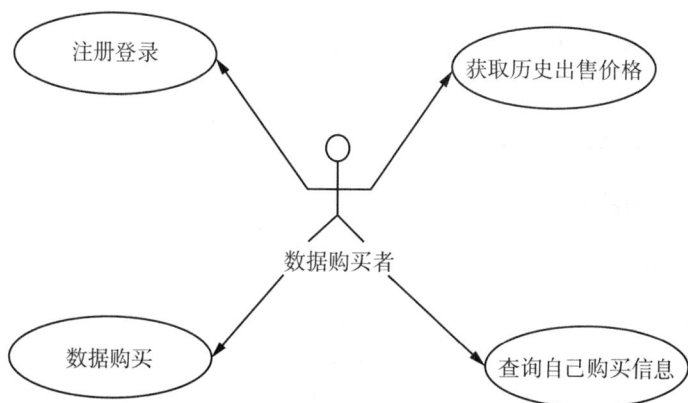

图 4-2　数据消费者用例图

支撑众多且分散数据的集中汇聚。此功能主要实现海量数据的聚集，以为某些分析(如人工智能模型训练)提供建模数据的"量"的支撑。(3)需要为数据定价、供需匹配以及利润分配等算法与模型训练与验证等提供接口和验证。平台方用例图见图 4-3。

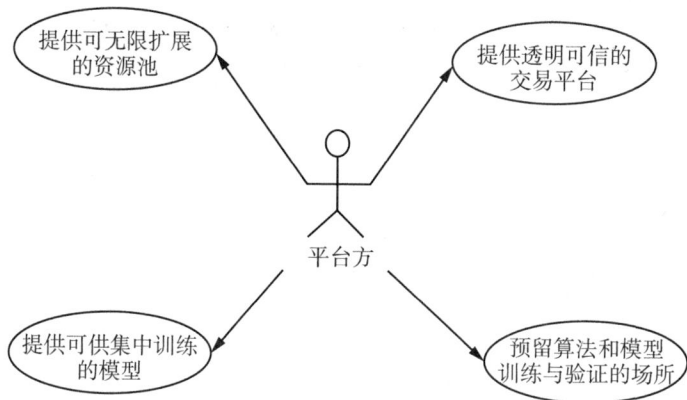

图 4-3　平台方用例图

(二)非功能性需求

(1)稳定性：系统需要能够保持长期稳定运行，须最大限度地消除潜在的薄弱环节。

(2)及时性：数据交易广泛涉及交易信息的记录、价格的计算、数据访问信息的上链记录等，考虑到用户体验和系统处理能力，这些处理都需要及时完成。

（3）安全性：如前文所述，数据交易的安全性是交易的基础性需求，交易平台应提供安全保障，包括且不限于用户管理、数据资产本身、数据交易信息、数据使用访问信息等，确保交易的公平、安全透明。

三、市场模型

在本节中研究的数据交易市场模型是一种集中的双边市场模型，其结构如图 4-4 所示。平台作为数据交易的枢纽，在确保数据拥有方权益的同时，以合法合规的方式对数据进行流通和变现。依托先进的定价模型和计算方法，平台能够合理定夺数据价格，从中获取一定的收益。有数据需求的消费者，则可通过向数据持有方支付费用的方式，获得所需的特定数据资源。

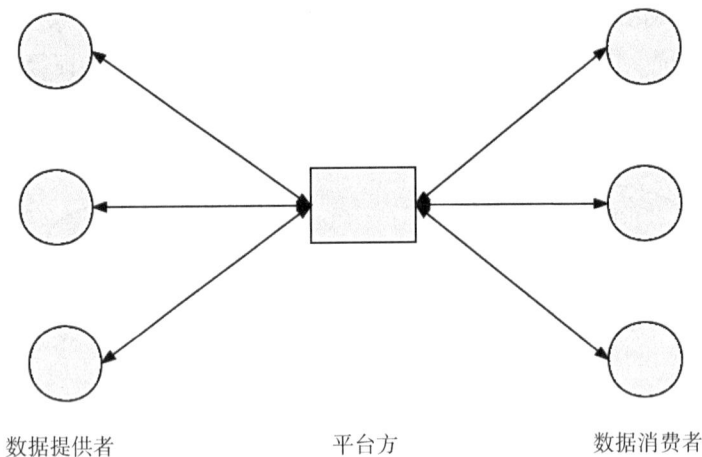

数据提供者　　　　　　　　平台方　　　　　　　　数据消费者

图 4-4　市场模型

第三节　云边协同框架的设计

一、云边协同与区块链

云计算架构，以其强大的计算能力、灵活的扩展性和经济的成本效益，已经成为现代信息技术的重要支撑。然而，随着物联网、移动计算、人工智能等技术的快速发展，云计算架构的一些固有不足也逐渐暴露出来。首先，由于数据需要在用户设备和云数据中心之间传输，网络延迟和带宽限制可能会影响到应用的响应速度和用户体验，特别是对于需要实时或近实时响应的应用，如自动驾驶、在线游戏、远程医疗等。其次，随着数据量的爆炸性增长，将所有数据上传到云端进行处理，不仅会消耗大量的网络带宽，也可能引发数据安全和隐私保护的问题。此外，云计算模型依赖于稳定可靠的网络连接，一旦网络连接中断，可能会导致服务不可用。

为了解决这些问题，云边协同架构[169]应运而生。云边协同架构是一种新型的计算模型，它将计算任务分布在靠近数据源的边缘设备和云数据中心之间，充分利用了云计算的强大计算能力和边缘计算的低延迟优势。在云边协同架构中，一部分计算任务在边缘设备上进行，这可以大大减少数据传输的延迟，提高应用的响应速度。同时，通过在边缘设备上进行初步的数据处理和分析，可以减少需要上传到云端的数据量，节省网络带宽，同时也有助于保护用户的数据隐私。此外，由于边缘设备通常与数据源在同一地理位置，即使云服务不可用，边缘设备也可以继续提供服务，从而提高了系统的可用性。

云边协同架构的优势在许多领域都得到了体现。例如，在智能交通系统中，通过在路边单元上进行实时的交通信息处理和车辆控制，可以实现高效的交通管理，提高道路安全。在智能家居中，通过在家庭网关上进行智能设备的控制和数据分析，可以实现个性化的家庭服务，提高用户体验。

总的来说，云边协同架构通过充分利用云计算和边缘计算的优势，为实现低延迟、高带宽、高安全性和高可用性的应用提供了一种有效的解决方案。随着5G、物联网和人工智能等技术的发展，云边协同架构的应用将会越来越广泛，它将在未来的智能化社会中发挥重要的作用。

尽管云边协同这一计算模式为用户提供了便利，但其在公平性和透明度方面仍存在不足，导致用户对云服务提供商缺乏信任，进而阻碍了云边协同的进一步发展。区块链技术以其高度可靠、透明且不可篡改的分布式特性，能够与云边协同形成互补，有效解决双方互不信任的困境。因此，将云边协同与区块链技术相结合，取长补短，优势互补，是一种颇具前景的发展方向。

本节在分析云边协同和区块链特点的基础上，提出了一种创新的云边协同数据交易框架。该框架利用云端资源存储边缘设备产生的数据，提供数据定价模型的实现接口，依托边缘计算的低时延特性解决定价的实时性需求。此外，框架底层引入区块链和智能合约技术，从而确保交易过程的公平、透明和可追溯，有效缓解了数据交易过程中的不可控和不透明问题，为构建数据资产交易平台探索出一条可行之路。

二、架构设计

(一)设计目标

以数据确权保护为基础保障，提供海量数据的存储和交易平台，使供需双方可以在公开、透明的环境下进行数据交易，确保数据交易的透明性、安全可靠性和合理性。据此，本系统的设计目标为：

(1)可扩展的海量数据存储和交易。数据交易平台的基础功能是海量数据的存储和交易，考虑到网络效应，系统也必须具备高度可扩展性，以适应未来交易量的发展。

(2)可信安全、不可修改且可追溯的数据管理、数据交易、数据使用情况记录机制。此机制对于保护数据所有权、确保交易的真实性和有效性至关重要，因为它可以防止数据泄露、篡改和滥用，同时也为数据的合法使用提供法律依据。此外，这种机制还为平台提供了强大的信誉支持，增加了用户的信任度，促进了健康的数据生态系统的形成和发展。

(3)高效透明的交易。数据交易平台的交易必须高效透明，因为这保证了交易双方能够即时获取关键信息，加快决策过程，从而提升整个市场的流动性和响应速度。同时，透明性是建立市场信任、防止欺诈行为和确保遵规性的关键，它使所有参与者都能在一个公平的环境中进行交易，维护了市场的健康运行和稳定发展。

本系统将基于区块链和云边协同框架来实现以上设计目标。借助区块链技术，数据的真实性、不可篡改性以及溯源性都将得到有力保障。同时，运行于区块链之上的智能合约，将使得传统意义上作为信任背书的第三方机构变得不再必要，各参与方的隐私也将得到充分保护。此外，智能合约还能确保相关约定具备法律效力，并实现高效的自主执行。在架构层面，云边协同的框架也将发挥重要作用。其中，HDFS 将用于应对海量数据存储和弹性扩展的需求，而 Spark 则将负责解决高并发计算处理的难题。

（二）总体架构设计

依据以上目标，基于云边协同理念，设计了数据交易平台原型系统架构，如图 4-5 所示。该架构采用的 n 对 1 模式，允许数据持有者和购买者通过客户端访问系统。

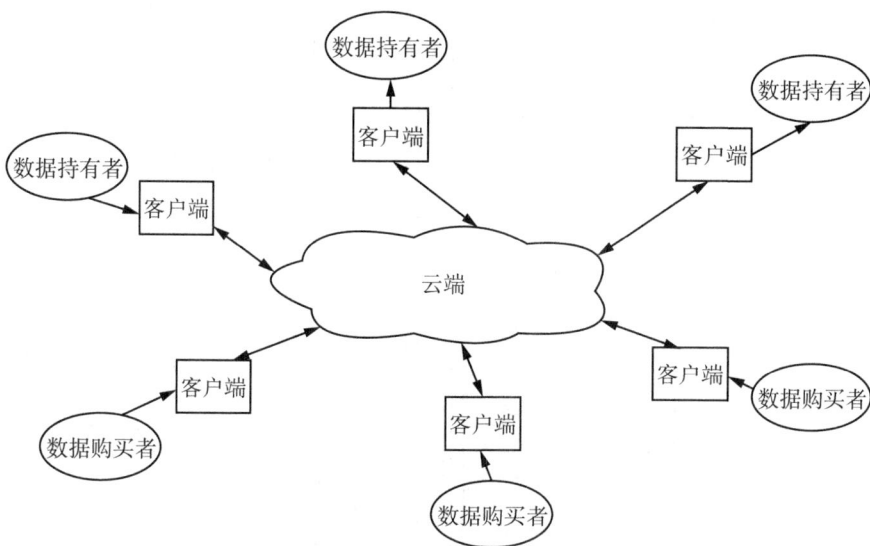

图 4-5　云边协同的总体结构

在这一架构中，采用了一种"多对一"的设计模式。通过这种模式，无论是数据的持有者还是购买者，都可以借助客户端来访问整个系统。从整体上看，该系统由三大部分构成，分别是边缘客户端、区块链以及云端。其中，所谓的边缘客户端，实际上就是指用户自己的个人电脑或移动设备。对于数据持有者而言，他们可以利用边缘客户端将手中的数据上传到云端进行存储，同时还能从区块链上获取与交易相关的流水信息以及数据使用情况等内容。而对于数据消费者来说，他们同样可以通过客户端来查询自己感兴趣的数据的价格，并在需要时直接使用这些数据。值得一提的是，所有与交易相关的流水信息以及数据使用情况，都将通过智能合约的方式被记录在区块链之上，从而确保其安全性与不可篡改性。

在这个系统中，采用了一种"云-边"的架构模式。具体来说，整个架构可以被划分为两大部分：云端和边缘（详见图 4-6 所示）。如果进一步深入云端内部，会发现它又可以被细分为两个不同的层次：一个是云端区块

数据购买者

数据持有者

返回报价结果

查询数据价格
以及使用数据

获取购买记录以及
数据使用情况

提供数据

客户端

数据库
数据信息

用户使用数据信息上链

购买的数据返回边缘侧

链上数据获取

区块链

智能合约

区块链节点

CA认证平台

交易流水信息上链

Hadoop

Yarn

HDFS

Spark

资源池

（提供数据处理，以及数据资产定价、供需匹配以及
利润分配等算法与模型进行训练与验证的场所）

平台方

云端

持有者数据
发送云端
保存

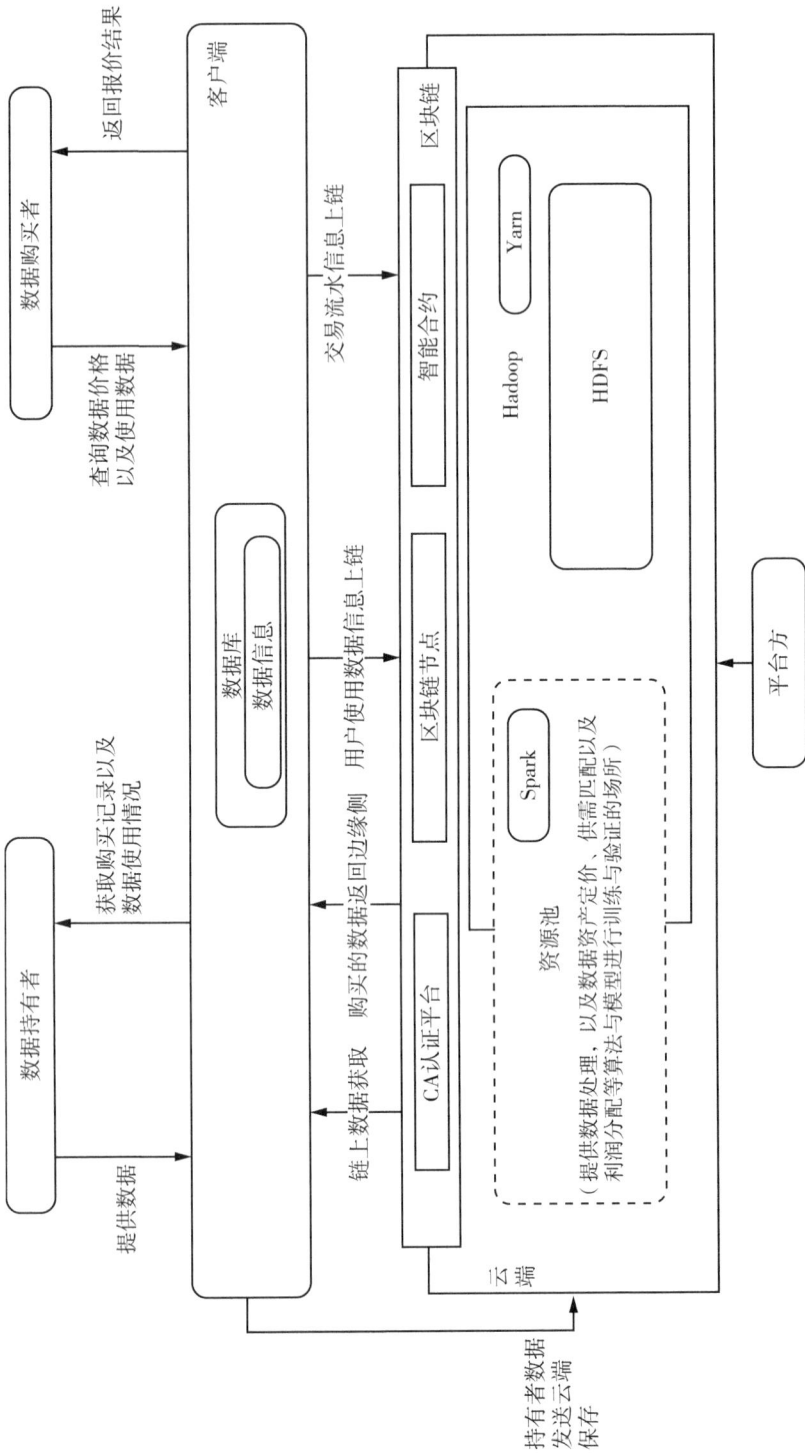

图4-6 框架结构图

链层，另一个则是云端数据存储层。云端区块链层的主要作用，在于确保所有交易都能够以一种透明、不可篡改且可追溯的方式进行。通过引入区块链技术，可以有效地消除对传统意义上的"可信第三方"的依赖，从而最大限度地保护各参与方的隐私。与此同时，区块链还能够确保所有的合约都具有法律效力，并能够实现自动化执行，大大提高了整个系统的效率。而云端数据存储层，其核心任务则是为海量数据提供一个可扩展的存储空间。借助先进的分布式存储技术，可以轻松应对数据规模不断增长所带来的挑战，确保系统能够长期稳定运行。

Spark 集群是云端数据存储层的主要组成部分。由于区块链存储及性能限制，这个集群由多个不同的组件构成，包括 HDFS、Spark、Yarn 以及 Zookeeper 等。其中，Hadoop 的 HDFS 扮演着至关重要的角色。它不仅承担了存储数据的重任，而且还能够确保即便面对海量数据，整个系统也能够保持高度的可靠性和可扩展性。与此同时，Spark 则专注于对这些海量数据进行高效处理。借助其强大的计算引擎，可以快速完成各种复杂的数据分析和挖掘任务。

为了确保整个集群能够高效运转，还引入了 Yarn 作为任务调度器。通过 Yarn，可以实现对集群资源的统一管理和动态分配，从而最大限度地提高资源利用率。此外，考虑到高可用性的需求，还特意加入了 Zookeeper 提供分布式协调服务。有了 Zookeeper 的加持，即便面对节点失效等意外情况，整个集群也能够保持稳定运行，确保业务连续性。

边缘侧的主要目的是提高用户体验度并确保系统的实时性。它配备了一个数据库，让用户能够实时查看数据和流水等信息，增强用户使用的实时性。

(三)数据库设计

在这个数据交易系统中，采用了一种"区块链+关系数据库"的混合存储方案。虽然大部分关键信息都已经被记录在区块链上，但仍有一些非核心的业务数据和必要的配套信息需要依赖传统的关系型数据库来存储。经过慎重考虑，最终选择了 MySQL 作为后台数据库。作为当今极为流行的开源数据库之一，MySQL 不仅拥有强大的功能，而且也有着广泛的社区支持。在实际设计过程中，严格遵循了第三范式的原则，以确保数据库的合理性和高效性。为了直观地展示数据库的结构，特意绘制了一张 E-R 图(如图 4-7 所示)。

通过这张图，可以清晰地看出各个实体之间的关联关系，以及每个实

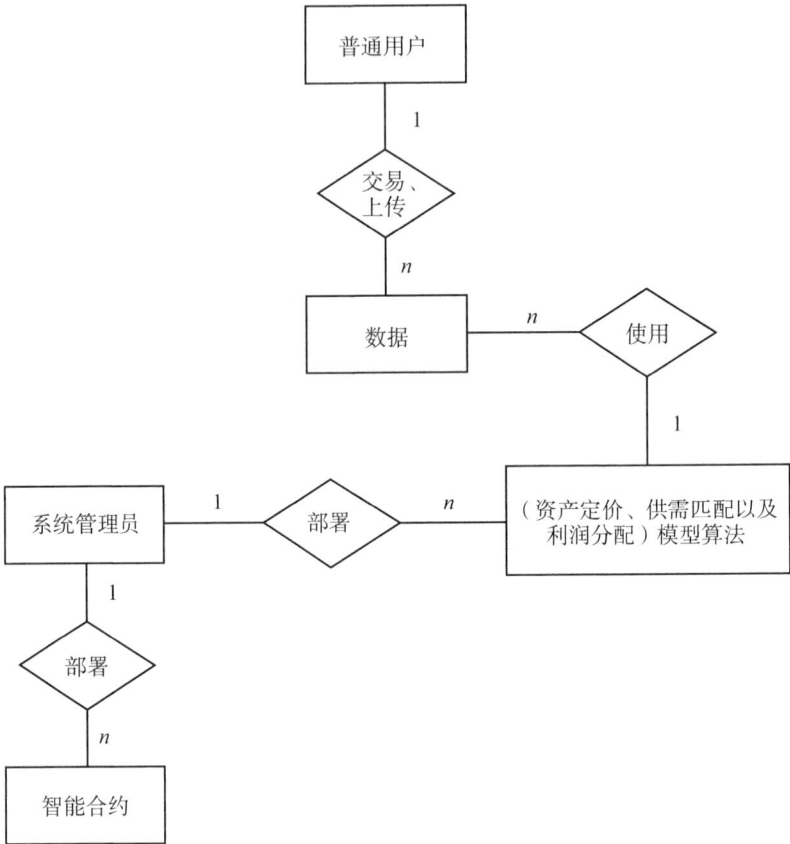

图 4-7　数据库 E-R 图设计

体所包含的属性信息。在此基础上，在数据库服务器中创建了一个名为
"dataAsset"的数据库。该数据库中包含多个具体的实体表，其中部分重要
的表结构如表 4-1 至表 4-5 所示。其中部分表信息在此处描述如下（其他
部分表结构信息见后）：（1）智能合约信息表（见表 4-2）。顾名思义，这张
表主要用于存储与智能合约相关的各种信息，共有 5 个字段，分别代表合
约 ID、版本号、版本说明、合约路径以及智能合约的状态。（2）数据资产
信息表（见表 4-4）。作为一个数据交易系统，数据资产无疑是核心要素之
一。因此，专门设计了这张表，用于存储各种数据资产的相关信息，如数
据资产的 ID、名称、发行时间、国家、创建 ID 和所有者 ID。（3）模型算
法信息表（见表 4-5）。在实际的数据交易过程中，经常需要用到各种模型
和算法。为了方便管理和调用，将这些模型和算法的相关信息都存储在了
这张表中。模型算法信息表包含 5 个字段，分别是模型算法的名称、类
型、状态和机构或个人 ID。（4）流水信息表。每一笔数据交易，都会在系

统中产生相应的流水记录。这张表就是专门用来存储这些流水信息的，为后续的审计和分析提供重要的数据基础。(5)数据使用情况信息表。对于每一个数据资产，都需要详细记录它的使用情况。通过这 7 张表的有机配合，构建了一个完整、严谨的数据存储体系，为整个交易系统的运行提供了坚实的基础。

表 4-1 交易后台系统信息表

序号	表 名	存 储 信 息
1	d_chainnode	智能合约信息
2	d_user	用户信息
3	d_asset	数据资产信息
4	d_manager	系统管理员信息
5	d_model	模型算法信息
6	d_turnover	交易流水信息
7	d_usage	数据使用情况信息

表 4-2 智能合约信息表

字段名	数据类型	长度	Null	说 明
id	varchar	200	否	合约 ID
version	varchar	100	是	版本号
description	varchar	500	是	版本说明
chaincodepath	varchar	100	是	合约路径
state	int	2	否	状态：1 正在使用，0 未在使用

表 4-3 用户信息表

字段名	数据类型	长度	Null	说 明
id	varchar	20	否	用户 ID
username	varchar	50	否	用户名
password	varchar	50	否	密码
state	int	2	否	状态：1 正常，0 异常

表 4-4 数据资产信息表

字段名	数据类型	长度	Null	说　明
id	varchar	20	否	数据资产 ID
name	varchar	50	否	数据资产名
issuetime	datetiome	50	否	发行时间
state	int	2	否	状态：1 正常，0 异常
createid	varchat	32	否	所有者 ID

表 4-5 模型算法信息表

字段名	数据类型	长度	Null	说　明
id	varchar	20	否	模型 ID
name	varchar	50	否	算法名
businesstype	varchar	20	是	类型
state	int	2	否	状态：1 正常，0 异常
orgid	varchat	32	否	所属机构或个人 ID

（四）模块设计时序图

数据资产交易无疑是最受用户关注的核心模块，其时序图如图 4-8 所示。当一个普通用户想要购买数据资产时，他首先需要将交易请求提交给 Web 后台。作为系统的"总指挥"，Web 后台会立即向区块链发出查询请求，询问相关的交易信息。区块链在收到这个查询请求后，会立即在链上进行信息查询，并将查询结果返回给 Web 后台。如果用户确认要进行交易，区块链就会正式提交交易信息。接下来，区块链会向相邻节点发出共识请求，以确保交易的有效性和一致性。如果共识过程顺利完成，区块链就会将交易结果返回给 Web 后台。在整个过程的最后，Web 后台会在数据库中永久保存这条交易记录，并将最终的交易结果返回给用户。通过这种方式，确保了每一笔数据交易都是安全、透明、不可篡改的。通过区块链和 Web 后台的密切配合，为用户提供了一个高效、可靠的数据交易平台，让数据资产的流通变得前所未有的顺畅和安全。

系统中，超级管理员扮演着至关重要的角色，肩负着随时更换智能合约的重任。这是因为，随着业务需求的不断变化，经常需要对智能合约进

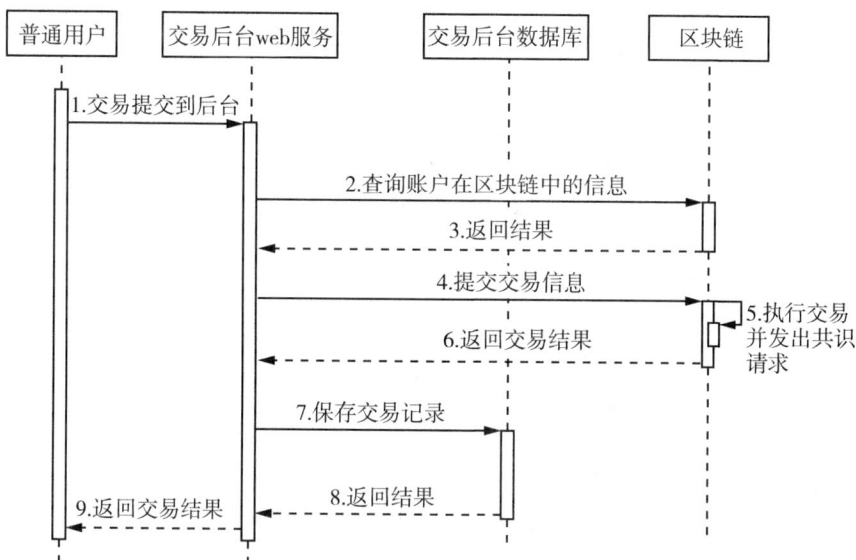

图 4-8　用户交易的模块时序图设计

行替换和升级，以确保系统能够与时俱进。此过程对应的流程图如图4-9所示。

当超级管理员需要上传新的合约时，他们首先要向 Web 端发送一个上传请求。作为系统的"前哨"，Web 端会对收到的请求进行初步筛查，检查上传的文件是否符合规范。如果文件检查通过，Web 端就会将其转交给后台的文件管理模块进行处理。在完成处理后，文件管理模块会将结果返回给 Web 端。Web 端则会将文件的相关信息记录到数据库中，并将最终结果反馈给超级管理员。然而，上传合约只是第一步，要让新的合约真正生效，还需要对其进行部署。部署过程同样是由超级管理员发起的。他们需要向 Web 端发送一个部署请求。收到请求后，Web 端会首先查询数据库，检查是否存在相应的合约文件信息。如果一切就绪，Web 端就会正式向区块链提交部署请求。一旦部署完成，Web 端会及时更新数据库中的合约状态，并将部署结果返回给超级管理员。通过这一系列的流程，确保了智能合约的更新和部署都能够在可控的范围内进行，并且每一步都有据可查，极大地提高了系统的可管理性和透明度。

在这个数据资产交易系统中，商品管理模块扮演着不可或缺的角色，其时序图如图 4-10 所示。

从图中可以看出，整个商品管理过程涉及多个类的协同工作。首先，

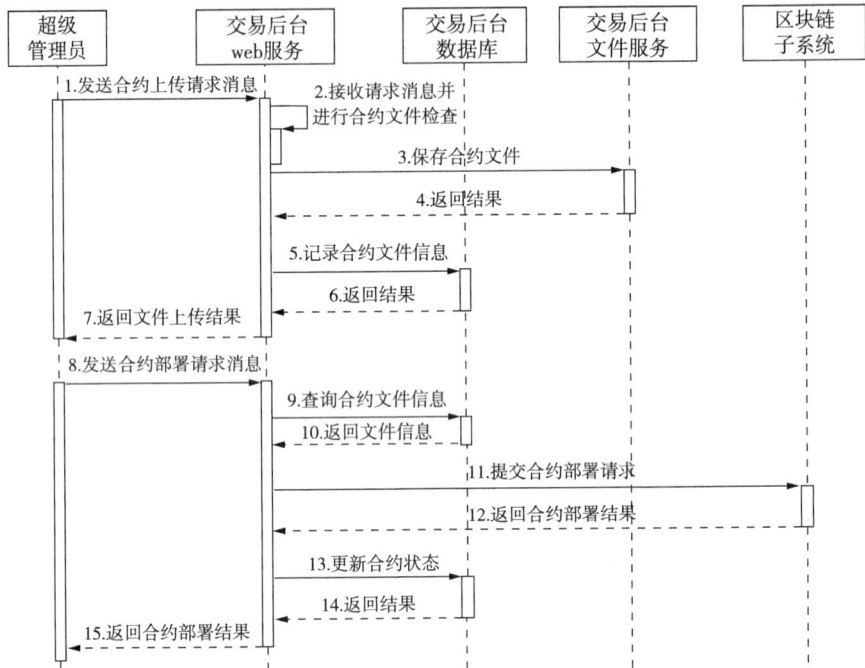

图 4-9　智能合约上传时序图设计

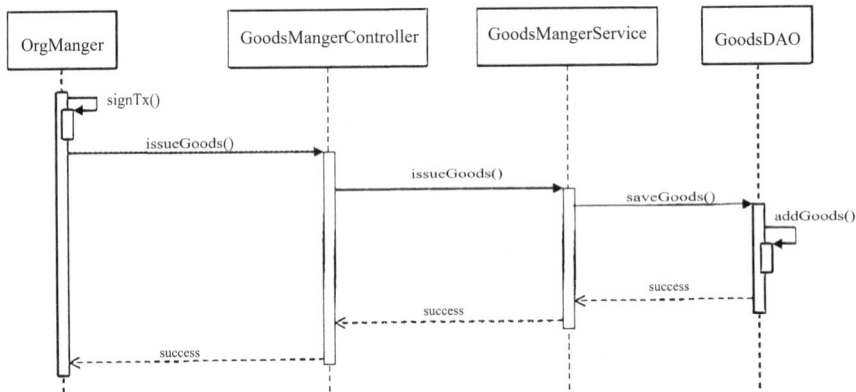

图 4-10　商品管理模块时序图设计

作为发起者的 orgManager 类会向 controller 类发送一个请求，表明它需要进行某种商品管理操作。controller 类在收到请求后，并不会立即进行处理，而是将这个请求继续向下传递给专门负责业务逻辑的服务类。服务类在接到请求后，会对其进行必要的分析和处理，并将结果封装成一个新的请求，发送给数据访问层的 DAO 类。DAO 类可以看作是整个系统的"数据管家"，它负责与底层数据库进行直接沟通。在收到服务类的请求后，DAO 类会根据请求的内容，对数据库进行相应的操作，例如查询、插入、更新等。一旦数据库操作完成，DAO 类就会将结果层层返回，经由服务类、controller 类，最终传递给最初的请求发起者 orgManager 类。通过这种分层设计和请求传递机制，实现了商品管理模块的高内聚低耦合，使得系统的可维护性和可扩展性大大提高。这个时序图生动地展示了商品管理模块的内部工作流程，让我们对其有了更直观、更全面的认识。通过 orgManager 类、controller 类、服务类和 DAO 类的密切配合，构建了一个高效、可靠的商品管理体系，为整个数据资产交易平台的运营提供了有力的支撑。

　　数据持有者在这个系统中享有特殊的权益。作为数据的拥有者，他们不仅可以自由地使用和管理自己的数据，还可以随时查询与这些数据相关的历史交易信息。该查询过程对应的序列图如图 4-11 所示。

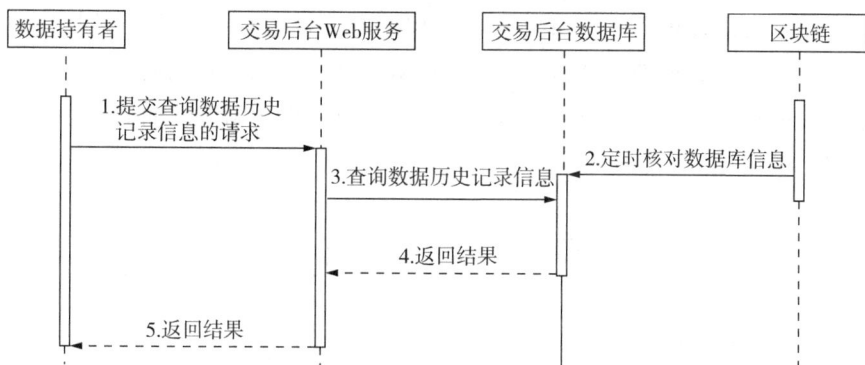

图 4-11　数据持有者查询历史交易信息时序图

　　从图中可以看出，当数据持有者需要查询数据的历史交易信息时，他首先要向系统的后台 Web 服务发送一个查询请求，Web 服务在收到请求后，会向数据库发出访问申请。数据库在收到申请后，会将与请求相关的历史交易信息，返回给 Web 服务器。Web 服务器在收到数据库返回的结果后，会对其进行必要的加工和美化，然后以一种用户友好的方式，将最终的查询结果呈现给数据持有者。通过这个流程，数据持有者可以方便、快捷地查询自己数据的历史交易情况，这不仅满足了他们的知情权，也为他们后续的决策提供了重要的参考。这个查询功能的实现，充分体现了对数据持有者权益的尊重和保护。通过 Web 服务和数据库的紧密配合，为数据持有者搭建了一个高效、透明的信息查询通道，让他们能够时刻掌握自己数据的"动向"，真正成为数据的主人。

对于数据消费者而言，购买数据是一个至关重要的过程。该购买过程对应的时序图如图 4-12 所示。当数据消费者需要购买数据时，他们首先要向系统的后台 Web 服务提交一个查询请求。这个请求就像一封"订单"，表明了数据消费者的购买意向。Web 服务在收到这个"订单"后，会立即启动一个"调查"程序，向数据库"档案室"发出访问申请，以查询与该数据相关的历史交易记录。数据库"档案室"在收到申请后，会立即开始"翻箱倒柜"，在浩瀚的数据"档案"中搜寻相关的交易记录。一旦找到了所需的信息，数据库就会将这些信息"装订"成册，送回给 Web 服务"部门"。Web 服务"部门"在收到数据库返回的结果后，会对其进行必要的"包装"和"装饰"，然后以一种用户友好的方式，将最终的查询结果"呈现"给数据消费者。通过这个流程，数据消费者可以方便、快捷地了解自己想要购买的数据的历史交易情况，这不仅可以帮助他们做出更明智的购买决策，也为整个交易过程提供了重要的参考和保障。通过 Web 服务和数据库的密切配合，为数据消费者搭建了一个高效、透明的信息查询通道，让他们能够在购买数据之前，对数据有一个全面、准确的了解，从而做出最有利于自己的选择。

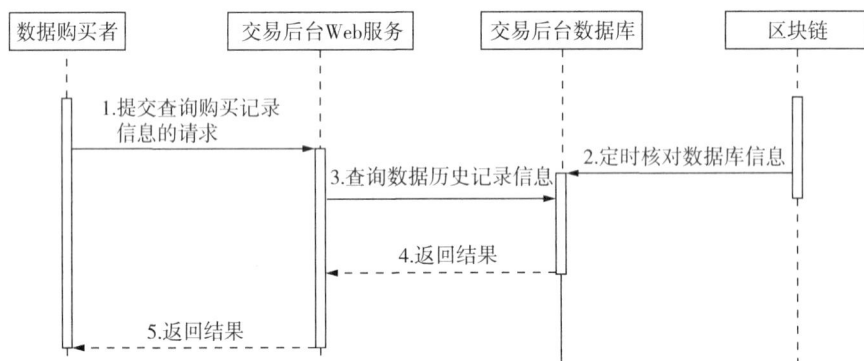

图 4-12　数据消费者查询购买记录信息时序图

三、区块链子系统的设计

在这一节中，将聚焦于整个系统的核心组成部分之一——区块链子系统。这个子系统可以说是整个系统的"心脏"，它通过智能合约的自动化处理，为整个系统的业务运转提供了最基础、最关键的服务保障。在开始设计和开发这个子系统之前，首先要做的就是选择一个合适的区块链技术平台。这就像是为心脏选择一个强健的"支架"，关系到整个系统的健康与否。为此，对市面上的各种区块链平台进行了全面、深入的性能评估和量化分析，最终锁定了最适合本系统需求的区块链。有了坚实的技术平台作为基础，就可以着手构建区块链子系统的总体架构了。这就像是在心脏"支架"的基础上，安装各种"管道""阀门"和"泵"，让数据在系统的各个部分之间高效、有序地流动，让业务在智能合约的自动化处理下井然有序地运转。当然，在这个过程中，智能合约的设计是一个至关重要的环节。它们就像是心脏的"瓣膜"，控制着数据的流向和业务的走向。在设计智能合约时，秉承了高效、安全、可靠的原则，力求为整个系统的运行提供最优质、最可靠的服务。通过这一系列的工作，构建了一个强健、高效的区块链子系统，为整个数据资产交易平台的运行奠定了坚实的基础。这个子系统就像是一颗永不疲倦的"心脏"，时刻跳动，为整个系统的生命力提供源源不断的动力。

（一）区块链技术选型

区块链改变了数据存储和交易的方式，其本质理念是可以摆脱中间商，实现去中心化的数据管理目的，其实现主要包括三种类型：公有链、私有链和联盟链。

以太坊（Ethereum）和超级账本 Hyperledger Fabric 是两个广泛使用的区块链平台，但它们在设计哲学、目标受众和功能上有显著差异。以太坊是一个开放的、去中心化的公共区块链平台，任何人都可以参与网络并查看交易和数据；有自己的加密货币 Ether（ETH），用于支付交易费用和激励网络维护；支持智能合约；节点需要通过挖矿来达成共识，需要耗费较多资源和时间。

Hyperledger Fabric 是一个许可的私有区块链平台，不同于以太坊区块链，Hyperledger Fabric 参与者需要授权才能加入网络。但 Fabric 不需要原生加密货币来运作，交易成本低；其设计采取模块化架构，支持插件式的共识和身份管理，可以根据需要进行定制；也不需要挖矿，使用了更高效的共识机制。

考虑数据交易平台对高效率、高隐私、高可控的需求，并且不涉及公共网络或加密货币交易，Hyperledger Fabric 更适合数据交易场景。其优点如下：

（1）隐私保护。Fabric 通过通道（Channels）和私有数据（Private Data）概念提供了更好的隐私控制，使得敏感信息仅对授权的参与者可见。

（2）性能和效率。由于其许可性质和更高效的共识机制，Fabric 能够处理更高的交易吞吐量，更适合商业应用[170]。

（3）灵活性和可控性。Fabric 的模块化设计使得企业能够根据自身需求定制区块链解决方案，包括成员管理、共识算法等。

（4）成熟的企业支持。作为 Hyperledger 项目的一部分，Fabric 得到了 IBM 等大企业的支持，拥有良好的技术支持和社区生态。

（5）无须加密货币。对于不希望涉及加密货币的企业，Fabric 是一个更好的选择，因为它自身不涉及挖矿或加密货币交易。

（6）遵规性。对于需要符合严格管控要求的企业，Fabric 提供了更多的遵规性控制工具。

基于以上分析，最终决定使用 Hyperledger Fabric 作为该系统的区块链技术基础。这一选择可以有效地应对海量数据上链可能引发的各种技术挑战和性能瓶颈，为系统的稳定运行提供强有力的保障。

（二）区块链子系统结构

区块链子系统主要以 Hyperledger Fabric 为基础搭建。图 4-13 显示了区块链子系统的主要组成部分：区块链节点、Web 服务、智能合约和服务节点。智能合约规定用户、数据信息、数据交易流水以及用户使用信息结构体的数据结构，从而使系统能够自动进行数据资产交易。成员服务包括 Fabric 的自身工具和成员身份管理机制。

在原型系统中，区块链子系统就像一座高耸入云的摩天大楼，而 Hyperledger Fabric 则是这座大楼的地基和钢骨架构。它为整个子系统提供了坚实、可靠的技术支撑。如果把目光投向这座"摩天大楼"的内部（如图 4-13 所示），会发现它由几个重要的"功能区"组成：区块链节点、Web 服务、智能合约和服务节点。它们就像大楼中的不同部门，各司其职，密切配合，共同维系着整个子系统的运转。其中，智能合约可以看作这座大楼的"法律部"。它规定了用户、数据信息、数据交易流水以及用户使用信息结构体的"法律条文"，让整个系统能够按照预定的规则，自动、有序地进行数据资产交易。没有了智能合约的"法治"，整个系统就会陷入混乱和无序。在这座大楼中，还有一个特殊的"部门"——成员服务。它就像是大楼的"人力资源部"，负责管理每个成员的身份和权限。这个部门拥有 Fabric 提供的一整套"招聘工具"和"管理制度"，可以有效地甄选和

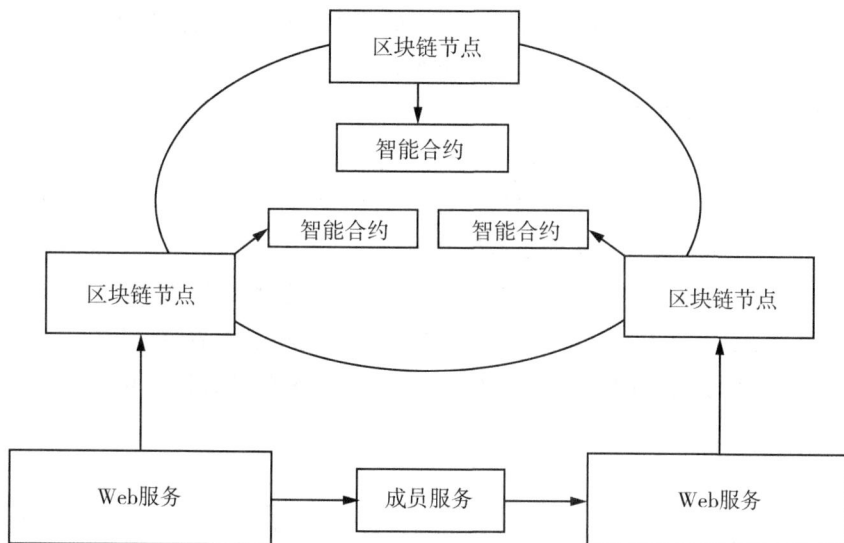

图 4-13　区块链子系统结构

管理每一个进入系统的成员，确保整个系统的安全和可控。

平台部署完成后，Web 服务会通过向区块链节点发送 HTTP 请求的方式，调用相应的合约部署接口，从而实现智能合约的部署。在此过程中，每个区块链节点都会利用容器技术进行智能合约的部署，这为后续智能合约的顺利执行提供了必要的技术基础和运行环境。当区块链节点接收到来自交易后台的交易请求时，它会首先在容器中对智能合约进行预执行，以验证交易的合法性和可行性。随后，节点会将预执行的结果广播给其他节点，通过共识机制来确保各节点对交易的一致性认知。一旦达成共识，交易就会被正式确认并记录到区块链的分布式账本中。这种通过共识算法来保证交易记录的安全性和不可篡改性，是区块链技术的核心特征之一。通过这种方式，智能合约在部署后能够自动、高效地执行，并根据预设的规则和逻辑对交易进行验证和处理。这不仅提高了交易的速度和效率，也极大地增强了系统的可信度和安全性。

综上所述，Web 服务、区块链节点、容器技术和共识算法的有机结合，构成了该平台智能合约部署和执行的基本流程。这一流程的设计和实现，充分体现了区块链技术在分布式系统中的优势和价值，为平台的稳定运行和可持续发展奠定了坚实的技术基础。

（三）智能合约设计

1. 智能合约的逻辑

在 Hyperledger Fabric 框架内，Go 编程语言被用于构建智能合约，这些合约不仅设定了区块链记录的数据参数，还规定了交易处理期间所遵循的逻辑流程。这些合约在 Docker 这种轻量级虚拟环境中得以执行，确保了应用的独立性，免受底层系统更新或变动的影响。

如图 4-14 所示，区块链节点启动智能合约时，它们会与账本和智能合约的执行环境进行一系列交流以获取信息，随后进入智能合约的交易预处理阶段。完成这些步骤后，执行环境会再次与区块链账本通讯，以确保状态的一致性。键值存储系统在区块链的子系统中扮演着重要角色，它通过对最新状态数据的持续记录和维护，确保系统内信息的精确度和一致性。

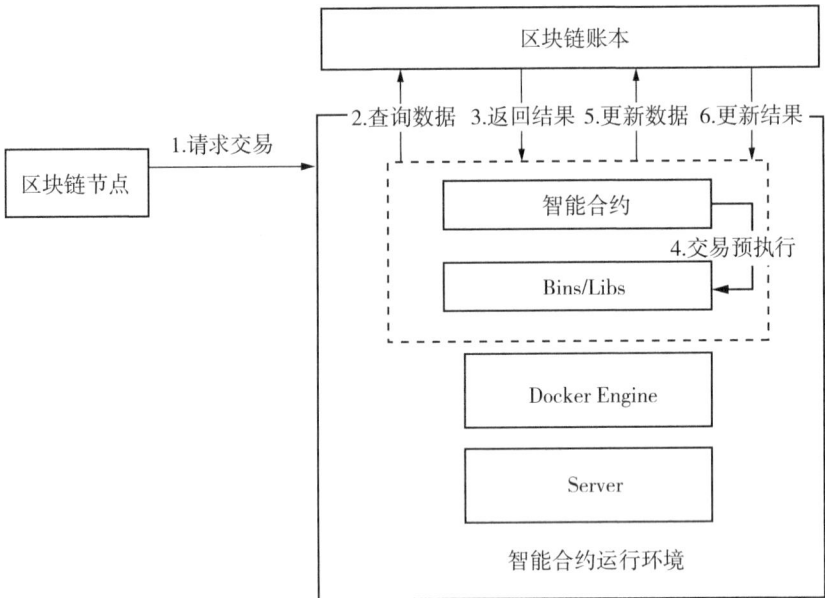

图 4-14　智能合约运行逻辑

2. 设计与实现

在设计智能合约时，必须时刻谨记以下几个关键原则。首先要考虑的是资源使用的最小化。由于合约通常运行在一个资源受限的环境中，特别是在内存方面，因此必须精打细算，尽可能减少资源的消耗。这就要求在编写代码时，避免引入不必要的复杂性和冗余，以最简洁、最高效的方式实现所需的功能。其次，要努力实现合约的无状态设计。考虑到节点本身并不直接存储数据，而是将数据嵌入大量的字符串，在设计时应该更多地关注方法和函数的使用，而不是数据的存储和管理。通过采用无状态设计，可以显著提高合约的可扩展性和可维护性，使其能够更好地适应未来的需求变化。最后，必须始终保持业务逻辑的明确性和一致性。在合约的整个实施过程中，每一步都应该是清晰、连贯的，避免出现逻辑混乱或自相矛盾的情况。只有确保业务逻辑的明确性和一致性，才能更容易地发现和修复潜在的漏洞，从而提高合约的安全性和可靠性。

在区块链子系统的架构设计中，智能合约扮演着不可或缺的角色。它作为交易处理和信息查询的应用接口，为上层应用提供了与区块链系统交互的标准化方式。Fabric 作为一种主流的区块链平台，为了方便用户开发出符合特定业务需求的智能合约，提供了三个预设的接口函数：Init、Invoke 和 Query。这些接口函数构成了智能合约的基本骨架，用户需要根据实际的业务逻辑对其进行具体实现。在这三个接口函数中，Init 接口承担了合约初始化的任务，负责在合约部署时进行必要的初始化操作，为后续的交易处理和查询奠定基础。Query 接口则主要负责数据查询，根据不同的查询条件，从合约中的四张表中检索和返回相应的数据。这四张表通常用于存储合约的各种状态信息和业务数据。只有当 Init、Invoke 和 Query 这三个接口都得到正确、完整的实现，智能合约才能真正具备处理业务逻辑的能力。因此，合约接口的设计和实现质量，直接关系到整个区块链应用的功能和性能。表 4-6 给出了这三个接口的详细设计说明，包括接口名称、参数列表、返回值类型等，为合约开发者提供了重要的参考和指导。

表 4-6　智能合约接口表

接口类型	方法定义	接口名称及描述
Init	/	合约初始化接口，参数为空
Invoke	userRegister	用户注册，参数为用户信息
	assetsIssue	数据资产发行，参数为用户资产信息
	assetsTrans	数据资产发行，参数为流水信息
	userRecharge	用户充值，参数为充值信息
Query	queryUserInfo	查询用户信息，参数为用户 ID
	queryAssetInfo	查询数据资产信息，参数为用户资产 ID
	queryExchangeInfo	查询流水信息，参数为流水 ID

"/"：为空。

综上所述，Fabric 通过预设 Init、Invoke 和 Query 这三个标准接口，为用户提供了一种方便、灵活的智能合约开发框架。用户可以根据具体的业务需求，对这些接口进行定制化实现，从而构建出功能强大、性能优异的区块链应用。同时，合约接口的规范化设计，也有利于提高区块链系统的互操作性和可维护性，为区块链技术的进一步发展和应用奠定了坚实的基础。

一旦智能合约部署到特定的节点，该节点便能够通过客户端的 SDK 与之进行互动，启动数据交换过程，并通过调用智能合约触发请求。

在构建区块链系统时，须依据业务需求来定制。区块链记录了诸如用户活动和交易细节等信息，而在所附表格里，可以看到不同类型信息的结构设计细节。在这里，所有类别的数据均被指定为字符串类型，预备将来转换成 Json 格式以便序列化。

如表 4-7 所示，管理员的数据模型包含四个主要属性：UserID、Name、Password 和 Mail，这些分别对应系统内的唯一标识符、用户名称、登录凭证及电子邮件地址。

表 4-7　系统管理员信息结构体

字段名称	数据类型	说明
UserID	String	用户在系统中的唯一编号
Name	String	用户名
Password	String	密码
Mail	String	用户邮箱

如表 4-8 所示，数据商品在数据库中由三个独立的部分组成，包括 DataID、Time 和 UserID，这些部分分别标识系统内的数据记录号、数据的上传时间和卖方的唯一识别码。

表 4-8　数据信息结构体

字段名称	数据类型	说明
DataID	String	数据在系统中的唯一编号
Time	String	上传时间
UserID	String	卖家的唯一编号

如表 4-9 所示，交易流水信息结构体包含四个属性：SellerID、BuyerID、Amount 和 DataID，分别代表卖家唯一编号、买家唯一编号、金额以及数据的唯一编号。

表 4-9 交易流水信息结构体

字段名称	数据类型	说　　明
DellerID	String	卖家的唯一编号
BuyerID	String	买家的唯一编号
Amount	String	金额
DataID	String	数据的唯一编号

第四节 区块链共识算法优化

在整个云边协同框架中，只要传输的效率不构成瓶颈，云端性能则成为整体性能的关键限制因素。云端的处理能力主要由区块链系统的性能决定，而在 Fabric 区块链平台中，共识机制是确保分布式账本一致性和安全性的关键。为了适应不同应用场景的需求，Fabric 提供了多种共识算法供用户选择。其中，noops 和 PBFT(Practical Byzantine Fault Tolerance，实用拜占庭容错算法)是两种默认的共识算法，广泛应用于 Fabric 区块链网络的部署和运行。PBFT 算法经常用于生产环境，而 noops 主要适用于快速的开发和测试阶段。

一、PBFT 算法及其局限性

PBFT 协议采用复杂的消息传递机制来处理客户端请求。首先，主节点在接收到请求后，会生成一个预准备消息并分发给所有备份节点，提议执行该请求。其次，备份节点通过广播准备消息，确认它们已经收到并认可了主节点发送的信息。最后，各节点执行请求并将结果返回给发起请求的客户端，完成整个协议流程。

为了抵御错误节点(即行为偏离协议规范的节点)的潜在破坏，PBFT 协议设计了一套精密的容错机制。在 PBFT 中，正常节点只有在收到 $2f$ 个与主节点提议一致的准备消息后，才会进入提交阶段；而只有在收到 $2f+1$ 个一致的提交消息后，才会实际执行请求。这样，即使有最多 f 个节点出现故障，客户端收到 $f+1$ 个一致的响应也足以证明结果的正确性。此外，这种处理请求的方式还保证了至少有 $f+1$ 个正常节点达到了消息所代表的状态，这对于保障主节点切换的安全至关重要。基于这一机制，如果主节点失效，系统可以安全地将其角色重新分配给另一个节点，从而实现无缝的故障转移。

遵循协议规定，PBFT 系统在拥有 $3f+1$ 个副本的情况下，能够容忍最多 f 个副本的失效、错误信息传递或沉默，同时维持其正常的运作。不过，在所有副本都活跃参与的正常状态下，PBFT 的资源使用量会大大超出实际需求。在系统无失效情形下，大量传输的信息并不会对客户端输出产生直接的影响。尽管如此，这类信息仍旧加剧了 PBFT 系统的资源负荷。网络传输数据的增加和每条消息必须加密处理的 CPU 资源消耗，都是由这些不必要的冗余信息引起的。综上所述，PBFT 等旨在实现容错的系统，即使在所有节点都恪守协议规范的情况下，也会持续消耗资源以应对潜在的错误节点。换言之，在系统运行过程中，哪怕没有发生任何故障，PBFT 仍然需要维持一定的冗余度和资源开销，以保证容错能力。因此，可以推断，如果能够确保系统中不存在故障节点，那么就有可能在保证正确性的前提下，优化 PBFT 的资源利用效率，减少其占用的计算、存储和网络资源。

针对 PBFT 共识机制的批评声持续不断，尽管特定算法已经表明在 f 个节点故障情况下，最少需要 $2f+1$ 个节点来维持系统运行。PBFT 机制却依旧要求至少 $3f+1$ 个节点的参与来实现共识。本节介绍的 RePBFT 算法旨在减少无故障情况下拜占庭系统的资源消耗，同时保留在节点发生故障时维持系统活跃度的能力。

二、改进方法

优化方案构建在两个核心操作策略之上：常规模式和异常处理模式。在常规模式中，RePBFT（Resource-efficient Practical Byzantine Fault Tolerance）实施一种节能机制，它通过限制大多数副本处于非活动状态来降低资源消耗。系统在这种模式下仅需依赖于遵守既定行为准则的副本以保持其正常运作。相反，当出现异常情况，系统会识别到不符合预期的行为并迅速转入异常处理模式，在该模式下，系统将启动所有副本以应对可能的故障。

（一）设计思路

鉴于区块链系统具有极高的安全性，所有参与者必须持有由服务节点颁发的合法证书方能进入系统并参与运行。基于这一前提，可以合理假设系统中不存在恶意破坏节点的情况，即大多数时间里，系统处于安全稳定的无故障状态。针对这种无故障情况，RePBFT 协议通过将部分无状态节点设置为静默状态，优化了系统资源的利用效率，解决了传统 PBFT 协议在无故障状态下资源过度消耗的问题，最终实现了整体性能的提升。基于以上分析，可以将区块链子系统的运行模式归纳为两种不同的场景：

在承认区块链架构的高度安全性的基础上，所有参与者需要持有由服务节点颁布的授权证书方可加入并参与网络。因此，假设网络成员不会蓄意对节点造成破坏，且系统大多数时间都运行在无异常的安全环境中。针对这样的无障碍环境，RePBFT 策略优化了资源分配，通过将部分节点置于不活跃状态来减少资源浪费，进而提升系统的整体运行效率。基于这种假设，区块链的子系统运作可以大致划分为两大类模式。

安全模式：网络内的所有参与结点都遵循既定的规则来达成一致，假设网络是完全健康的，不包含任何失效结点。这种情况反映了网络在标准状况下的运作方式。为了实现区块链的一致性机制，网络采取仅维持关键单元的策略。此外，确保网络的有效结点数量始终保持在 $2f+1$ 以上是必要的。

非安全模式：这种模式适用于系统怀疑有参与结点可能出现问题的情况。在某些特定情况下，如果系统检测到达成共识的时间显著超过预期阈值，或者发现有参与节点企图篡改交易数据，区块链子系统将自动从保障模式切换到非保障模式。在切换过程中，所有处于静默状态的无状态节点将恢复到正常工作状态，重新参与共识过程。此时，系统将回退到传统的 PBFT 共识协议，利用其固有的容错机制来确保系统的安全运行，抵御潜在的恶意行为和故障。这种自适应的切换机制可以在提高系统效率的同时，维持区块链网络的完整性和可靠性，为上层应用提供一个稳定、可信的运行环境。

在 RePBFT 算法的架构中，参与者被划分为三类：主节点、从节点、静默节点。主节点与从节点是持续活跃的，在保障和非保障模式下都有参与。通常情况下，静默节点不参与活动，保持在待机状态。但当系统推断可能存在恶意活动或节点失效时，这些静默节点将被激活，以帮助系统应对潜在错误。节点之间的角色转换机制如图 4-15 所示。

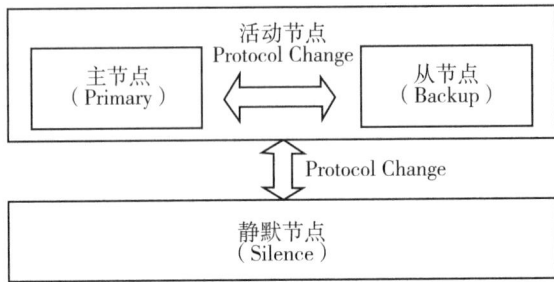

图 4-15   角色转换过程

主节点：职责是处理接收到的交易请求，并在为这些请求分配了序号后启动共识过程。在系统的整个操作周期内，只能指定一个节点担任主节点，并且这一节点涉及两种安全模式下的全部流程。

从节点：职责包括处理接收到的各项请求，并在这些请求符合既定标准后，将它们传递给其他链上节点。除此之外，这些节点还负责处理来自网络中其他成员的投票信息，并对交易执行投票和记录到区块链的基础活动。与主节点一致，这些从节点必须在区块链的完整操作周期中保持参与。

静默节点：在区块链子系统的两种运行模式中，静默节点扮演着截然不同的角色，体现了其独特的功能和适应性。在系统正常运行期间，静默节点主要负责接收和处理来自其他节点的状态更新请求。当累积到一定数量的更新请求后，静默节点会对自身的状态进行相应的修改，以保持与网络的同步。需要注意的是，在这种模式下，静默节点并不直接参与共识过程，而是专注于维护自身状态的一致性。相比之下，当系统进入异常处理模式时，静默节点会转变为活跃节点，全面参与共识协议的执行。这种转变确保了系统在面对错误和故障时，仍然能够维持足够的容错能力，保障区块链网络的稳定运行。静默节点在不同模式下的角色转换，展现了RePBFT 协议的灵活性和鲁棒性。

（二）算法流程

RePBFT 算法的流程问题可以根据系统整体安全性的不同状态，进一步细分为三个子问题进行深入探讨。首先是安全模式下的流程，它指的是当系统处于安全模式时，节点按照特定的共识机制进行交互和决策的过程。其次是协议转换流程，它涉及系统在安全模式和非安全模式之间进行状态切换时，节点角色和行为的动态调整，以及相应的消息传递和处理机制。最后是非安全模式下的流程，它描述了当系统由于某些原因进入非安全状态后，节点采用传统的 PBFT 协议来维持共识和容错的过程。通过对这三个子问题的分析和研究，可以全面了解 RePBFT 算法在不同安全状态下的工作原理，以及它如何通过动态调整来适应环境的变化，提供一个高效、可靠的共识机制。这种细粒度的问题划分有助于我们更好地理解和优化 RePBFT 算法的设计。

RePBFT 算法在处理系统安全性时分为三个模式：安全模式下的流程、协议转换流程、非安全模式下的流程。安全模式下的流程涉及系统在安全状态时的共识操作。协议转换流程描述了系统从安全状态到异常状态之间的切换机制。在非安全模式下的流程关注系统在面临潜在威胁时的共识处理。

在安全模式下，RePBFT 算法的操作流程可以进一步划分为五个子步骤，如图 4-16 所示。首先是请求阶段。在这个阶段，Web 系统的客户端 Client 会构建一个格式为<Request，C，o，t>的请求消息，并将其发送到区块链网络中的任意一个活跃节点。这个请求消息包含了几个关键字段：o 表示客户端请求执行的具体操作或交易，t 表示消息的时间戳，用于标识请求的时间顺序。当一个活跃节点接收到这个请求消息后，它会将其存储在本地内存中，同时将消息转发给其他节点，确保请求在整个网络中得到广播和同步。这个子步骤的目的是让所有诚实的节点都能够接收到客户端的请求，为后续的共识过程做好准备。请求阶段的设计体现了 RePBFT 算法在处理客户端请求时的高效性和可靠性。

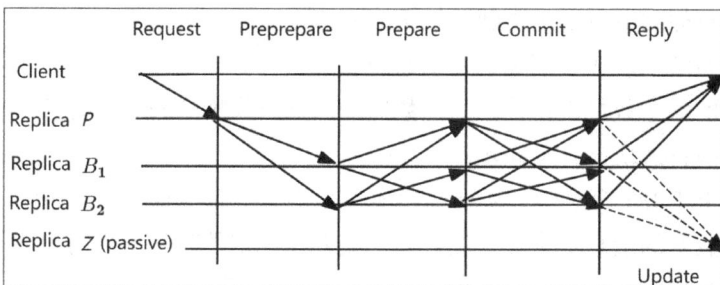

图 4-16　安全模式下的流程

在安全模式操作的第二步，称为预准备阶段。主节点 P 在接收到 Client 的请求之后，会向其他备份节点广播请求消息<PrePrepare，P，o，seq，p，v>，其中 seq 代表分配给消息的序号，p 表示系统当前的操作模式，而 v 是视图的编号。

当主节点 P 收到来自客户端 Client 的请求消息后，它会进入第二阶段——预处理阶段，并构建一个新的消息<PrePrepare，P，o，seq，p，v>，用于向其他备份节点宣布和广播该请求。在这个消息中，seq 是主节点 P 分配给该请求的全局唯一序列号，用于标识请求的顺序；p 表示系统当前运行的操作模式，即安全模式或非安全模式；v 则是当前视图的编号，反映了主节点的变更历史。通过在 PrePrepare 消息中引入这些关键参数，主节点 P 不仅通知了其他节点新请求的到来，还同步了请求的排序信息、系统的运行状态以及视图的版本。这种详细而全面的信息共享，有助于备份节点快速理解和处理请求，并在节点之间达成一致。同时，这也体现了 RePBFT 算法在消息传递和同步方面的精细设计，保证了共识过程的正确性和高效性。

第三步，即准备阶段。在此阶段，备份节点检验从预准备阶段收到的消息，确认无误后，该节点从接收到的 PrePrepare 消息中解析出交易请求的详细内容，将其暂存于本地内存，并构建 Prepare 消息广播给网络中的其他参与者。

第四步为确认阶段。此时节点 A 对从准备阶段收到的消息进行签名和序号验证。一旦验证无误并收集到足够数量的准备消息，即 $2f$ 条，节点 A 会向网络广播确认消息<Commit，A，o，seq，p，v>。

第五步为更新与回复状态。当节点 A 累积接收到的确认消息数量达到 $2f+1$ 时，它将执行交易请求，并将结果写入区块链，生成新的区块。与此同时，节点 A 会增加视图编号 v 的值，为下一轮共识过程做好准备，并向所有静默节点发送更新通知消息<Update，A，o，seq，v，v>，其中 r 代表交易结果。接收到更新通知的静默节点会对消息遵规性进行核实，并对收到的消息数量进行计数，计数器增加直至收集到 $f+1$ 条消息，届时这些节点执行区块链的更新操作。

在 RePBFT 算法中，协议转换流程是第二个需要解决的问题。一旦静默节点收到的消息不满足预设条件，或者在规定的时间窗口内未能累积至少 $f+1$ 个状态更新消息，它们将向整个网络广播警报信息<Panic，S，o，v>。接收节点在核实后，如果侦测到新的区块已经形成，它们将重新向静默节点发送最新的信息。若在确认过程中发现超时，节点会发起一条协议转换请求，建议将系统的运行状态更改为非安全模式。另一方面，如果节点 A 收到了消息但发现其内容遭到篡改，它将向全网广播一条协议转换指令并执行状态切换。若节点在一定的时间后依旧未能达成共识，节点 A

有权发起状态转换请求，强制系统进入非安全模式。

在遇到网络故障时，区块链会转入非安全模式，此时先前静默的节点将转变为活跃状态。在这种模式中，所有节点都将参与到共识机制的完整流程中，该流程的细节可见于图 4-17。当系统处于非安全模式并过了一段时间 t，它将验证确认阶段所接收的投票。如果投票数未达到 $2f+1$ 的要求，则系统会启动协议转换，准备恢复至安全模式的运行。

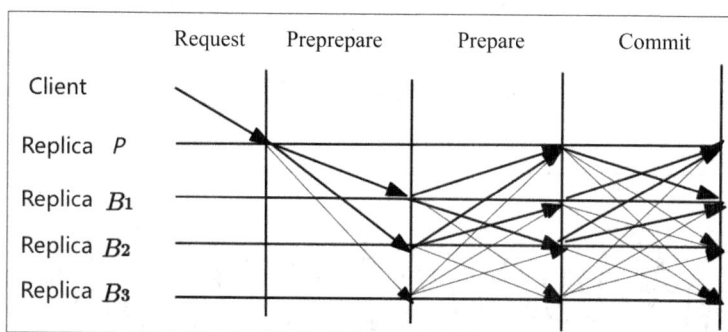

图 4-17　非安全模式下的流程

三、实验验证分析

为评估优化成效，首先对交易处理能力进行了评测。在此过程中，模拟了节点故障场景，触发系统从安全模式过渡到非安全模式的状态转换。接着，测量了区块链的交易响应时间，比较了在采用传统 PBFT 算法和改良后的 RePBFT 算法下，系统处理交易的平均时间延迟。

图 4-18 展示了区块链处理交易的速度先是从每秒 11 笔交易骤减至每秒 4 笔，然后又快速恢复到每秒 7 笔的变化趋势。在采用了优化后的 RePBFT 算法的安全模式中，交易处理速度呈现出相对平稳的平均水平。而在系统由于节点故障而必须适应错误的情况下回退至原始 PBFT 算法时，交易吞吐量的显著下降也间接证明了 RePBFT 算法在提高区块链性能方面的有效性。

由图 4-19 可见，使用传统 PBFT 算法时，交易平均耗时接近 8 秒。对比之下，实施 RePBFT 算法后的数据显示平均处理时间缩短至大约 7 秒，这一差异强调了共识机制优化对于提升区块链性能的积极影响，与算法改良的初衷相符。

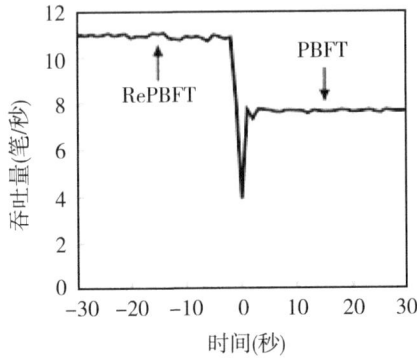

图 4-18　协议切换吞吐量结果

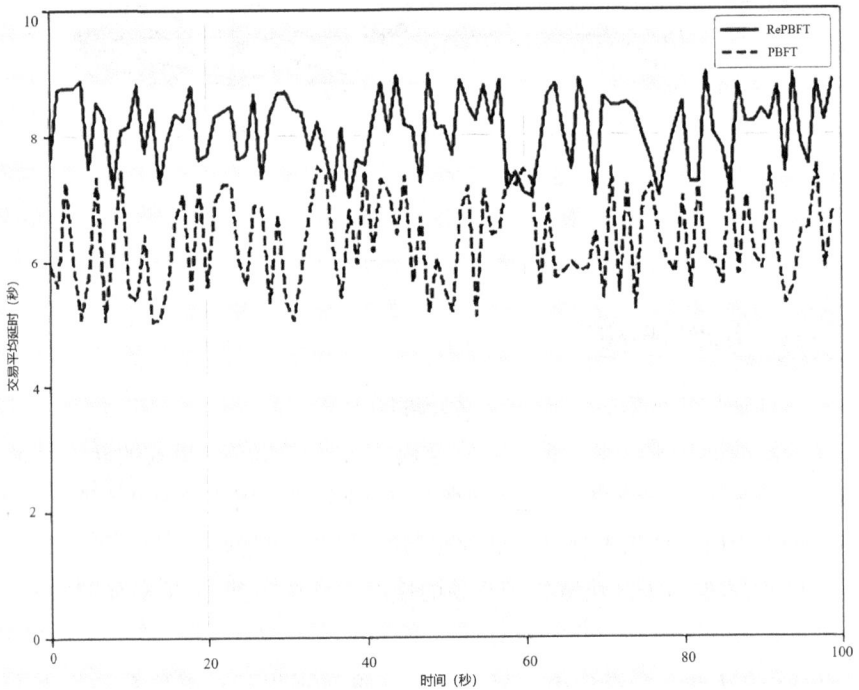

图 4-19　交易平均延时变化图

第五节　系统验证与价值分析

在先前章节中，已经探讨了设计架构，本部分将着重讲述该框架的搭建及其验证过程。首先，将涉及框架启动的步骤，详细说明搭建云端的

Hadoop 集群和区块链网络的具体过程。其次，将探讨系统的具体实现细节。最后，为了验证系统功能的完整性和性能的可靠性，将对系统关键组件进行一系列的功能与性能测试。

一、部署与启动

系统设置阶段充分利用了 Hadoop 集群的分布式特性和 Hyperledger Fabric 框架进行云基础设施的搭建。在服务器端，部署了 CentOS 7.0 操作系统环境，并基于 Go 语言的 1.10.3 版本实现了系统功能模块的开发工作。整个部署过程在内部局域网环境下完成，并遵循一台主机与两台从机的部署结构。详细的部署参数和配置信息列于表 4-10。

表 4-10　系统部署配置信息表

环境类型	机器名	硬件配置	软件配置
云端测试环境	Master Slaver01 Slaver01	CPU：AMD Ryzen 7 4800H 内存：16GB	Peer, order, namenode peer, datanode peer, datanode
边缘端测试环境	Server1	CPU：AMD Ryzen 7 4800 内存：8GB	Web 服务以及 数据 MySQL5.6

(一) 区块链部署

区块链系统的部署过程涵盖了六个关键步骤，每个步骤的具体实现方法如下：

(1) Docker 及其服务组件的配置。鉴于区块链节点运行在 Docker 容器环境中，首先通过执行 yum install docker-ce-18.05.0.ce 命令来安装 Docker。随后，使用 systemctl start docker 命令启动 Docker 容器，并借助 chkconfig docker on 命令确保 Docker 服务能够随系统一起自动启动。为了进一步简化 Docker 的管理流程，还需要将 Docker-Compose 工具从 GitHub 下载到指定目录。通过对比下载版本与预期版本，可以验证工具是否安装成功。

(2) 设置 Go 语言开发环境。鉴于区块链和智能合约的开发依赖于 Go 语言环境，因此必须安装 Go。可以使用 wget 命令来下载 Go 安装包，并将其解压到适当的文件夹中，同时设置 Go 环境变量。

(3)安装 Fabric。可以通过 Git 来安装 Fabric，使用 git clone 命令将其克隆到本地机器，并手动切换到稳定的 1.4.0 版本。

(4)下载 Docker 镜像。在部署区块链系统的过程中，为了获取所需的 Docker 镜像，必须借助 docker pull 命令将必要的资源文件从远程仓库下载到本地计算机环境中。这一步骤确保了后续的部署和测试工作能够在本地顺利进行，而无须依赖网络连接。图 4-20 直观地展示了镜像下载过程的结果，可以通过仔细查看该图来验证下载是否完整和正确，为后续步骤奠定基础。

```
[root@localhost fabric]# docker images
REPOSITORY                        TAG       IMAGE ID       CREATED        SIZE
yeasy/blockchain-explorer         latest    e05d7b68bf9c   3 years ago    640MB
hyperledger/fabric-membersrvc     latest    50cce77df338   4 years ago    844MB
yeasy/hyperledger-fabric          0.6-dp    50cce77df338   4 years ago    844MB
hyperledger/fabric-peer           latest    1ff52bc8f520   4 years ago    827MB
yeasy/hyperledger-fabric-peer     0.6-dp    1ff52bc8f520   4 years ago    827MB
hyperledger/fabric-baseimage      latest    b93e51fec5ae   4 years ago    789MB
yeasy/hyperledger-fabric-base     0.6-dp    b93e51fec5ae   4 years ago    789MB
[root@localhost fabric]#
```

图 4-20　区块链镜像文件

(5)配置文件的编写。考虑到本项目采用了多机多节点的部署策略，并使用单一的 Orderer 服务，这符合 Fabric Solo 的环境配置要求。为此，需要提前准备 crypto-config. yaml 和 configtx. yaml 这两个关键配置文件。同时，为了能够顺利启动 Fabric 网络，还需要在每个节点上分别配置 docker-compose-orderer. yaml 和 docker-compose-peer. yaml 文件，以定义 Orderer 节点和 Peer 节点的运行环境和参数。

(6)智能合约的部署。在 Fabric 网络中，智能合约的生命周期通常包括四个不同的阶段。为了完成智能合约的部署工作，需要依次执行 package、install 和 invoke 等命令。其中，package 命令用于将智能合约代码打包成 . cds 文件；install 命令负责将打包好的智能合约文件安装到 Peer 节点上；最后，invoke 命令用于调用智能合约中的函数，以执行预定义的业务逻辑。

(二)交易系统部署

(1)Java 项目的打包。为了生成可执行的 jar 文件，需要对 Java 项目进行打包操作。这一过程可以通过 Maven Projects 界面中的 package 选项来完成。

（2）边缘端 Java 环境测试配置。考虑到 Java 8 版本的广泛使用和稳定性，本项目选择在边缘端的测试环境中安装和配置 jdk8 作为 Java 运行环境。

（3）MySQL 数据库的安装与配置。利用 cmake 工具在 IP 地址为192. 108. 245. 50 的服务器上完成 MySQL 数据库的安装。安装完成后，需要启动 MySQL 服务，并通过状态检查来确认服务是否已经成功激活。

（4）Java-SDK 的部署。为了能够在边缘端运行基于 REST 风格的Spring Boot 应用，需要将打包好的 jar 文件和 Fabric-sdk-soapui-project. xml配置文件复制到 IP 地址为 192. 108. 245. 50 的服务器上。

（5）系统部署的验证。为了确保系统已经成功部署，可以通过访问服务器的 8080 端口来进行测试。如果能够正常访问，则说明部署过程已经完成。

（三）云端 Hadoop 集群部署

（1）实施系统的无须密码登录设置。使用 ssh-keygen-t rsa 指令生成密钥对，随后利用 ssh-copy-id 命令在三个节点间建立无密码登录权限。

（2）集群时间同步的配置。为了确保集群中各个节点的时间与主节点保持一致，需要编辑/etc/ntp. conf 文件，并创建定时任务脚本 crontab-e。此外，为了消除防火墙可能带来的干扰，还需要执行 chkconfig iptables off命令来永久禁用防火墙。

（3）Hadoop 配置的调整。首先，需要将 Hadoop 解压至主节点，并更新 core-site. xml 文件中的 IP 地址和路径信息。接下来，在 hdfs-site. xml 文件中填入主机名和路径数据。为了配置 MapReduce，需要将 mapred-site. xml. template 文件重命名为 mapred-site. xml，并更新其中的主机名信息。同时，在 yarn-site. xml 文件中也需要进行相应的主机名更改。

（4）配置文件的分发与环境变量的更新。为了将配置好的 Hadoop 文件分发至其他节点，可以使用 scp -r 命令。分发完成后，还需要在每个节点上更新 Hadoop 相关的环境变量配置。

（5）集群状态的验证。为了检查 Hadoop 集群的运行状况，可以在主节点的浏览器中访问 master：50070。图 4-21 展示了一个正常运行的Hadoop 集群的状态信息。

（6）HDFS 功能的测试。为了进一步验证 HDFS 的功能是否正常，可以运行经典的 wordcount 示例程序。通过观察程序的执行结果，可以判断HDFS 是否能够正确地存储和处理数据，结果显示于图 4-21。

Configured Capacity:	52.09 GB
DFS Used:	84 KB (0%)
Non DFS Used:	39.97 GB
DFS Remaining:	12.12 GB (23.27%)
Block Pool Used:	84 KB (0%)
DataNodes usages% (Min/Median/Max/stdDev):	0.00% / 0.00% / 0.00% / 0.00%
Live Nodes	3 (Decommissioned: 0)
Dead Nodes	0 (Decommissioned: 0)
Decommissioning Nodes	0
Total Datanode Volume Failures	0 (0 B)
Number of Under-Replicated Blocks	0
Number of Blocks Pending Deletion	0

图 4-21　Hadoop 集群运行情况

二、功能实现与测试

(一)功能测试

在进行系统测试时,功能测试是一个至关重要的环节。它的主要目的是全面检查系统内各个模块的具体功能,以确保它们能够按照预期的方式运行。为了有效地开展功能测试工作,通常会参考一个常规的测试项目列表,如表 4-11 所示。通过逐一测试这些项目,可以系统地评估系统的功能完整性和正确性,从而为后续的优化和改进提供依据。

表 4-11　系统功能测试

测试模块	测试用例	前置条件	通过条件
合约管理模块	上传智能合约	合约文件编写	上传成功,显示合约信息
	部署智能合约	合约上传完成	部署成功,合约状态变成 1
	用户注册	无	显示注册成功
	交易流水查询	智能合约已经部署且已经产生过交易	显示数据资产的交易历史流水列表
用户模块	数据资产发行	用户已登录	数据发送至云端并在数据库中记录信息
	数据资产交易	智能合约已部署	区块链中能查到相应的信息

续表

测试模块	测试用例	前置条件	通过条件
商品管理模块	数据资产使用情况查询	有用户购买了数据资产	显示数据资产使用情况
	数据资产维护	系统管理员登录,并填写商品信息	显示数据资产最新信息
	数据资产兑换查询	系统管理员登录并查询	显示商品兑换记录列表

综合上文提到的试验方案,经过对系统内各个模块的反复验证和审查,所有设定的测试场景均顺利通过。通过在任意一个区块链节点上成功查询到特定的交易数据,证实了系统核心业务逻辑的正确性和有效性。这一结果有力地支持了本研究提出的数据资产交易系统概念的可行性。通过这种方式,不仅验证了系统设计的合理性,也为后续的实际应用奠定了坚实的基础。这一发现对于推动数据资产交易领域的发展具有重要的理论和实践意义,为探索区块链技术在数据资产管理中的应用提供了新的思路和方向。

(二)性能测试

鉴于平台可能会面临众多用户并发交易的情况,本次的性能评估以系统吞吐量为主要指标。在实验过程中,系统后台接收了大量并发的交易请求,并对交易结果进行了归纳统计。图4-22展示了在高并发交易条件下,系统吞吐量随时间波动的情况。

测试结果表明,RePBFT算法较PBFT算法表现出更高的效率,维持了每秒300笔交易的吞吐量,由此可见改良后的算法是有效的,并且与预期的改进方向一致。目前,该系统正在内部测试环境下运行,并展现出良好的稳定性。

(三)功能展示

考虑到区块链承担着后台的核心业务逻辑,且不具备前端展示功能,本节的重点是展现交易平台的用户界面。图4-23展示了用户能够登录账户后,在界面上查看想要购买的产品,并执行购买操作。

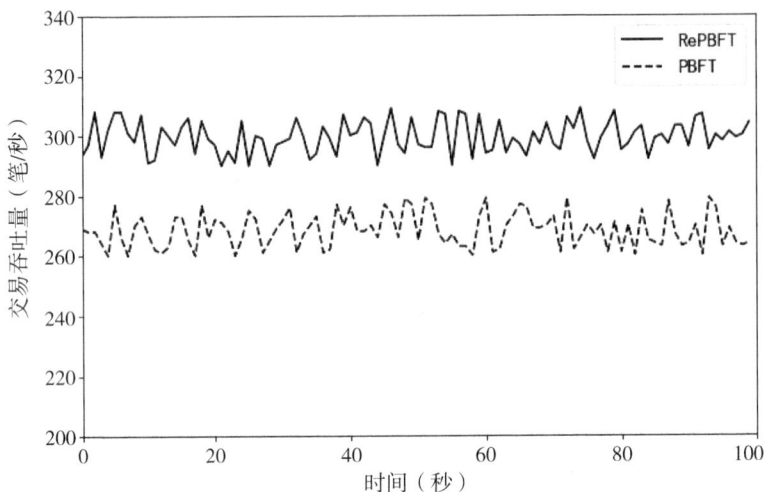

图 4-22   吞吐量变化图

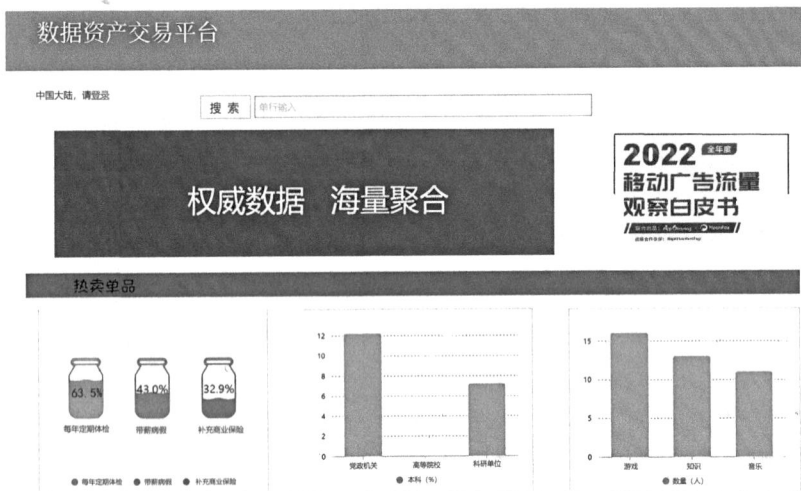

图 4-23   商品展示页面

数据所有者可以通过使用资产 ID 作为唯一标识符，来实现名下数据资产的高效检索。检索过程返回的结果如图 4-24 所示。

用户可以选择感兴趣的数据商品并进一步了解相关详细信息。展示的数据多源自其他数据市场，通常是免费或低成本的，因此这里的价格范围为从 0 到 1.9 元。数据商品详细信息展示如图 4-25 所示。

图 4-24　数据持有者数据资产查看

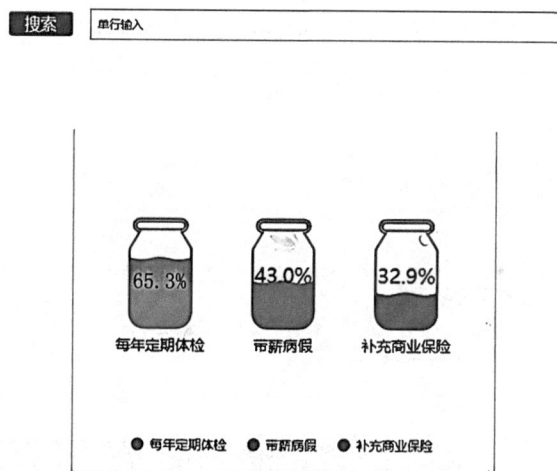

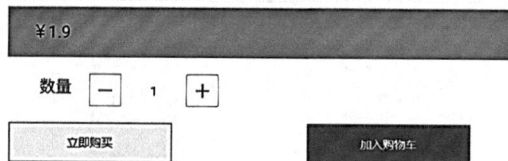

图 4-25　数据部分信息展示

图 4-26 展示了数据所有者使用资产 ID 或用户 ID 进行的交易情况查询界面。

图 4-26 数据持有者交易历史查看

图 4-27 显示了数据所有者查询交易流水记录的界面。

图 4-27 数据持有者交易流水信息查看

图 4-28 展示了用户个人信息编辑界面，用户可以在此更新其自身相关信息。

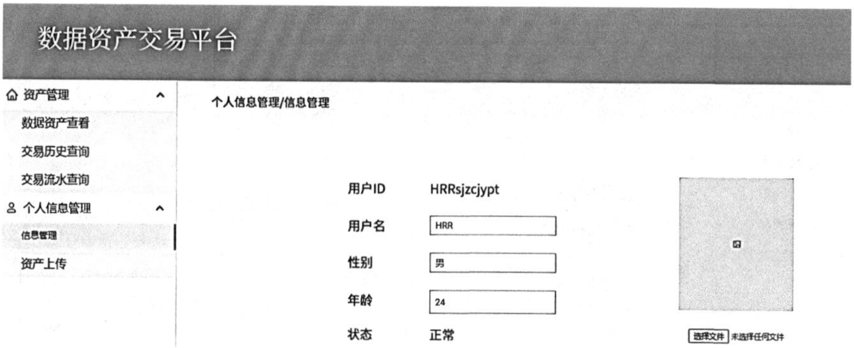

图 4-28　个人信息管理页面

图 4-29 展示了系统的数据资产上传功能。通过该功能，用户能够将其拥有的数据资产引入系统进行管理。

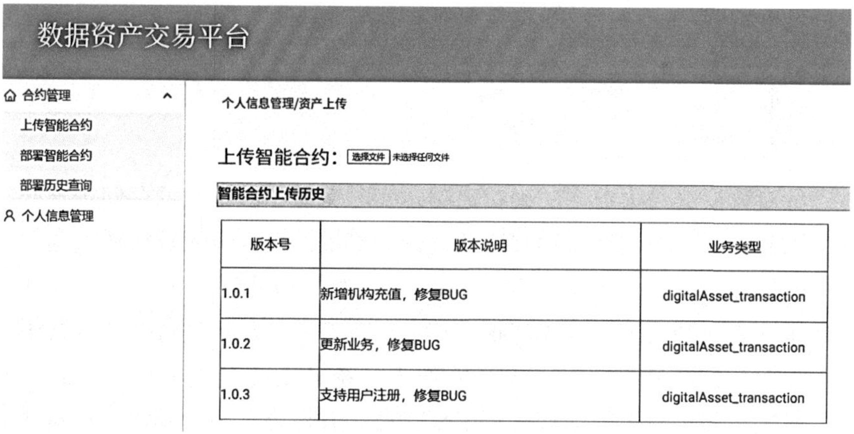

图 4-29　资产发行页面

如图 4-30 所示，系统为管理员账户提供了管理智能合约版本的权限。通过这一功能，管理员可以对智能合约的不同版本进行全面的监控和控制。与此同时，系统还将智能合约版本的详细信息记录在数据库的

d_chainnode①表中。这种将权限管理与数据记录相结合的设计，不仅确保了智能合约管理的规范性和可追溯性，也为系统的稳定运行提供了可靠的数据支撑。

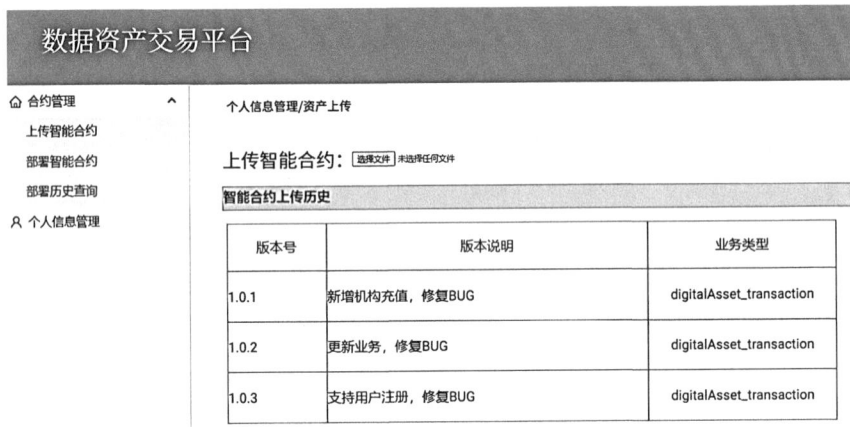

图 4-30　管理员管理智能合约页面展示

第六节　总结与展望

一、小结

针对数据交易中存在的确权追溯、实时交易和海量数据存储等核心需求，以数据交易中的经济学和法学理论为基础，引入工业领域成熟的云边协同框架理念，融合区块链和 MapReduce 大数据处理技术，创新设计了该数据交易原型系统。具体包括：首先对现有的主流区块链平台进行了深入的比较分析，最终选择了 Fabric 作为系统开发的基础架构。在此基础上，对区块链子系统的结构进行了系统梳理和设计优化。其次，针对智能合约的运行环境、执行逻辑以及内容构成进行了详细设计。在设计过程中，特别注重遵循了三个关键原则：逻辑清晰、资源节约和无状态设计。这些原则的应用确保了智能合约的高效执行和可扩展性。此外，为了提升系统的共识效率，利用 RePBFT 算法对 Fabric 原有的 PBFT 共识算法进行了改进，并完成了其设计和实现。最后，本研究对数据资产交易平台进行

---

① 智能合约信息表。

了全面的需求分析、系统设计、实现和验证。研究结果表明，采用云边协同与区块链相结合的模式，能够有效解决数据资产管理中存在的问题。这种方法在理论可行性和现实应用价值之间取得了良好的平衡。本研究的成果为数据资产管理领域提供了新的思路和实践参考。

二、展望

尽管本节所述系统能够确保数据资产交易的安全进行，但考虑到当前环境仍处于测试阶段，若要在未来实现实际应用，系统在面对高并发场景时仍有优化空间。首先，在区块链的应用方面，目前采用的 Solo 环境可能无法完全满足大规模高并发环境的需求。为此，可以考虑引入 Kafka 模式，以提升系统的并发处理能力和可扩展性。其次，虽然本节通过记录交易流水的方式来解决资产确权问题，但为了进一步增强系统的安全性，可以引入数字水印和模糊哈希等技术。这些技术的应用能够为资产确权提供更加可靠和 tamper-proof 的保障。最后，在 Hadoop 集群的配置方面，采用高可用模式可为模型的可靠执行提供保障，从而提升系统的整体处理能力。通过对这些方面的改进和优化，系统将能够更好地适应高并发环境，并提供更加安全可靠的数据资产交易服务。这些改进建议为未来系统的进一步完善和实际部署奠定了重要基础。

第5章 结　　论

数据，作为新的生产要素，已经成为各行各业发展的新驱动力。数据的交易流通是释放数据价值的关键，本书针对数据交易中的三大难题进行了系统分析研究：

1. 数据交易安全是数据供应者参与交易的基本前提，缺乏安全保障的数据交易环境将严重阻碍数据资产市场的健康发展。本书立足于数据安全视角，以政府、数据供应者、数据消费者和数据交易平台四类主体为研究对象，运用演化博弈理论和系统动力学方法，并结合多智能体强化学习对建模方法进行创新，系统探究了各参与主体在数据交易过程中的演化规律和策略选择。在研究的基础上，本书针对政府、数据交易平台、数据消费者和数据供应者四个层面提出了一系列对策建议，为在数据安全视角下促进数据交易的健康有序发展提供了理论支撑。仿真实验结果表明，参与主体的初始策略选择对数据交易四方博弈的演化趋势具有显著影响，任一主体采取积极策略都能有效提高其他主体参与交易和维护数据安全的积极性。对于各参与主体而言，增加收益、降低成本、合理加大奖惩力度以及降低额外损失等措施，都能够有效激励其选择安全策略。此外，本书基于Q-Learning算法对传统演化博弈模型进行了改进，新模型能够显著改善数据供应者演化路径不理想的问题，同时为政府合理设置奖惩比例提供了理论参考。本研究为构建安全可信的数据交易环境提供了新的思路和实践指导。

2. 数据定价是数据交易的核心问题。本书选取了三种代表性场景，对数据定价方法进行了深入研究。(1)首先，以个人数据集为研究对象，针对特定场景下单一数据集的定价问题展开深入探讨，提出了一种以隐私要素为核心，综合考虑多个维度因素的动态定价方法。(2)以通用数据集为目标，研究了通用单数据集定价问题，通过数据的价值来制定价格，并选择综合"质"(数据质量)和"量"(信息熵)两个指标来衡量数据价值，提出了计算数据集质量分数以及信息熵的数学方法；以此为基础制定了基于多版本设计兼顾买卖双方利益的双边定价策略。(3)从数据消费者需求出发，研究了数据绝对定价方法，创新设计了基于元学习的模型的数据绝对定价方法等。

3. 数据确权追溯是保障数据供应者权益的基础诉求。本研究借鉴工业界云边协同的理念，结合当前研究中广泛应用的区块链技术，设计了一个基于区块链的云边协同框架。该框架旨在有效解决数据资产来源广泛、存储计算资源需求高、实时定价等问题，以及数据交易过程中遇到的确权和可信问题。本书重点研究了框架中的关键技术。在默认传输性能不会影响整体框架性能的前提下，云边协同框架的整体性能主要受云端性能的制约，而云端性能又主要取决于区块链的性能。区块链中较为耗费资源的步骤是其共识过程，常用的共识算法为实用拜占庭容错(PBFT)算法。然而，PBFT 算法存在资源消耗过多的问题。为了解决这一问题，本书将基于 PBFT 算法的共识机制改进为基于 RePBFT 算法的共识机制。通过实验评估，结果表明所提出的改进方法是有效的，并且显著提升了区块链的性能。本研究所设计的云边协同框架和关键技术改进，为解决数据资产确权追溯问题提供了新的思路和可行的技术方案，对促进数据交易的安全性和可信性具有重要意义。

参 考 文 献

[1]国际数据公司(IDC). IDC：2025 年中国将拥有全球最大的数据圈［EB/OL］.［Z/OL］.（2019-01-23）［2022-06-12］. http：//www. cioall. com/uploads/f201902141449 4185182. pdf.

[2]上海数据交易所，等. 2023 年中国数据交易市场研究分析报告［EB/OL］.（2023-12-02）［2024-01-02］. https：//voe-static. chinadep. com/group1/voe/9fa6c6c3283 1457997d47751a46e2a9d. pdf.

[3]贵阳大数据交易所. 电力数据专区［EB/OL］.［2024-01-02］. https：//www. gzdex. com. cn/topic/electron.

[4]贵州省大数据发展管理局. 全国首个个人数据信托案例初步成型 贵阳贵安数据交易创新实践再添新成果［EB/OL］.（2023-10-10）［2023-10-30］. https：//dsjj. guiyang. gov. cn/newsite/xwdt/xyzx/202310/t20231010_82717707. html.

[5]中共中央. 关于坚持和完善中国特色社会主义制度推进国家治理体系和治理能力现代化若干重大问题的决定［EB/OL］.（2019-10-31）［2022-03-12］. http：//cpc. people. com. cn /n1/2019/1106/c64094-31439558. html.

[6]中共中央 国务院. 关于构建更加完善的要素市场化配置体制机制的意见［EB/OL］.（2020-03-30）［2022-03-12］. http：//www. gov. cn/zhengce/2020-04/09/content _5500622. htm.

[7]中共中央 国务院. "十四五"数字经济发展规划［EB/OL］.（2022-01-12）［2022-03-12］. http：//www. gov. cn/xinwen/2022/01/12/content_5667840. htm.

[8]中共中央 国务院. 关于构建数据基础制度更好发挥数据要素作用的意见［EB/OL］.（2022-12-19）［2023-03-02］. http：//www. gov. cn/zhcngcc/2022-12/19/content _5732695. htm.

[9]中共中央 国务院. 数字中国建设整体布局规划［EB/OL］.（2023-02-

27) [2023-03-02]. http：//www. gov. cn/xinwen/2023-02/27/content_5743484. htm.

[10]国家数据局. "数据要素×"三年行动计划（2024—2026 年）[EB/OL]. （2024-01-04）[2024-02-19]. https：//news. cctv. com/2024/01/04/ARTIWH4IQ1o9X hJuwKXNgqDA240104. shtml

[11]FACTUAL. FACTUAL 数据交易平台［EB/OL］. ［2023-03-02］. https：//www. factual. com.

[12]DATAPLAZA. DATAPLAZA 数据交易平台［EB/OL］. ［2023-03-02］. https：//www. dataplaza. nl.

[13]Data Government. 美国国家级政府开放数据平台［EB/OL］. ［2023-03-02］. https：//data. gov/.

[14]何培育，王潇睿. 我国数据交易平台的现实困境及对策研究[J]. 现代情报，2017，37(08)：98-105，153.

[15]新浪财经. 中国数据交易市场规模占全球 13. 4%，全国 88 家机构，上海使命特[EB/OL]. ［2023-03-02］. https：//finance. sina. com. cn/jjxw/2023-11-27/doc-imzvzci c7809087. Shtml.

[16]国家发展和改革委员会. 国家数据局成立恰逢其时意义深远[EB/OL]. （2023-11-07）［2023-12-02］. https：//www. ndrc. gov. cn/wsdwhfz/202311/t20231107_136183 1. html.

[17]姚崇兵，姚国章. 基于动态奖惩机制下数据交易平台隐私管控的演化博弈研究[J]. 生产力研究，2023(07)：23-30.

[18]张彬，隋雨佳. 数据交易市场参与主体的策略选择——基于三方演化博弈的视角[J]. 信息系统工程，2020(07)：141-145.

[19]柳金锐. 基于演化博弈的数据要素交易管控策略研究［D]. 景德镇陶瓷大学，2023.

[20]张敏. 交易安全视域下我国大数据交易的法律管控[J]. 情报杂志，2017，36(02)：127-133.

[21]刘婷婷，陈诗洋，郭建南. 我国大数据交易安全风险及应对思路[J]. 信息通信技术，2021，15(06)：45-50.

[22]陈华，李庆川，翟晨喆. 数据要素的定价流通交易及其安全治理[J]. 学术交流，2022(04)：107-124.

[23]李青梅，陆海婧. 我国数据交易安全问题与对策建议研究[J]. 网络空间安全，2021，12(Z5)：1-5.

[24]刘子聪. 网络安全视域下数据交易平台管控制度研究［D]. 安徽大

学，2022.

[25]凌帅，刘子烨，马寿峰. 数据交易过程中的安全风险及对策[J]. 保密科学技术，2023(07)：61-65.

[26]Liang Jiacheng, Jiang Wensi, Li Songze. OmniLytics：A Blockchain-based Secure Data Market for Decentralized Machine Learning[J/OL]. https：//arxiv. org/abs/2107. 05252.

[27]Su Guoxiong, Yang Wenyuan, Luo Zhengding, et al. BDTF：A Block-chain-Based Data Trading Framework with Trusted Execution Environment[C]. 16th International Conference on Mobility, Sensing and Networking (MSN)，2020：92-97.

[28]Chen Yuling, Guo Jinyi, Li Changlou, et al. FaDe：A Blockchain-Based Fair Data Exchange Scheme for Big Data Sharing[J]. Future Internet, 2019, 11(11)：225.

[29]Li Jiasheng Li, Zhang Zijian, Li Meng. BanFEL：A Blockchain Based Smart Contract for Fair and Efficient Lottery Scheme[C]//2019 IEEE Conference on Dependable and Secure Computing (DSC)，2019：1-8.

[30]Futoransky A, Sarraute C, Waissbein A, et al. Secure Exchange of Digital Goods in a Decentralized Data Marketplace[J]. 2019. arXiv：1907. 12625[cs. CR].

[31]张杰. 基于链上数据的区块链安全交易研究[D]. 安徽财经大学，2022.

[32]代春凯. 基于区块链的安全数据交易生态系统[D]. 华中科技大学，2019.

[33]孙功学. 基于区块链的数据交易与共享安全研究[D]. 兰州理工大学，2023.

[34]于枫，孟令辉，彭家辉，等. 一种基于区块链的物联网数据安全交易方案[J]. 广西师范大学学报(自然科学版)，2023，41(04)：84-95.

[35]栾国春. 基于区块链技术保障数据流通、交易和共享安全[J]. 中国经贸导刊，2023(08)：64-66.

[36]Yao Yuli,Chen Wendong, Chen Xiao, et al. A Blockchain-based Privacy Preserving Scheme for Vehicular Trust Management Systems[C]//2020 International Conference on Internet of Things and Intelligent Applications (ITIA). 2020.

[37]李睿，吴晓静，郑丽娜. 基于区块链和隐私计算的工业互联网数据安

全交易方法[J]. 工业信息安全，2022(09)：6-13.

[38] Azaria A., Ekblaw A., Vieira T., et al. MedRec：Using Blockchain for Medical Data Access and Permission Management [J] 2016 2nd International Conference on Open and Big Data (OBD), 2016：25-30.

[39] Wang Mingyue, Guo Yu, ZhangChen, et al. MedShare：A Privacy-Preserving Medical Data Sharing System by Using Blockchain[J]. IEEE Transactions on Services Computing, 2023, 16(1)：438-451.

[40] 龚竞秋. 基于区块链智能合约的个人健康数据存证溯源与确权研究[D]. 北京工业大学，2021.

[41] Gao Zhensheng, Cao Lifeng, Du Xuehui. Data Right Confirmation Mechanism Based on Blockchain and Locality Sensitive Hashing [C]// 2020 3rd International Conference on Hot Information-Centric Networking (HotICN), 2020：1-7.

[42] Zhao Haijun, Wang Yanlin. Big Data Property Rights Confirmation Scenario and Its Applicability of Rights Confirmation Technology [J]. Journal of Physics：Conference Series, 2020, 1624：032047.

[43] Zhang Lingyun, Chen Yuling, QianXiaobin. Data Rights Confirmation Scheme Based on Auditable Ciphertext CP-ABE in the Cloud Storage Environment[J]. Appl. Sci. 2023, 13：439-443.

[44] Qian Peng, Liu Zhenguang, Wang Xun, et al. Digital Resource Rights Confirmation and Infringement Tracking Based on Smart Contracts[J]. IEEE 6th International Conference on Cloud Computing and Intelligence Systems (CCIS), 2019：62-67.

[45] Wang Liang, Huang Shunjiu, Zuo Lina, et al. RCDS：a right-confirmable data-sharing model based on symbol mapping coding and blockchain [J]. Frontiers of Information Technology & Electronic Engineering, 2023, 24：1194-1213.

[46] Gong Jingqiu, Lin Shaofu, Li Jingwen. Research on Personal Health Data Provenance and Right Confirmation with Smart Contract. IEEE 4th Advanced Information Technology, Electronic and Automation Control Conference (IAEAC), 2019：1211-1216.

[47] Lin Shaofu, Li Jingwen, Jia Xiaofeng. Research on Confirming the Rights of Government Data Resources based on Smart Contract. IEEE 4th Advanced Information Technology, Electronic and Automation Control

Conference（IAEAC），2019：1675-1679.

［48］Yang Jian，Lu Zhihui，Wu Jie，et al. Smart-toy-edge-computing-oriented data exchange based on blockchain［J］. J. Syst. Archit. 2018（87）：36-48.

［49］王海龙，田有亮，尹鑫. 基于区块链的大数据确权方案［J］. 计算机科学，2018，45（2）：15-19.

［50］赵海军. 大数据环境下的信息确权方法探究［J］. 图书情报导刊，2017，2（9）：40-47.

［51］蔡昌，赵艳艳. 区块链赋能数据资产确权与税收治理［J］. 税务研究，2021（7）：90-97.

［52］李齐，郭成玉. 数据资源确权的理论基础与实践应用框架［J］. 中国人口·资源与环境，2020，30（11）：206-216.

［53］马梦伟. 基于区块链技术的数据资产确权问题研究［J］. 财会研究，2022（12）：55-60.

［54］龚竞秋. 基于区块链智能合约的个人健康数据存证溯源与确权研究［D］. 北京工业大学，2021.

［55］Harmon R R，Demirkan H，Hefley B，et al. Pricing Strategies for Information Technology Services：A Value-Based Approach［C］// HICSS，2009.

［56］Agarwal A，Munther A. D，Tuhin S. A Marketplace for Data：An Algorithmic Solution［J］. EC 2019：701-726.

［57］Yu Haifei，Zhang Mengxiao. Data pricing strategy based on data quality［J］. Computers & Industrial Engineering，2017，112：1-10.

［58］Liang Fan，Yu Wei，An Dou，et al. A Survey on Big Data Market：Pricing，Trading and Protection［J］. IEEE Access，2018：1.

［59］Niyato D，Hoang D T，Luong N C，et al. Smart data pricing models for the internet of things：a bundling strategy approach［J］. IEEE Network，2016，30（2）：18-25.

［60］Cai Li，Zhu Yangyong. The Challenges of Data Quality and Data Quality Assessment in the Big Data Era［J］. Data Science Journal，2015，14（1）：21-23.

［61］Golrezaei N，Nazerzadeh H. Pricing schemes for metropolitan traffic data markets［C］//DATA，2014：266-271.

［62］刘朝阳. 大数据定价问题分析［J］. 图书情报知识，2016（1）：57-64.

［63］熊励，刘明明，许肇然. 关于我国数据产品定价机制研究——基于客

户感知价值理论的分析[J]. 价格理论与实践，2018(4)：147-150.

[64]孙玲芳，陈曦. 可划分版本的数字产品动态定价研究[J]. 江苏科技大学学报：社会科学版，2010，10(3)：56-58.

[65]缪方瑜. 科技信息产品价格形成机制与定价模型研究[D]. 西安电子科技大学，2011.

[66]周木生，张玉林. 基于非线性边际支付意愿的信息产品定价策略研究[J]. 系统工程理论与实践，2014，34(3)：710-716.

[67]Daskalakis C，Deckelbaum A，Tzamos C. Strong duality for a multiple-good monopolist[J]. Econometrica，2017，85(3)：735-767.

[68]Shapiro C，Varian H R. Versioning：the smart way to sell information[J]. Harvard Business Review，1998，76(6)：107.

[69]Aguiar L，Waldfogel J. As streaming reaches flood stage，does it stimulate or depress music sales？[J]. IJIO，2018，57：278-307.

[70]Baake P，Boom A. Vertical product differentiation，network externalities，and compatibility decisions[J]. IJIO，2001，19(1-2)：267-284.

[71]Balazinska M，Howe B，Koutris P，et al. A discussion on pricing relational data[M]//In search of elegance in the theory and practice of computation. Heidelberg：Springer，2013：167- 173.

[72]Koutris P，Upadhyayap，Balazinska M，et al. Query-based data pricing [J]. Journal of the ACM，2015，62(5)：1-44.

[73]Li Chao，Miklau G. Pricing aggregate queries in a data marketplace[Z]. WebDB，2012：19-24.

[74]Li Chao，Yang D.，Miklau G.，et al. A Theory of Pricing Private Data[J]. TODS，2014，39(4)：34：1-34：28.

[75]Tang Ruiming，Wu Huayu，Bao Zhifeng，et al. The Price Is Right [C]//DEXA，2013.

[76]Ormos M，Zibriczky D. Entropy-Based Financial Asset Pricing[J]. PLoS ONE 9(12)：e115742.

[77]韩海庭，原琳琳，李祥锐，等. 数字经济中的数据资产化问题研究[J]. 征信，2019，37(4)：72-78.

[78]姚建国，李希君，管海兵. 基于熵的数据价值衡量与定价方法[P]. 中国专利：106815743A，2017. 06. 09.

[79]李希君. 基于信息熵的数据交易定价研究[D]. 上海交通大学，2018.

[80]Shen Yuncheng，Guo Bing，Shen Yan，et al. Pricing personal data

based on Information Entropy[C]//ICSIM, 2019: 143-146.

[81] Li Xijun, Yao Jianguo, Liu Xue, et al. A first look at information entropy-based data pricing[C]//ICDCS, 2017: 2053-2060.

[82] Peng Huibo, Zhou Yajian. A Data Pricing Model Based on Privacy Measurement[J]. Computer Engineering & Software, 2019, 40(01): 57-62.

[83] Gneezy A, Gneezy U, Lauga D O, et al. A reference dependent model of the price-quality heuristic[J]. Journal of Marketing Research, 2014, 51 (2): 153-164.

[84] Stahl F, Vossen G. Data quality scores for pricing on data market-places[C]//ACIIDS, 2016: 215-224.

[85] Stahl F, Vossen G. Name your own price on data marketplaces[J]. Informatica, 2017, 28(1): 155-180.

[86] 蔡莉, 朱扬勇. 大数据质量[M]. 上海: 上海科学技术出版社, 2017.

[87] 蔡莉, 梁宇, 朱扬勇, 等. 数据质量的历史沿革和发展趋势[J]. 计算机科学, 2018, 45(4): 1-10.

[88] Heckman J R, Boehmer E L, Peters E H, et al. A pricing model for data markets[Z]. iConference, 2015.

[89] 彭慧波, 周亚建. 数据定价机制现状及发展趋势[J]. 北京邮电大学学报, 2019, 42(1): 120-125.

[90] 刘洪玉, 张晓玉, 侯锡林. 基于讨价还价博弈模型的大数据交易价格研究[J]. 中国冶金教育, 2015(6): 86-91.

[91] 张晓玉. 基于讨价还价博弈的大数据商品交易价格研究[D]. 辽宁科技大学, 2016.

[92] 赵森. 房地产大数据的定价研究[D]. 重庆交通大学, 2017.

[93] 陈俞宏. 基于效用的大数据定价方法研究[D]. 重庆交通大学, 2020.

[94] 汪靖伟, 郑臻哲, 吴帆, 等. 基于区块链的数据市场[J]. 大数据, 2020, 6(3): 21-35.

[95] 郭鑫鑫, 王海燕, 孔楠. 信息不对称下个人健康数据交易双边定价策略研究[J]. 管理工程学报, 2022(4): 129-139.

[96] 陈志注, 王宏志, 熊风, 等. 大数据拍卖的定价策略与方法[J]. 中国科学技术大学学报, 2018, 48(6): 486-494.

[97] 张驰. 数据资产价值分析模型与交易体系研究[D]. 北京交通大学, 2018.

[98]Chen Xi, Chen Jingjie, Chen Yuling, et al. Heuristic-Q: A Privacy Data Pricing Method Based on Heuristic Reinforcement Learning[J]. ICAIS, 2019(4): 553-565.

[99]王卫, 张梦君, 王晶. 国内外大数据交易平台调研分析[J]. 情报杂志, 2019, 38(2): 181-186, 194.

[100]DataBroker. DataBroker 数据交易平台[2024-02-01]. https://www. databroker. global/.

[101]Ocean Protocal. Ocean Protocal 数据交换协议[2024-02-01]. https://oceanprotocol. com/.

[102]Datum. Datum 数据共享平台[2024-02-01]. https://datum. org/.

[103]Streamr. Streamr 数据交换平台[2024-02-01]. https://streamr. network.

[104]澎湃新闻. 国内首个数据交易链启动建设, 基于区块链存证和智能合约等技术[EB/OL][2024-02-10]. https://www. thepaper. cn/newsDetail_forward_22 156516.

[105]Zhang, Jinnan; Lu, Changqi, Cheng, Gang, et al. A Blockchain-Based Trusted Edge Platform in Edge Computing Environment[J]. Sensors, 2021, 21: 2126. https://doi. org/10. 3390/s21062126.

[106]Zheng Shuli, Pan, Lixuan, HuDonghui, et al. A Blockchain-Based Trading Platform for Big Data. IEEE INFOCOM 2020-IEEE Conference on Computer Communications Workshops, 2020: 991-996.

[107]He Yunhua, Zhu Hongliang, Wang Chao, et al. An Accountable Data Trading Platform Based on Blockchain, IEEE INFOCOM 2019-IEEE Conference on Computer Communications Workshops, 2019: 1-6.

[108]Fernandez R., Subramaniam P., Franklin M. J. Data Market Platforms-Trading Data Assets to Solve Data Problems[J]. Proc. VLDB Endow., 2020, 13(12): 1933-1947.

[109]Huang Yaodong, Zeng Yiming, Ye Fan. Fair and Protected Profit Sharing for Data Trading in Pervasive Edge Computing Environments[J]. IEEE INFOCOM 2020 - IEEE Conference on Computer Communications, 2020: 1718-1727.

[110]Dai Weiqi, Dai Chunkai, Choo K. R, et al. SDTE: A Secure Blockchain-Based Data Trading Ecosystem[J]. IEEE Transactions on Information Forensics and Security, 2020, 15: 725-737.

［111］ISO/IEC. Information Technology-Vocabulary， Online Browsing Platform. https：//www. iso. org/ obp/ui/#iso：std：iso-iec：2382：ed-1：v1：en：en.

［112］熊巧琴，汤珂. 数据要素的界权、交易和定价研究进展［J］. 经济学动态，2021（02）：143-158.

［113］Pei Jian. A Survey on Data Pricing：from Economics to Data Science［J］. IEEE Transactions on Knowledge & Data Engineering，2020（01）：1.

［114］何伟. 激发数据要素价值的机制、问题和对策［J］. 信息通信技术与政策，2020（06）：4-7.

［115］Squire B，Brown S，Readman J，et al. The impact of mass customisation on manufacturing trade-offs［J］. Production and Operations Management，2006，15（1）：10-21.

［116］Bergemann D，Bonatti A，Smolin A. The design and price of information［J］. American Economic Review，2018，108（1）：1-48.

［117］SHANNON C E J A S M C，REVIEW C. A mathematical theory of communication［J］. 2001，5（1）：3-55.

［118］李骥宇. 数据交易模式的探讨［J］. 移动通信，2016，40（05）：41-44.

［119］张爽. 我国数据交易背景下数据权属问题研究［D］. 上海社会科学院，2020.

［120］赵子瑞. 我国数据交易模式研究［D］. 上海社会科学院，2018.

［121］何培育，王潇睿. 我国数据交易平台的现实困境及对策研究［J］. 现代情报，2017，37（08）：98-105，153.

［122］崔红梅. 多关系网络结构的数据交易综合模式构建［J］. 科学技术创新，2020（24）：70-71.

［123］田杰棠，刘露瑶. 交易模式、权利界定与数据要素市场培育［J］. 改革，2020（07）：17-26.

［124］赵志伟. 基于区块链的个人数据交易隐私保护研究［D］. 电子科技大学，2019.

［125］Shapiro C，Varian H R. A strategic guide to the network economy［M］. Harvard Business Review Press，1999.

［126］马丁，李朝. 大数据时代虚拟组织的稳定性分析——基于演化博弈视角［J］. 产经评论，2017，8（05）：33-41.

［127］魏巍. 基于系统动力学的绿色施工管控演化博弈研究［D］. 浙江大

学，2018.

[128]张艺帆. 基于 Q-学习演化博弈模型的区域交通优化方法研究[D]. 北方工业大学，2021.

[129]乔林. 多智能体系统中的 Q 学习算法研究[D]. 南京邮电大学，2012.

[130]Busoniu L, Babuska R, De Schutter B. A comprehensive survey of multiagent reinforcement learning[J]. IEEE Transactions on Systems, Man, and Cybernetics, Part C (Applications and Reviews), 2008, 38 (2)：156-172.

[131]IBM Security. 2021 年数据泄露成本报告[EB/OL]. (2019-09-01)[2022-6-12] https://www. ibm. com/cn-zh/security/data-breach? utm_medium = Exinfluencer& utm_source = Exinfluencer&utm_content = 000039ZE&utm_term = 10013329&utm_id = FREEBUF.

[132]于施洋，王建冬，郭巧敏. 我国构建数据新型要素市场体系面临的挑战与对策[J]. 电子政务，2020(03)：2-12.

[133]韦晓泽. 基于演化博弈的平台生态系统价值共创机制研究[D]. 重庆工商大学，2021.

[134]易余胤，刘汉民. 经济研究中的演化博弈理论[J]. 商业经济与管理，2005(08)：8-13.

[135]张彬，隋雨佳. 数据交易市场参与主体的策略选择——基于三方演化博弈的视角[J]. 信息系统工程，2020(07)：141-145.

[136]孙庆文，陆柳，严广乐，等. 不完全信息条件下演化博弈均衡的稳定性分析[J]. 系统工程理论与实践，2003(07)：11-16.

[137]Ma Ye, Chang Tianqing, Fan Wenhui. A single-task and multi-decision evolutionary game model based on multi-agent reinforcement learning[J]. Journal of Systems Engineering and Electronics, 2021, 32 (3)：642-657.

[138]Akerlof G A. The market for "lemons"：Quality uncertainty and the market mechanism[M]//Uncertainty in economics. Academic Press, 1978：235-251.

[139]郭妍彤. 个人大数据的定价方法设计[J]. 现代计算机，2021(13)：38-40+65.

[140]刘娟. 在线数据交易信息服务研究[J]. 办公室业务，2021(20)：104-105.

[141]王敏. 大数据时代个人隐私的分级保护研究[M]. 北京：社会科学文献出版社，2018.

[142]European Commission. Directive 95/46/EC of the European Parliament and of the Council of 24 October 1995 on the Protection of Individuals with Regard to the Processing of Person Data and on the Free Movement of Such Data, 1995, 281(31).

[143]Yang Jian, Xing Chunxiao. Personal Data Market Optimization Pricing Model Based on Privacy Level[J]. Information (Switzerland), 2019, 10(4): 123.

[144]Shen Yuncheng, Guo Bing, Shen Yan, et al. A pricing model for big personal data[J]. Tsinghua Science and Technology, 2016, 21(5): 482-490.

[145]龚思婷, 孙建军. 网络信息生命力评价——基于网络信息的增长与老化模型[J]. 情报杂志, 2012, 31(05): 75-79.

[146]胡朝德, 叶新明. 网络时代情报检索语言的路向[J]. 情报理论与实践, 2000, 23(4): 241-242.

[147]彭慧波, 周亚建. 基于隐私度量的数据定价模型[J]. 软件, 2019, 40(01): 57-62.

[148]Squire B, Brown S, Readman J, et al. The impact of mass customisation on manufacturing trade-offs[J]. Production and Operations Management, 2006, 15(1): 10-21.

[149]Stahl F., High-quality Web information provisioning and quality-based data pricing[D]. University of Münster, 2015.

[150]Stahl F. and Vossen G. Fair knapsack pricing for data market-places[J]. Advances in Databases and Information Systems, 2016, 9809: 46-59.

[151]Mussa M., Rosen S., Monopoly and product quality[J]. J. Econ. Theory, 1978, 18(2): 301-317.

[152]Chen Y J, Seshadri S. Product development and pricing strategy for information goods under heterogeneous outside opportunities [J]. Information Systems Research, 2007, 18(2): 150-172.

[153]Sundararajan A. Nonlinear pricing of information goods[J]. Management science, 2004, 50(12): 1660-1673.

[154]Krishnan V, Zhu W. Designing a family of development-intensive products[J]. Management Science, 2006, 52(6): 813-825.

[155] Jeroslow R G. The polynomial hierarchy and a simple model for competitive analysis [J]. Mathematical Programming, 1985, 32(2): 146-164.

[156] Alexouda G. An evolutionary algorithm approach to the share of choices problem in the product line design [J]. Computers & Operations Research, 2004, 31(13): 2215-2229.

[157] Jiao Jianxin (Roger), Zhang Yiyang, Wang Yi. A heuristic genetic algorithm for product portfolio planning [J]. Computers & Operations Research, 2007, 34(6): 1777-1799.

[158] Li Mingqiang, Kou Jisong. Crowding with nearest neighbors replacement for multiple species niching and building blocks preservation in binary multimodal functions optimization [J]. Journal of Heuristics, 2008, 14 (3): 243-270.

[159] Zhang Meng, Arafa A, Huang Jianwei, et al. Pricing fresh data [J]. IEEE Journal on Selected Areas in Communications, 2021, 39(5): 1211-1225.

[160] Li Chao, Miklau G. Pricing Aggregate Queries in a Data Marketplace [C]//WebDB. 2012: 19-24.

[161] Gao Lin, Iosifidis G, Huang Jianwei, et al. Hybrid data pricing for network-assisted user-provided connectivity[C]//IEEE INFOCOM 2014-IEEE Conference on Computer Communications. IEEE, 2014: 682-690.

[162] Zhang Mengxiao, Beltrán F. A survey of data pricing methods[J]. ERN: Survey Methods (Topic), 2020, 30(6): 21.

[163] 何培育, 王潇睿. 我国大数据交易平台的现实困境及对策研究[J]. 现代情报, 2017, 37(08): 98-105, 153.

[164] Balazinska M, Howe B, Koutris P, et al. A Discussion Pricing Relational Data[M]//In Search of Elegance in the Theory and Practice of Computation. Springer Berlin Heidelberg, 2013: 167-173.

[165] Tsai Y C, Cheng Y D, Wu C W, et al. Time-Dependent Smart Data Pricing Based on Machine Learning [M]//Advances in Artificial Intelligence, 2017: 103-108.

[166] ME Pérez-Pons, A González-Briones, Corchado J M. Towards Financial Valuation in Data-Driven Companies[J]. Journal of Computer Science and Technology, 2019, 12(2): 2019.

［167］Jorge E. Hirsch. An index to quantify an individual's scientific research output[J]. Proc. Natl. Acad. Sci, 2005, 102(46)：16569-16572.

［168］龚思婷，孙建军. 网络信息生命力评价——基于网络信息的增长与老化模型[J]. 情报杂志，2012，31(05)：75-79.

［169］金韬，庄丽婉，张晨，黄韬. 基于区块链的云边协同系统研究与设计[J]. 信息安全研究，2021，7(04)：310-318.

［170］Pongnumkul S, Siripanpornchana C, Thajchayapong S. Performance Analysis of Private Blockchain Platforms in Varying Workloads[C]// ICCCN. 2017.